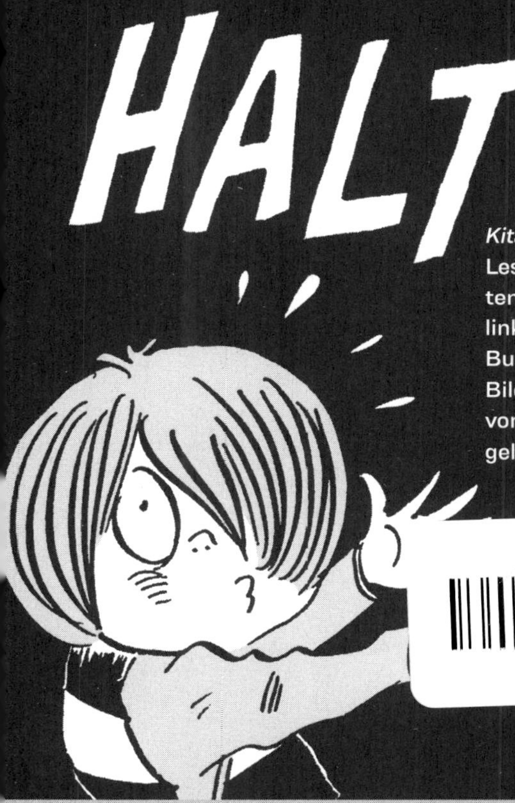

HALT

Kitaro ist ein Manga in japanischer Leserichtung. Da in Japan von hinten nach vorn und von rechts nach links gelesen wird, beginnt dieses Buch hinten und endet hier. Die Bilder und Sprechblasen werden von rechts oben nach links unten gelesen.

Aus dem Japanischen
von Gandalf Bartholomäus
Redaktion: Aranka Schindler
Korrektur: Gustav Mechlenburg
Gestaltung und Lettering: diceindustries
mit einem Font von Kevin Huizenga

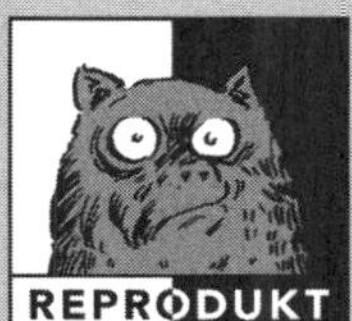

Gottschedstr. 4 / Aufgang 1
13357 Berlin

Published by arrangement with Presspop Inc.
Herausgeber: Dirk Rehm
ISBN 978-3-95640-302-6
Druck: Pozkal, Inowrocław, Polen

Erste Auflage: Januar 2022

www.reprodukt.com

ERSTVERÖFFENTLICHUNG

Der Vampir Elite, Teil 3
(Shukan Shonen Magazine, 21. Mai 1967)

Der Vampir Elite, Teil 4
(Shukan Shonen Magazine, 28. Mai 1967)

Der Vampir Elite, Teil 5
(Shukan Shonen Magazine, 4. Juni 1967)

Der Vampir Elite, Teil 6
(Shukan Shonen Magazine, 11. Juni 1967)

Der Vampir Elite, Teil 7
(Shukan Shonen Magazine, 18. Juni 1967)

Der Vampir Elite, Teil 8
(Shukan Shonen Magazine, 25. Juni 1967)

Die Yokai-Bestie, Teil 1
(Shukan Shonen Magazine, 2. Juli 1967)

Die Yokai-Bestie, Teil 2
(Shukan Shonen Magazine, 9. Juli 1967)

Die Yokai-Bestie, Teil 3
(Shukan Shonen Magazine, 16. Juli 1967)

Die Yokai-Bestie, Teil 4
(Shukan Shonen Magazine, 23. Juli 1967)

Die Yokai-Bestie, Teil 5
(Shukan Shonen Magazine, 30. Juli 1967)

Die Yokai-Bestie, Teil 6
(Shukan Shonen Magazine, 6. August 1967)

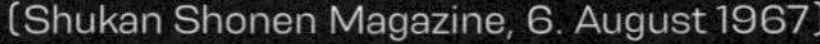

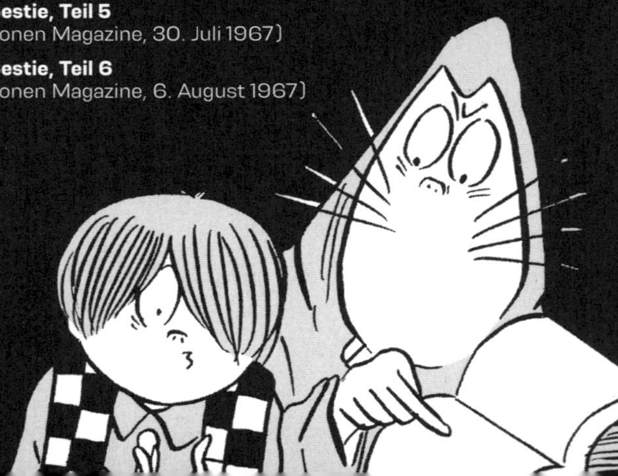

SHIGERU MIZUKI 4
KITARO

Aus dem Japanischen von **Gandalf Bartholomäus**
Lettering: **diceindustries**

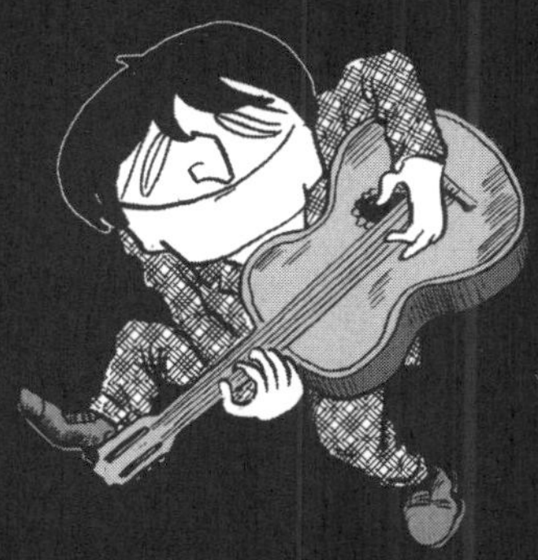

REPRODUKT

KITARO 4

INHALT

Der Vampir Elite, Teil 3 3
Der Vampir Elite, Teil 4 19
Der Vampir Elite, Teil 5 35
Der Vampir Elite, Teil 6 51
Der Vampir Elite, Teil 7 67
Der Vampir Elite, Teil 8 83
Die Yokai-Bestie, Teil 1 98
Die Yokai-Bestie, Teil 2 113
Die Yokai-Bestie, Teil 3 129
Die Yokai-Bestie, Teil 4 145
Die Yokai-Bestie, Teil 5 159
Die Yokai-Bestie, Teil 6 175

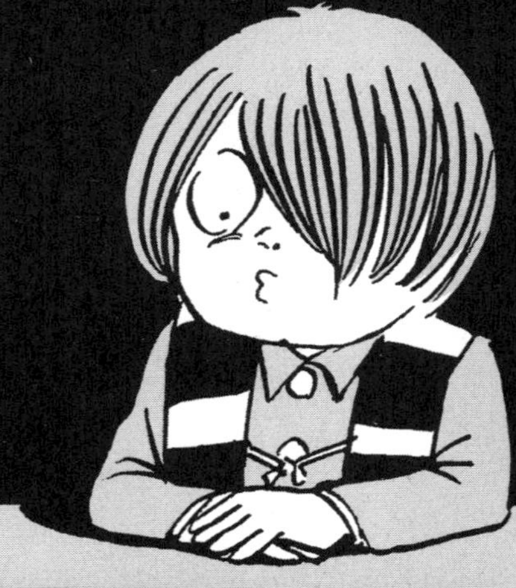

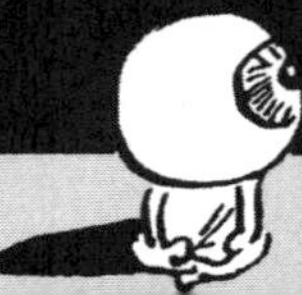

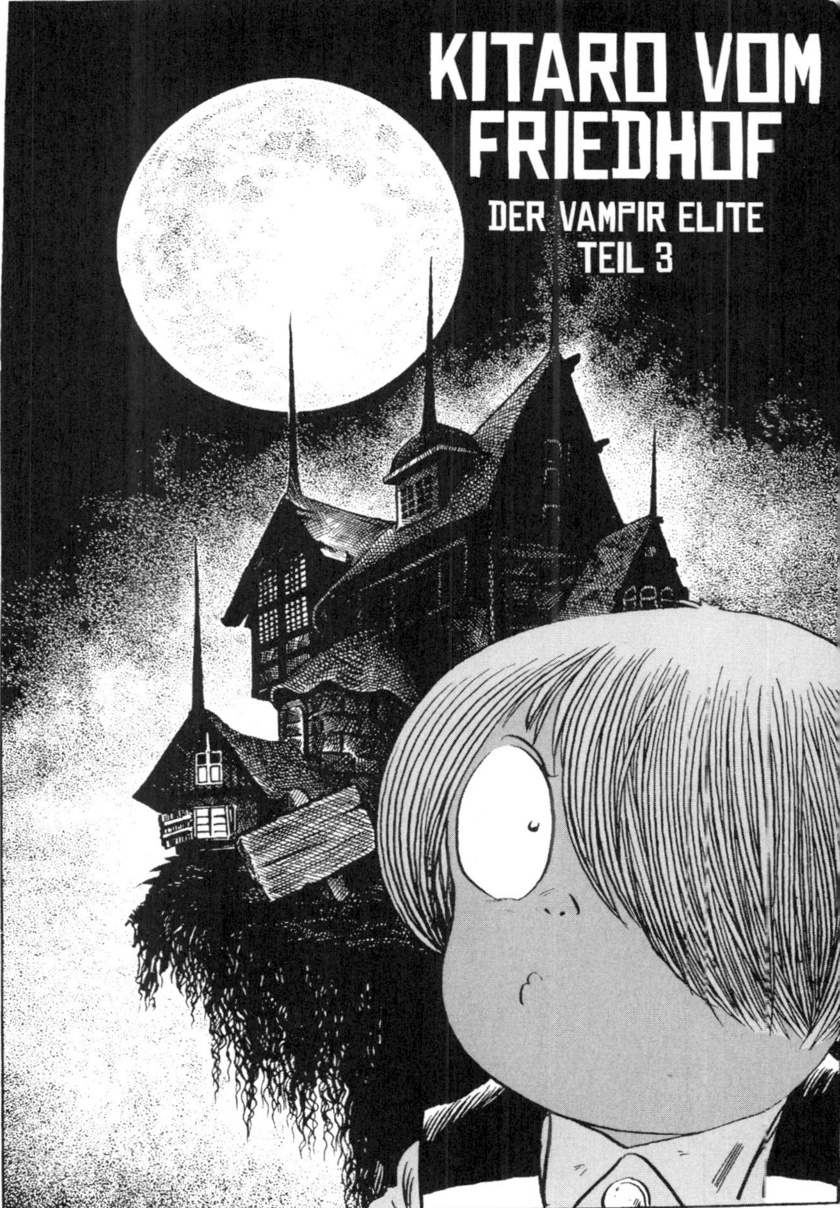
KITARO VOM FRIEDHOF
DER VAMPIR ELITE
TEIL 3

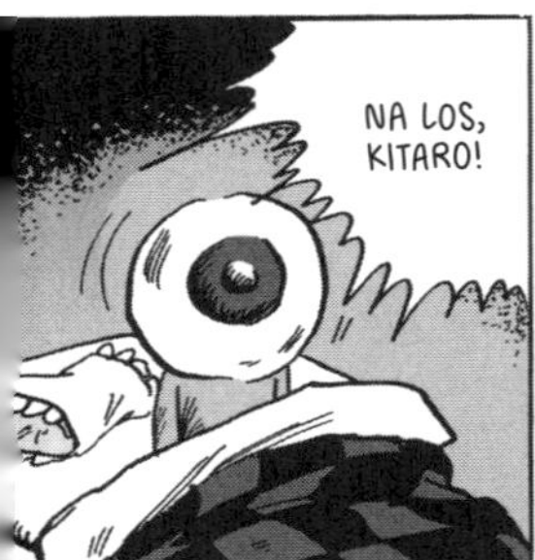
NA LOS, KITARO!

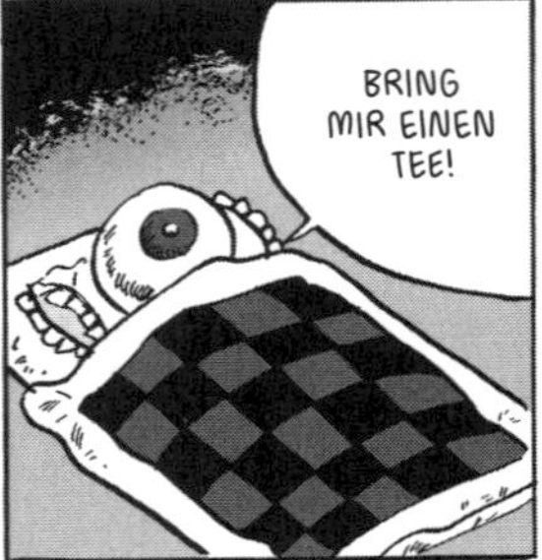
BRING MIR EINEN TEE!

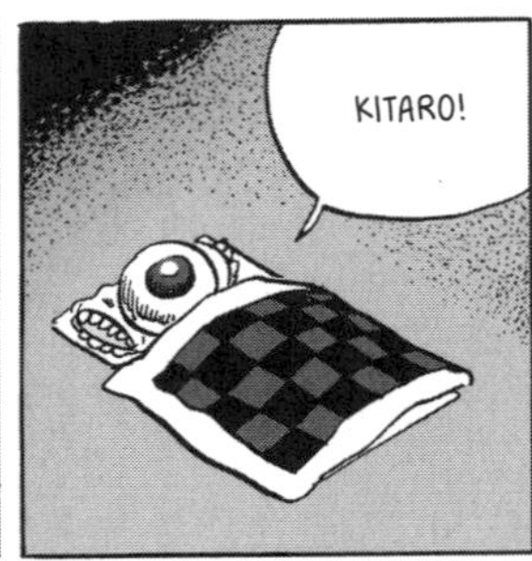
KITARO!

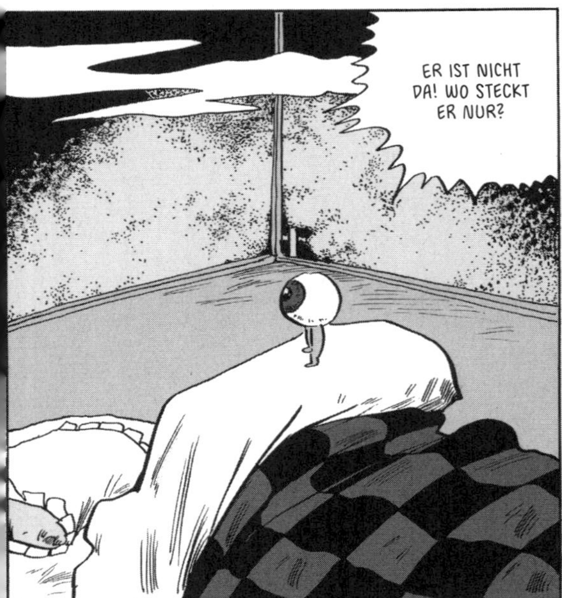
ER IST NICHT DA! WO STECKT ER NUR?

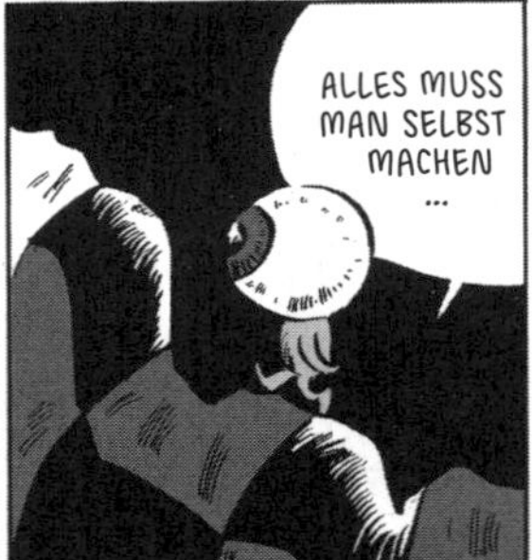
ALLES MUSS MAN SELBST MACHEN …

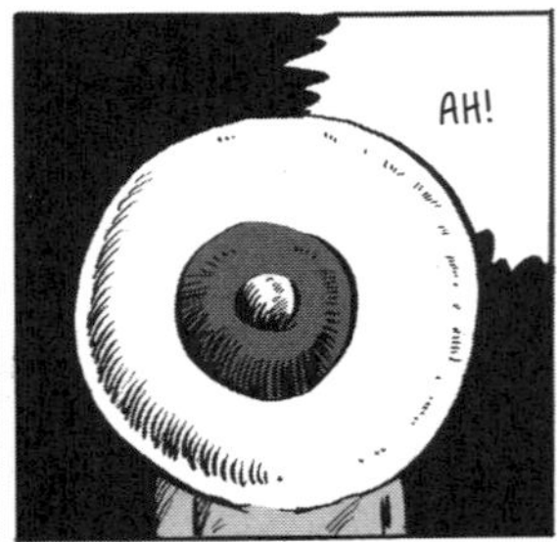
AH!

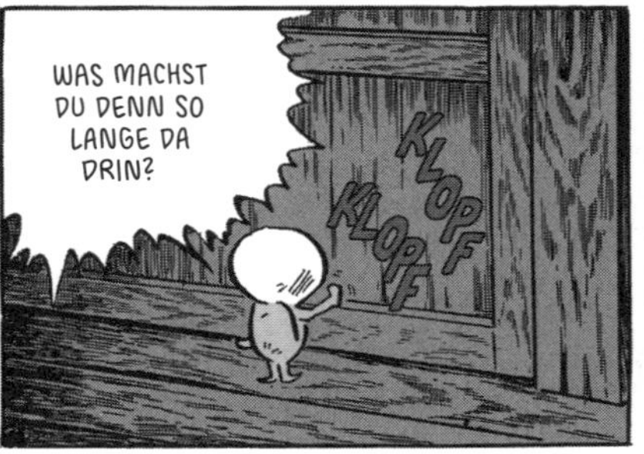
WAS MACHST DU DENN SO LANGE DA DRIN?
KLOPF
KLOPF

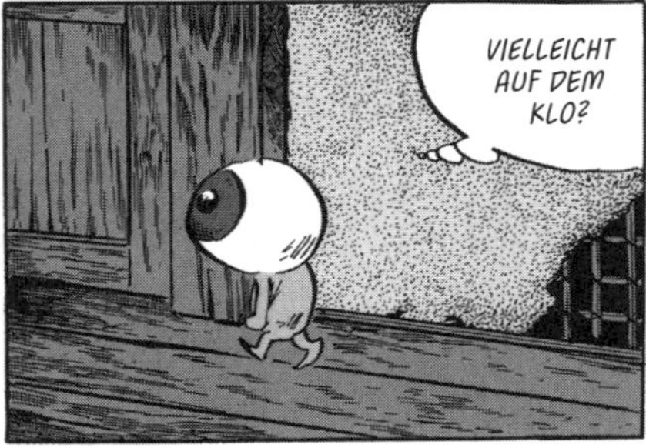
VIELLEICHT AUF DEM KLO?

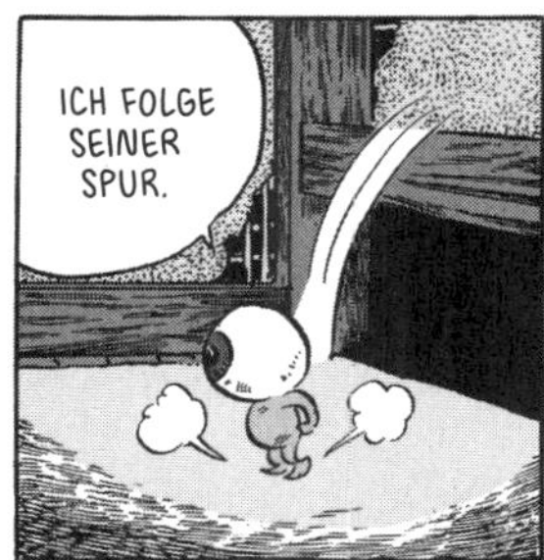
ICH FOLGE SEINER SPUR.

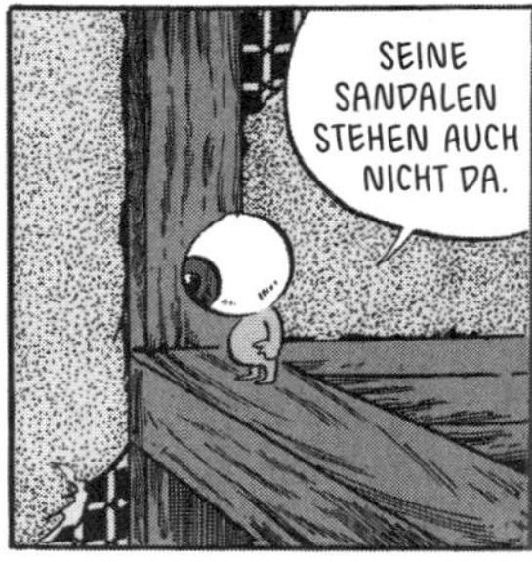
SEINE SANDALEN STEHEN AUCH NICHT DA.

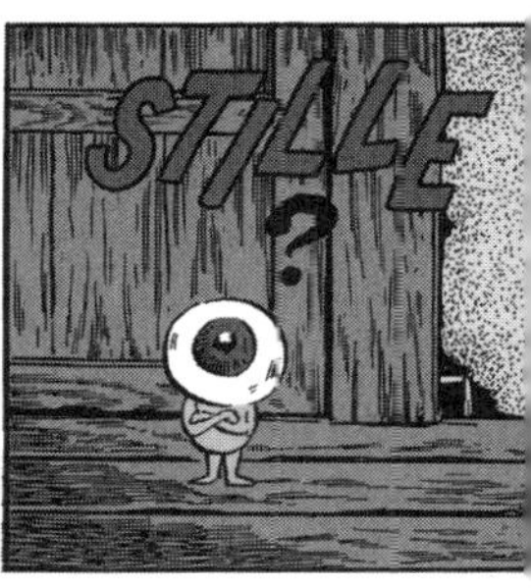
STILLE
?

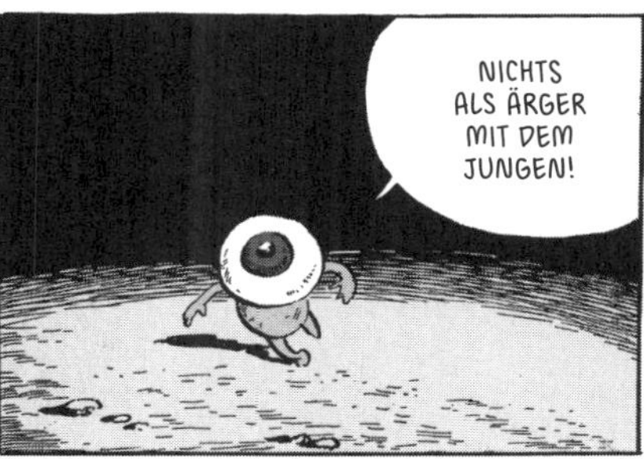
NICHTS ALS ÄRGER MIT DEM JUNGEN!

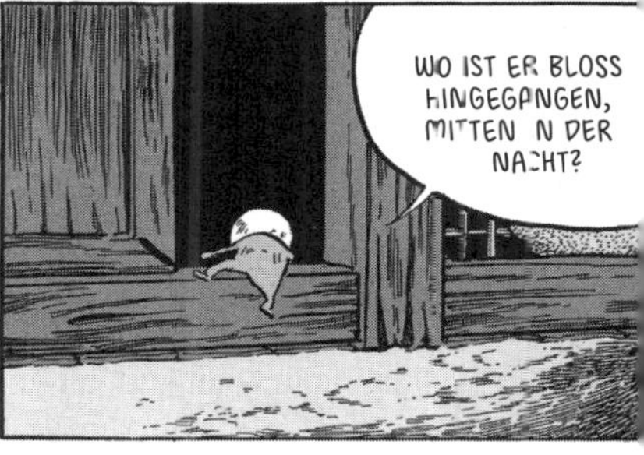
WO IST ER BLOSS HINGEGANGEN, MITTEN IN DER NACHT?

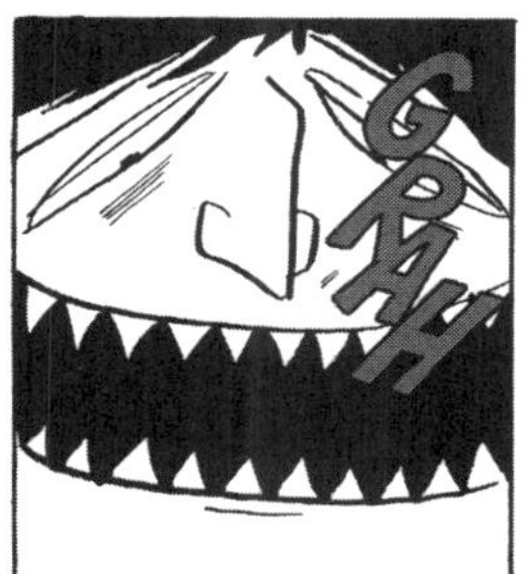
GRAH

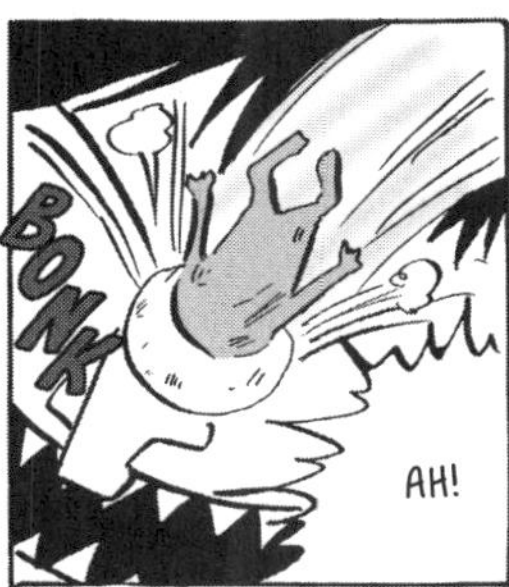
BONK
AH!

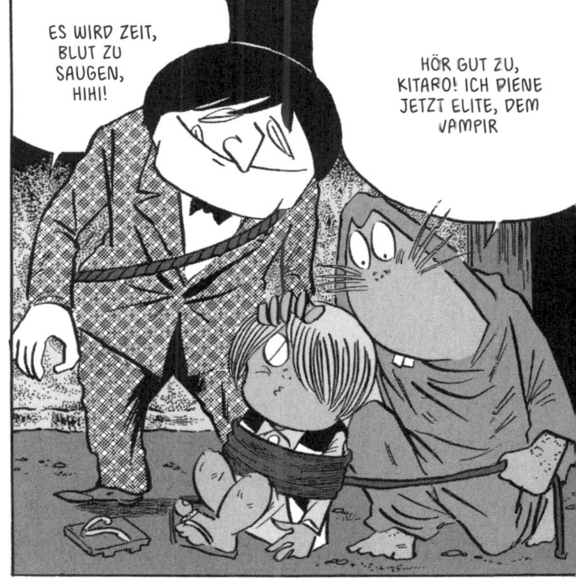
ES WIRD ZEIT, BLUT ZU SAUGEN, HIHI!
HÖR GUT ZU, KITARO! ICH DIENE JETZT ELITE, DEM VAMPIR

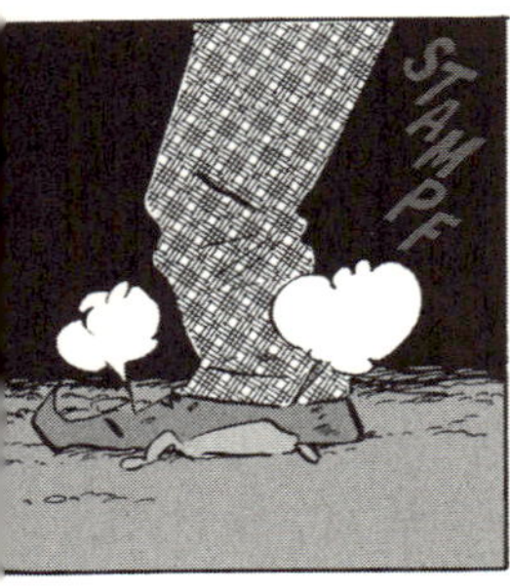
STAMPF

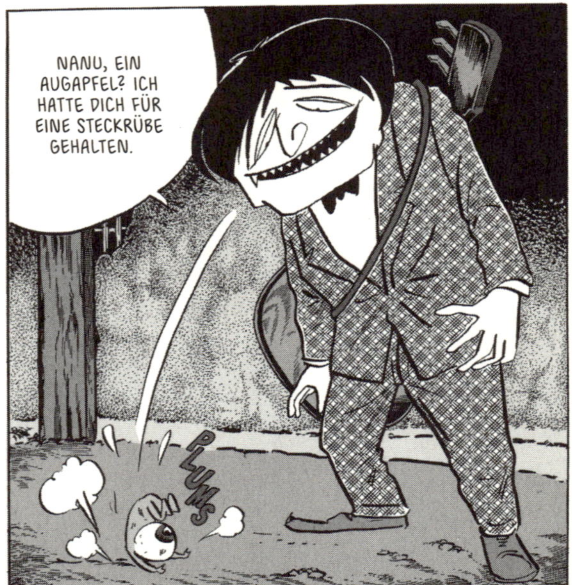
NANU, EIN AUGAPFEL? ICH HATTE DICH FÜR EINE STECKRÜBE GEHALTEN.
PLUMS

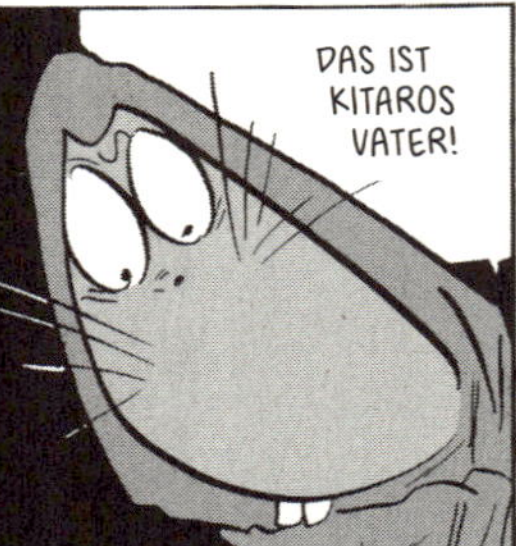
DAS IST KITAROS VATER!

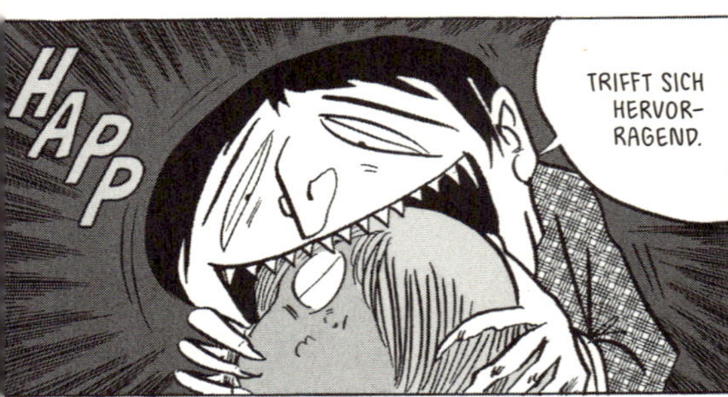
HAPP
TRIFFT SICH HERVOR-RAGEND.

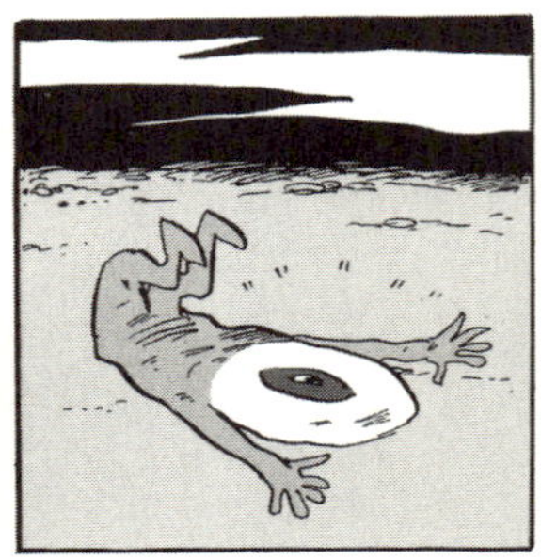

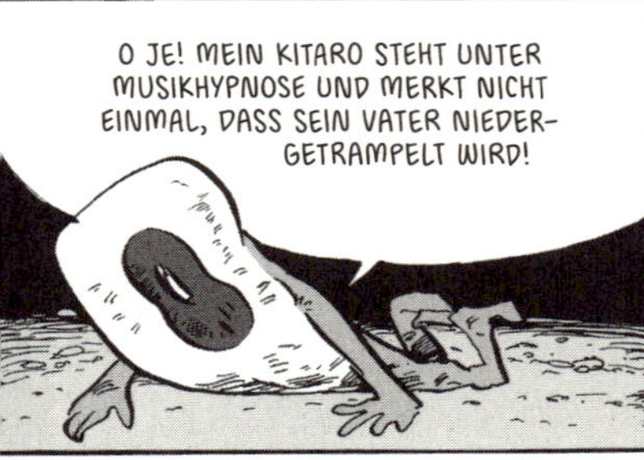
O JE! MEIN KITARO STEHT UNTER MUSIKHYPNOSE UND MERKT NICHT EINMAL, DASS SEIN VATER NIEDER-GETRAMPELT WIRD!

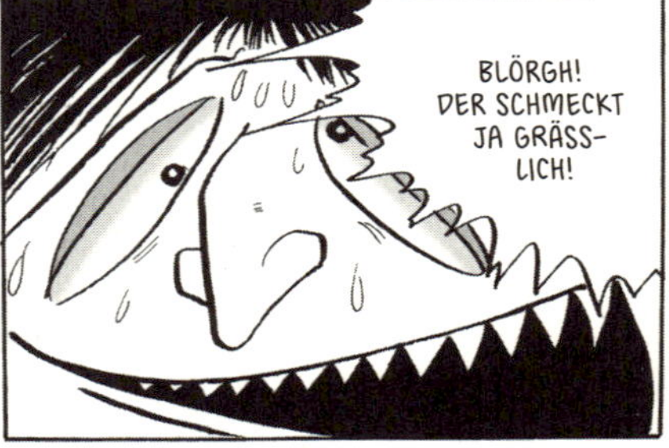
BLÖRGH! DER SCHMECKT JA GRÄSS-LICH!

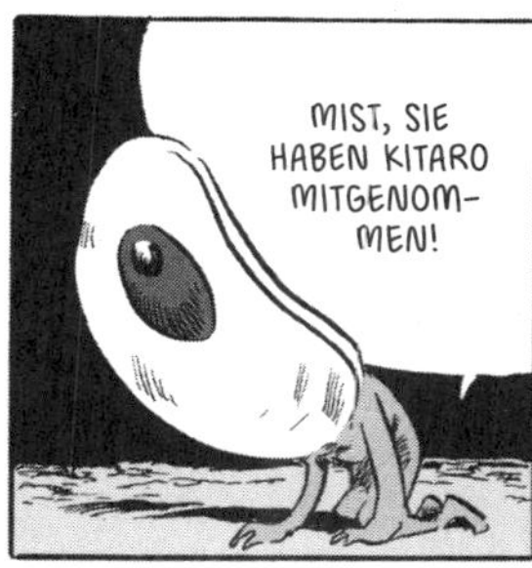
MIST, SIE HABEN KITARO MITGENOM-MEN!

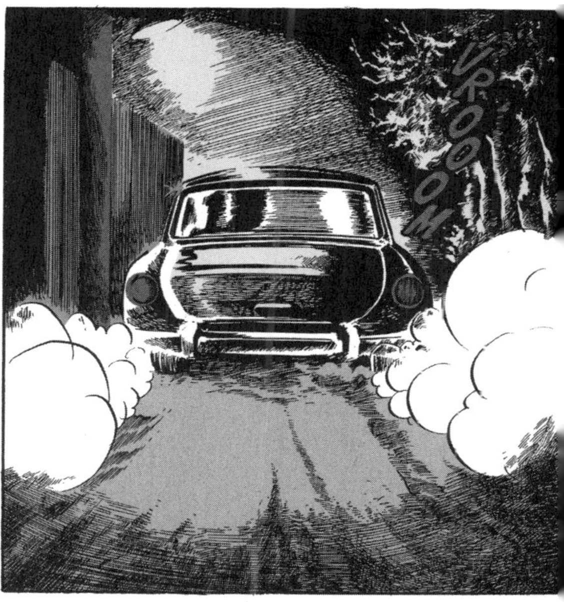
VROOOOM

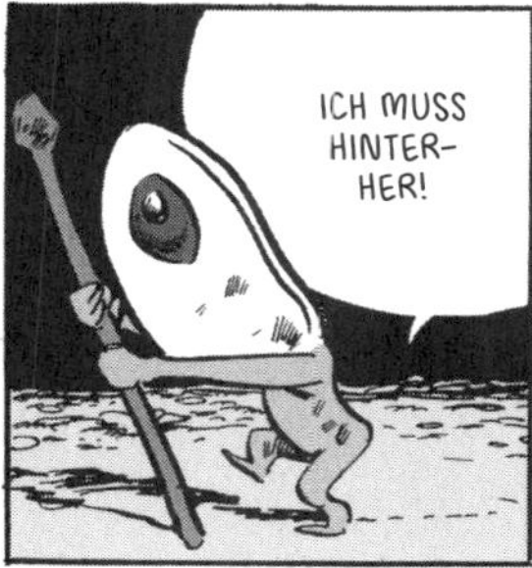
ICH MUSS HINTER-HER!

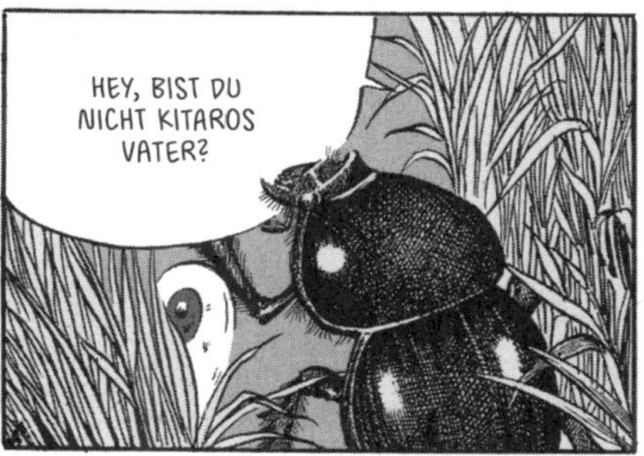
HEY, BIST DU NICHT KITAROS VATER?

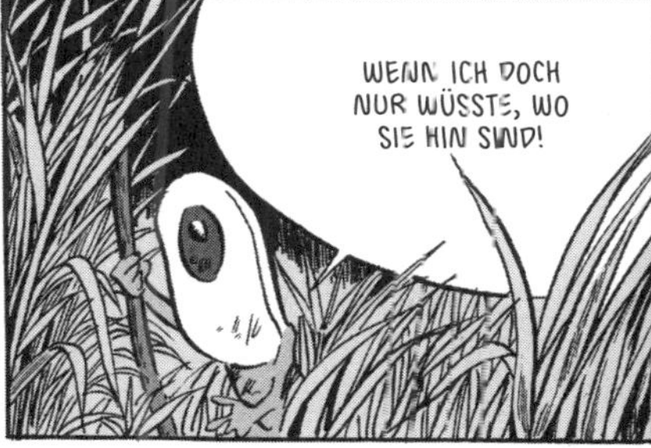
WENN ICH DOCH NUR WÜSSTE, WO SIE HIN SIND!

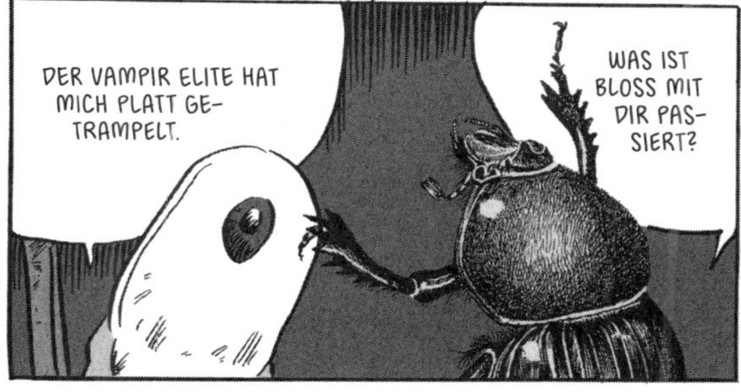
WAS IST BLOSS MIT DIR PAS-SIERT?
DER VAMPIR ELITE HAT MICH PLATT GE-TRAMPELT.

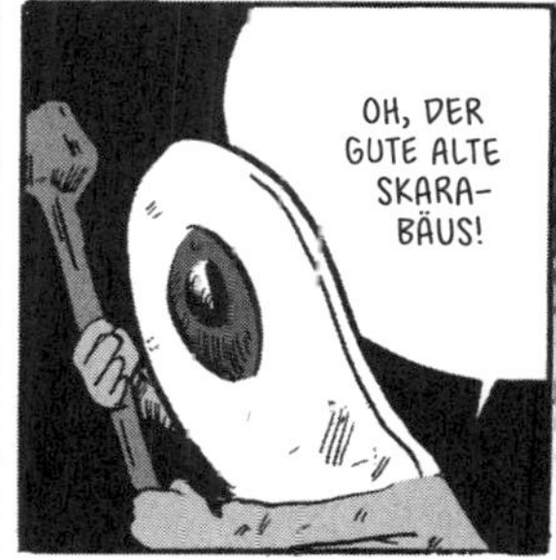
OH, DER GUTE ALTE SKARA-BÄUS!

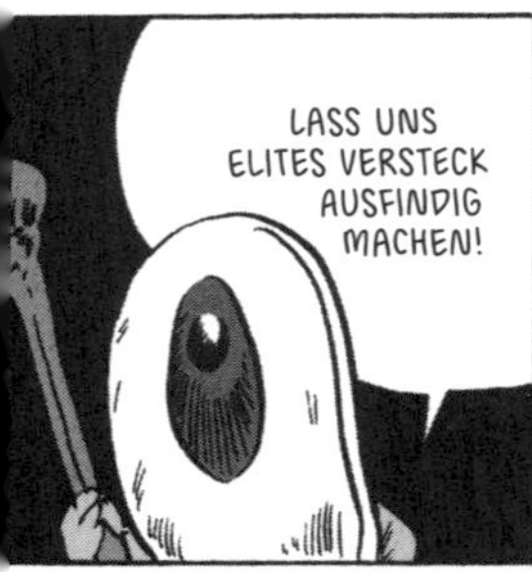

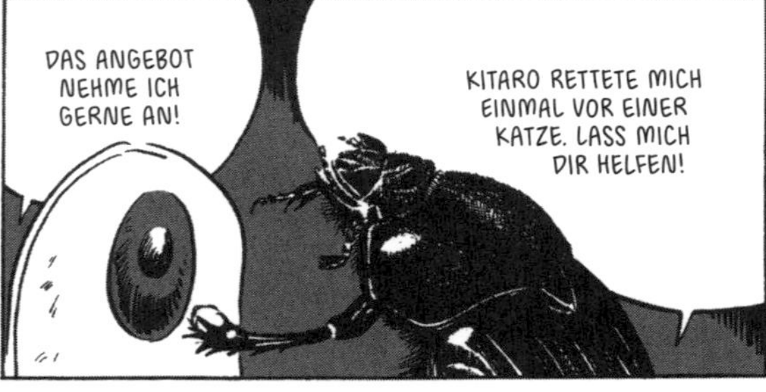

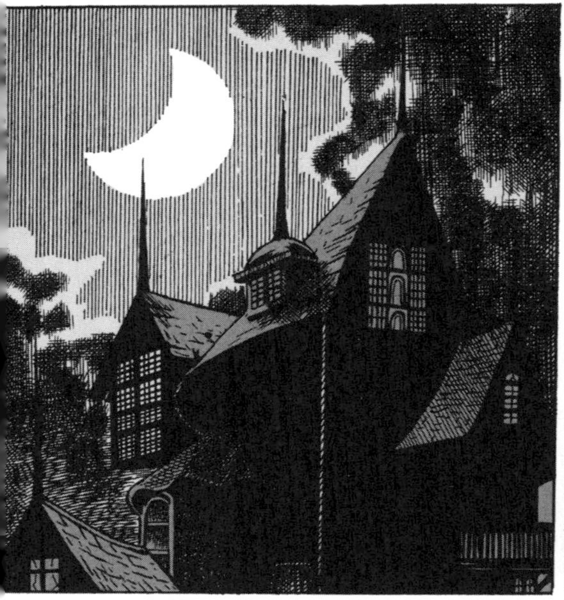

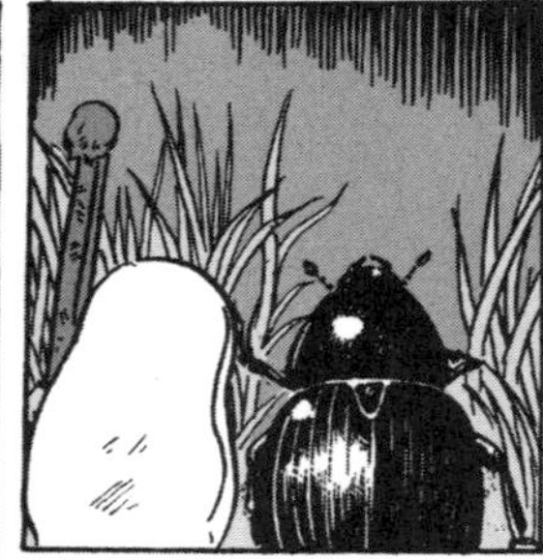

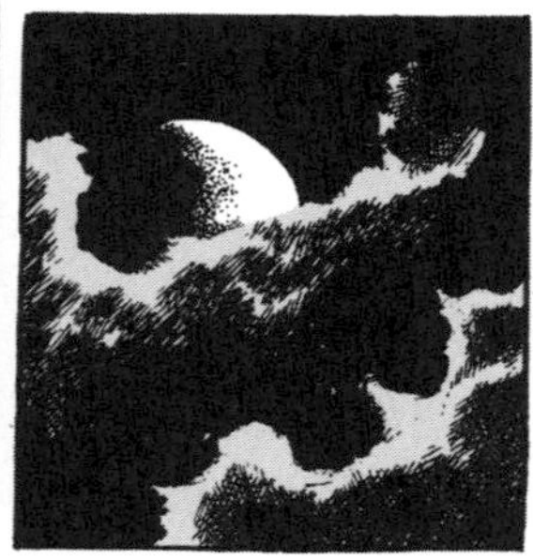

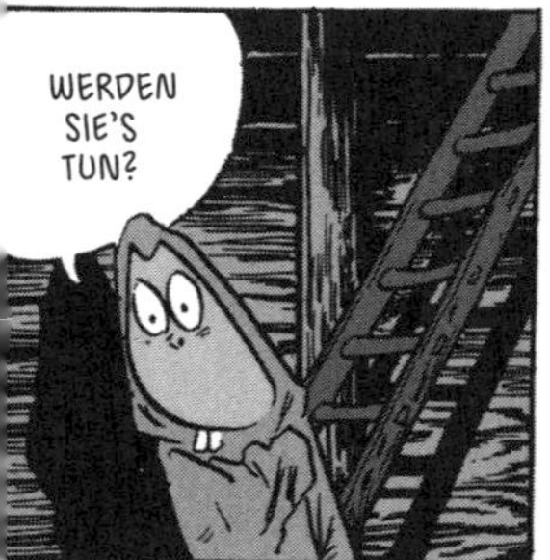

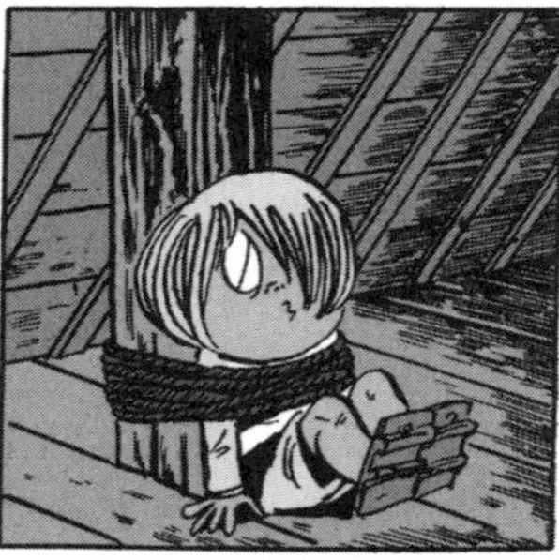

KITARO STAND NOCH IMMER UNTER DER EXTREM SELTENEN MUSIKHYPNOSE UND STARRTE IM VAMPIRSCHLOSS GEISTESABWESEND AN DIE DECKE.

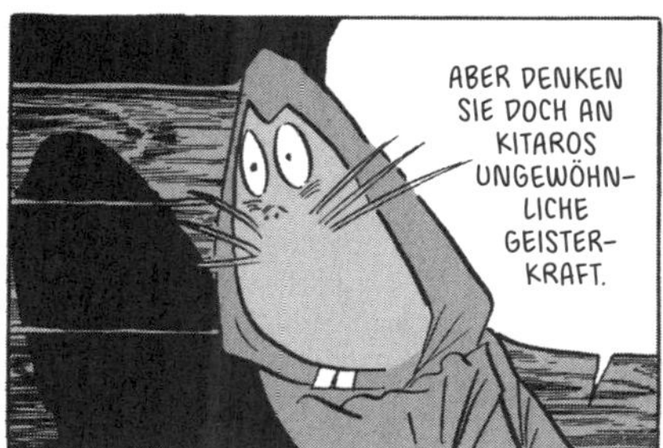
ABER DENKEN SIE DOCH AN KITAROS UNGEWÖHNLICHE GEISTERKRAFT.
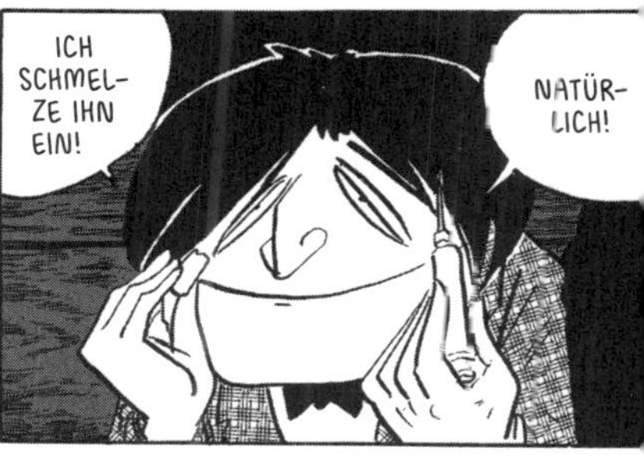
NATÜRLICH!
ICH SCHMELZE IHN EIN!
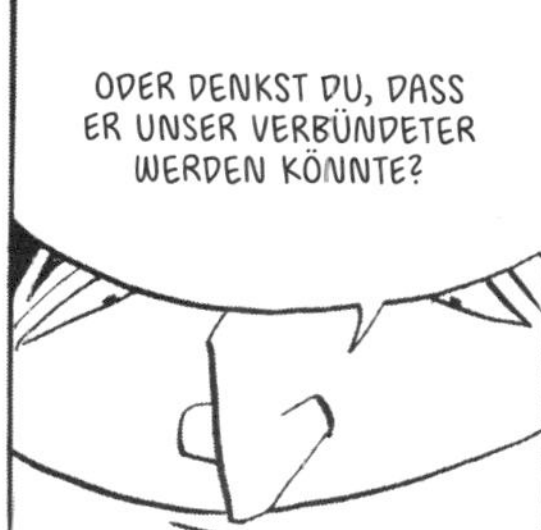
ODER DENKST DU, DASS ER UNSER VERBÜNDETER WERDEN KÖNNTE?
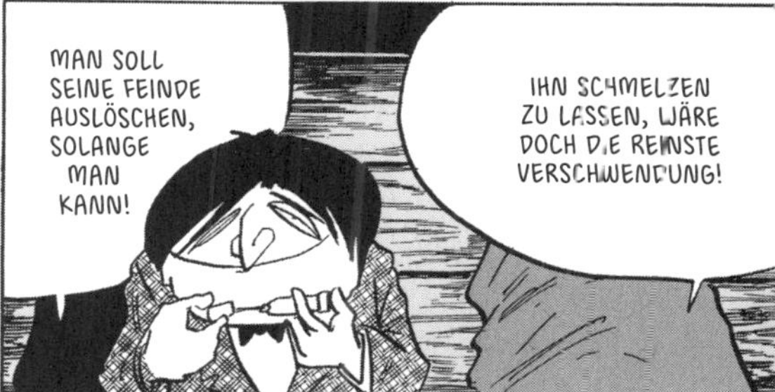
IHN SCHMELZEN ZU LASSEN, WÄRE DOCH DIE REINSTE VERSCHWENDUNG!
MAN SOLL SEINE FEINDE AUSLÖSCHEN, SOLANGE MAN KANN!
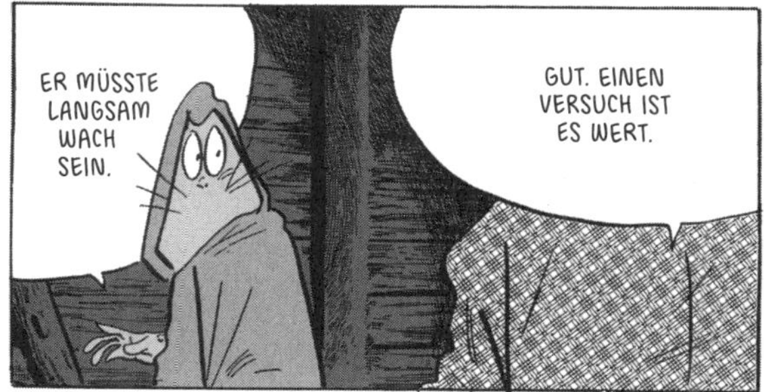
GUT. EINEN VERSUCH IST ES WERT.
ER MÜSSTE LANGSAM WACH SEIN.
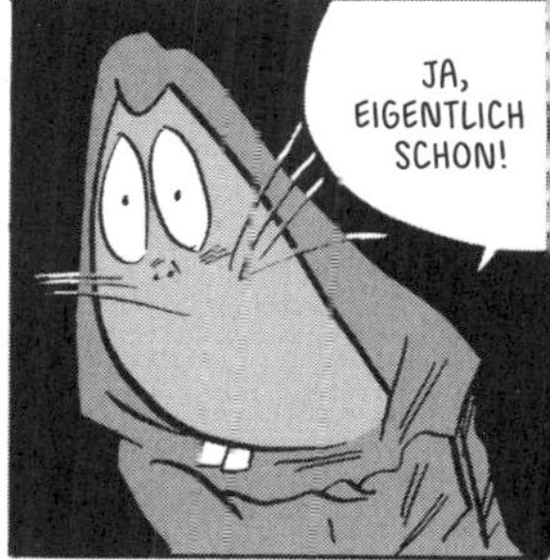
JA, EIGENTLICH SCHON!
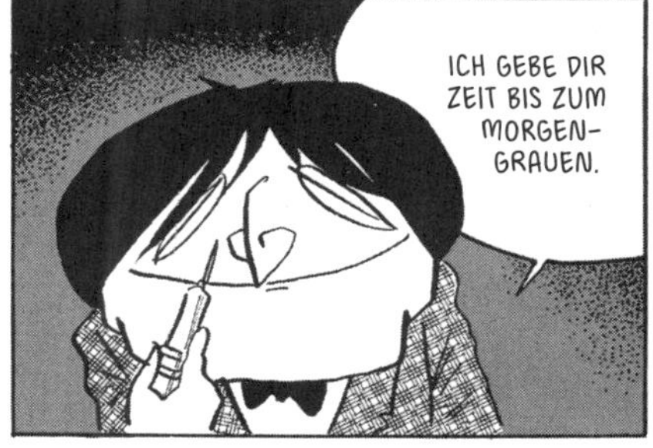
ICH GEBE DIR ZEIT BIS ZUM MORGENGRAUEN.
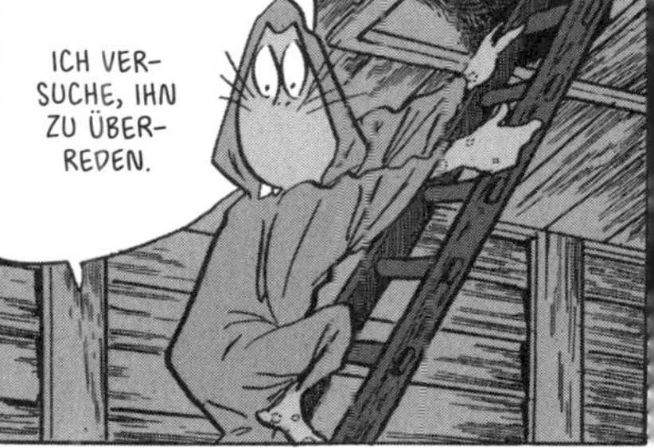
ICH VERSUCHE, IHN ZU ÜBERREDEN.

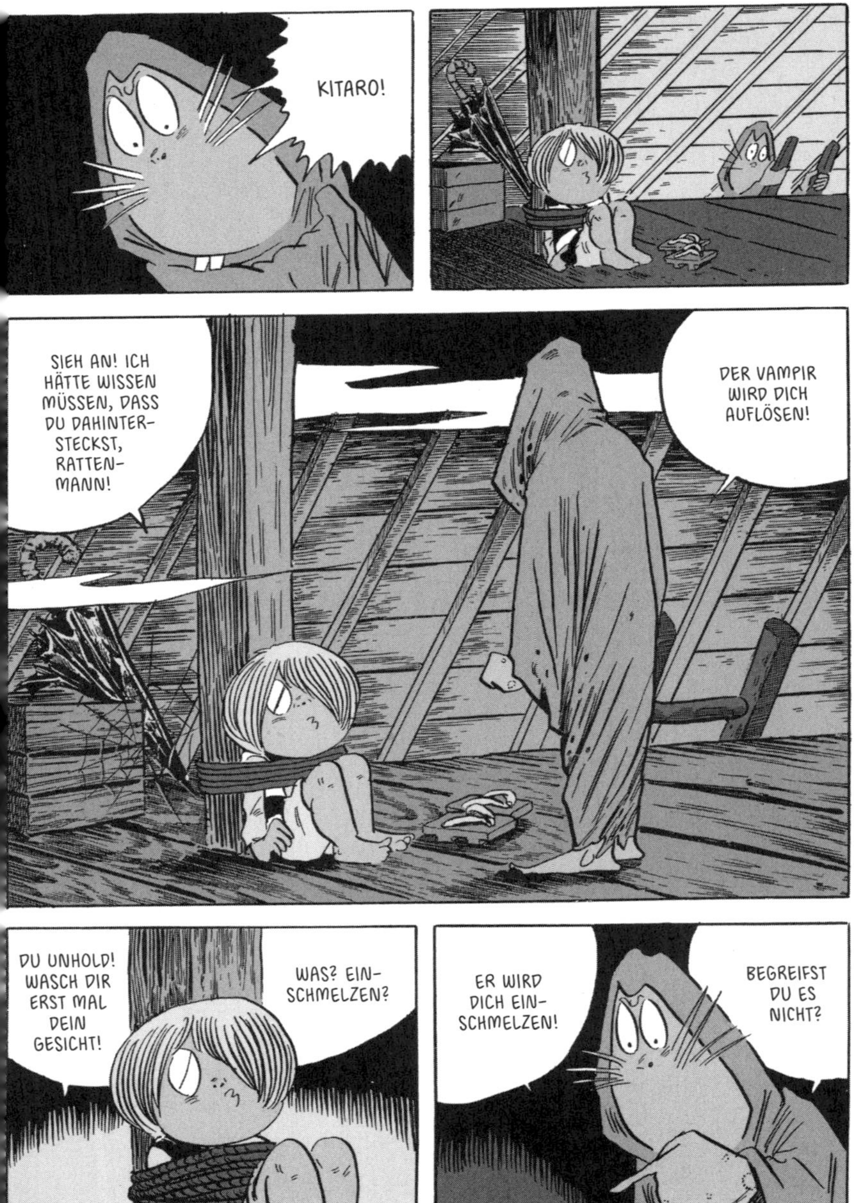

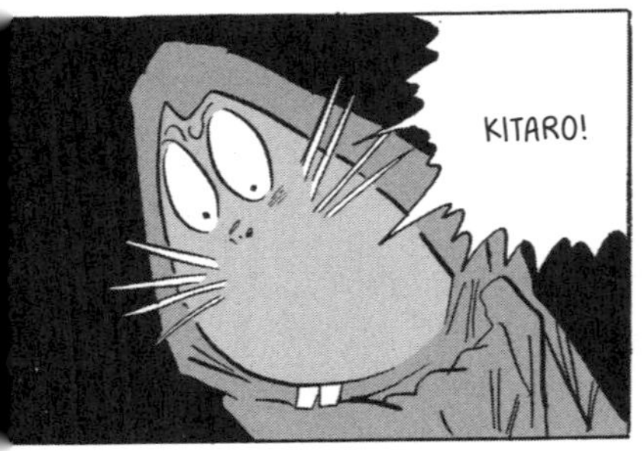
KITARO!

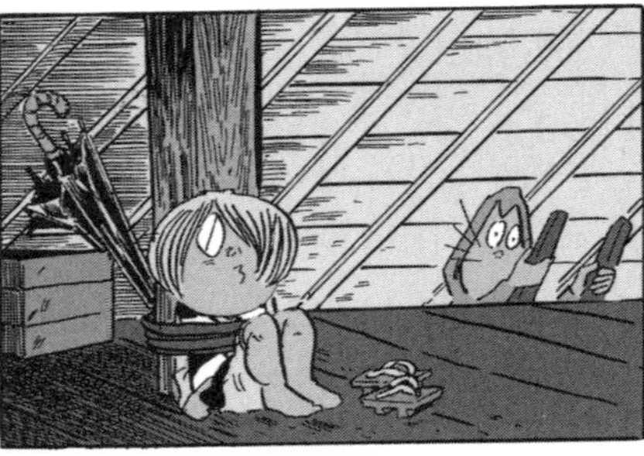

SIEH AN! ICH HÄTTE WISSEN MÜSSEN, DASS DU DAHINTERSTECKST, RATTENMANN!
DER VAMPIR WIRD DICH AUFLÖSEN!

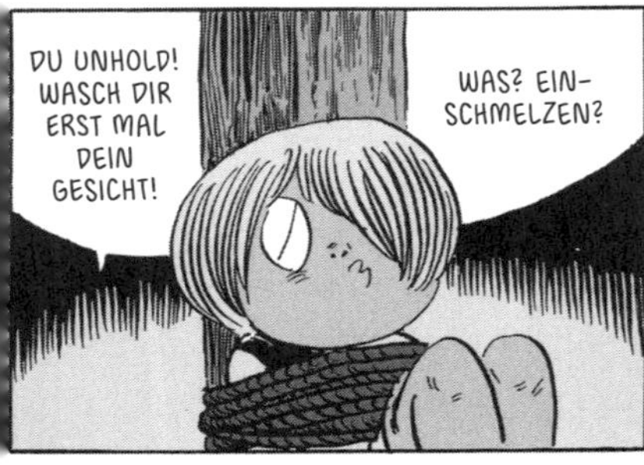
DU UNHOLD! WASCH DIR ERST MAL DEIN GESICHT!
WAS? EINSCHMELZEN?

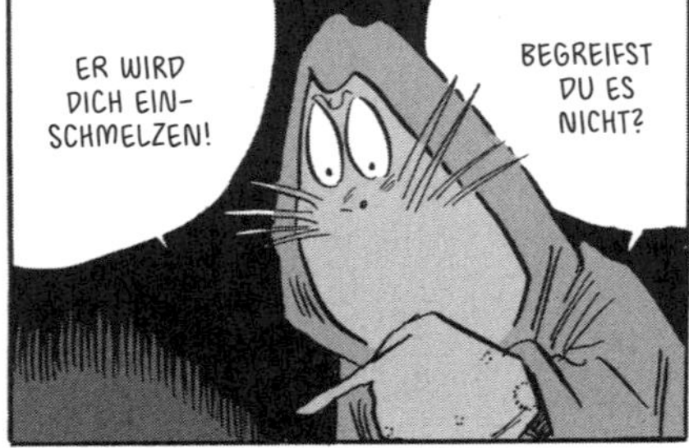
ER WIRD DICH EINSCHMELZEN!
BEGREIFST DU ES NICHT?

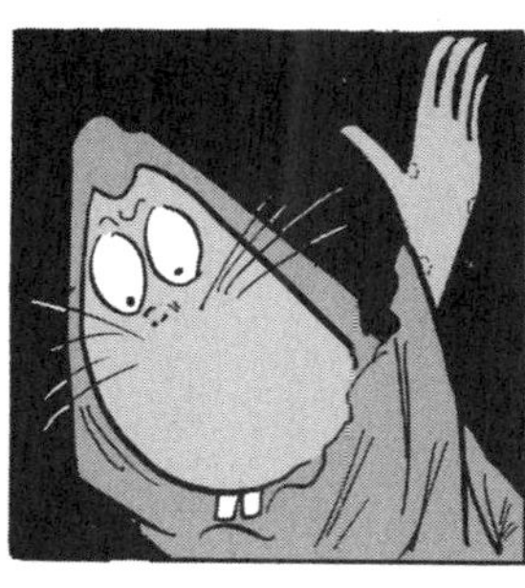

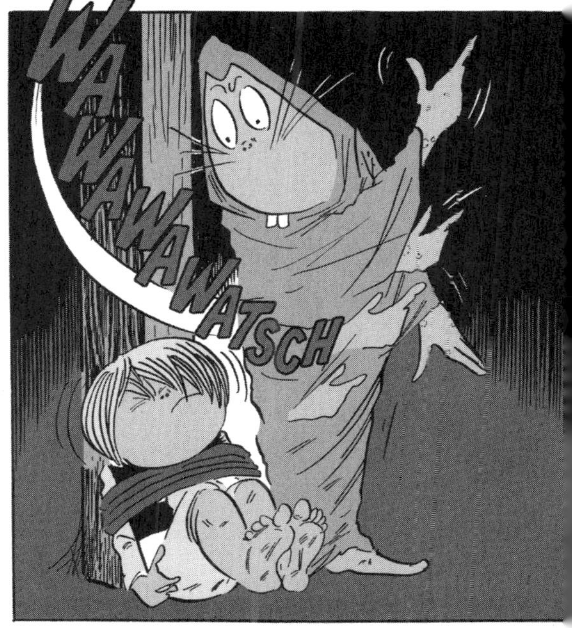

WAWAWAWAWATSCH

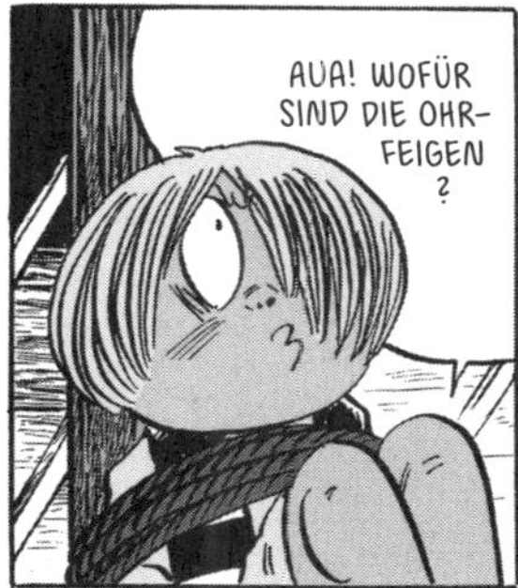

AUA! WOFÜR SIND DIE OHR-FEIGEN ?

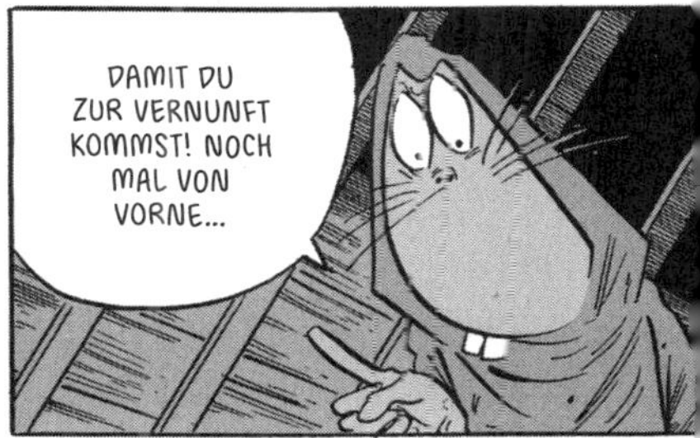

DAMIT DU ZUR VERNUNFT KOMMST! NOCH MAL VON VORNE...

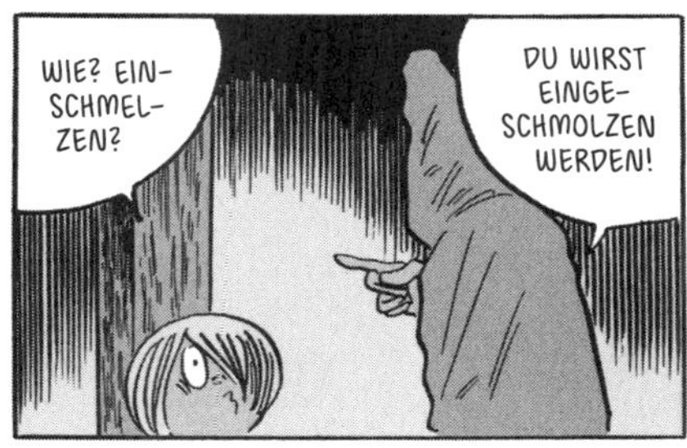

DU WIRST EINGE-SCHMOLZEN WERDEN!
WIE? EIN-SCHMEL-ZEN?

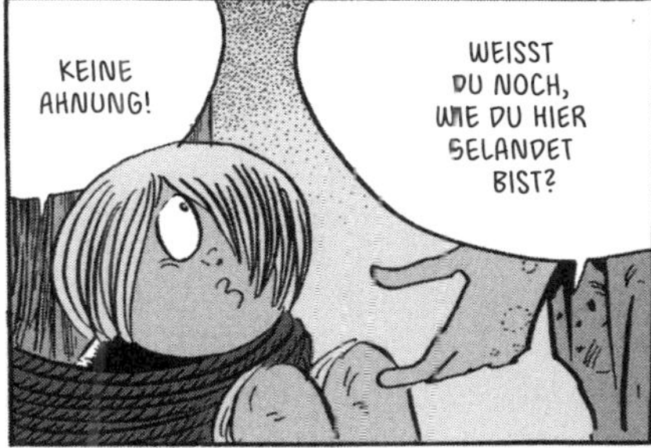

WEISST DU NOCH, WIE DU HIER GELANDET BIST?
KEINE AHNUNG!

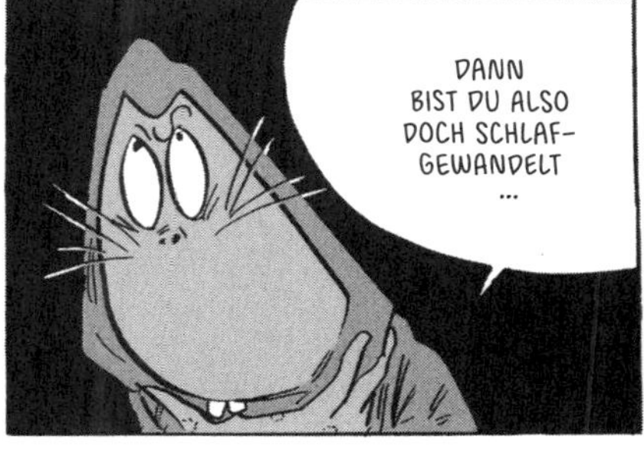

DANN BIST DU ALSO DOCH SCHLAF-GEWANDELT ...

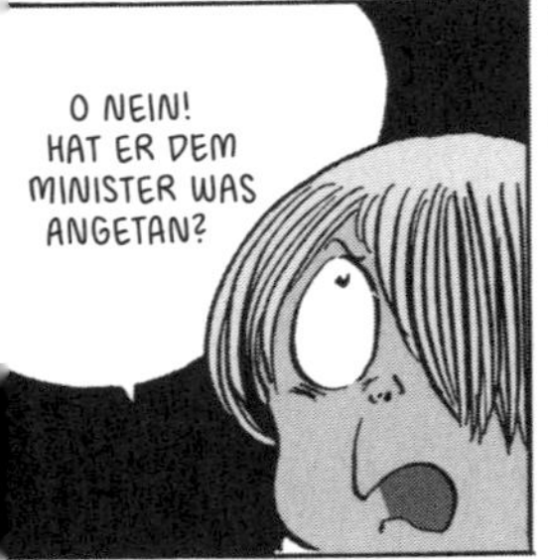
O NEIN! HAT ER DEM MINISTER WAS ANGETAN?

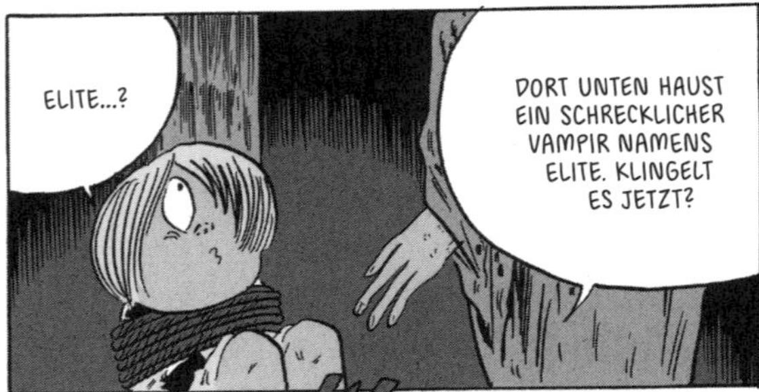
DORT UNTEN HAUST EIN SCHRECKLICHER VAMPIR NAMENS ELITE. KLINGELT ES JETZT?
ELITE...?

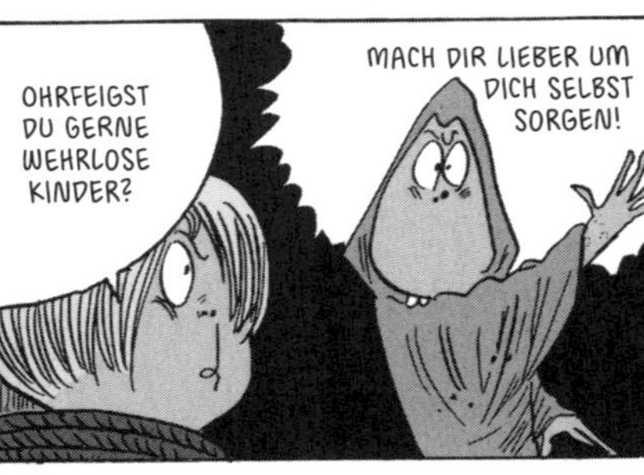
MACH DIR LIEBER UM DICH SELBST SORGEN!
OHRFEIGST DU GERNE WEHRLOSE KINDER?

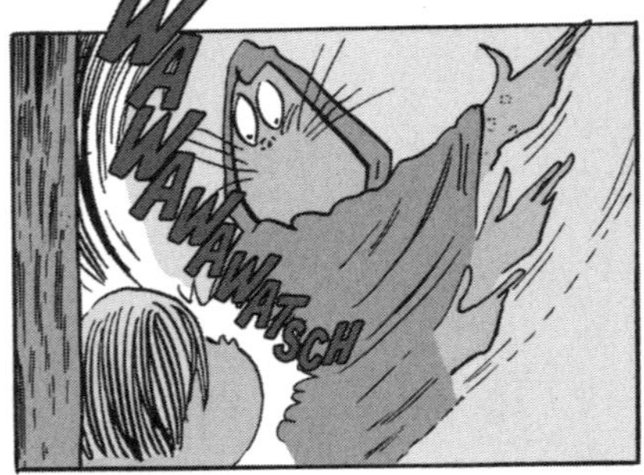
WAWAWAWAWATSCH

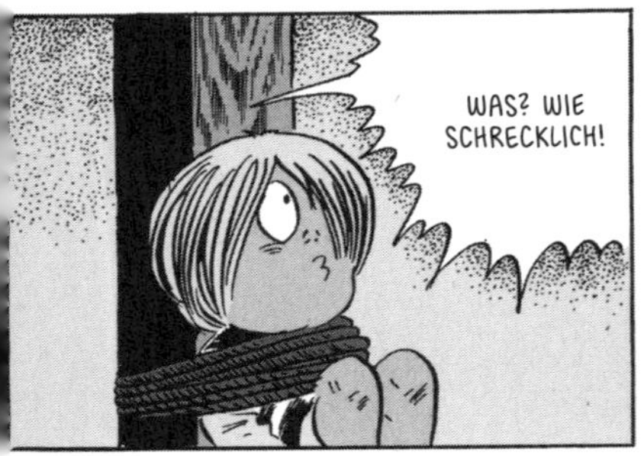
WAS? WIE SCHRECKLICH!

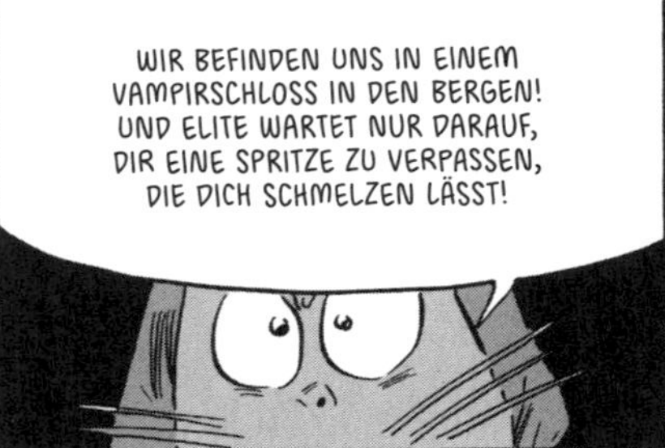
WIR BEFINDEN UNS IN EINEM VAMPIRSCHLOSS IN DEN BERGEN! UND ELITE WARTET NUR DARAUF, DIR EINE SPRITZE ZU VERPASSEN, DIE DICH SCHMELZEN LÄSST!

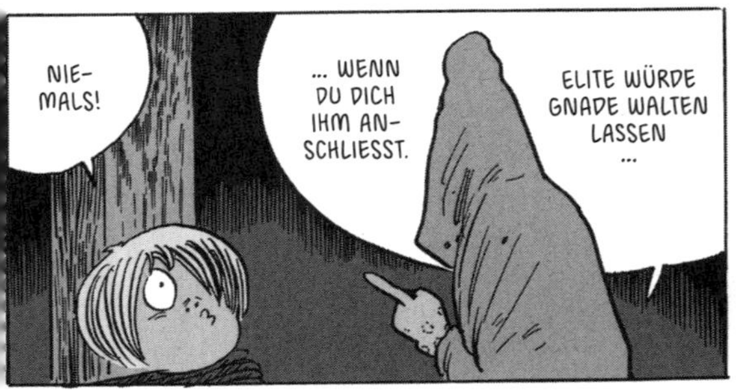
ELITE WÜRDE GNADE WALTEN LASSEN ...
... WENN DU DICH IHM ANSCHLIESST.
NIE-MALS!

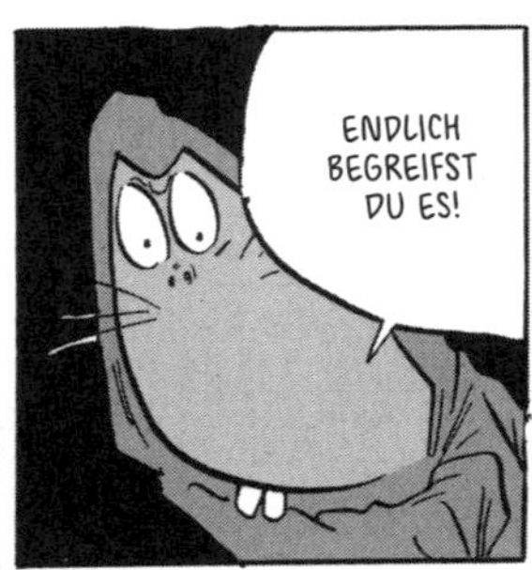
ENDLICH BEGREIFST DU ES!

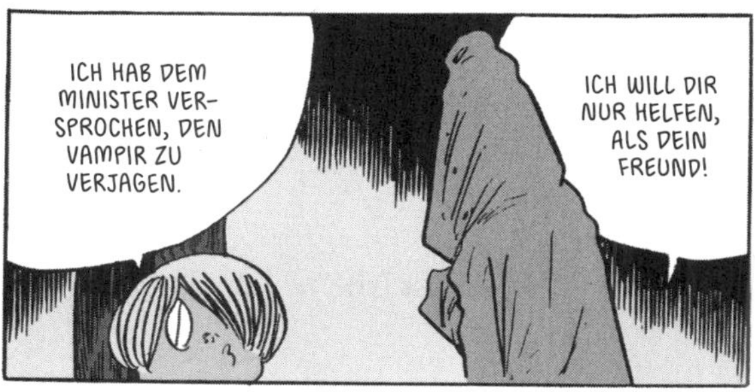
ICH HAB DEM MINISTER VERSPROCHEN, DEN VAMPIR ZU VERJAGEN.
ICH WILL DIR NUR HELFEN, ALS DEIN FREUND!

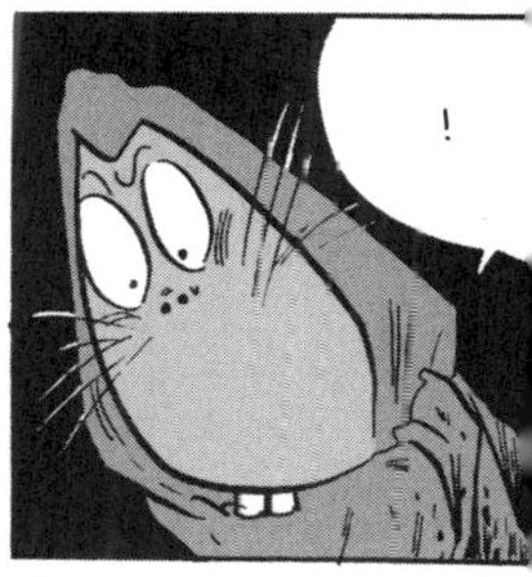
!

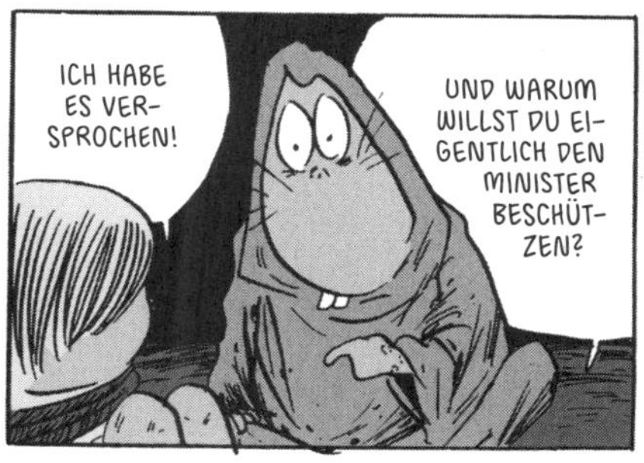
ICH HABE ES VERSPROCHEN!
UND WARUM WILLST DU EIGENTLICH DEN MINISTER BESCHÜTZEN?

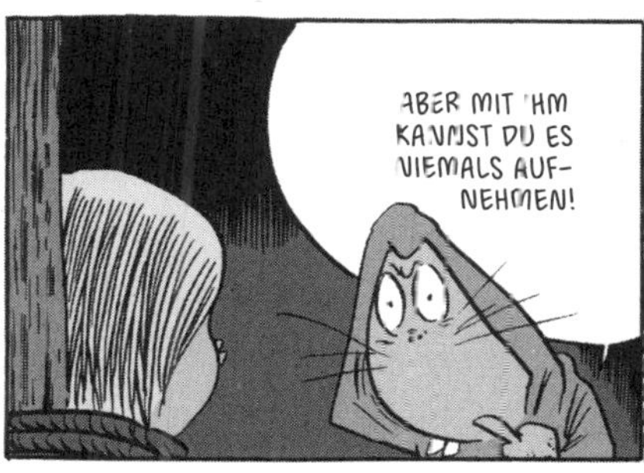
ABER MIT IHM KANNST DU ES NIEMALS AUFNEHMEN!

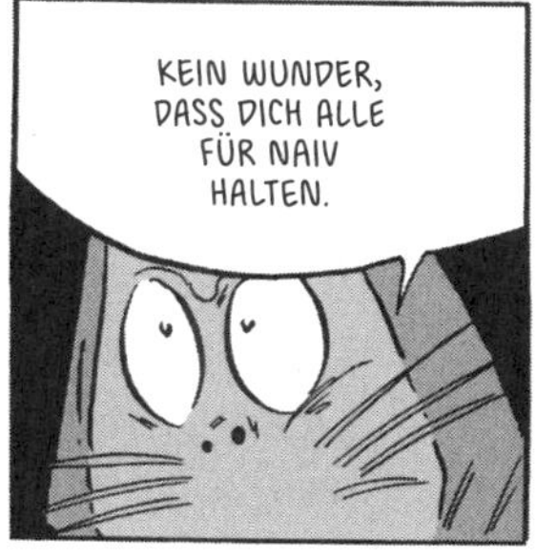
KEIN WUNDER, DASS DICH ALLE FÜR NAIV HALTEN.

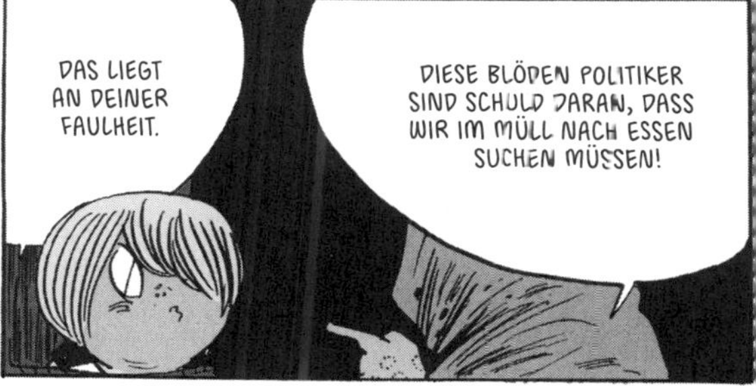
DAS LIEGT AN DEINER FAULHEIT.
DIESE BLÖDEN POLITIKER SIND SCHULD DARAN, DASS WIR IM MÜLL NACH ESSEN SUCHEN MÜSSEN!

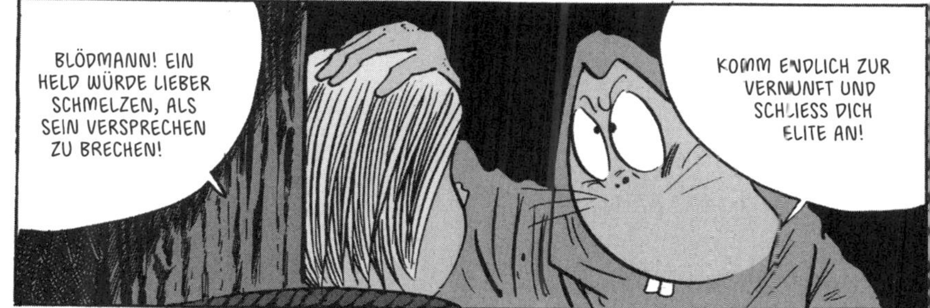
BLÖDMANN! EIN HELD WÜRDE LIEBER SCHMELZEN, ALS SEIN VERSPRECHEN ZU BRECHEN!
KOMM ENDLICH ZUR VERNUNFT UND SCHLIESS DICH ELITE AN!

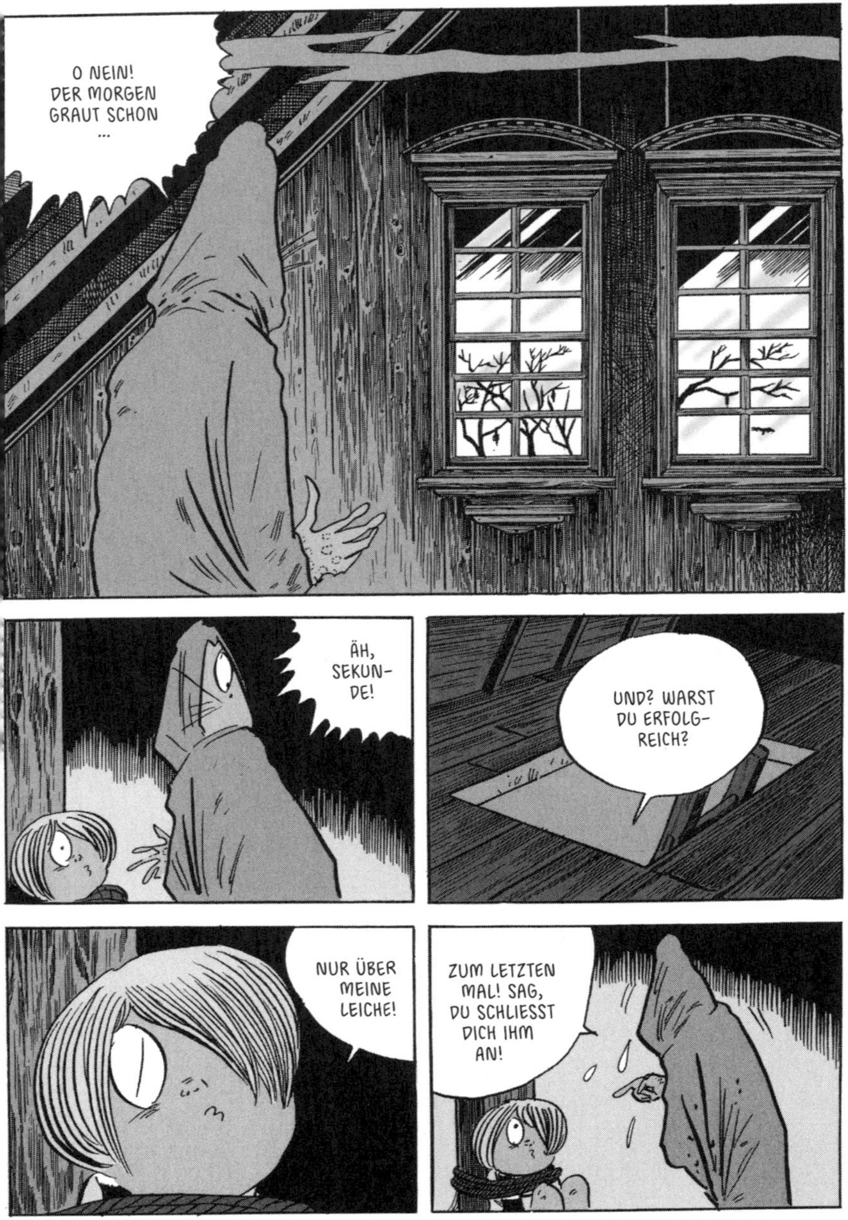

O NEIN!
DER MORGEN
GRAUT SCHON
...

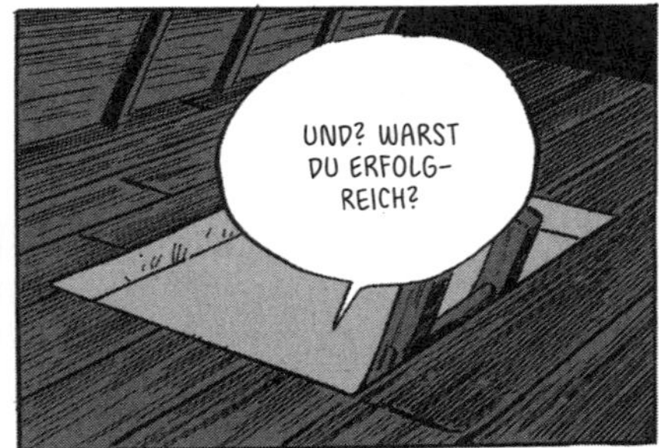
UND? WARST DU ERFOLG-REICH?

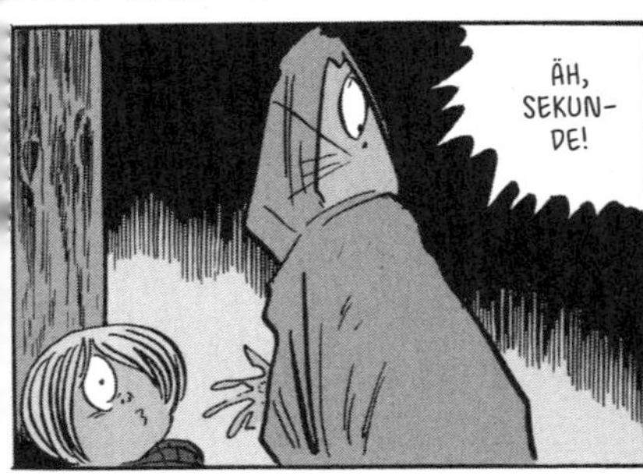
ÄH, SEKUN-DE!

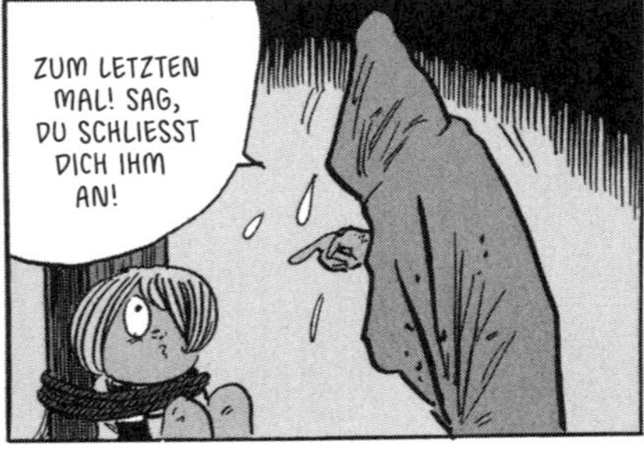
ZUM LETZTEN MAL! SAG, DU SCHLIESST DICH IHM AN!

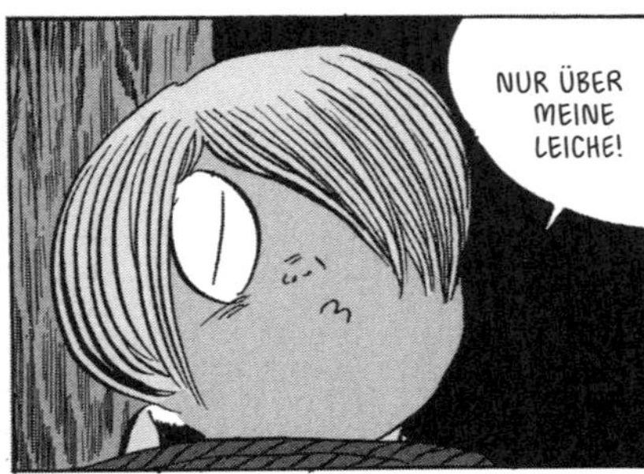
NUR ÜBER MEINE LEICHE!

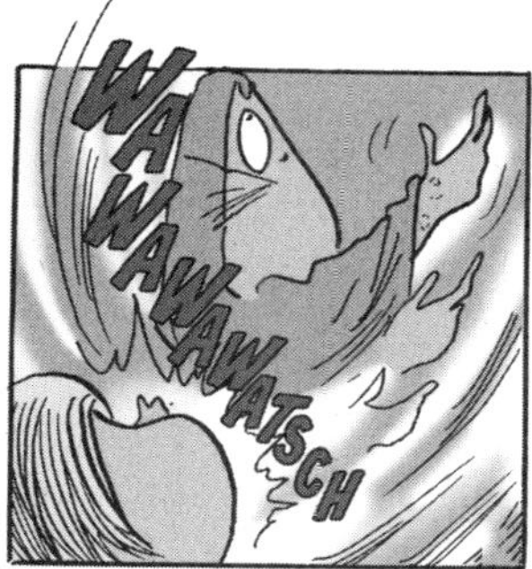
WAWAWAWAWATSCH

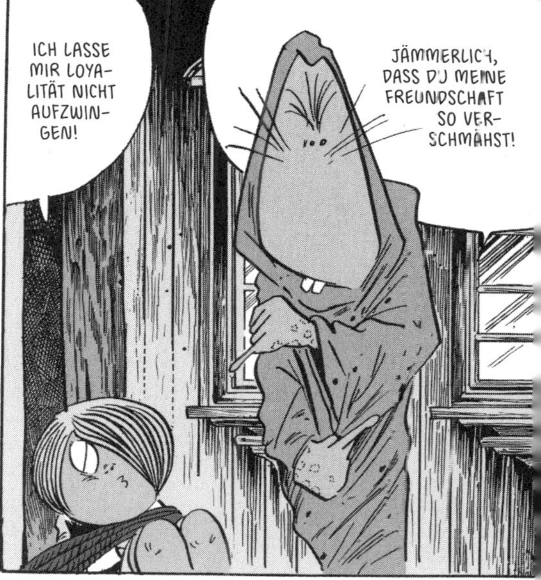
JÄMMERLICH, DASS DU MEINE FREUNDSCHAFT SO VERSCHMÄHST!
ICH LASSE MIR LOYALITÄT NICHT AUFZWINGEN!

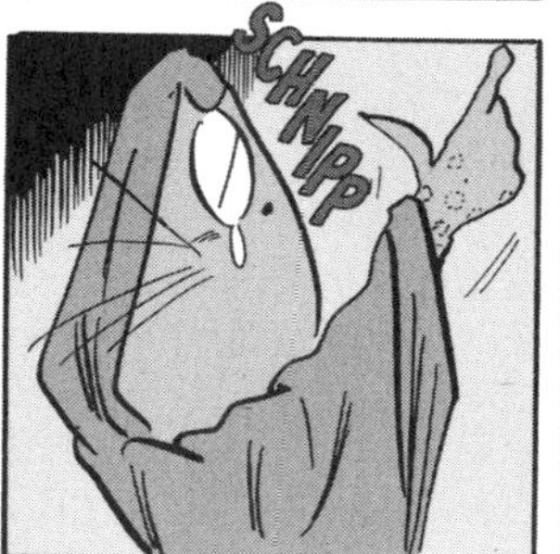
SCHNIPP

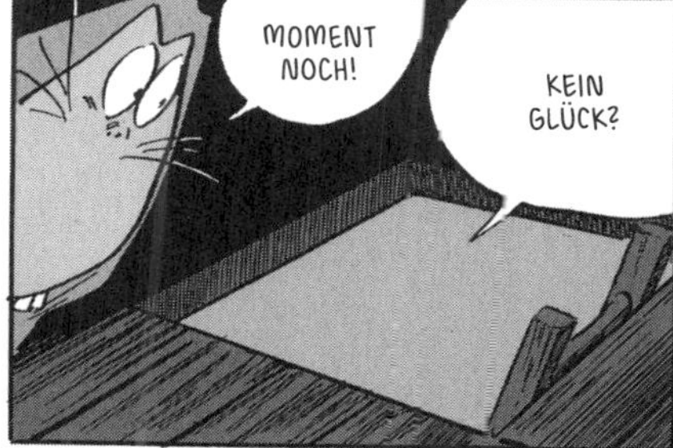
KEIN GLÜCK?
MOMENT NOCH!

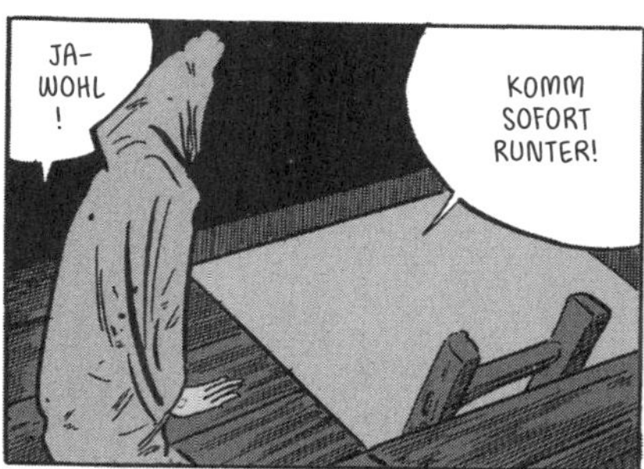
KOMM SOFORT RUNTER!
JAWOHL!

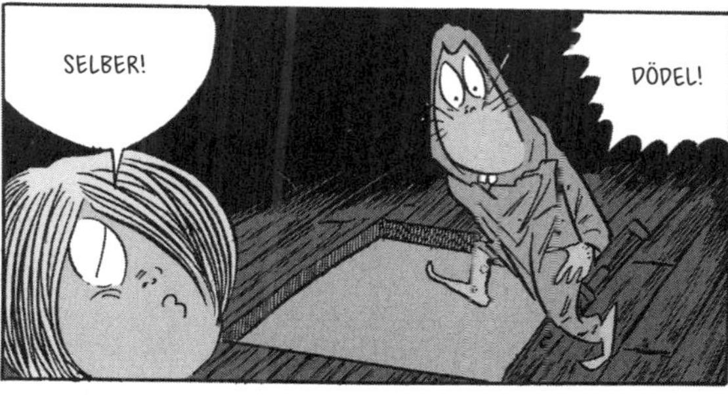
DÖDEL!
SELBER!

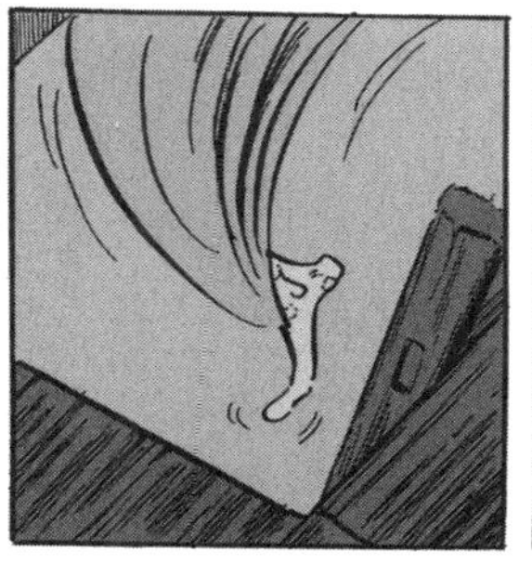

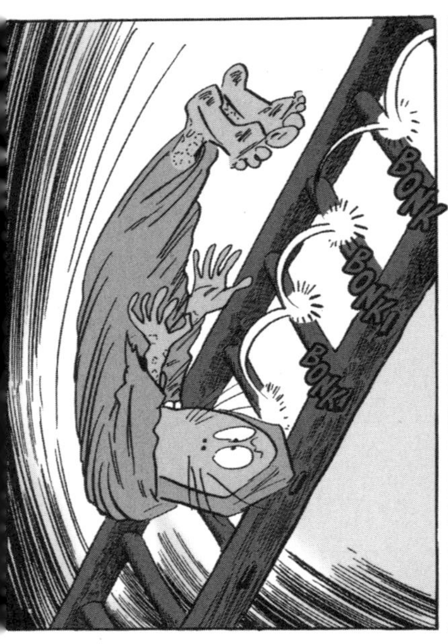
BONK
BONK!
BONK!

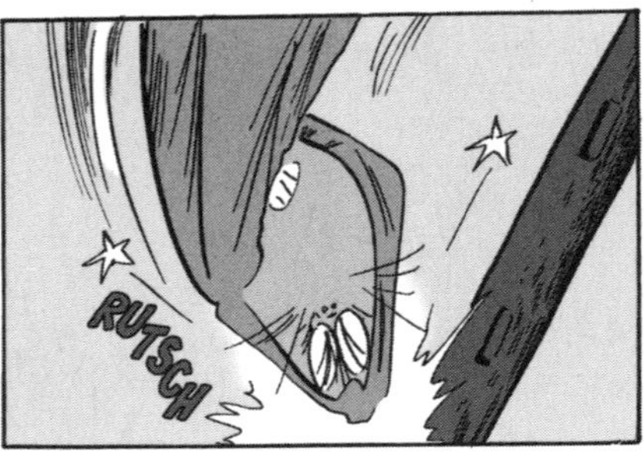
RUTSCH

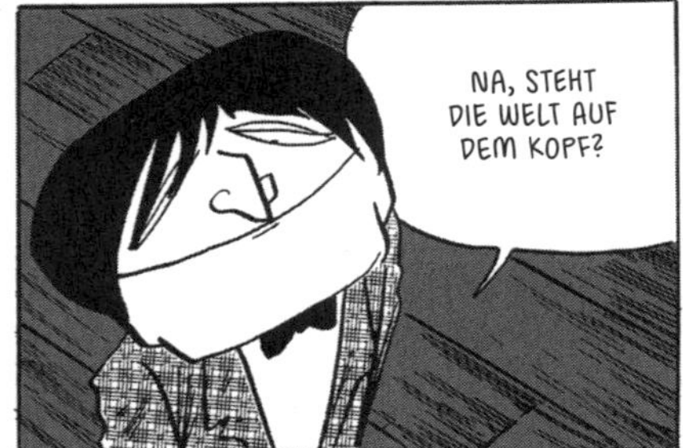
NA, STEHT DIE WELT AUF DEM KOPF?

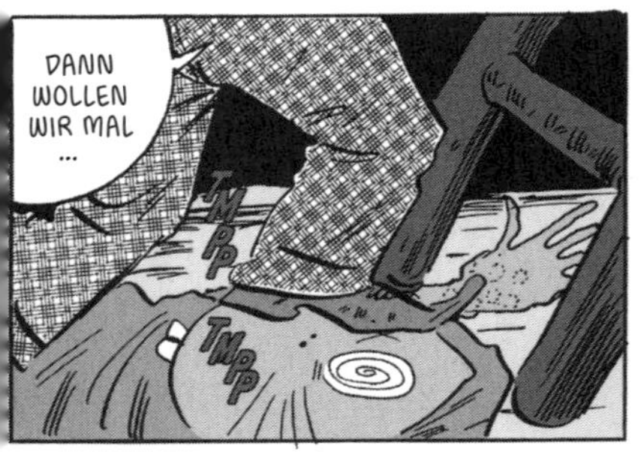
DANN WOLLEN WIR MAL ...
TMPP
TMPP

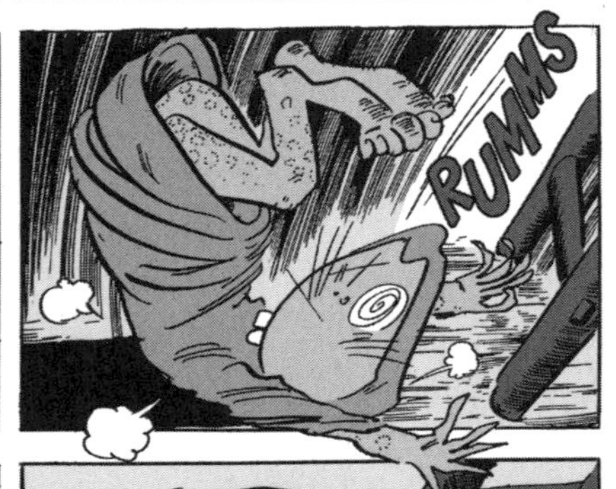
RUMMS

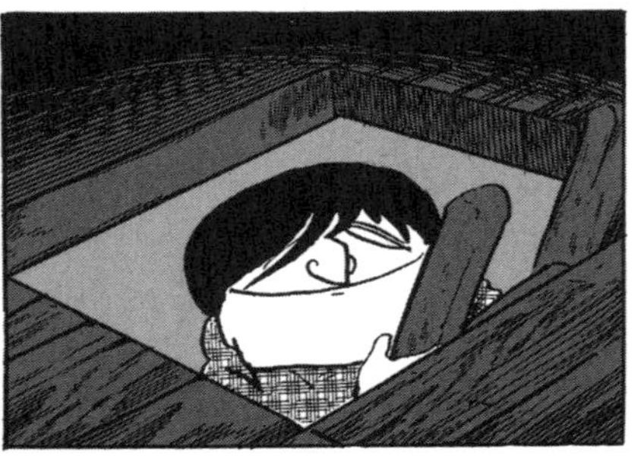

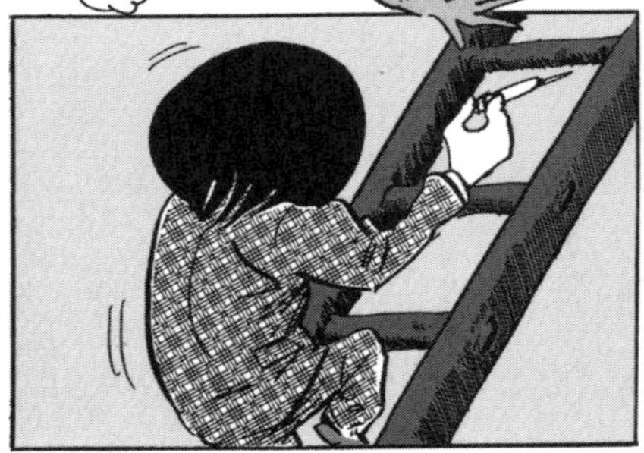

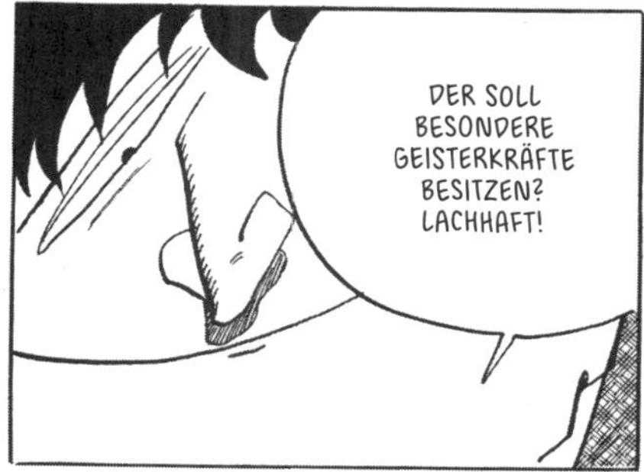

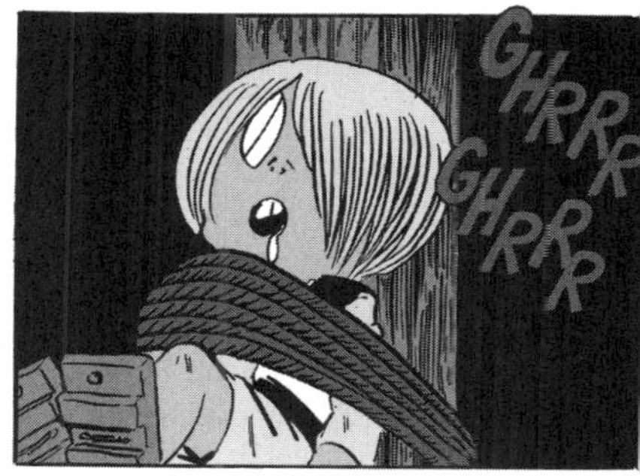

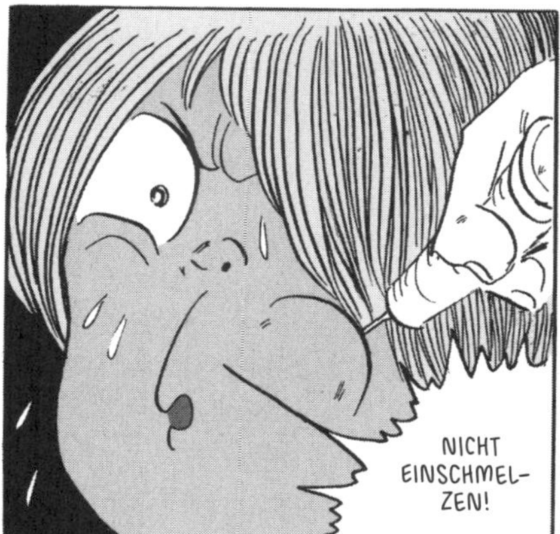

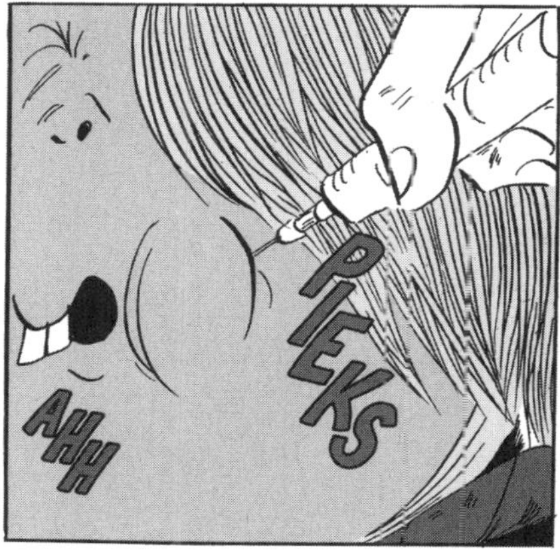

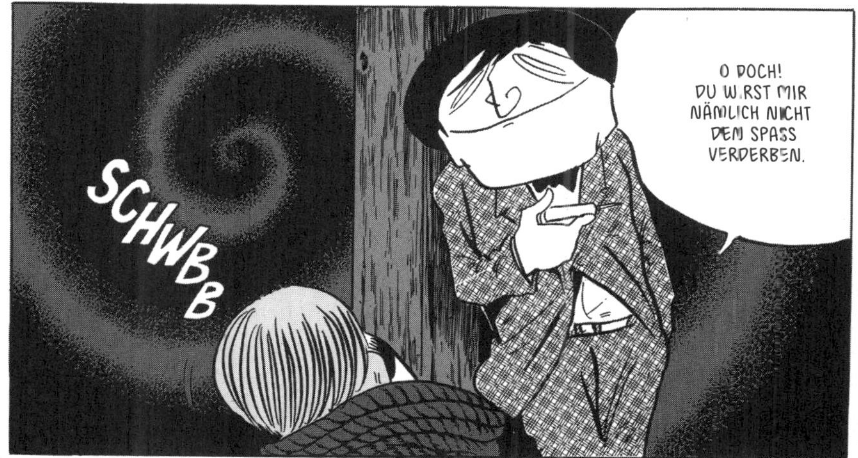

Der Vampir Elite, Teil 3 – Ende

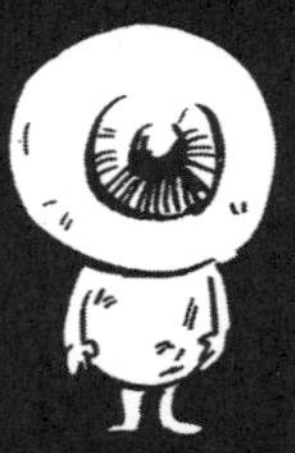

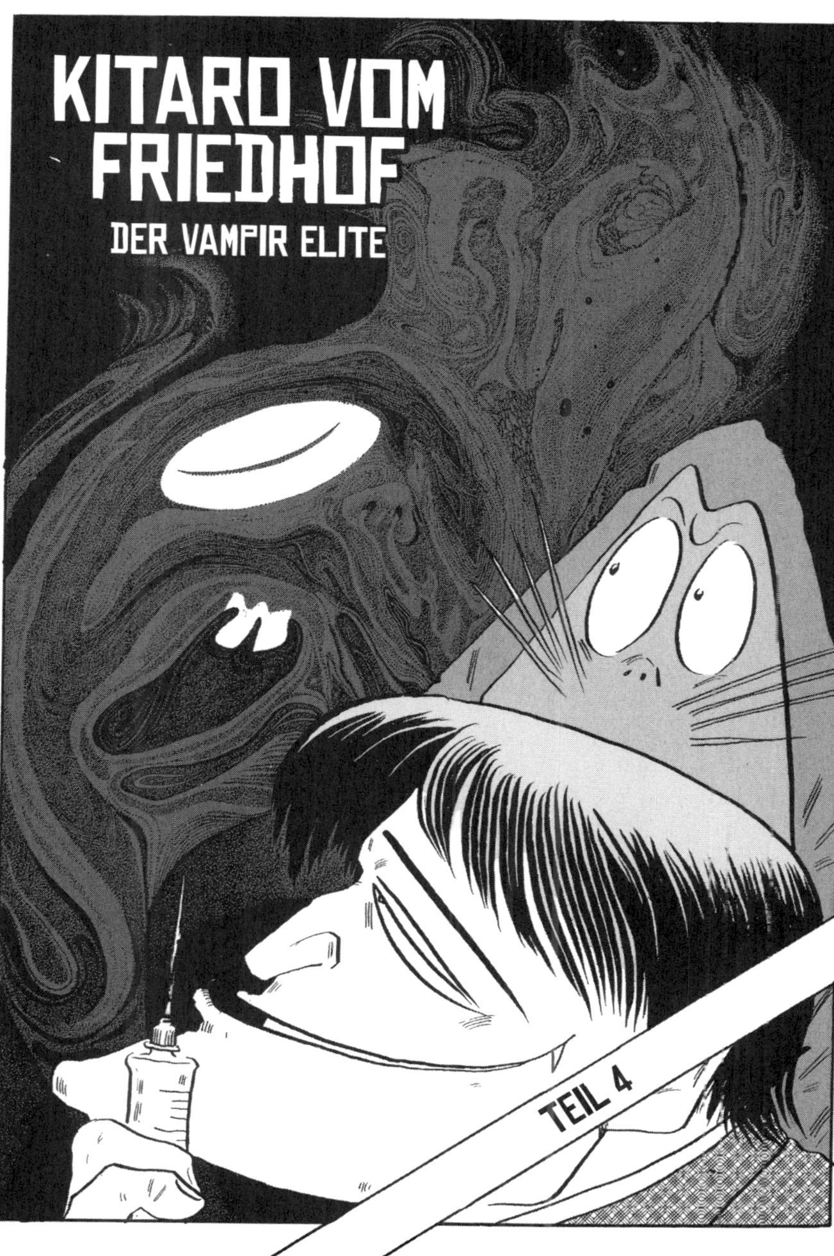
KITARO VOM FRIEDHOF
DER VAMPIR ELITE
TEIL 4

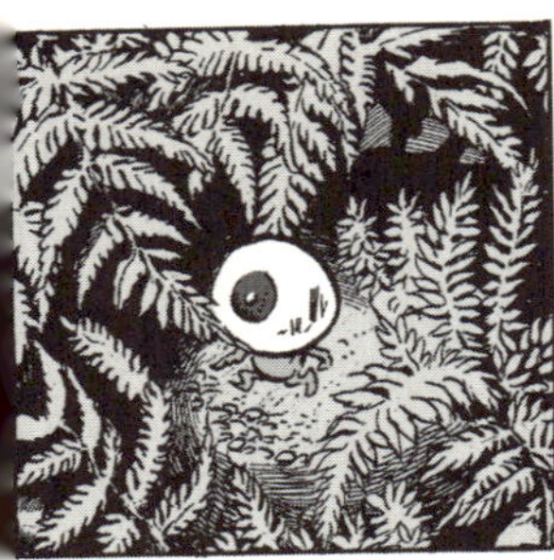

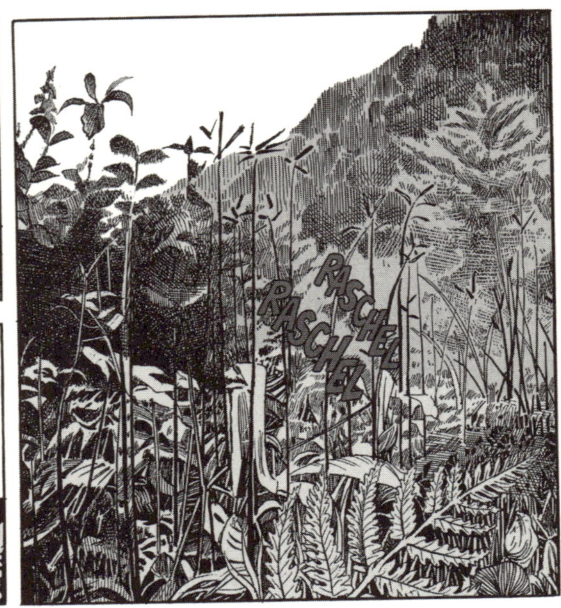
RASCHEL
RASCHEL

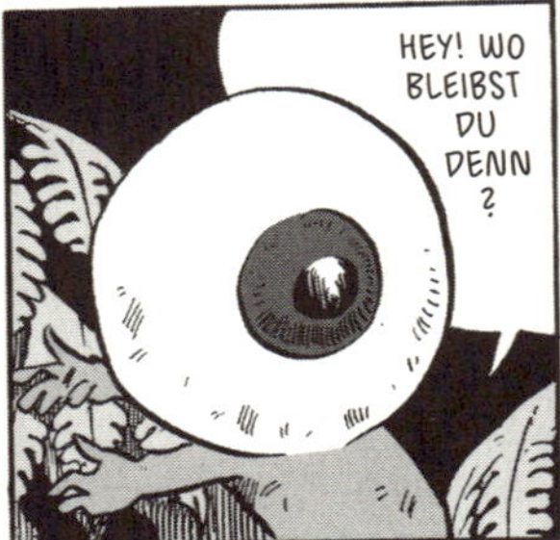
HEY! WO BLEIBST DU DENN ?

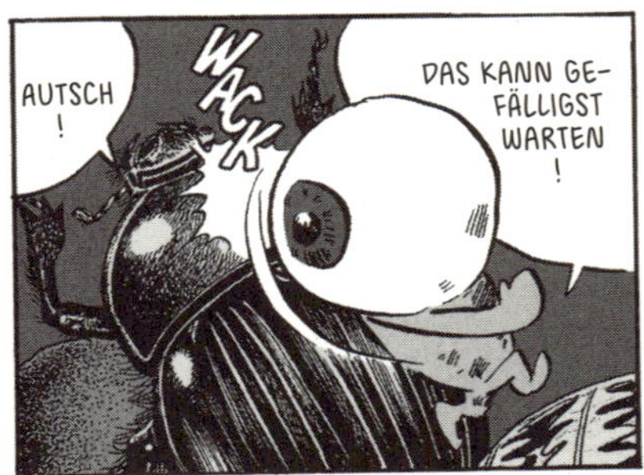
AUTSCH !
WACK
DAS KANN GEFÄLLIGST WARTEN !

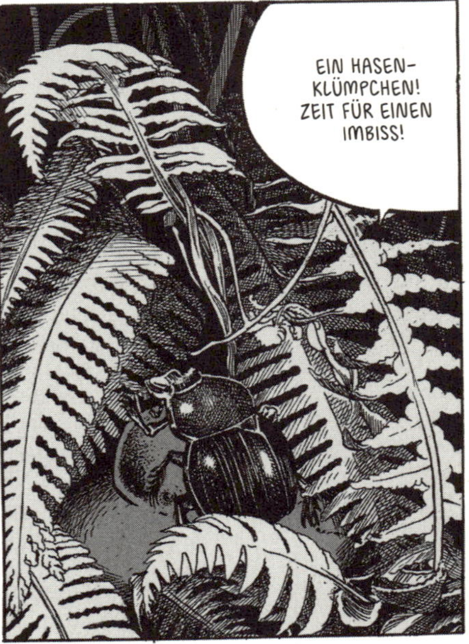
EIN HASENKLÜMPCHEN! ZEIT FÜR EINEN IMBISS!

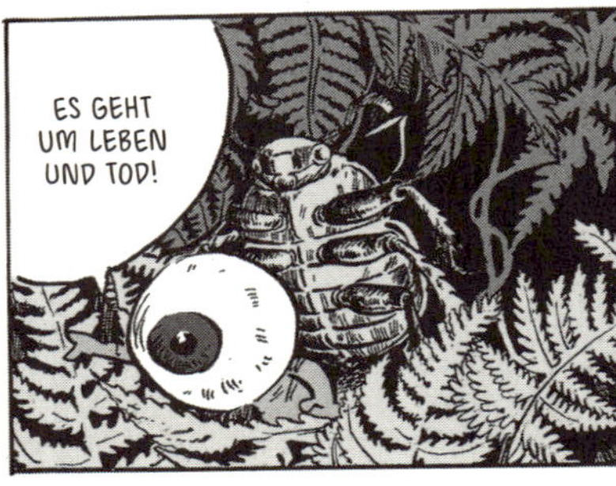
ES GEHT UM LEBEN UND TOD!

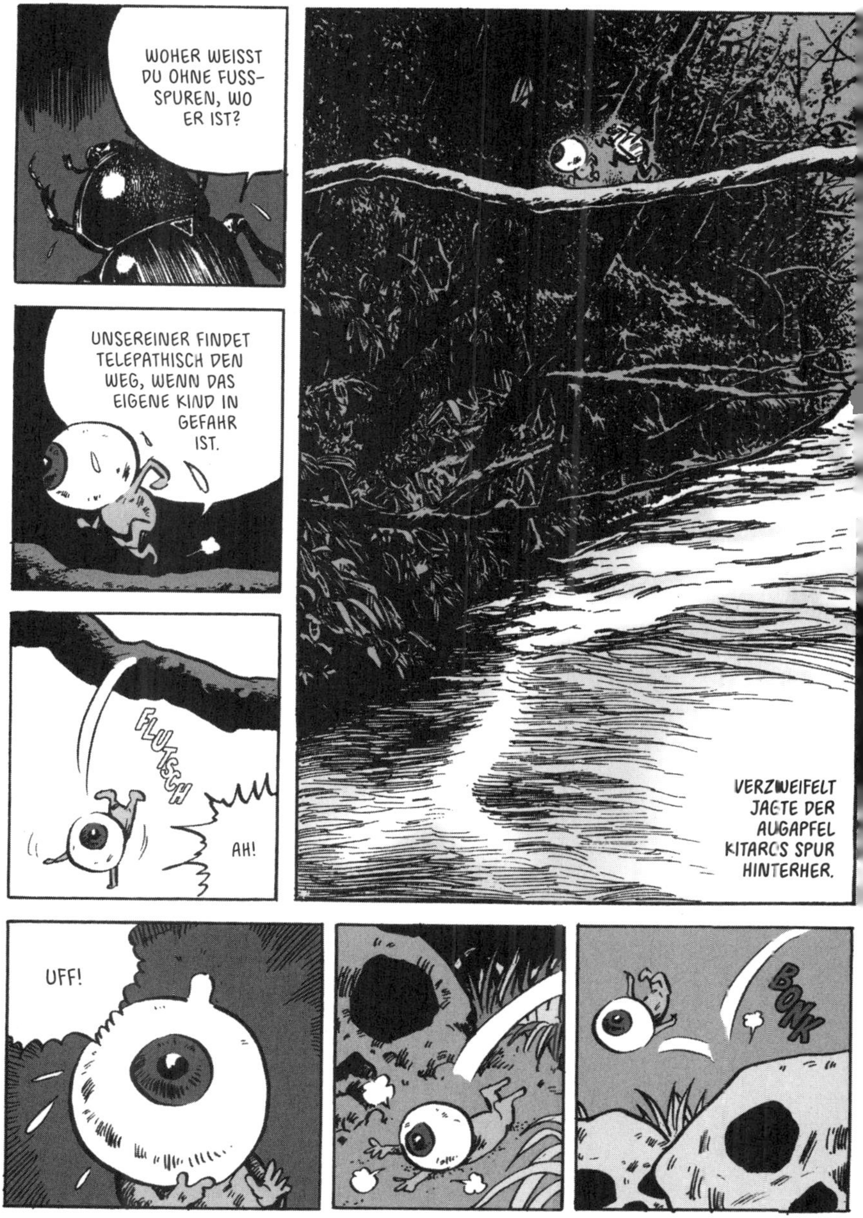

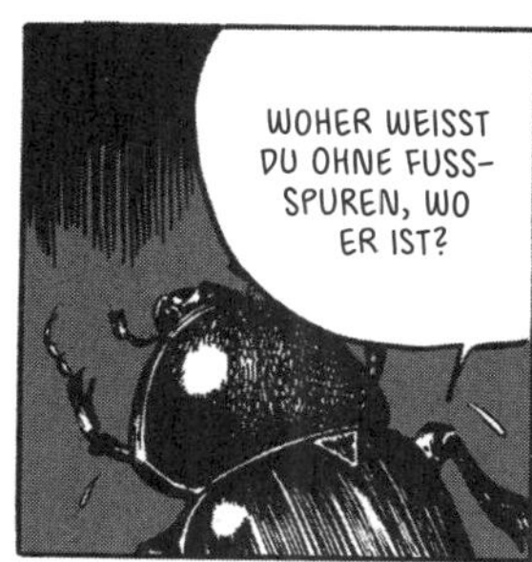

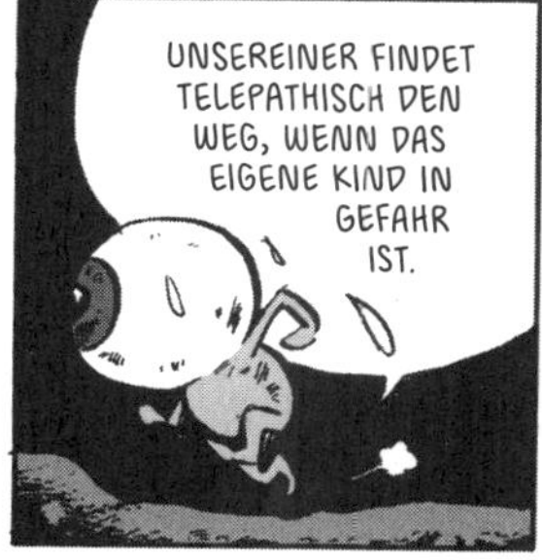

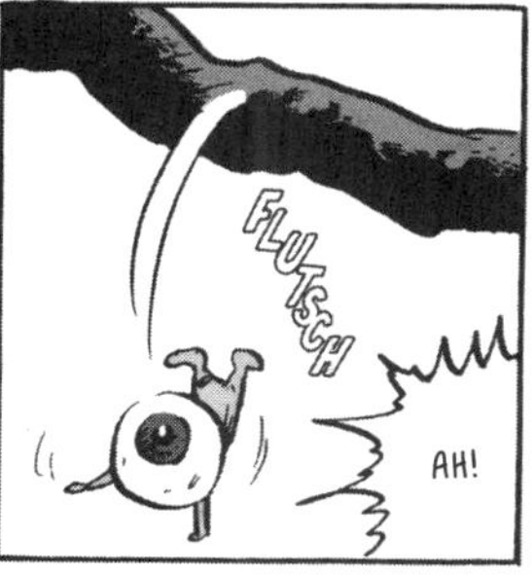

VERZWEIFELT JAGTE DER AUGAPFEL KITAROS SPUR HINTERHER.

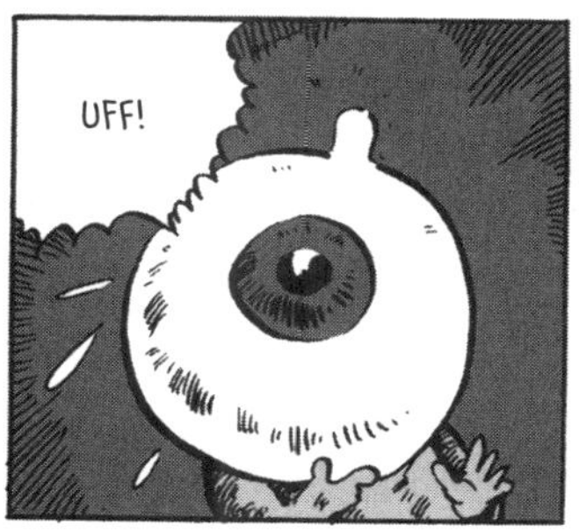

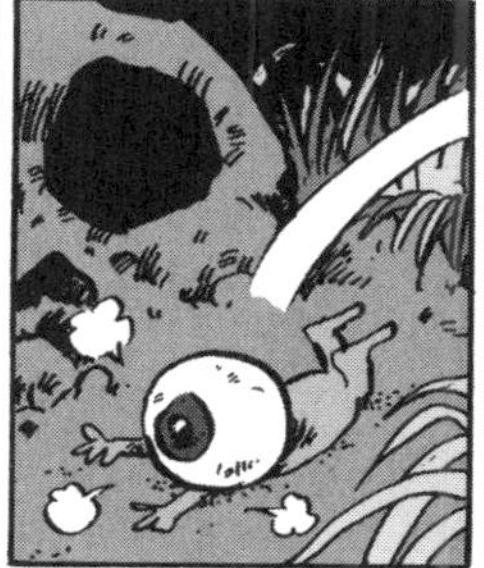

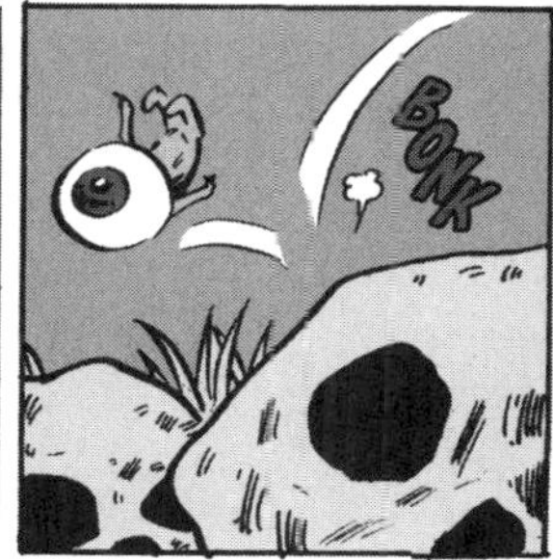

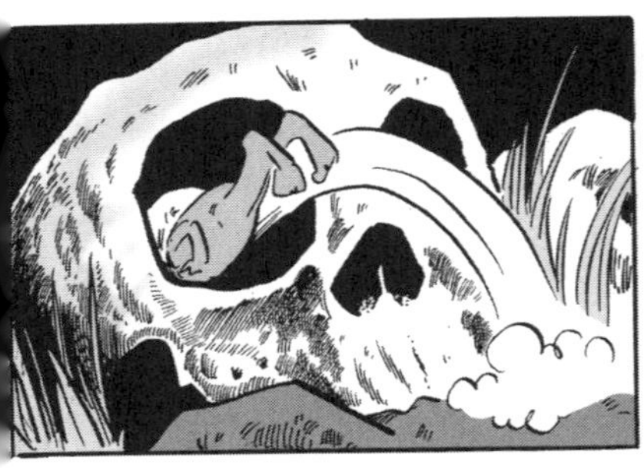

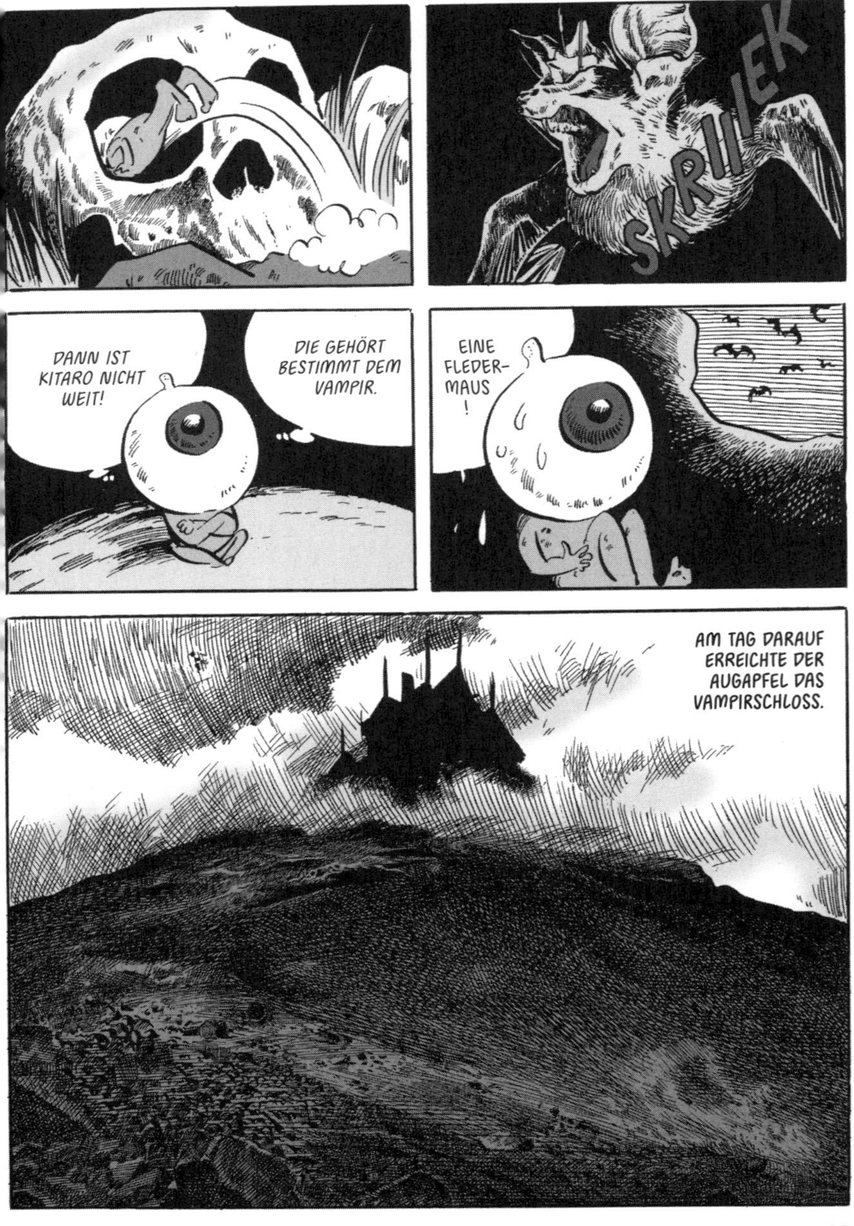

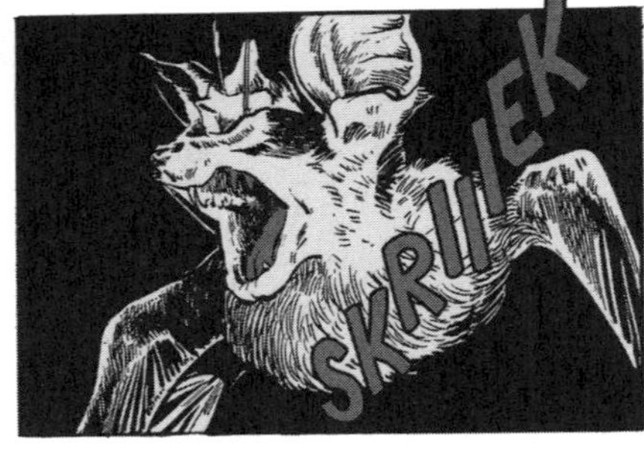

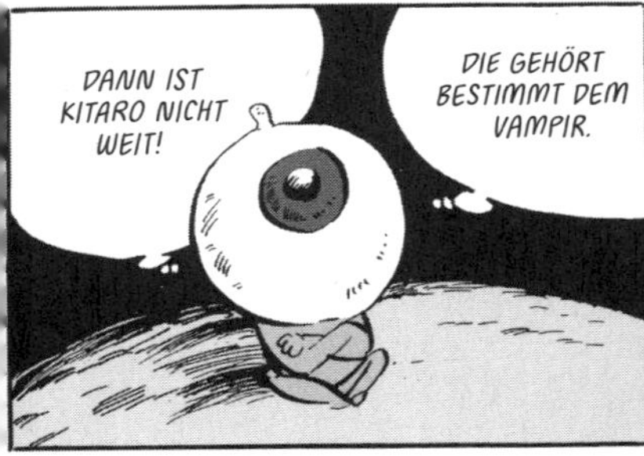

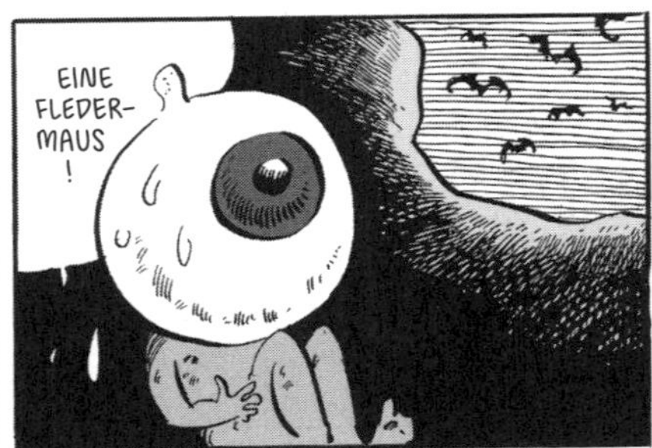

AM TAG DARAUF ERREICHTE DER AUGAPFEL DAS VAMPIRSCHLOSS.

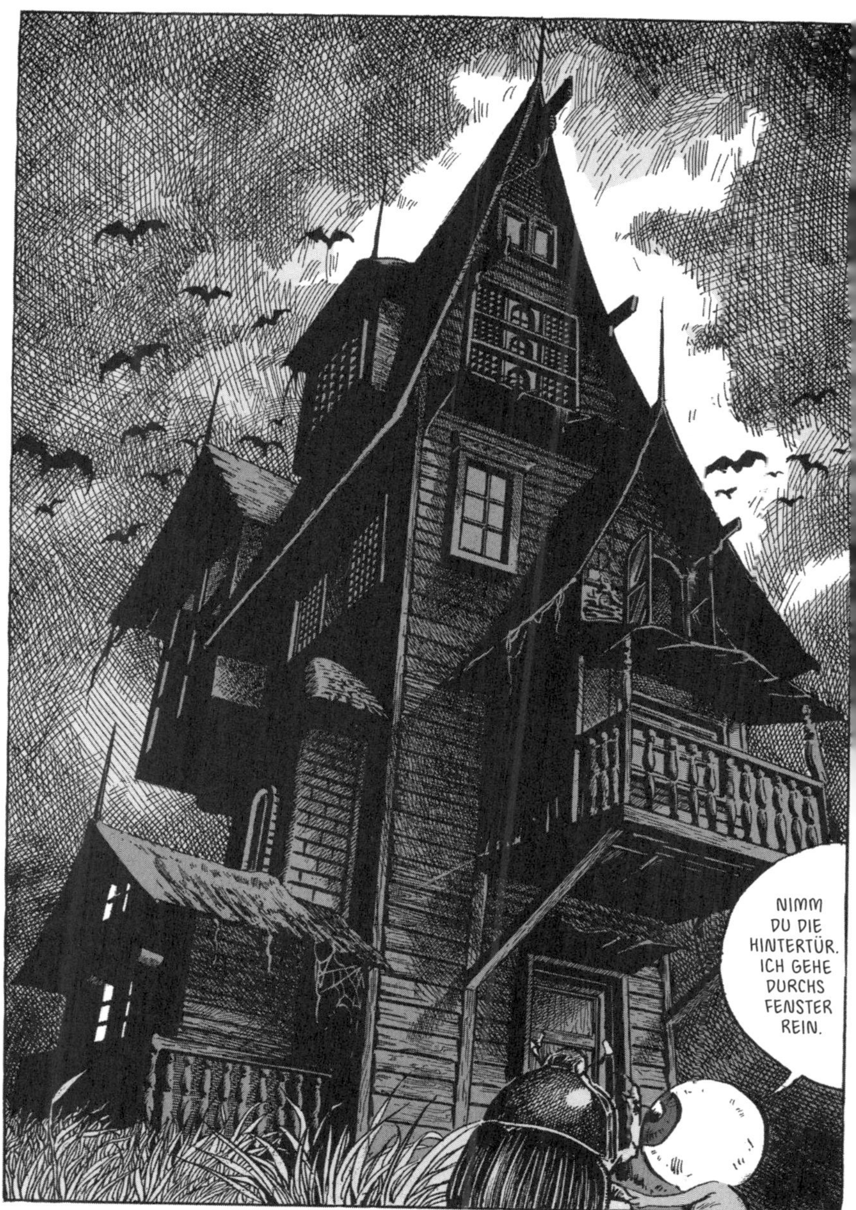
NIMM DU DIE HINTERTÜR. ICH GEHE DURCHS FENSTER REIN.

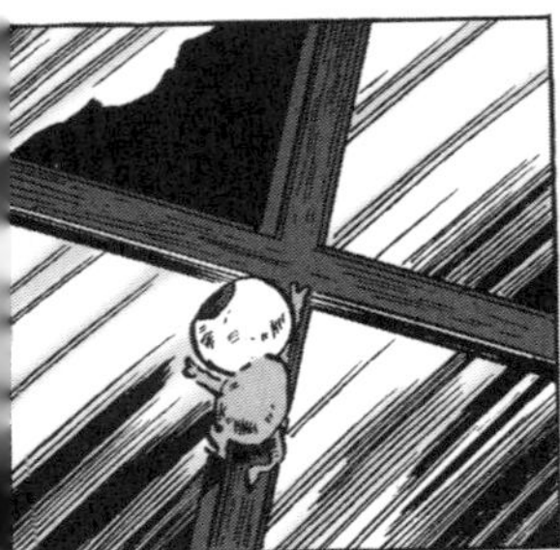
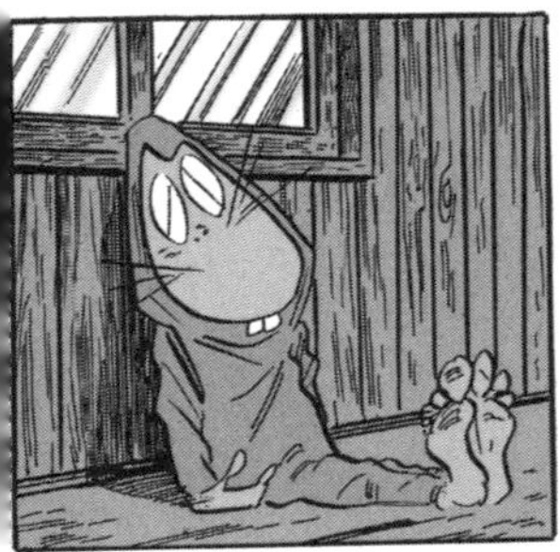
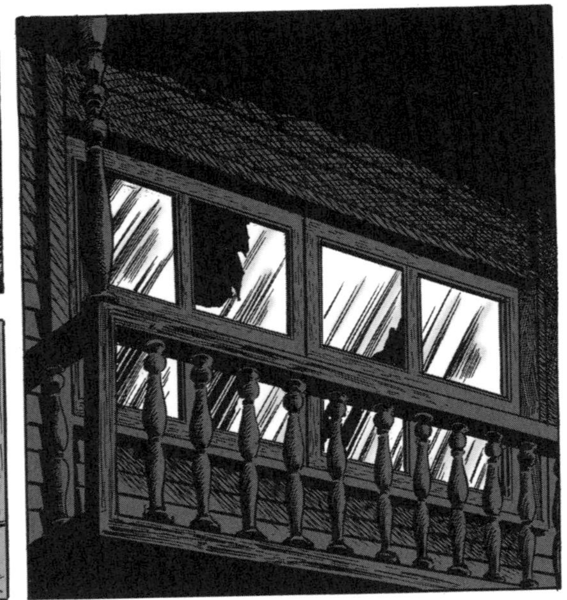
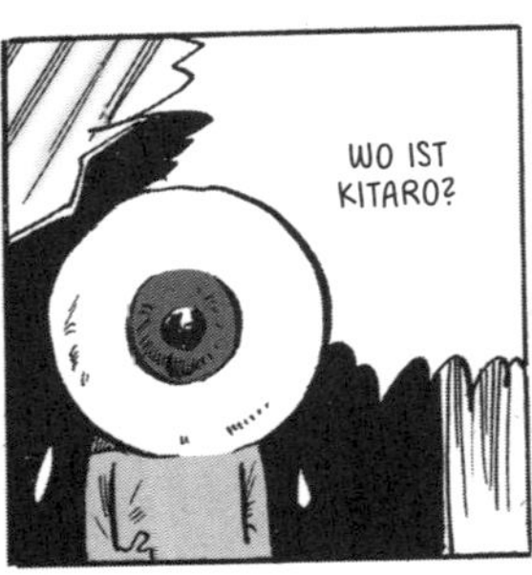
WO IST
KITARO?
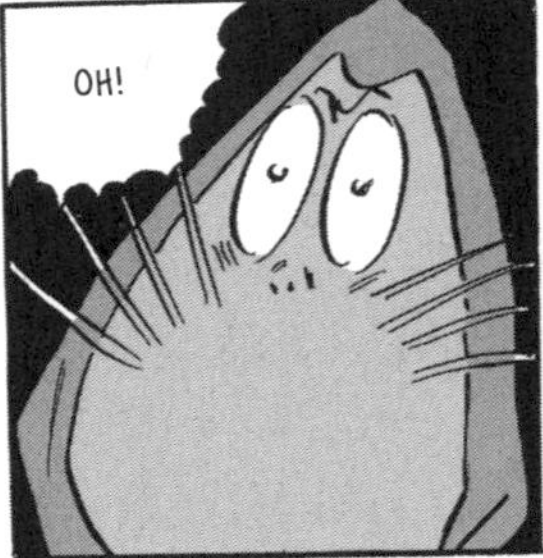
OH!
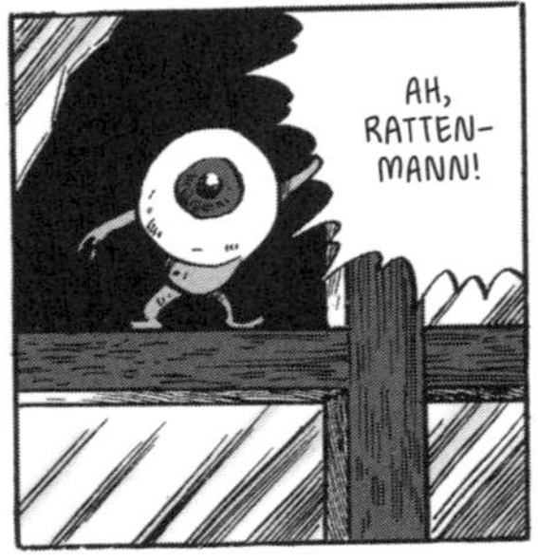
AH,
RATTEN-
MANN!
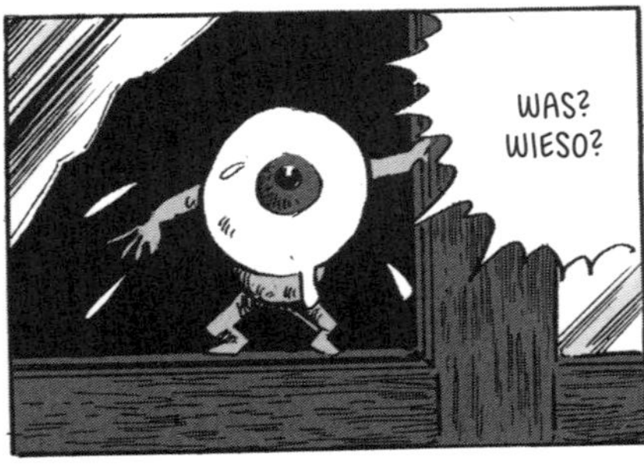
WAS?
WIESO?
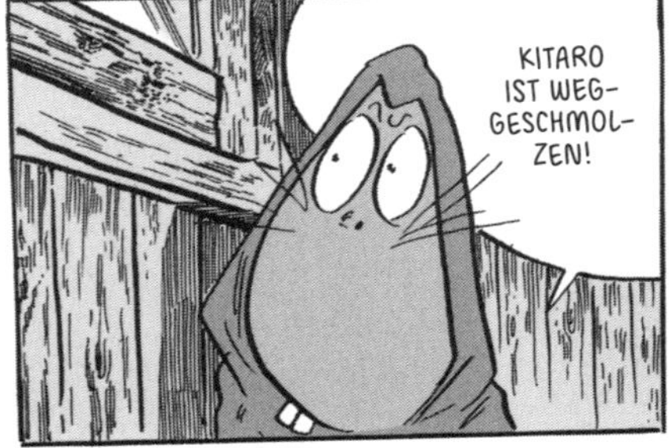
KITARO
IST WEG-
GESCHMOL-
ZEN!

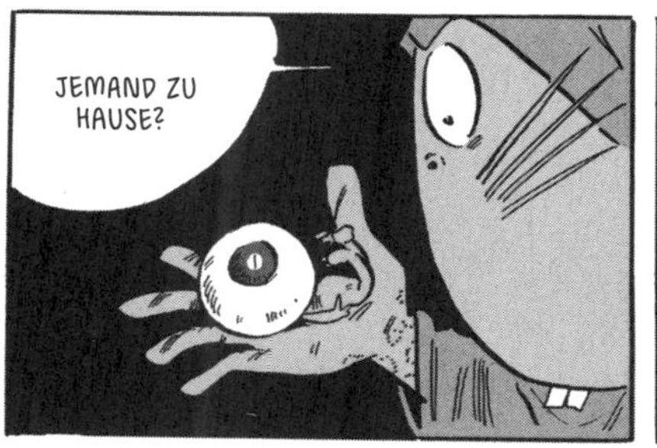
JEMAND ZU HAUSE?

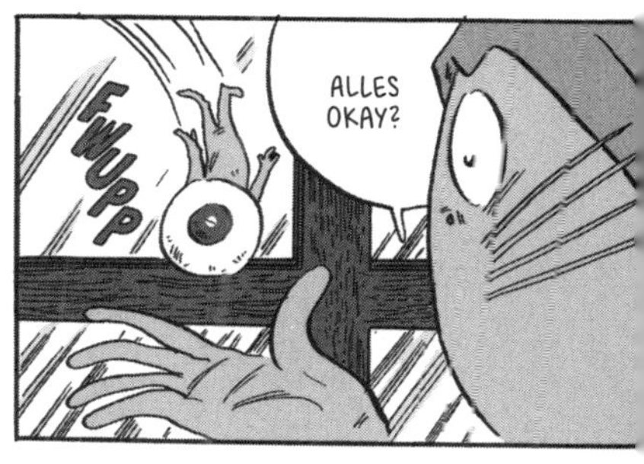
FWUPP
ALLES OKAY?

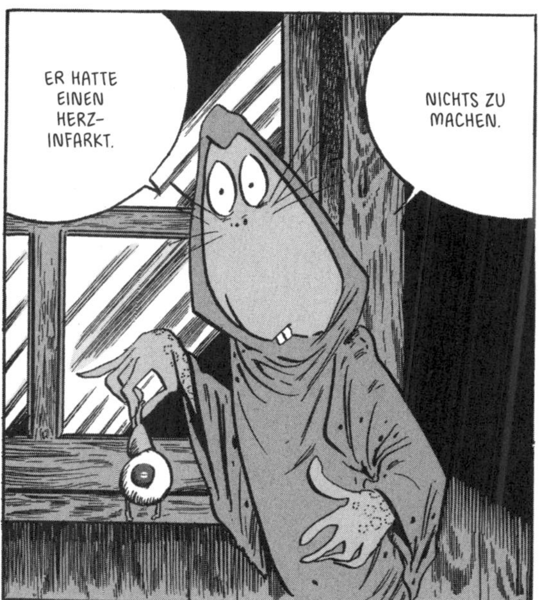
ER HATTE EINEN HERZ-INFARKT.
NICHTS ZU MACHEN.

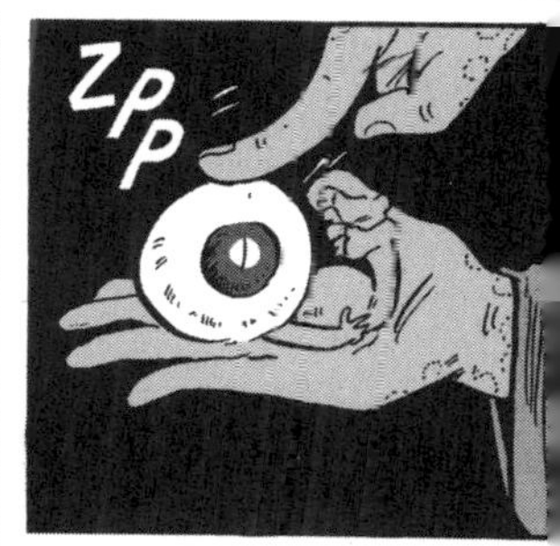
ZPP

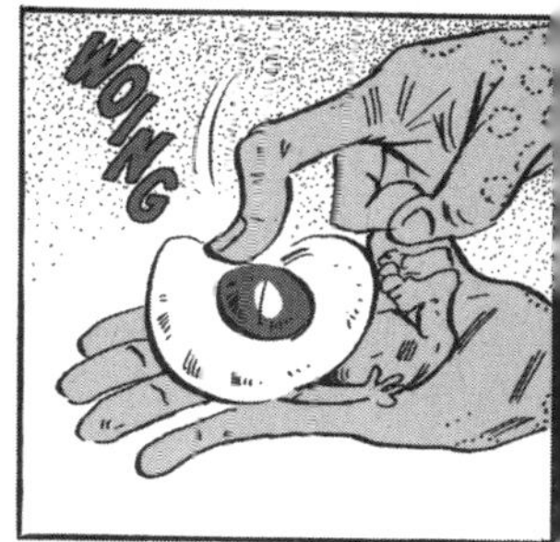
WOING

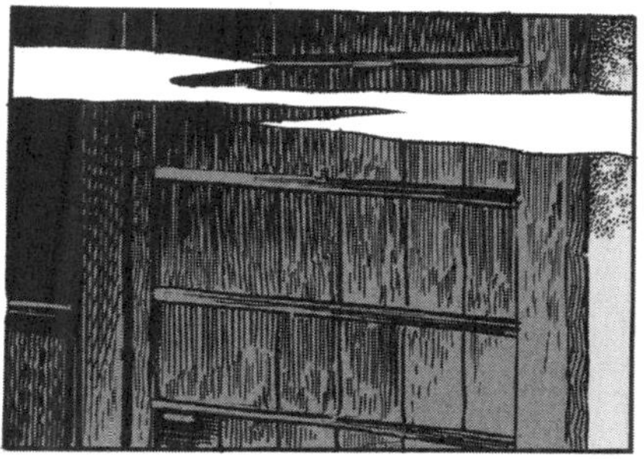

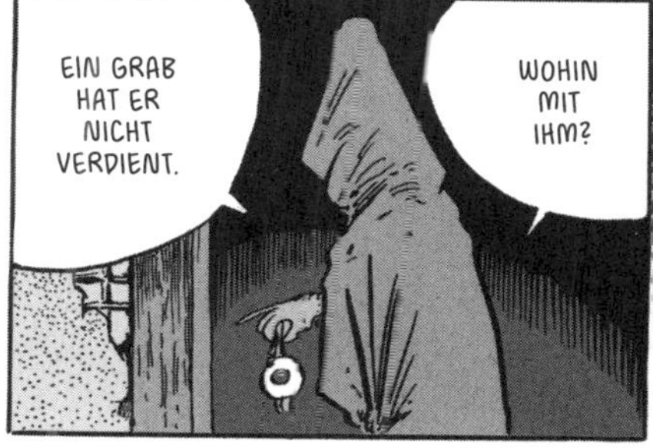
EIN GRAB HAT ER NICHT VERDIENT.
WOHIN MIT IHM?

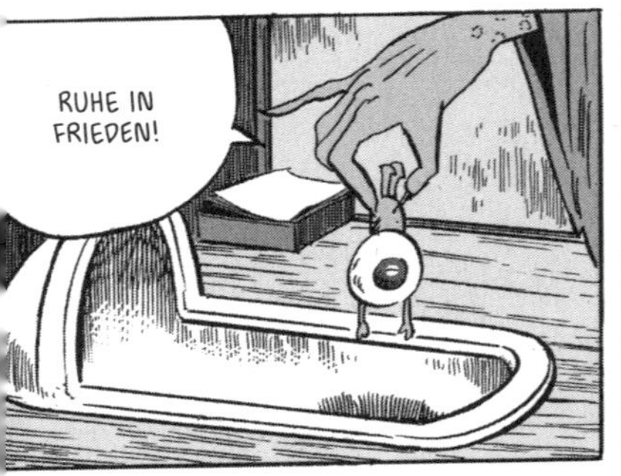
RUHE IN FRIEDEN!

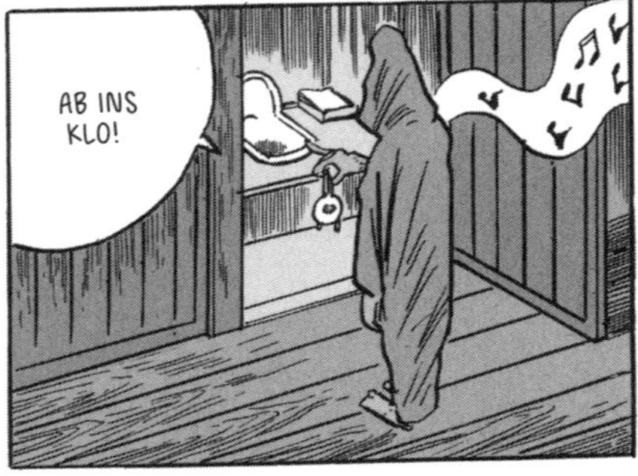
AB INS KLO!

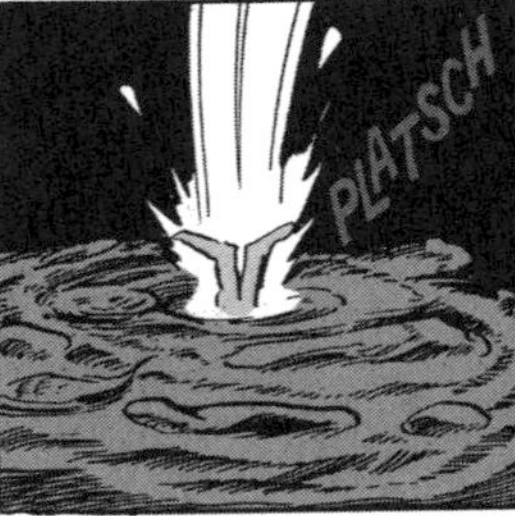
WAS FÜR EIN TÖLPEL! ICH WAR NUR KURZ OHNMÄCHTIG.
PLATSCH

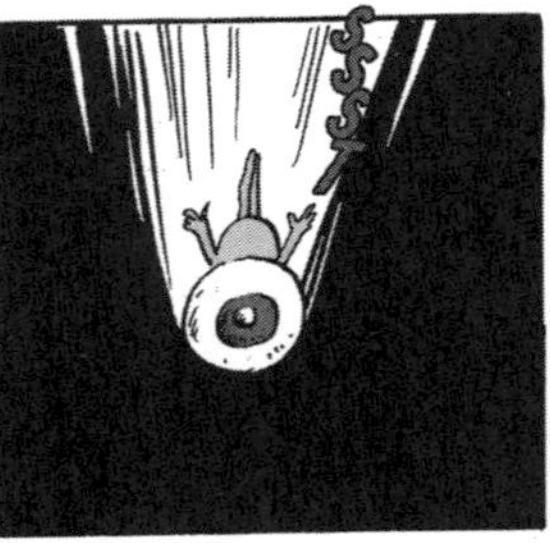
SSST

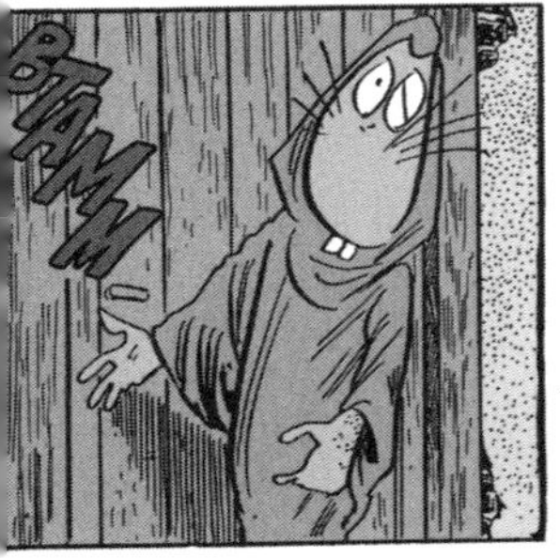
BTAMM

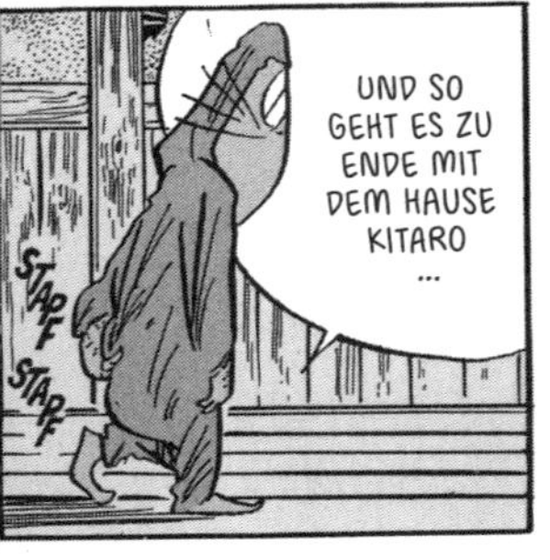
UND SO GEHT ES ZU ENDE MIT DEM HAUSE KITARO ...
STAPF
STAPF

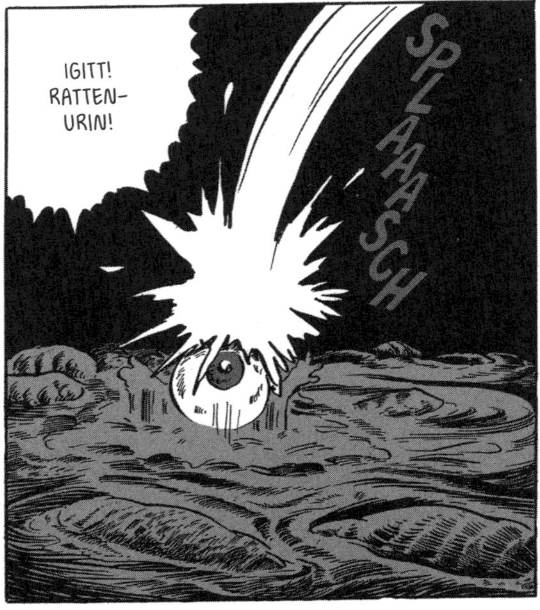
IGITT! RATTEN-URIN!
SPLAAAASCH

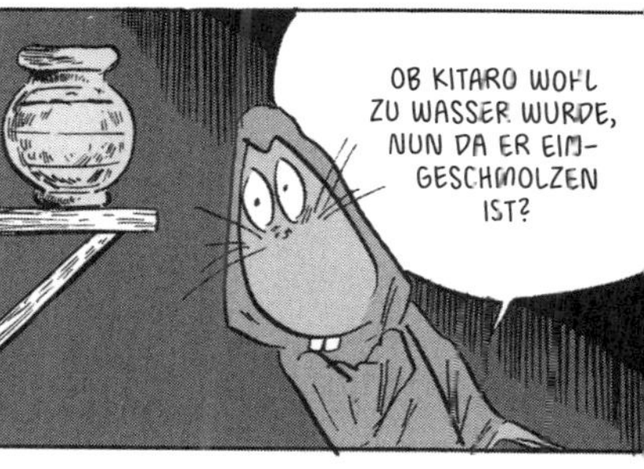
OB KITARO WOHL ZU WASSER WURDE, NUN DA ER EIN-GESCHMOLZEN IST?

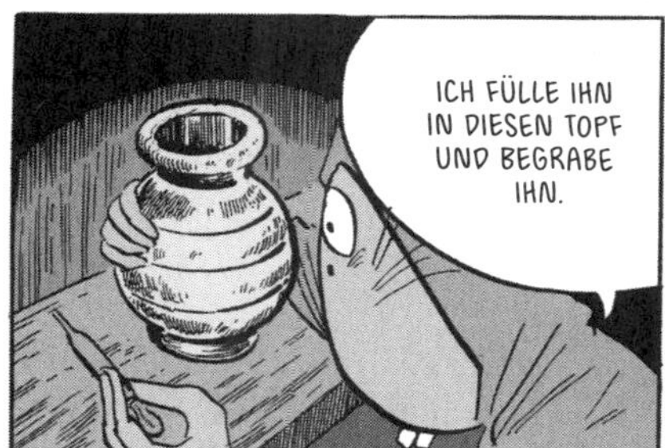
ICH FÜLLE IHN IN DIESEN TOPF UND BEGRABE IHN.

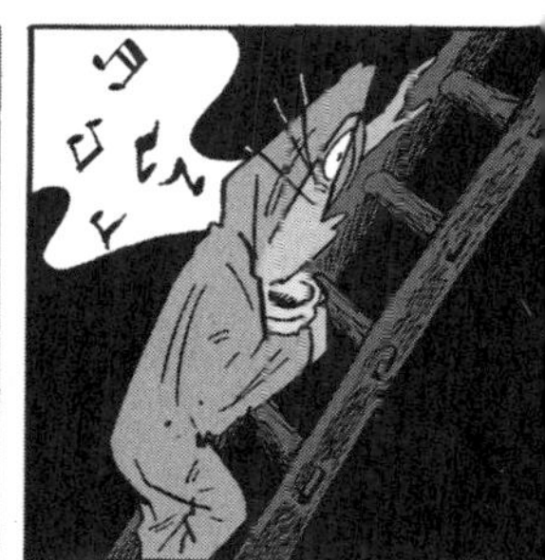

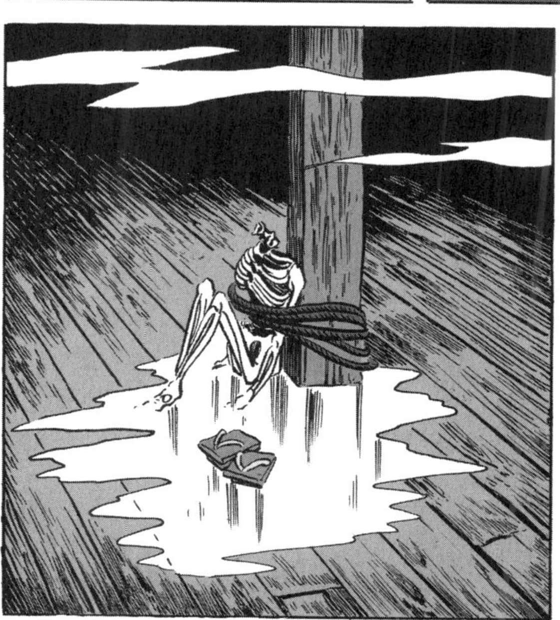

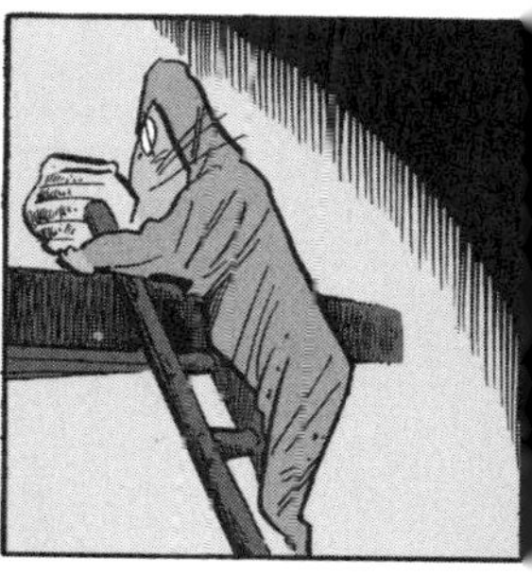

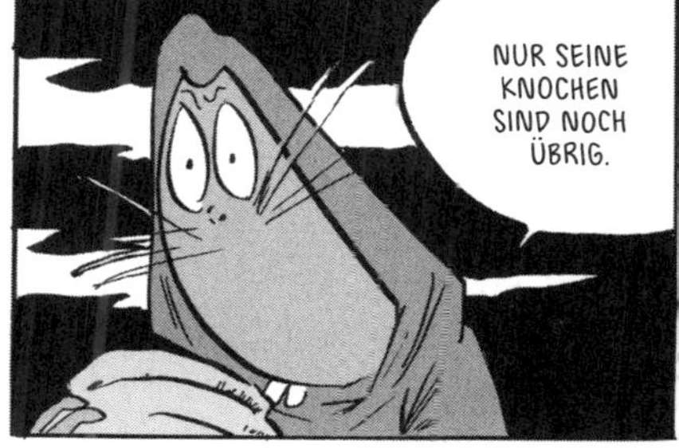
NUR SEINE KNOCHEN SIND NOCH ÜBRIG.

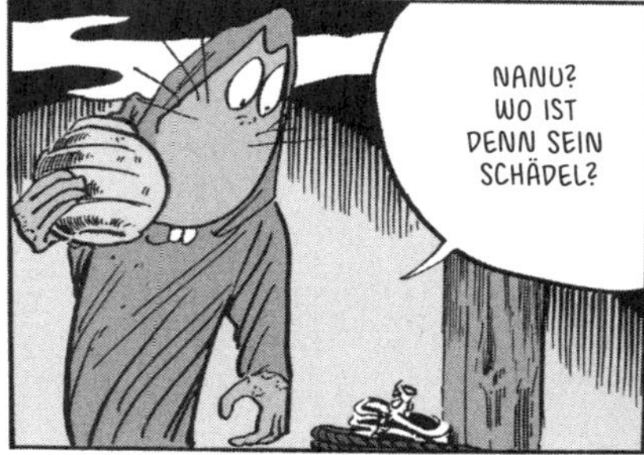
NANU? WO IST DENN SEIN SCHÄDEL?

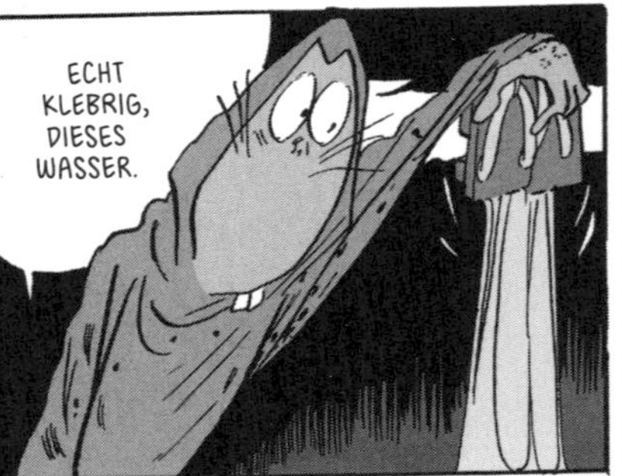
ECHT KLEBRIG, DIESES WASSER.
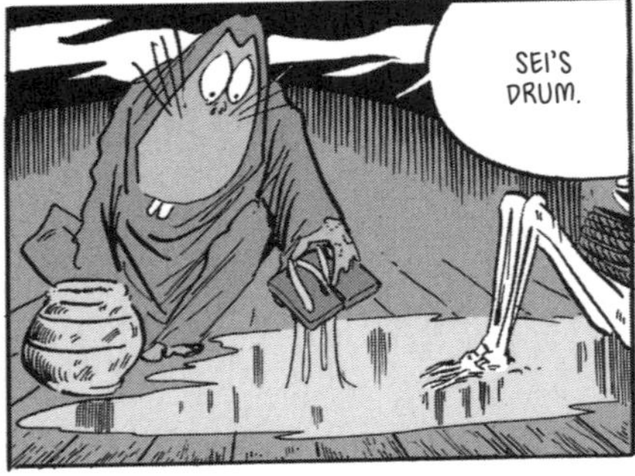
SEI'S DRUM.
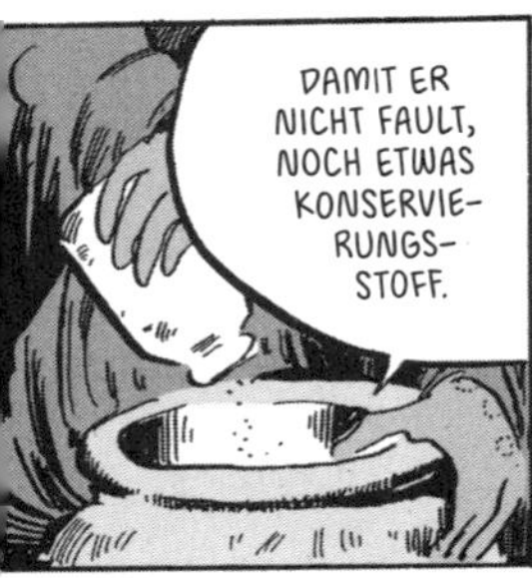
DAMIT ER NICHT FAULT, NOCH ETWAS KONSERVIERUNGSSTOFF.
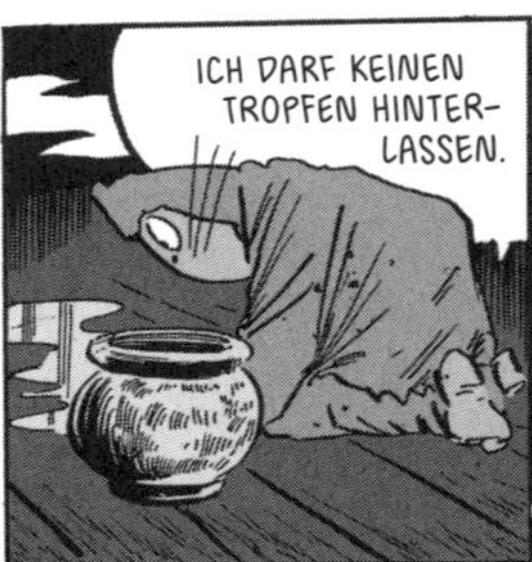
ICH DARF KEINEN TROPFEN HINTERLASSEN.
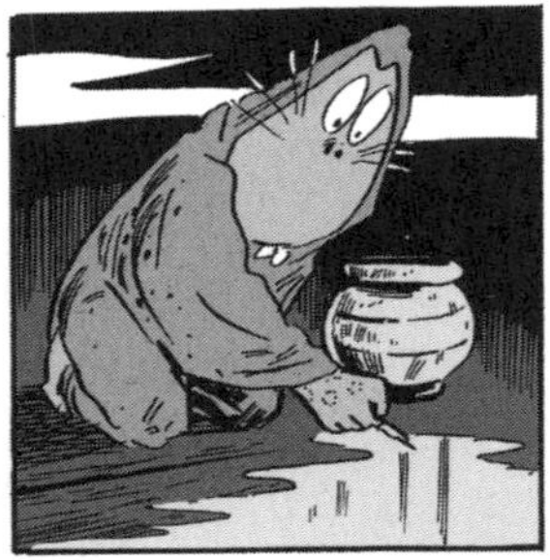
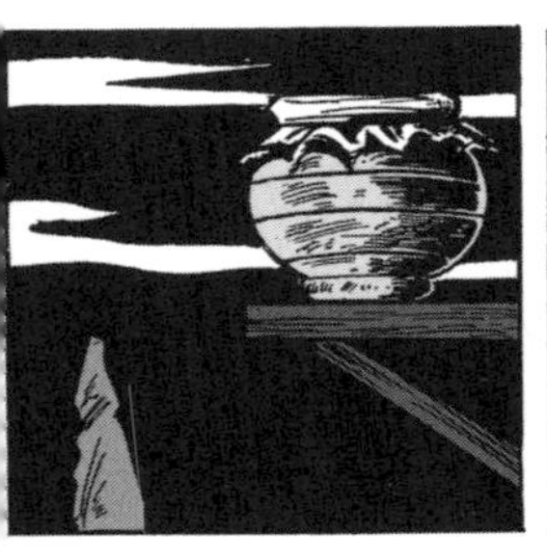
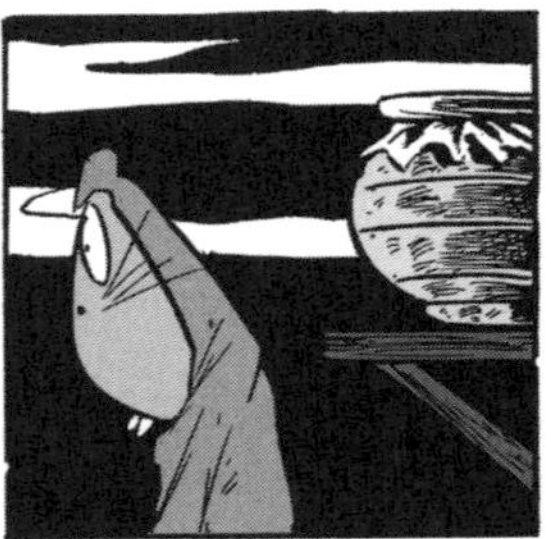
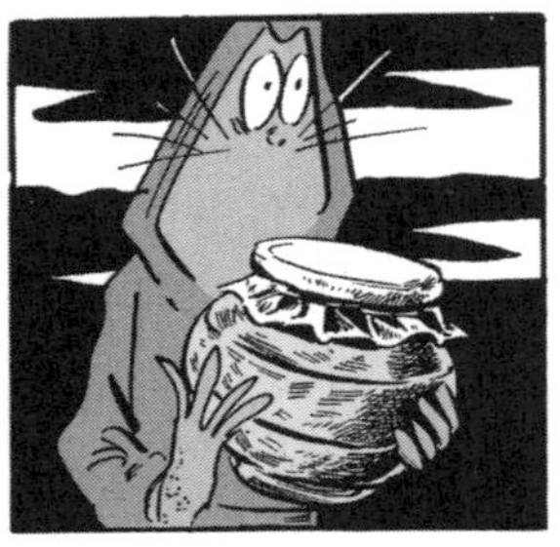
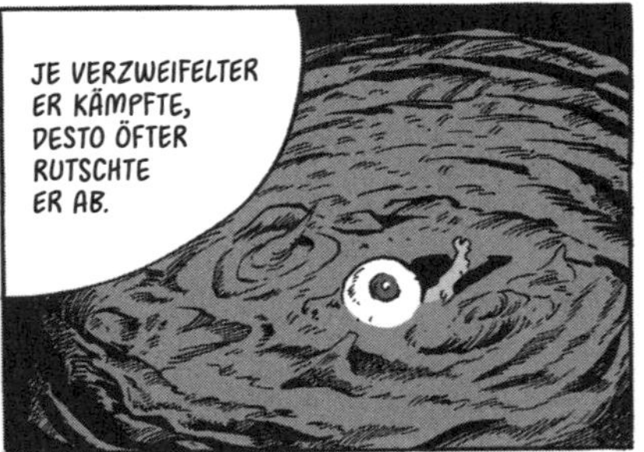
JE VERZWEIFELTER ER KÄMPFTE, DESTO ÖFTER RUTSCHTE ER AB.
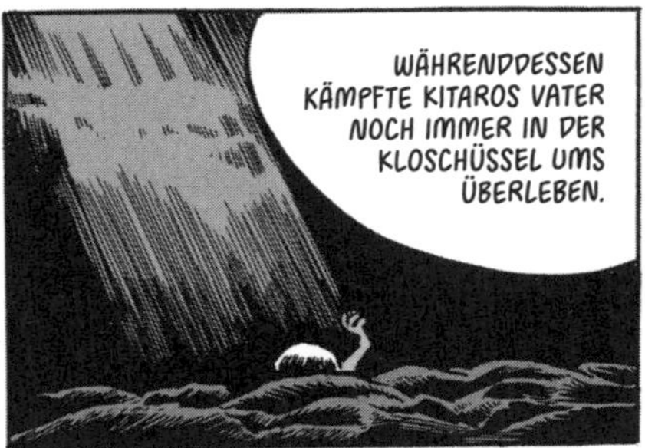
WÄHRENDDESSEN KÄMPFTE KITAROS VATER NOCH IMMER IN DER KLOSCHÜSSEL UMS ÜBERLEBEN.

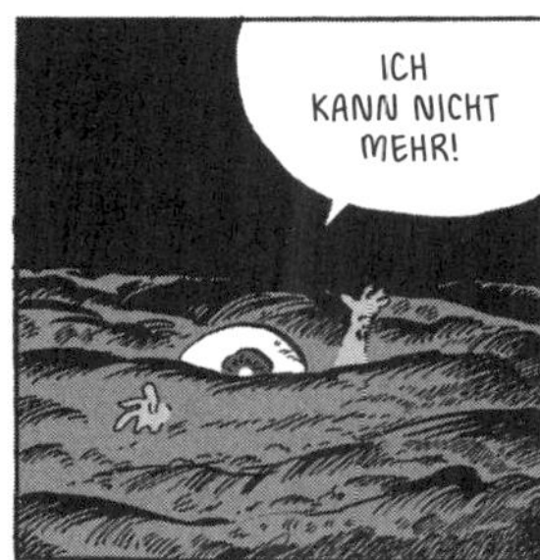
ICH KANN NICHT MEHR!

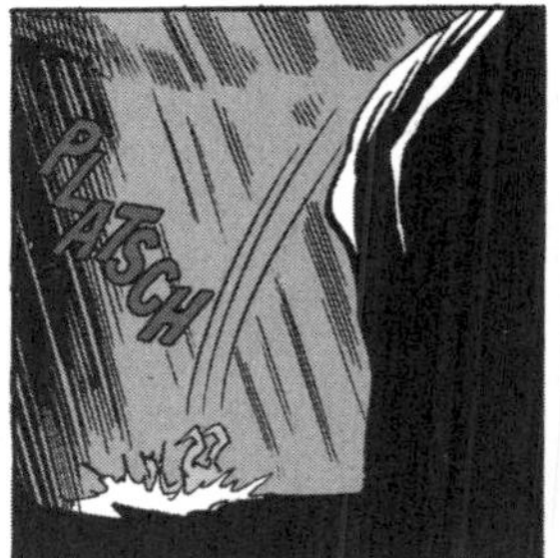
PLATSCH

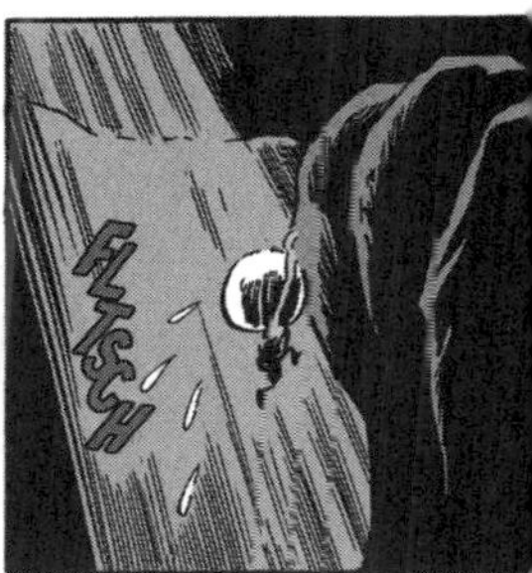
FLITSCH

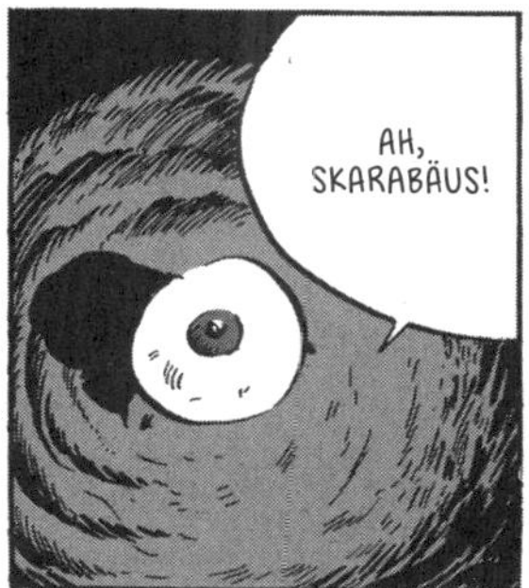
AH, SKARABÄUS!

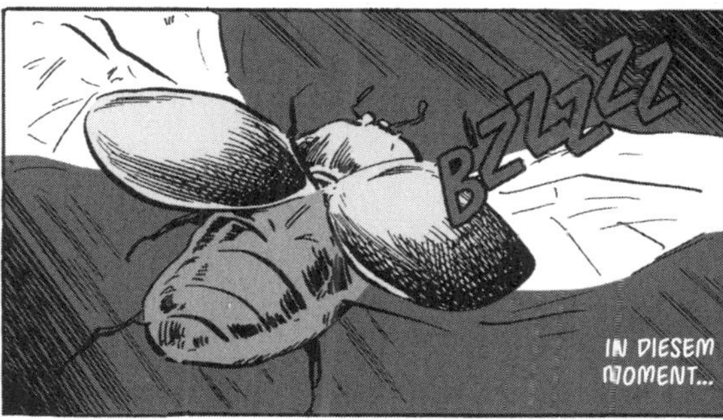
BZZZZZZ
IN DIESEM MOMENT...

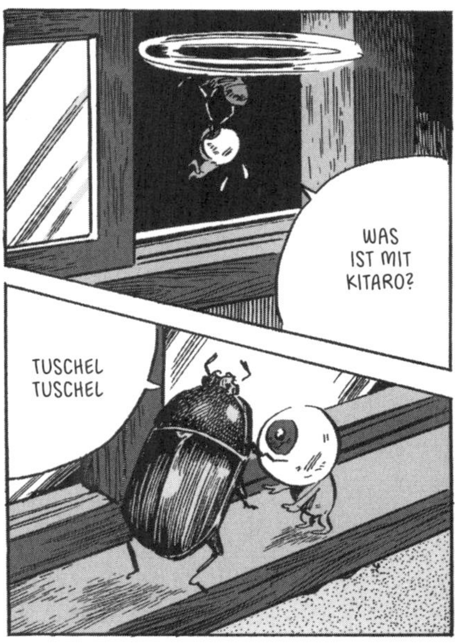
WAS IST MIT KITARO?
TUSCHEL TUSCHEL

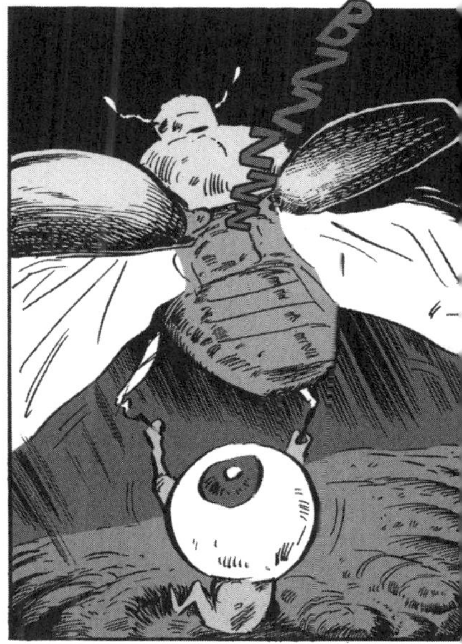

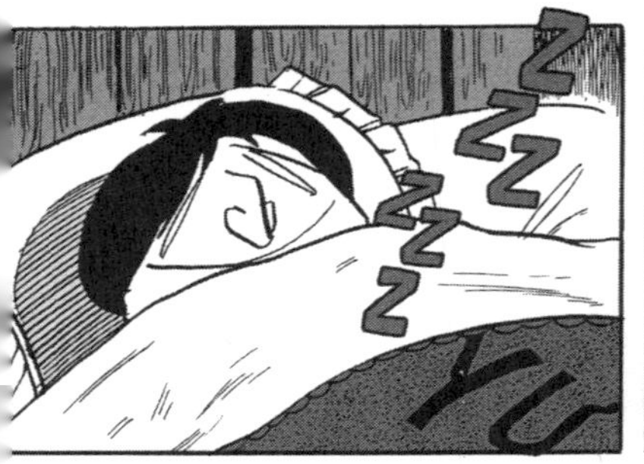
ZZZZZZ
YU

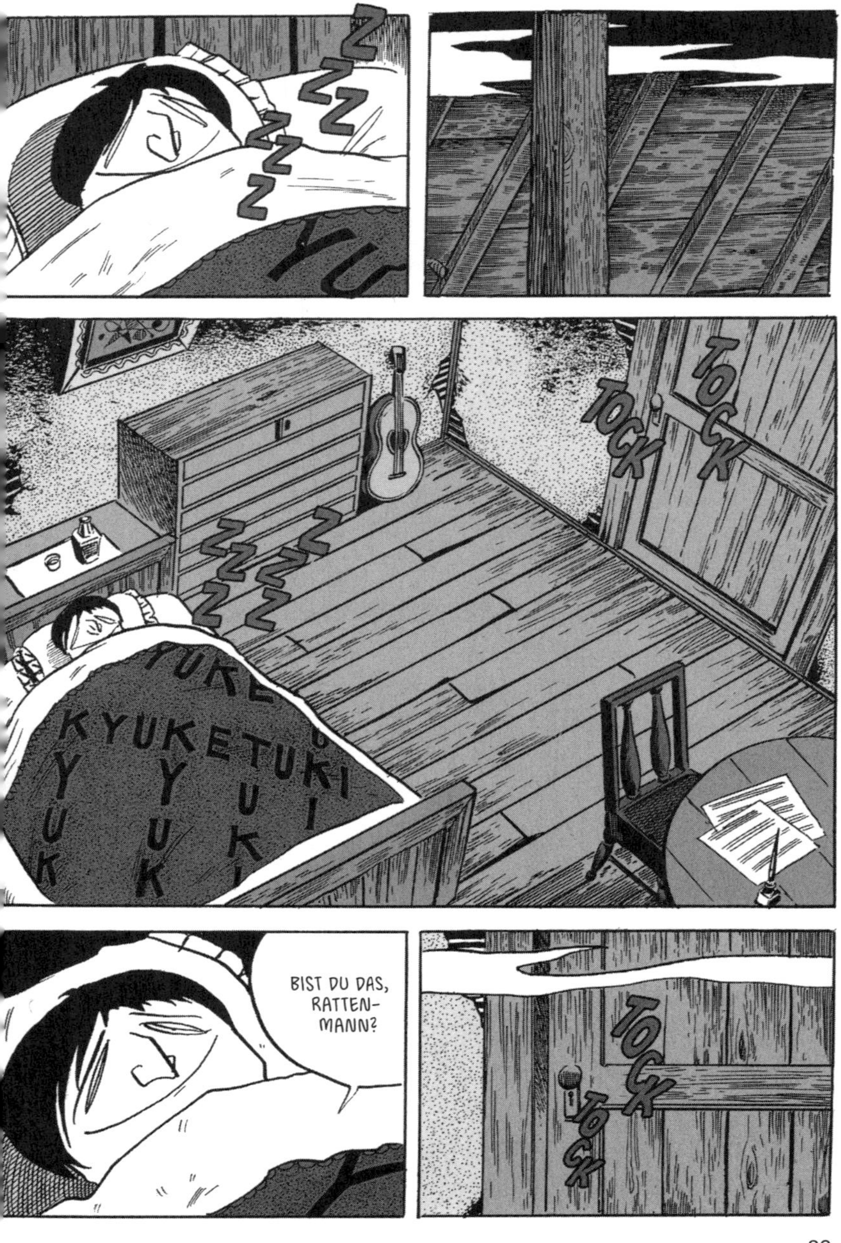

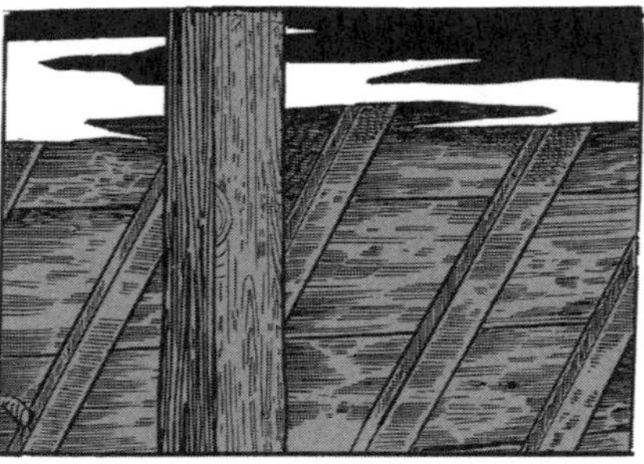

TOCK
TOCK
ZZZZZZZZ
KYUKETUKI

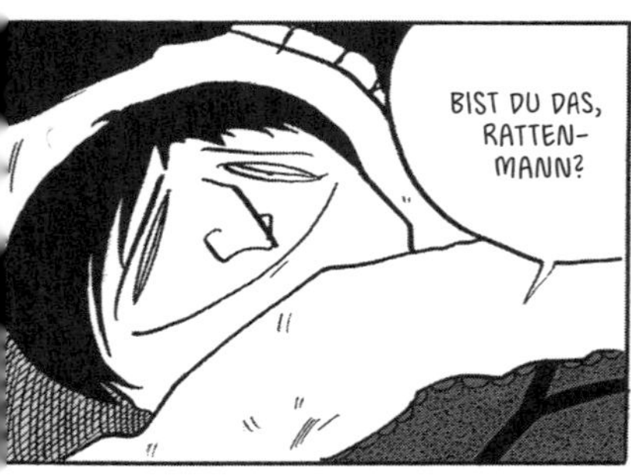
BIST DU DAS, RATTEN-MANN?

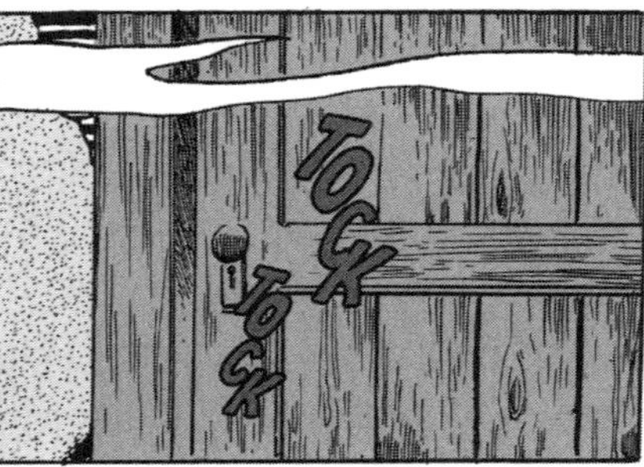
TOCK
TOCK

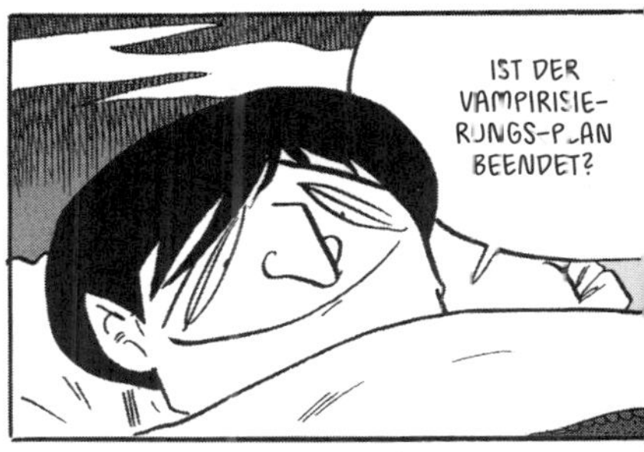
IST DER VAMPIRISIE-RUNGS-PLAN BEENDET?

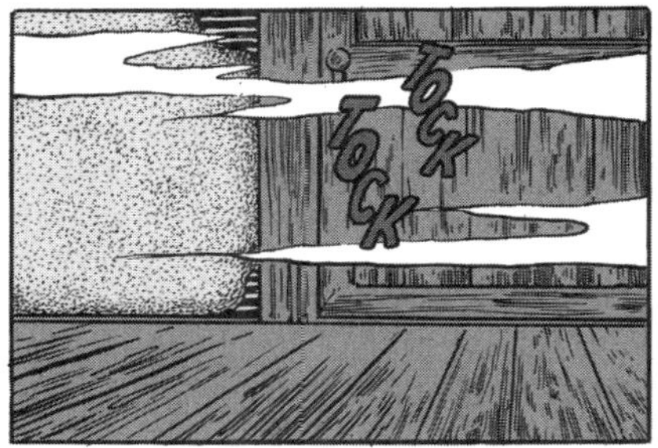
TOCK
TOCK

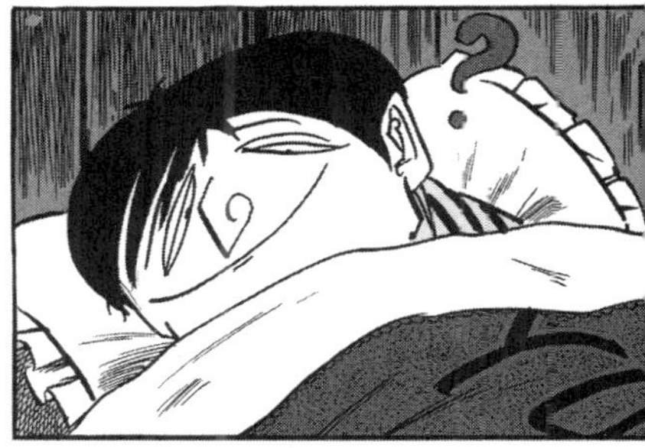
?

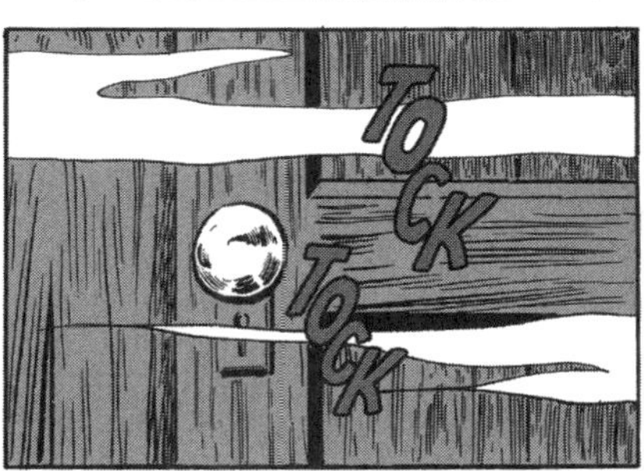
TOCK
TOCK

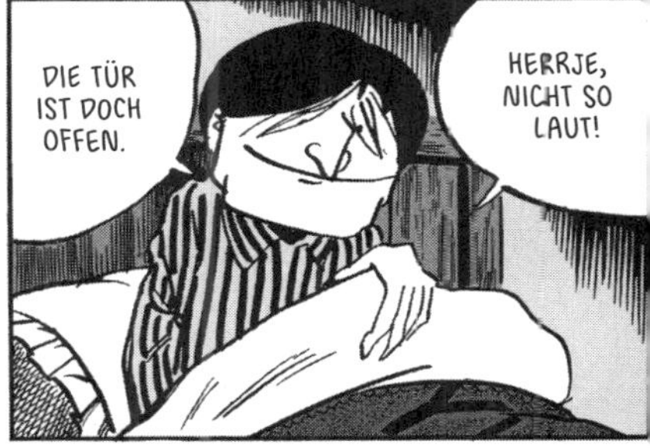
HERRJE, NICHT SO LAUT!
DIE TÜR IST DOCH OFFEN.

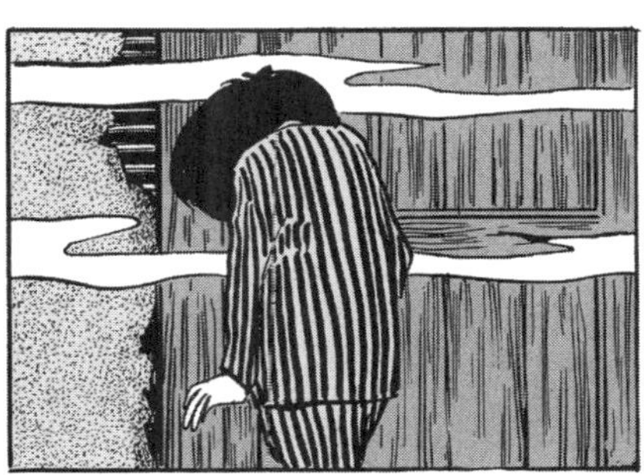

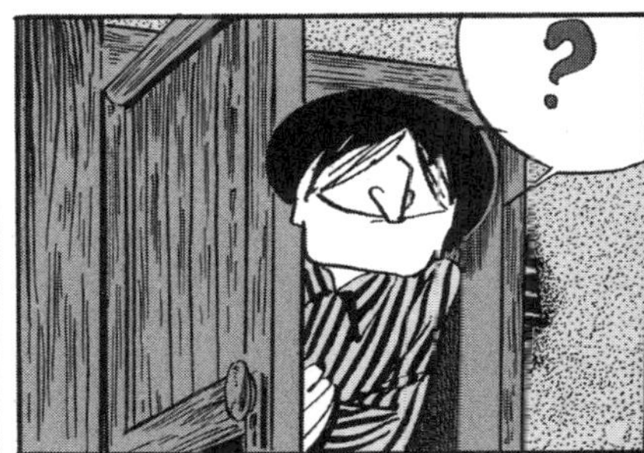
?

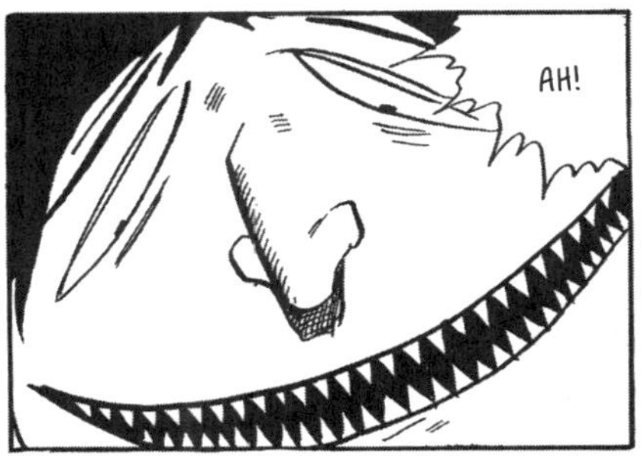
AH!

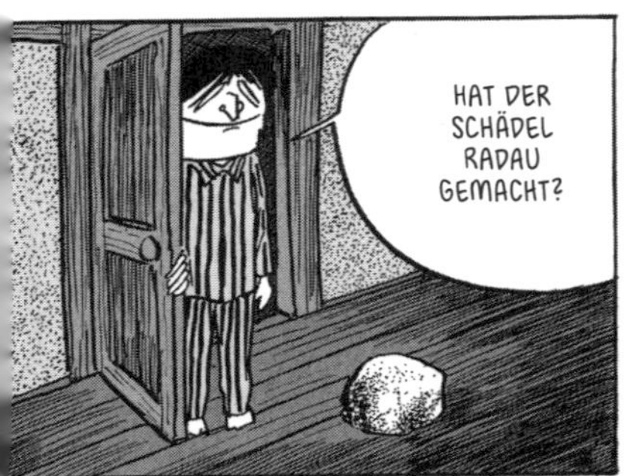
HAT DER SCHÄDEL RADAU GEMACHT?

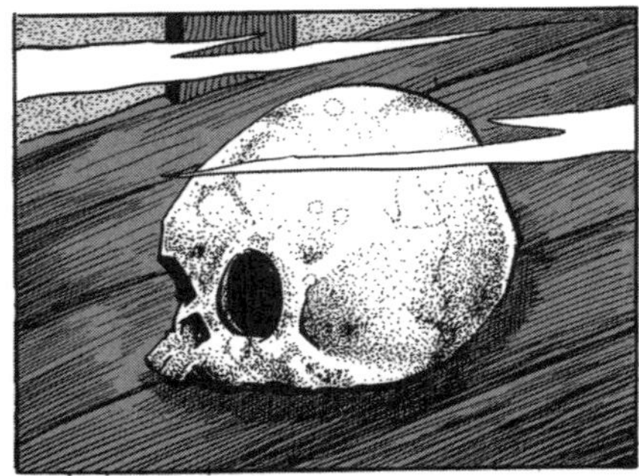

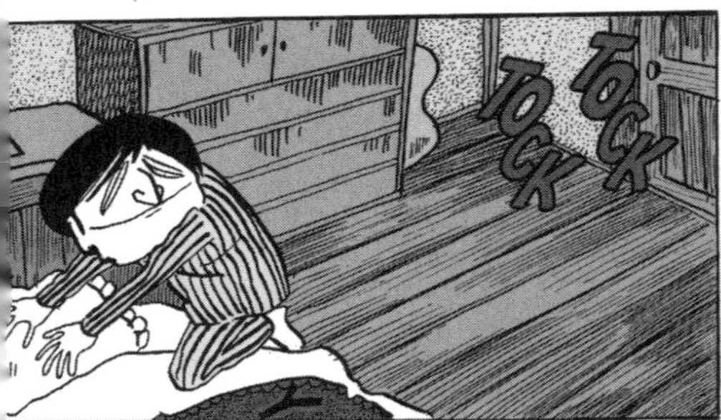
TOCK
TOCK

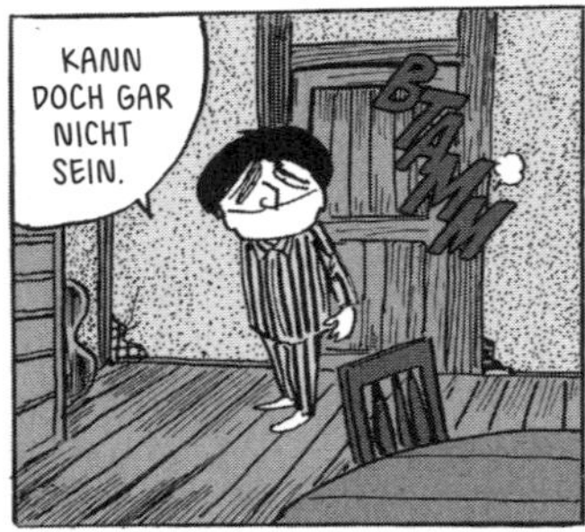
KANN DOCH GAR NICHT SEIN.
BTAMM

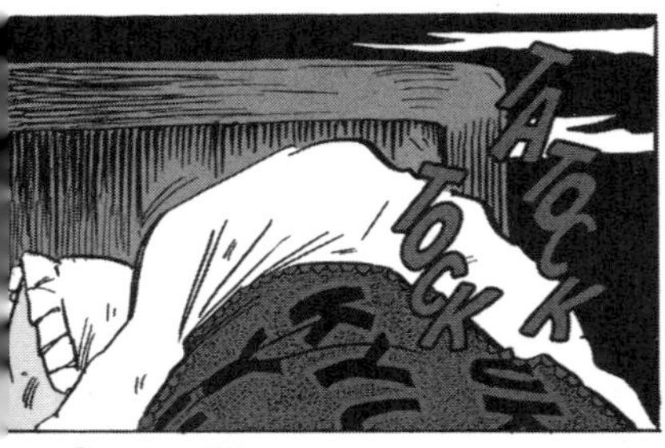
TATOCK
TOCK
TOCK

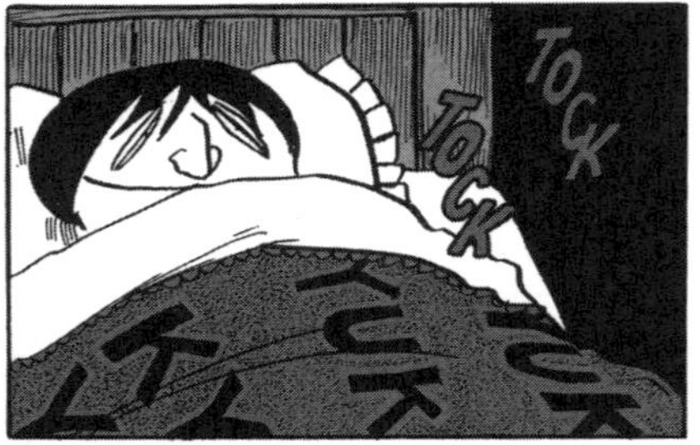
TOCK
TOCK

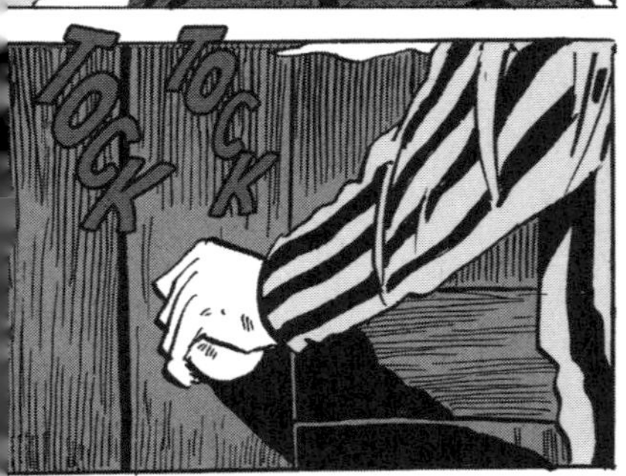
TOCK
TOCK

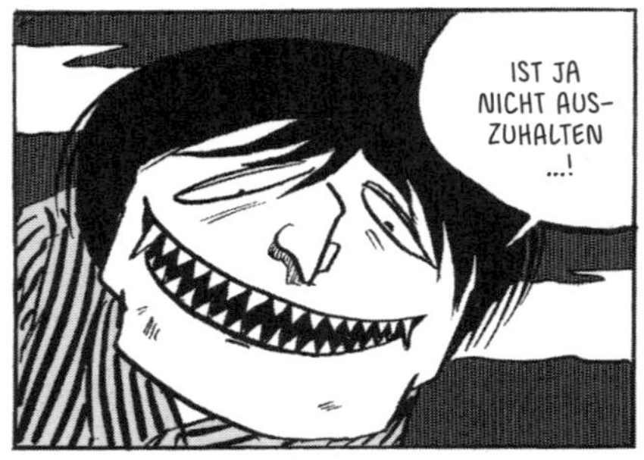
IST JA NICHT AUS-ZUHALTEN ...!

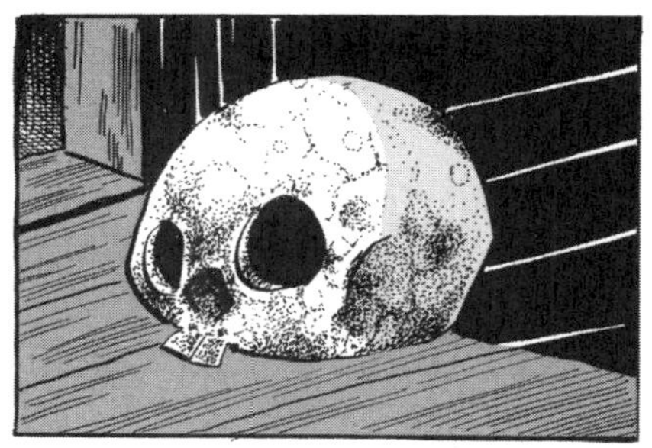

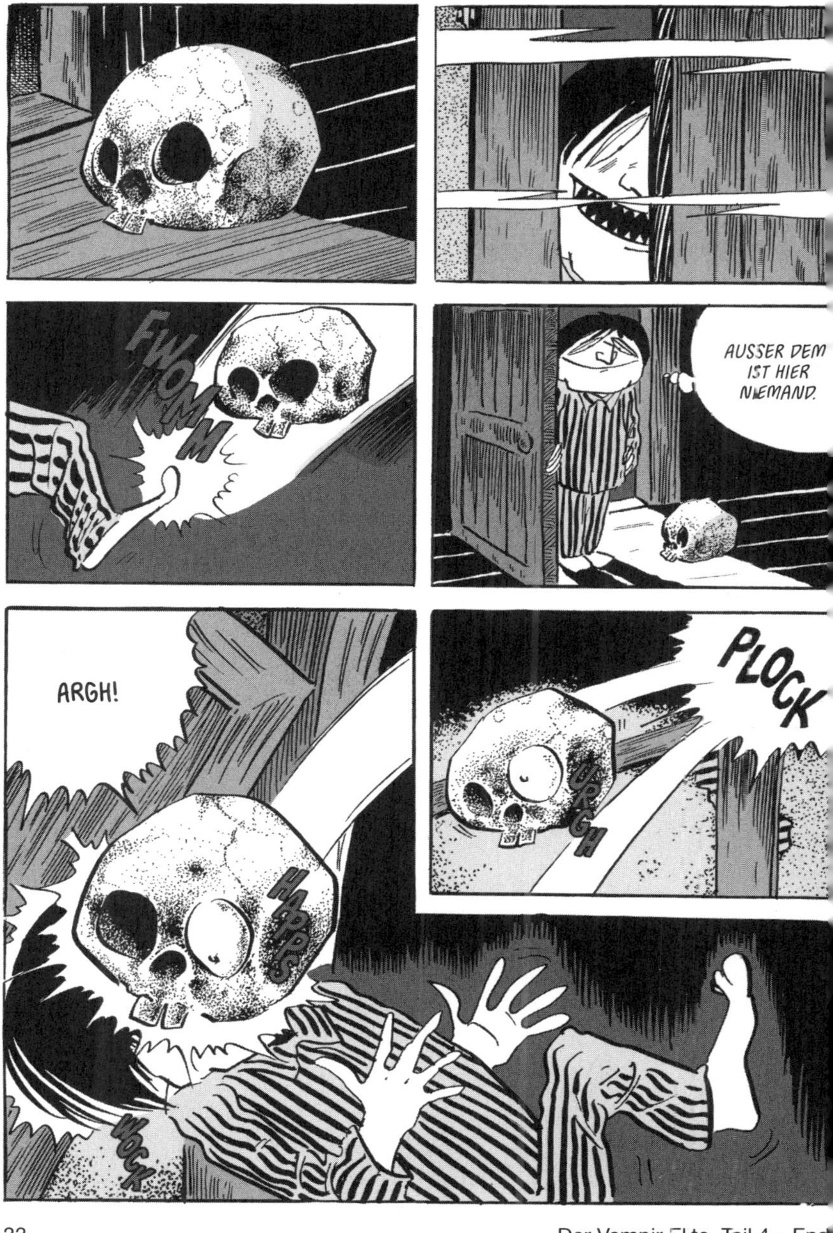

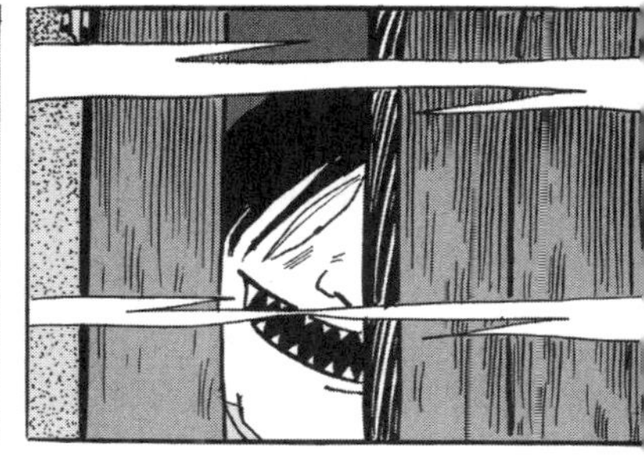

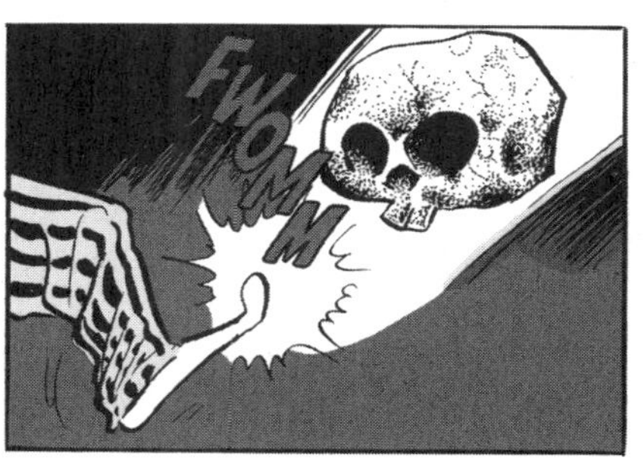

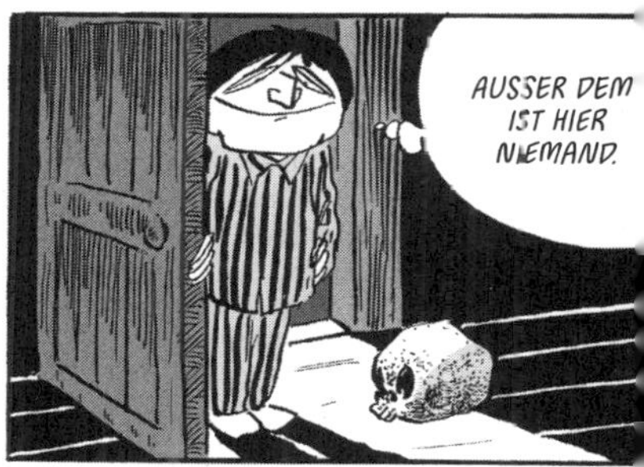

ARGH!

HAPPS

WOCK

PLOCK

URGH

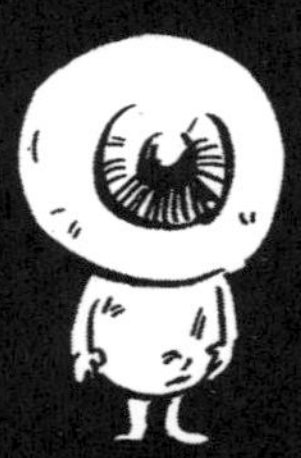

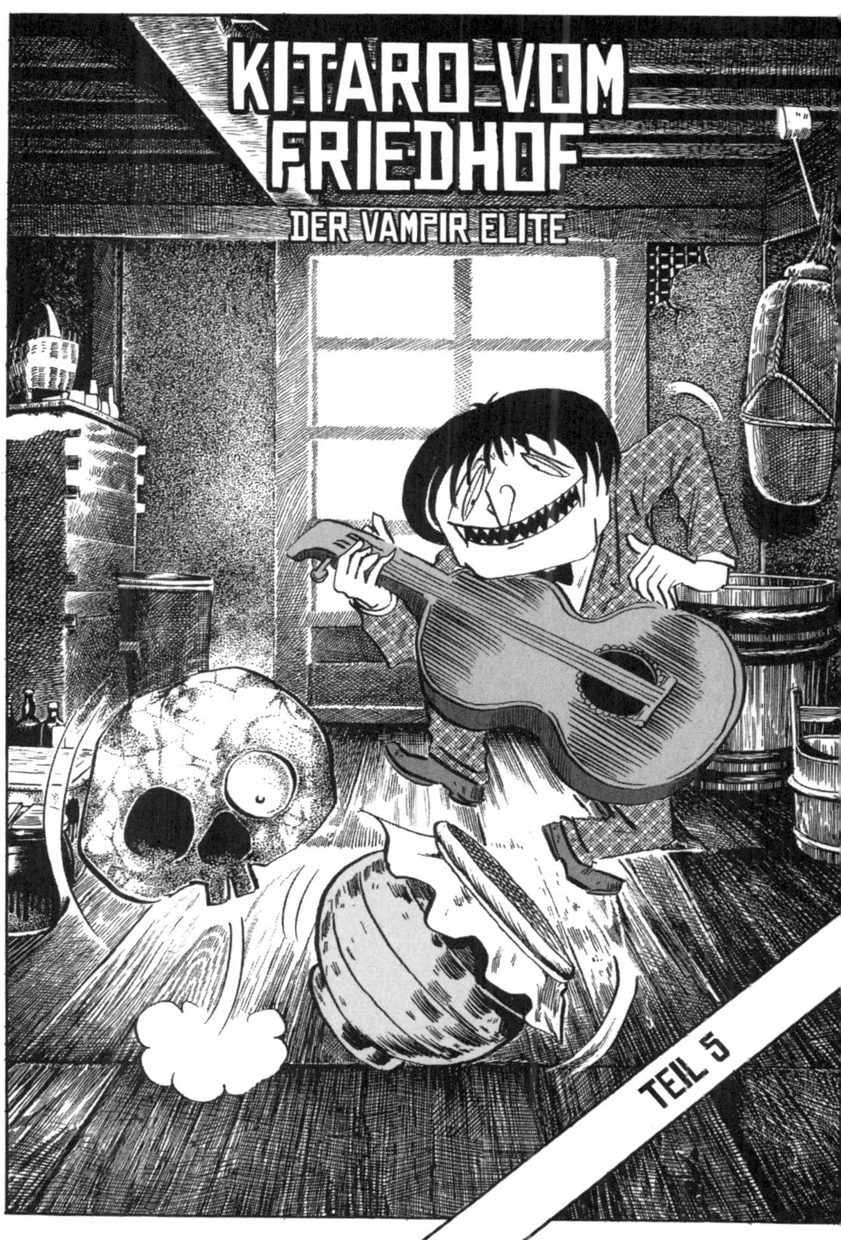
KITARO VOM FRIEDHOF
DER VAMPIR ELITE
TEIL 5

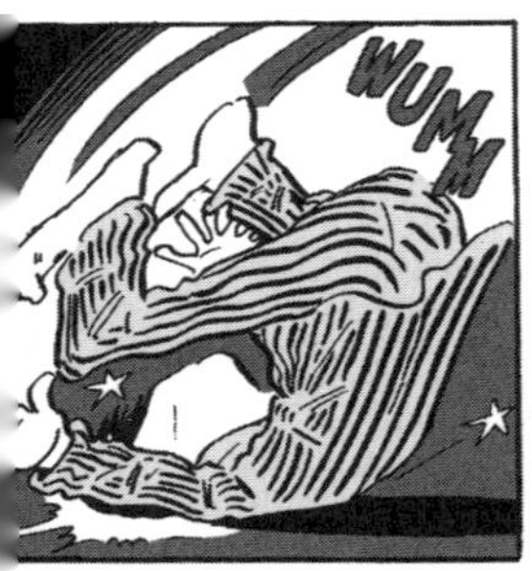
WUMM
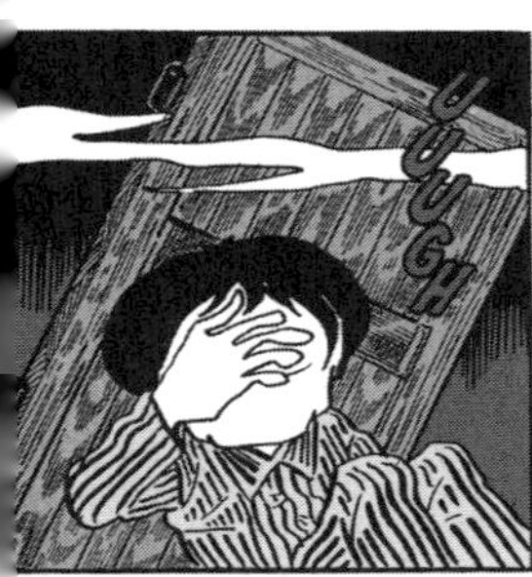
UUUUGH
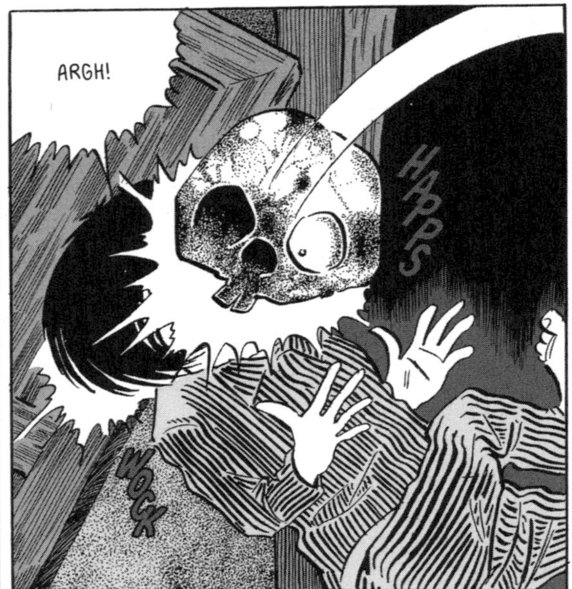
ARGH!
HAPPS
WOCK
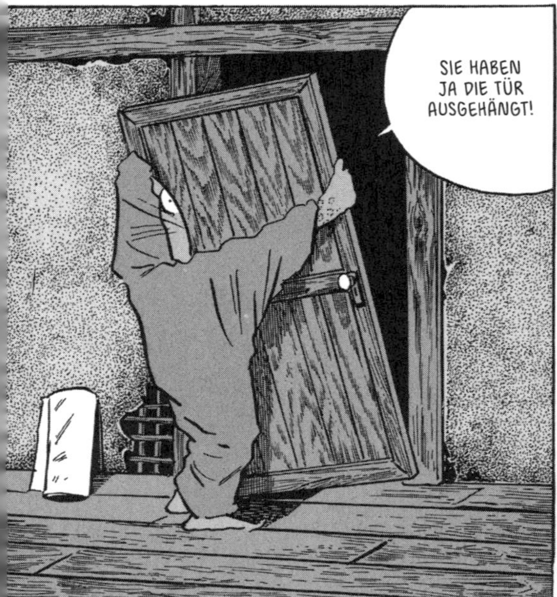
SIE HABEN JA DIE TÜR AUSGEHÄNGT!
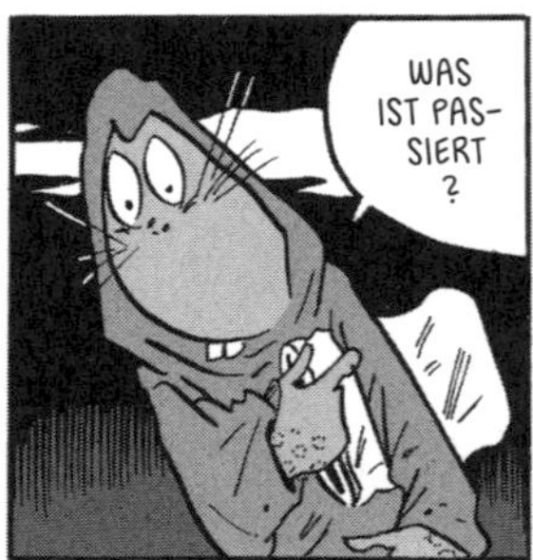
WAS IST PASSIERT ?
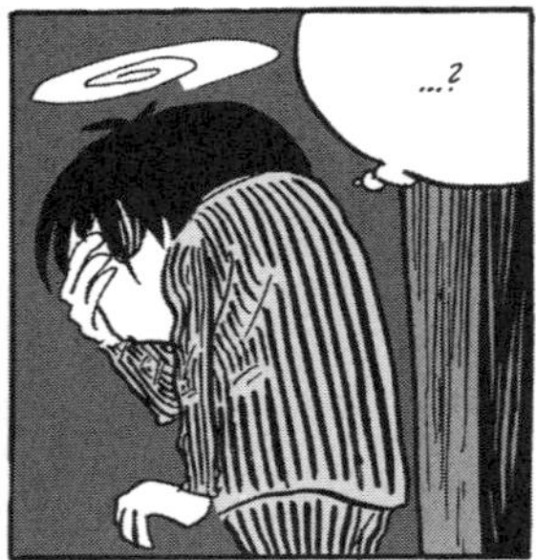
...?

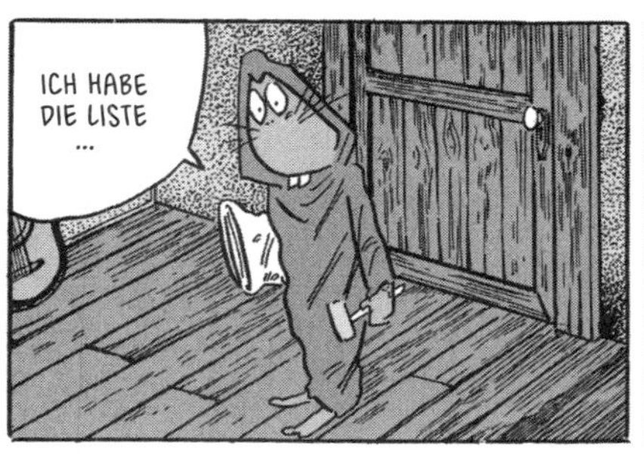
ICH HABE DIE LISTE ...

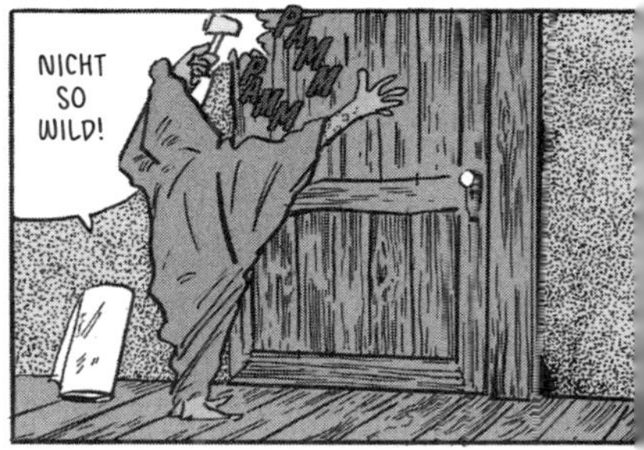
NICHT SO WILD!
PAMM PAMM

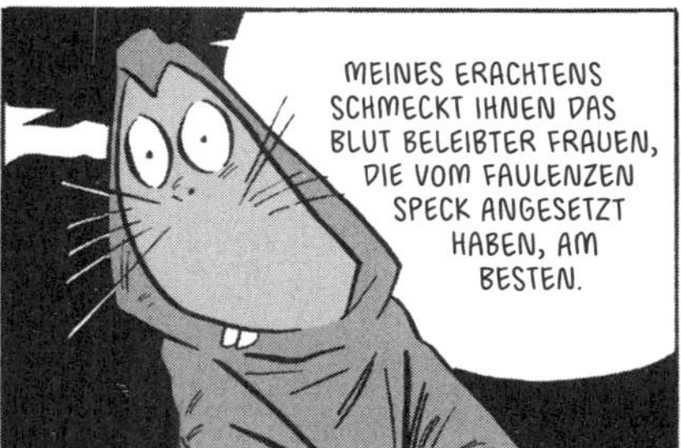
MEINES ERACHTENS SCHMECKT IHNEN DAS BLUT BELEIBTER FRAUEN, DIE VOM FAULENZEN SPECK ANGESETZT HABEN, AM BESTEN.

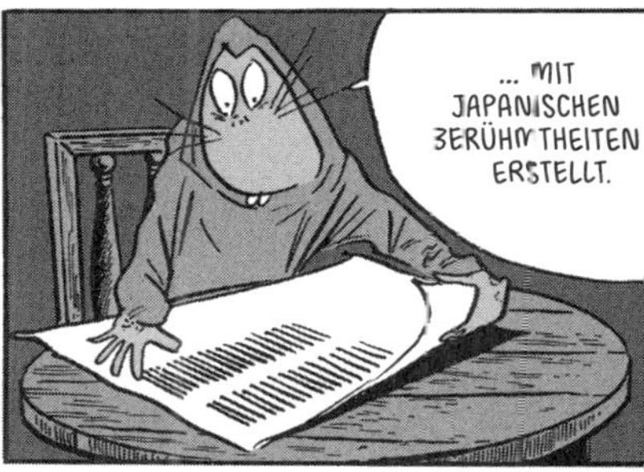
... MIT JAPANISCHEN BERÜHMTHEITEN ERSTELLT.

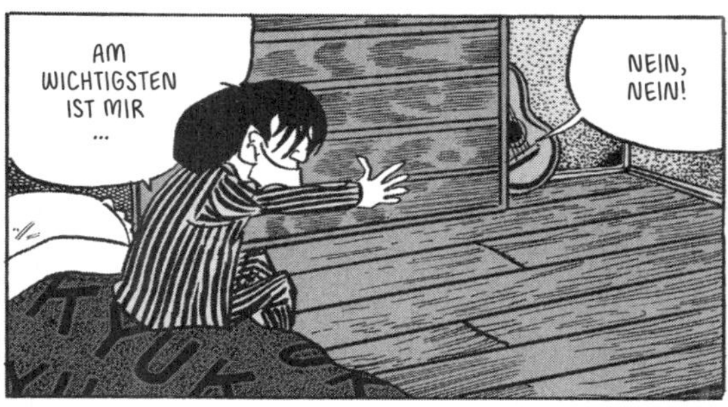
AM WICHTIGSTEN IST MIR ...
NEIN, NEIN!

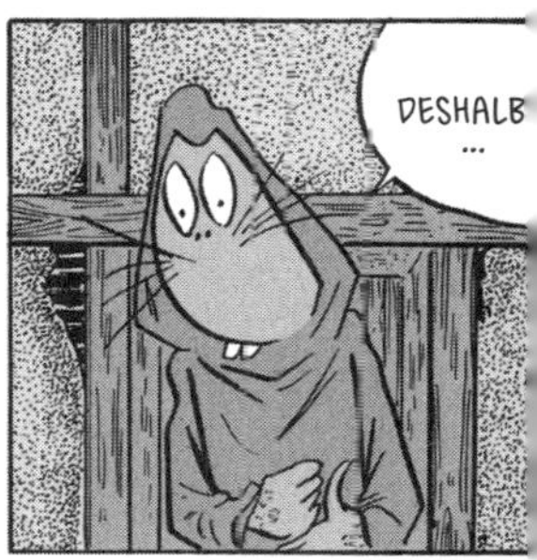
DESHALB ...

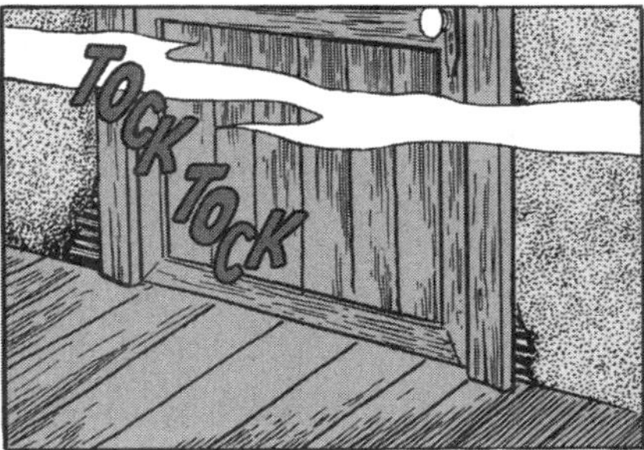
TOCK TOCK

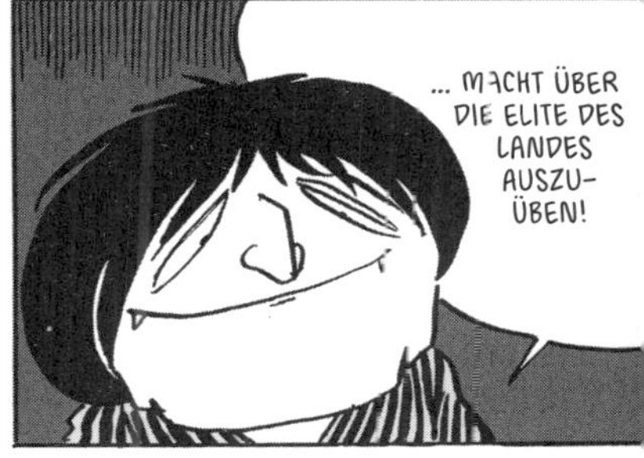
... MACHT ÜBER DIE ELITE DES LANDES AUSZU-ÜBEN!

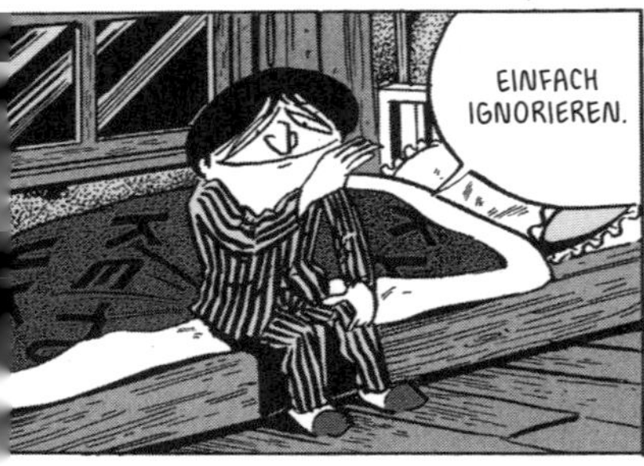
EINFACH IGNORIEREN.
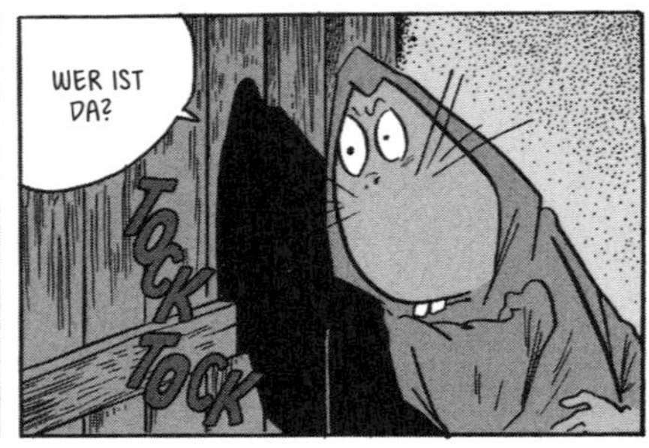
WER IST DA?
TOCK TOCK
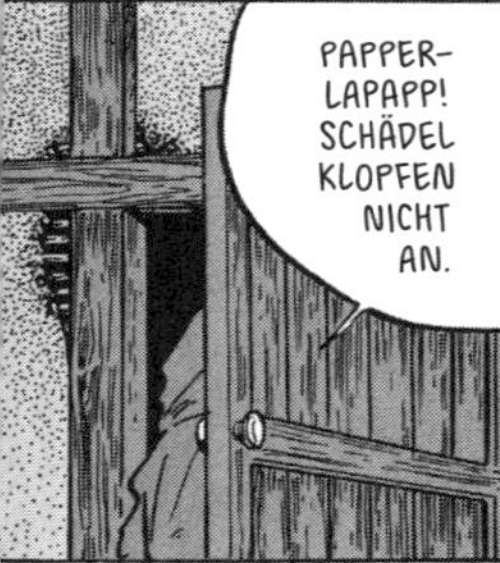
PAPPER-LAPAPP! SCHÄDEL KLOPFEN NICHT AN.
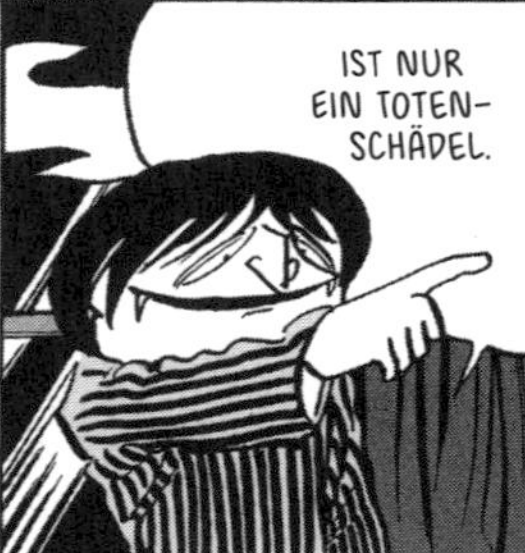
IST NUR EIN TOTEN-SCHÄDEL.
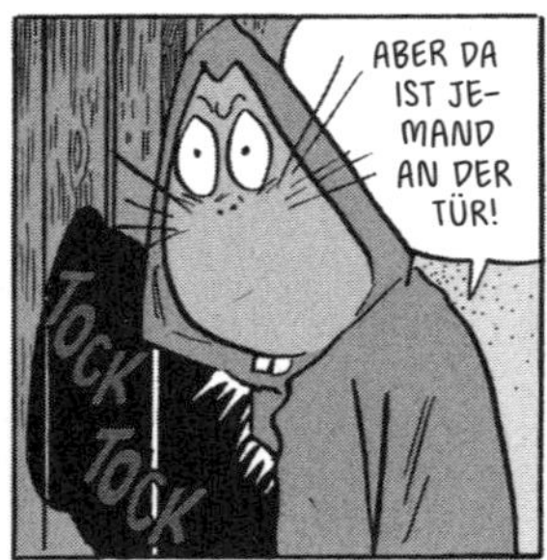
ABER DA IST JE-MAND AN DER TÜR!
TOCK TOCK
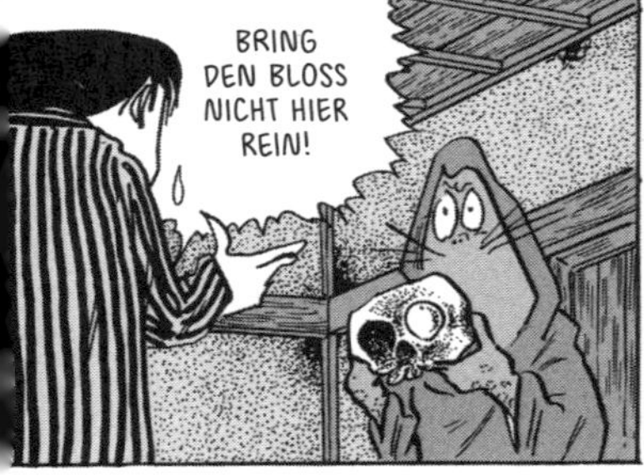
BRING DEN BLOSS NICHT HIER REIN!
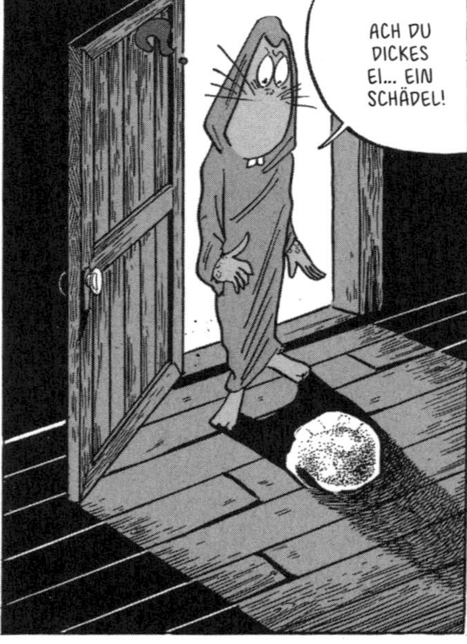
ACH DU DICKES EI... EIN SCHÄDEL!
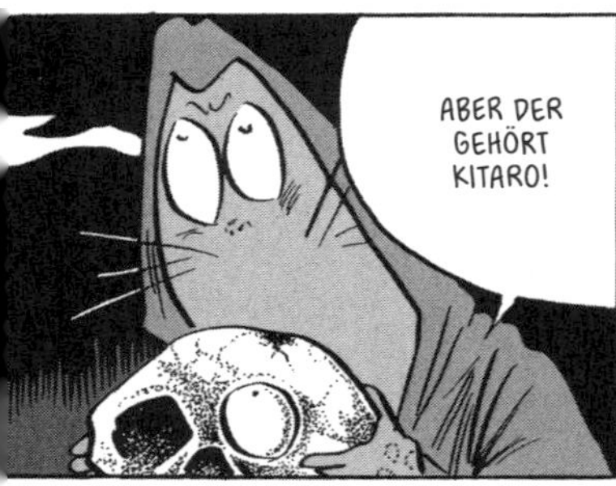
ABER DER GEHÖRT KITARO!

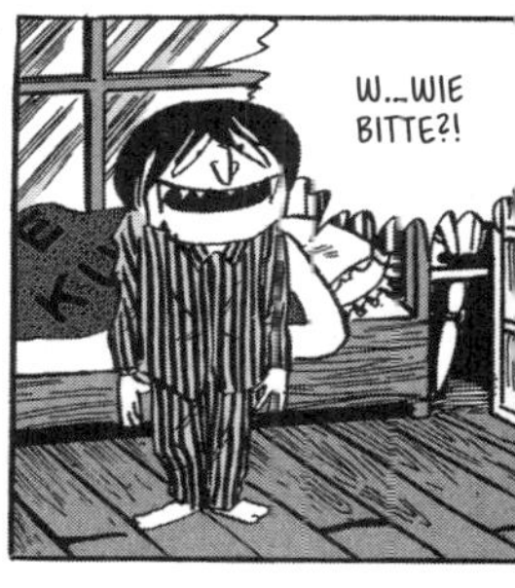
W... WIE BITTE?!
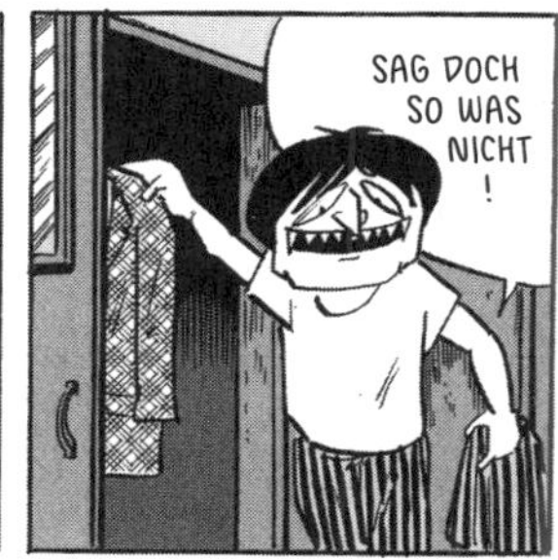
SAG DOCH SO WAS NICHT !
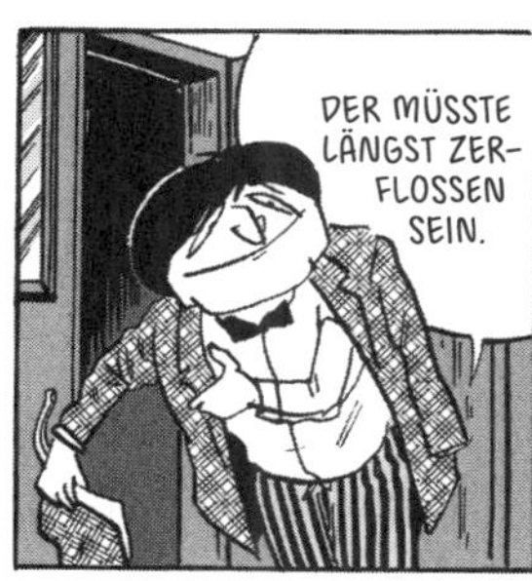
DER MÜSSTE LÄNGST ZER-FLOSSEN SEIN.
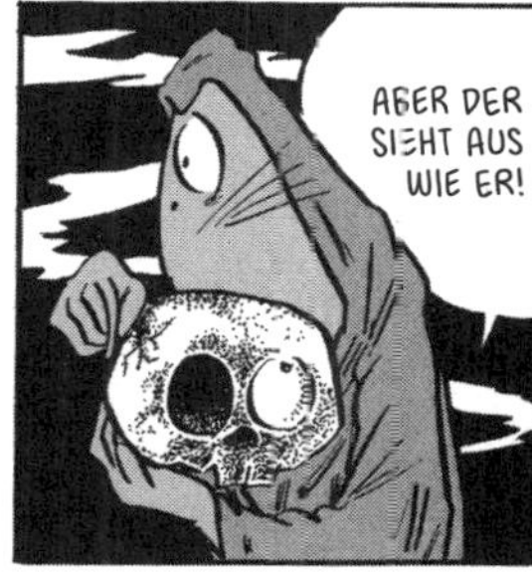
ABER DER SIEHT AUS WIE ER!
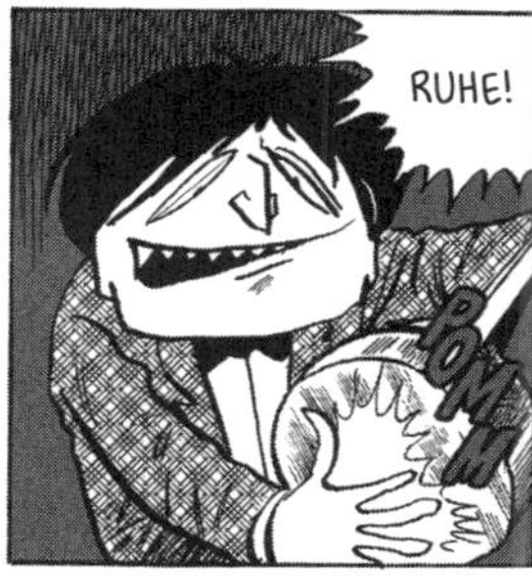
RUHE!
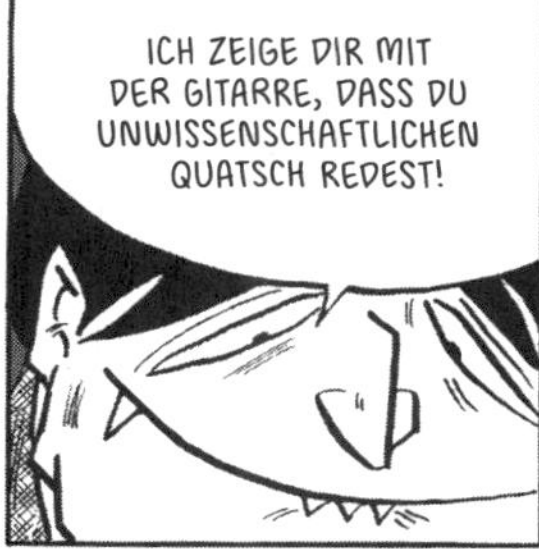
ICH ZEIGE DIR MIT DER GITARRE, DASS DU UNWISSENSCHAFTLICHEN QUATSCH REDEST!
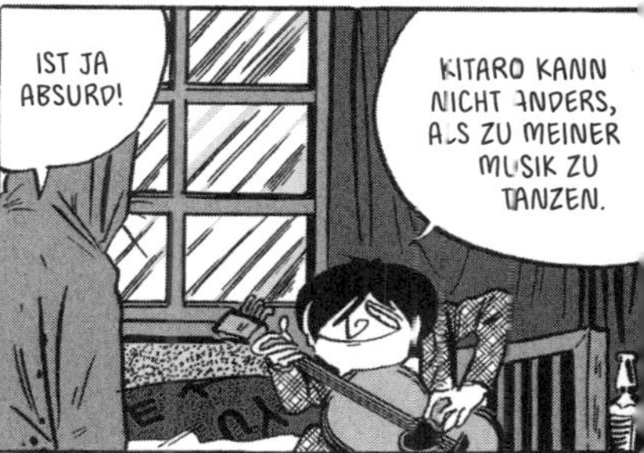
KITARO KANN NICHT ANDERS, ALS ZU MEINER MUSIK ZU TANZEN.
IST JA ABSURD!
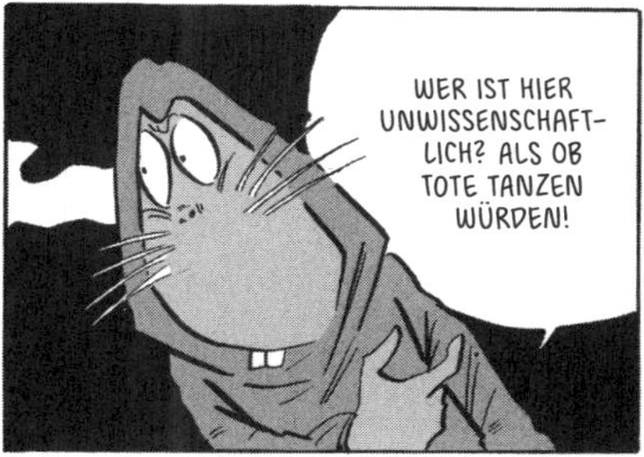
WER IST HIER UNWISSENSCHAFT-LICH? ALS OB TOTE TANZEN WÜRDEN!
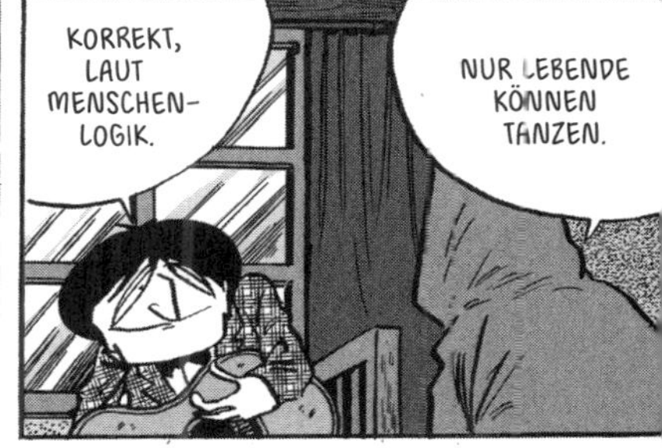
NUR LEBENDE KÖNNEN TANZEN.
KORREKT, LAUT MENSCHEN-LOGIK.
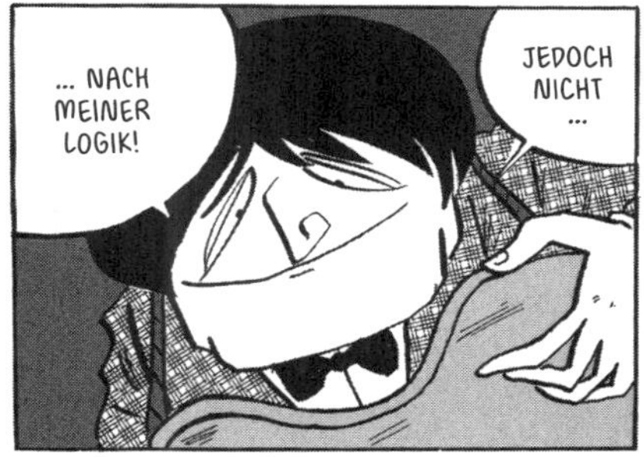
JEDOCH NICHT ...
... NACH MEINER LOGIK!

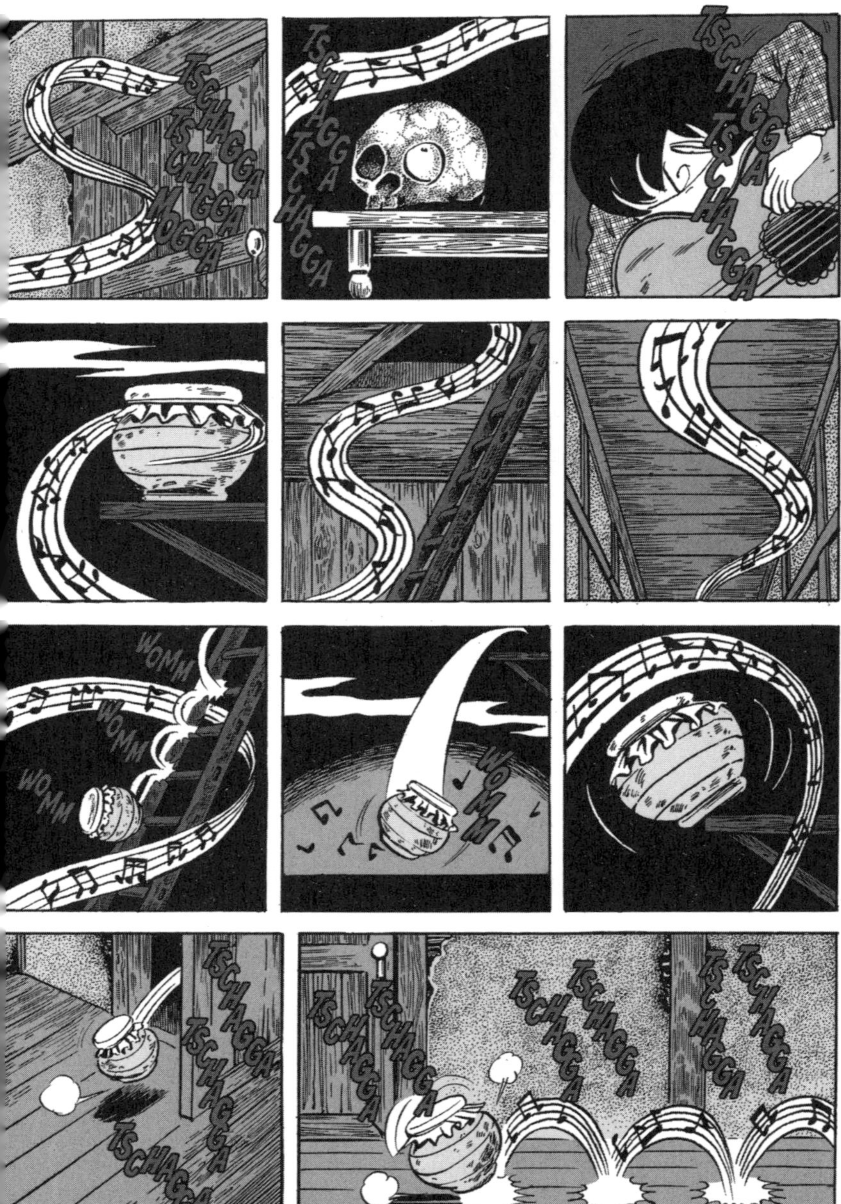

TSCHAGGA
TSCHAGGA
TSCHAGGA
TSCHAGGA
TSCHAGGA
TSCHAGGA
MOGGA
WOMM
WOMM
WOMM
WOMM
TSCHAGGA
TSCHAGGA
TSCHAGGA
TSCHAGGA
TSCHAGGA
TSCHAGGA
TSCHAGGA
TSCHAGGA
TSCHAGGA

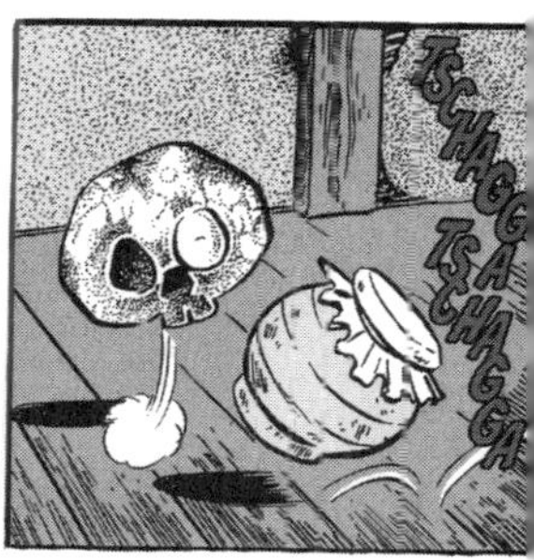
TSCHAGGA
TSCHAGGA

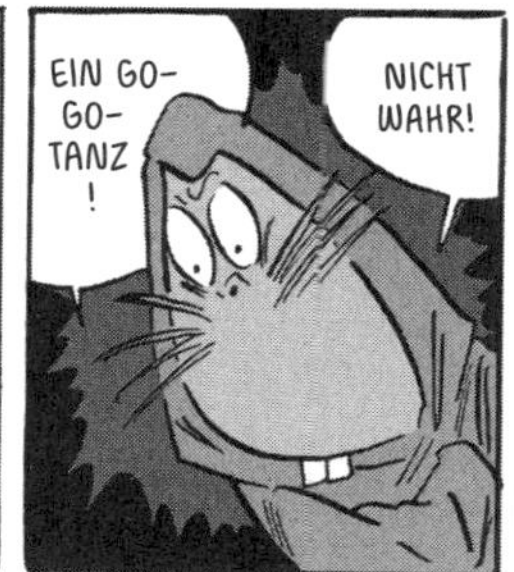
NICHT WAHR!
EIN GO-GO-TANZ!

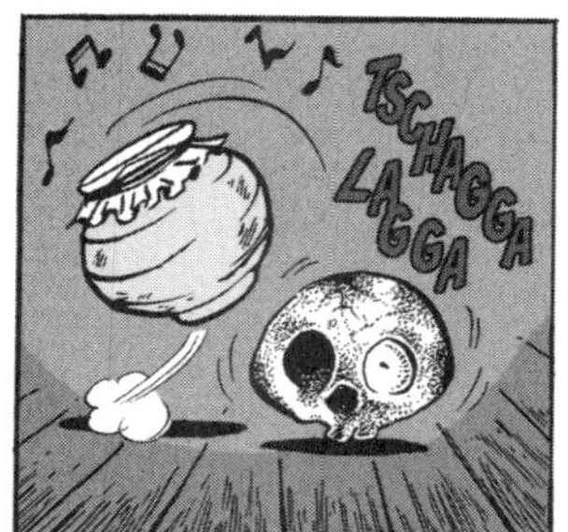
TSCHAGGA LAGGA

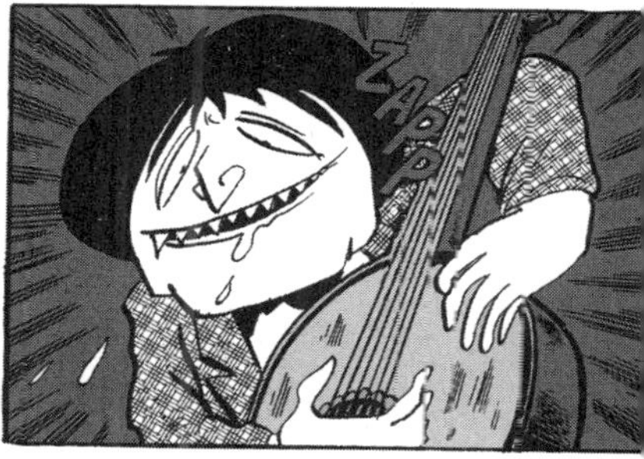
ZAPP

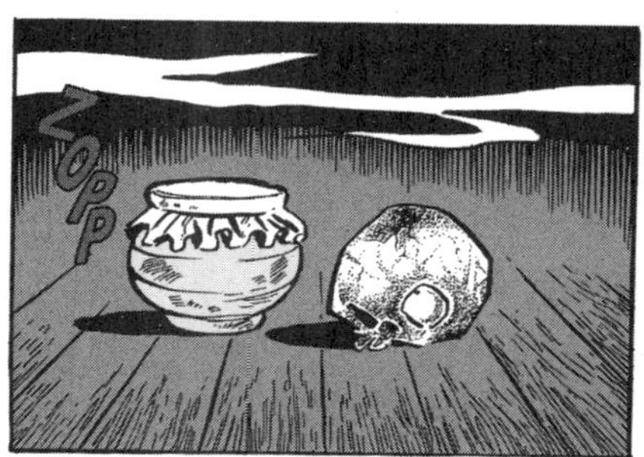
ZOPP

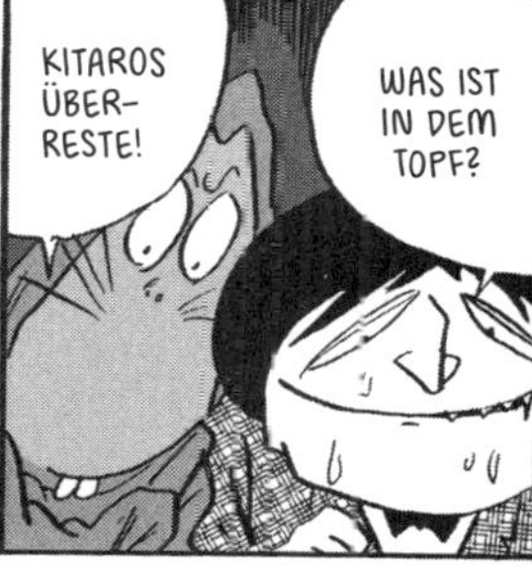
WAS IST IN DEM TOPF?
KITAROS ÜBERRESTE!

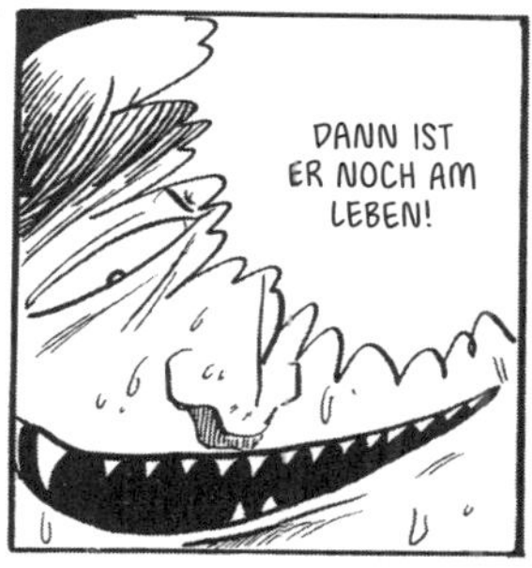
DANN IST ER NOCH AM LEBEN!

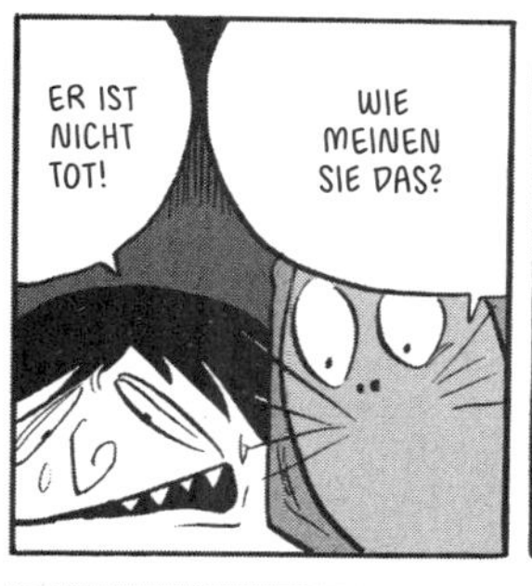
WIE MEINEN SIE DAS?
ER IST NICHT TOT!

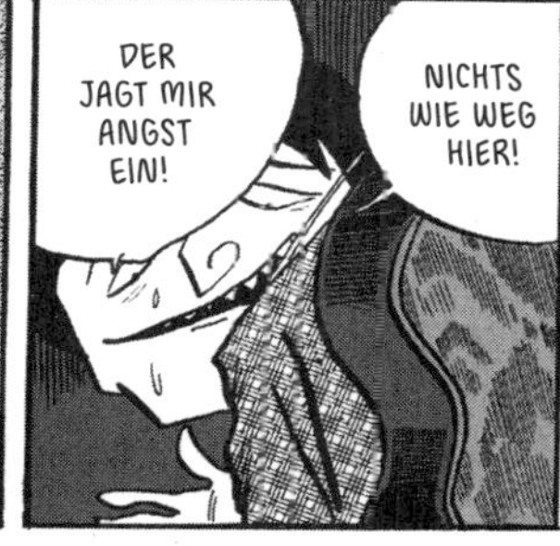
NICHTS WIE WEG HIER!
DER JAGT MIR ANGST EIN!

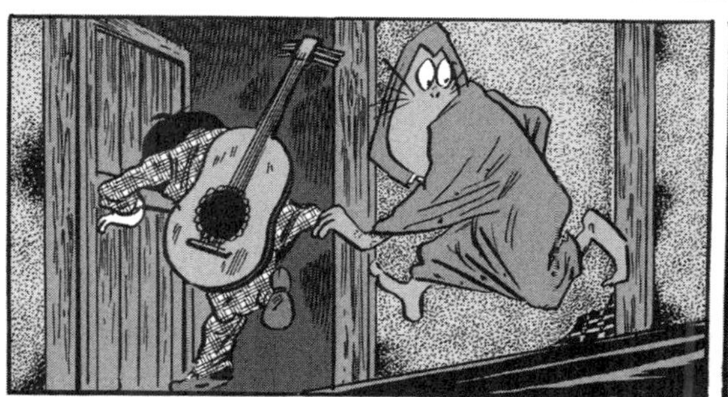

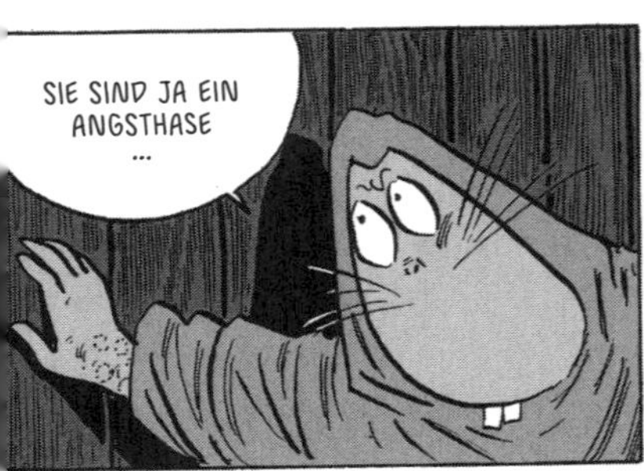
SIE SIND JA EIN ANGSTHASE ...

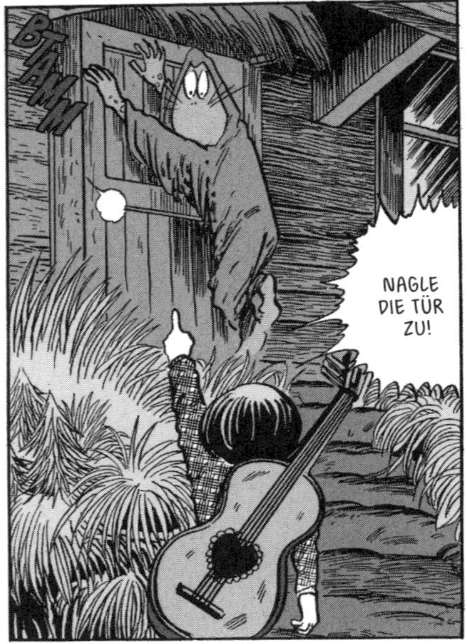
BTAMM
NAGLE DIE TÜR ZU!

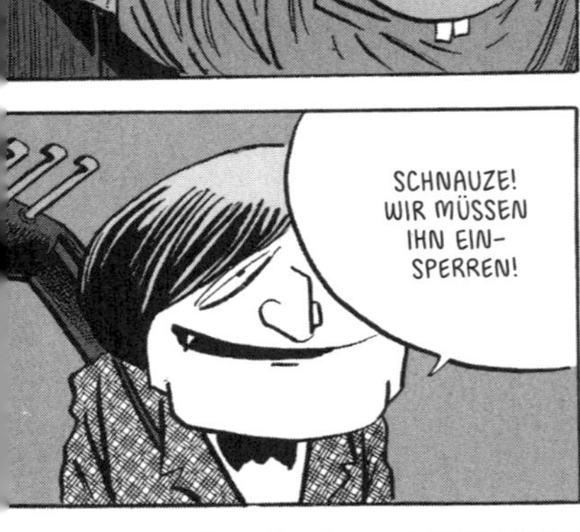
SCHNAUZE! WIR MÜSSEN IHN EIN-SPERREN!

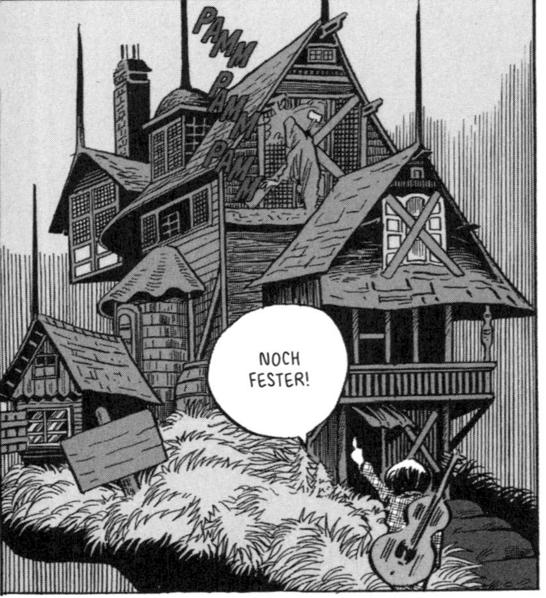
PAMM
PAMM
PAMM
NOCH FESTER!

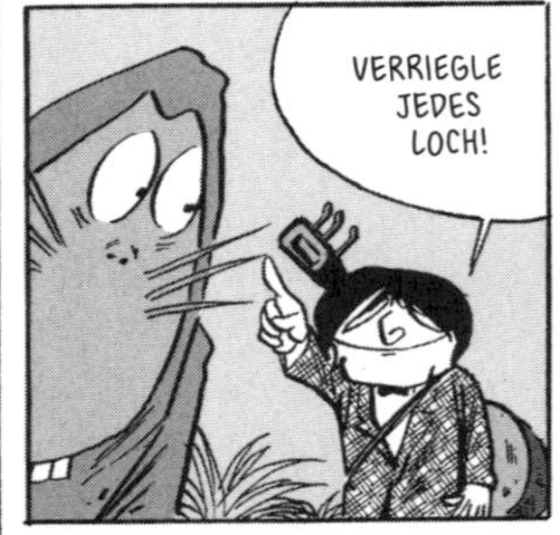
VERRIEGLE JEDES LOCH!

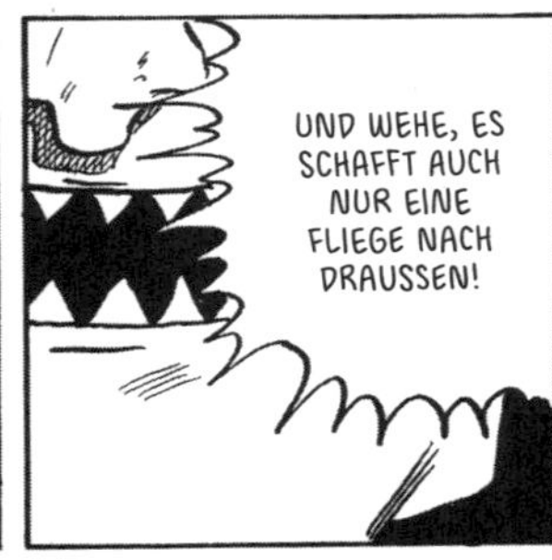
UND WEHE, ES SCHAFFT AUCH NUR EINE FLIEGE NACH DRAUSSEN!

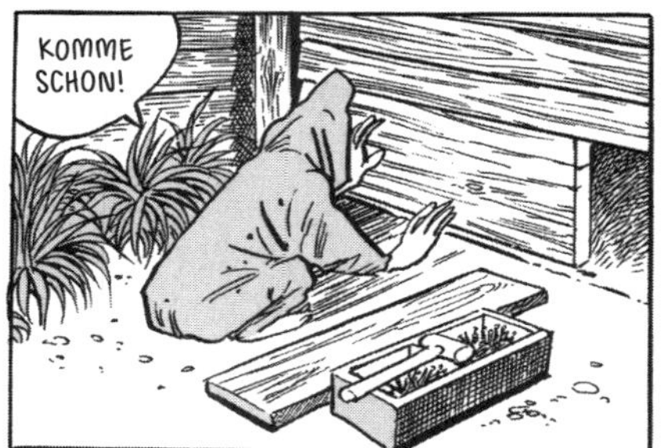
KOMME SCHON!

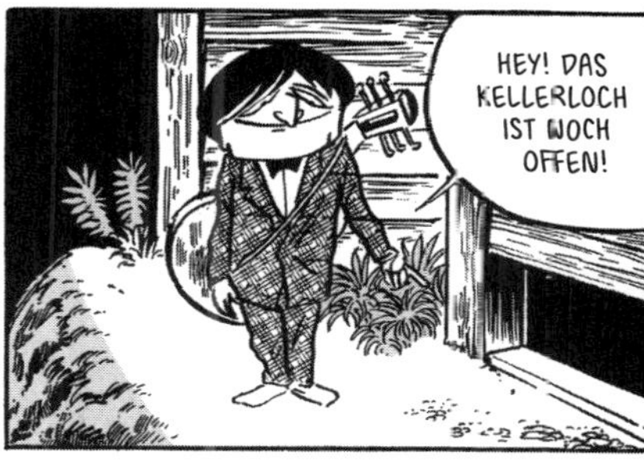
HEY! DAS KELLERLOCH IST WOCH OFFEN!

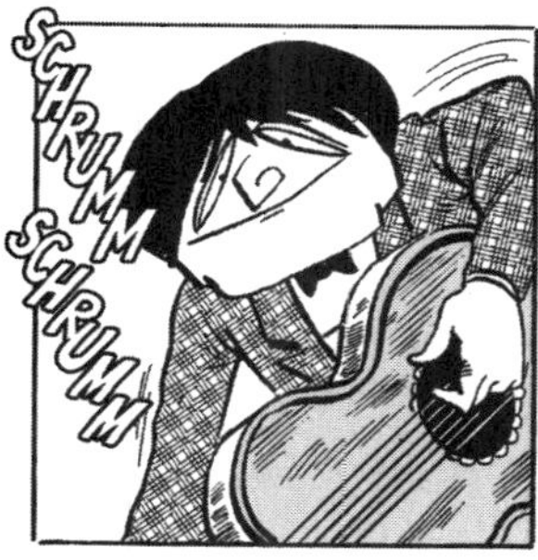
SCHRUMM
SCHRUMM

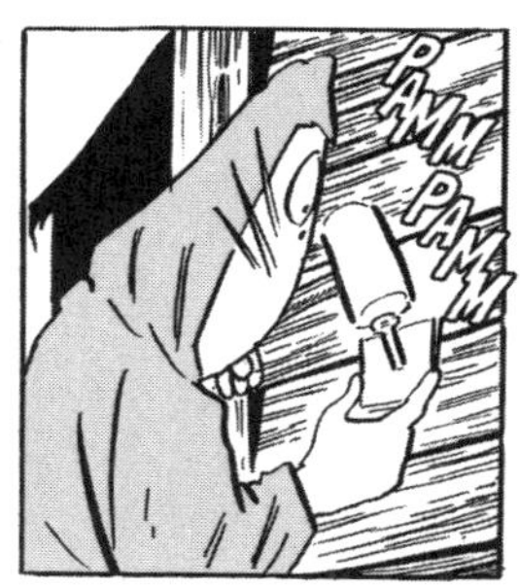
PAMM PAMM

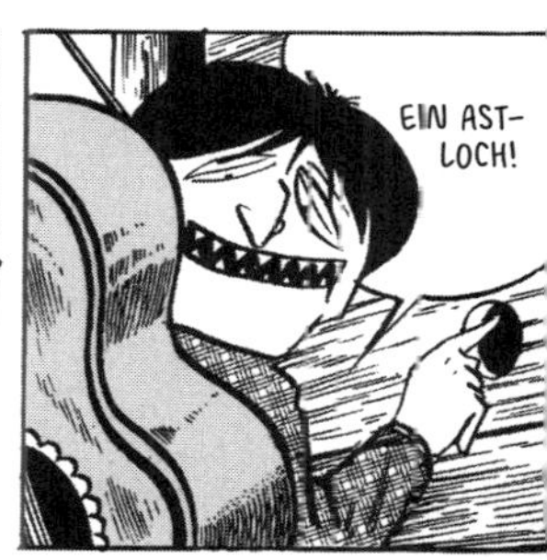
EIN AST-LOCH!

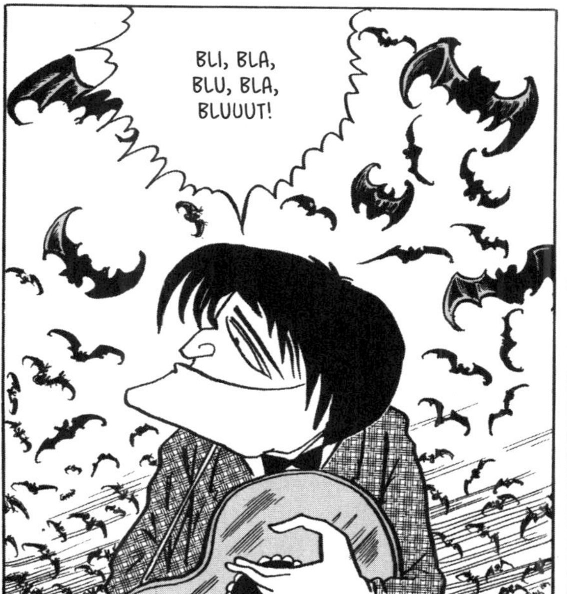
BLI, BLA, BLU, BLA, BLUUUT!

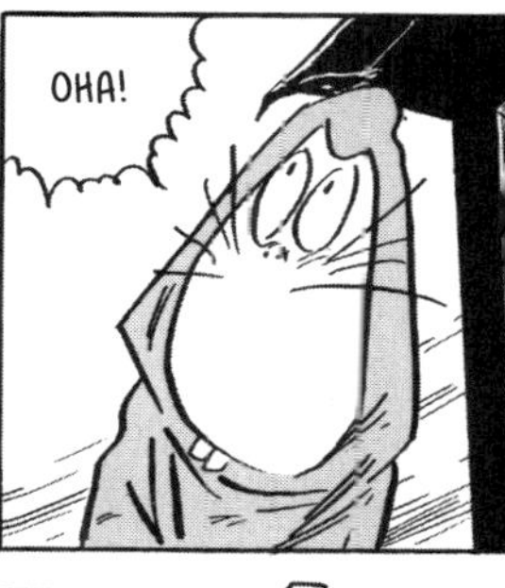
OHA!

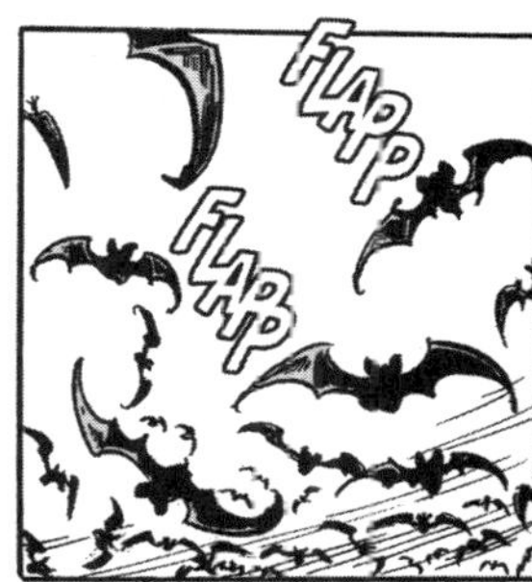
FLAPP
FLAPP

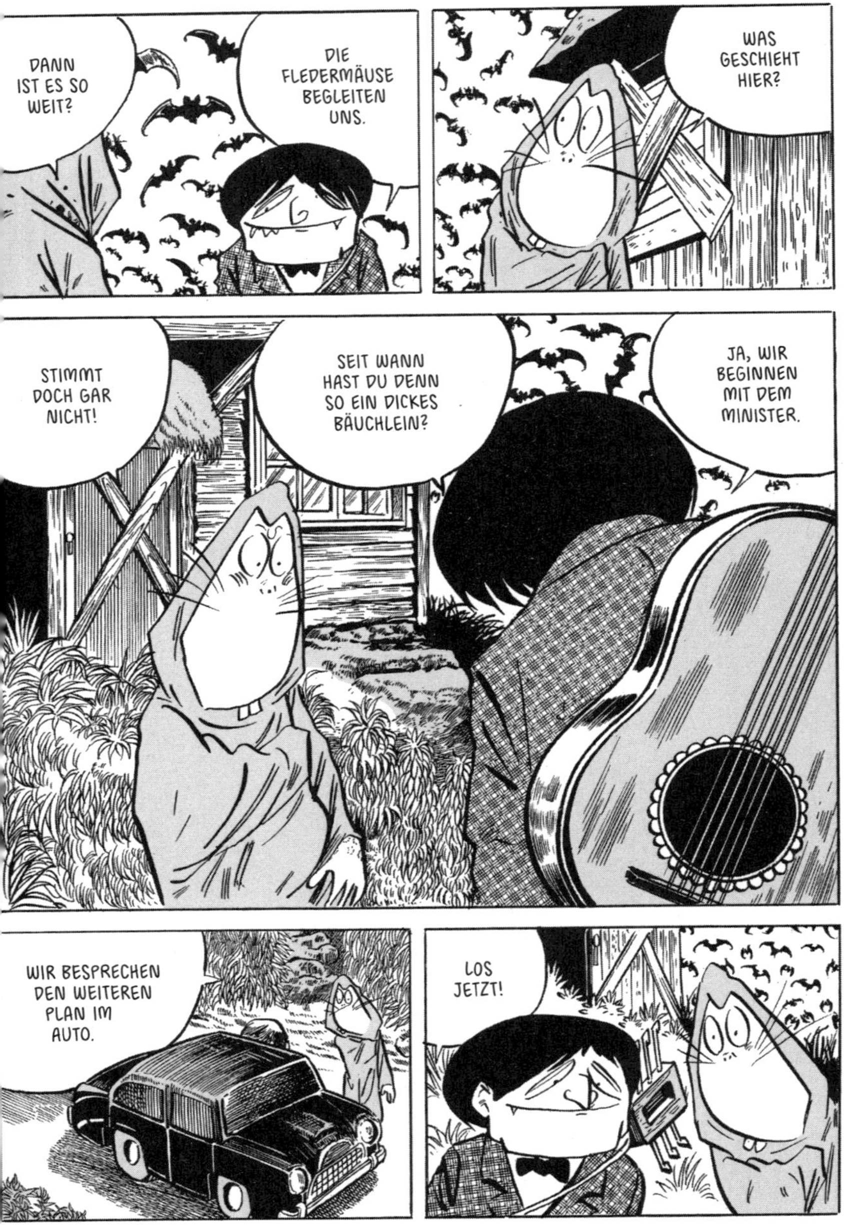

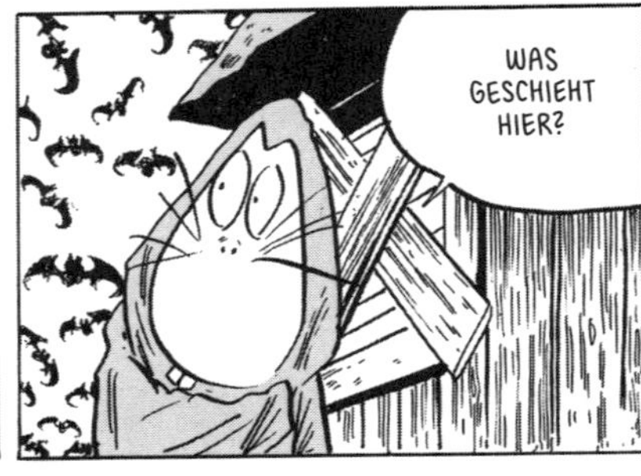

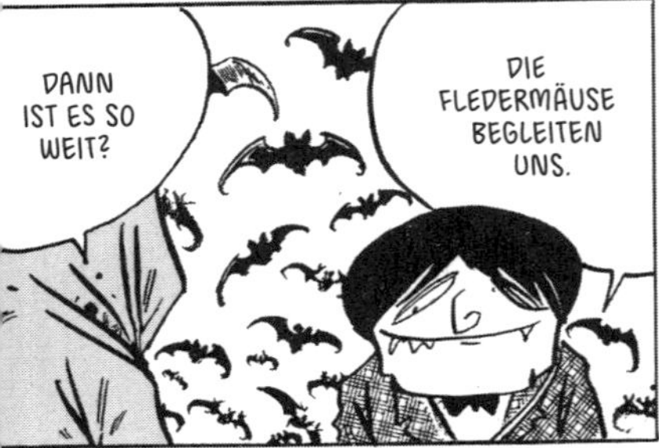

JA, WIR BEGINNEN MIT DEM MINISTER.

SEIT WANN HAST DU DENN SO EIN DICKES BÄUCHLEIN?

STIMMT DOCH GAR NICHT!

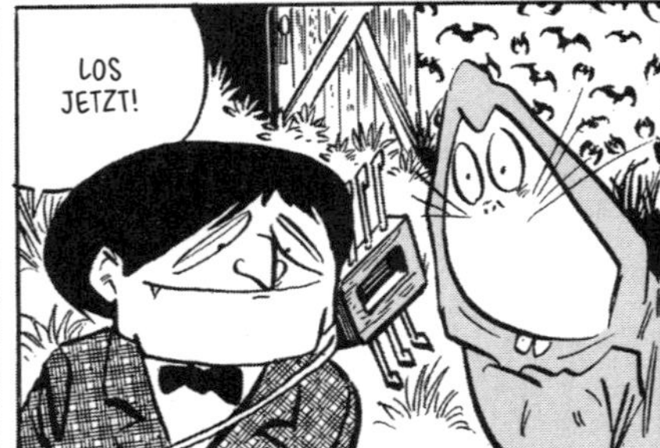

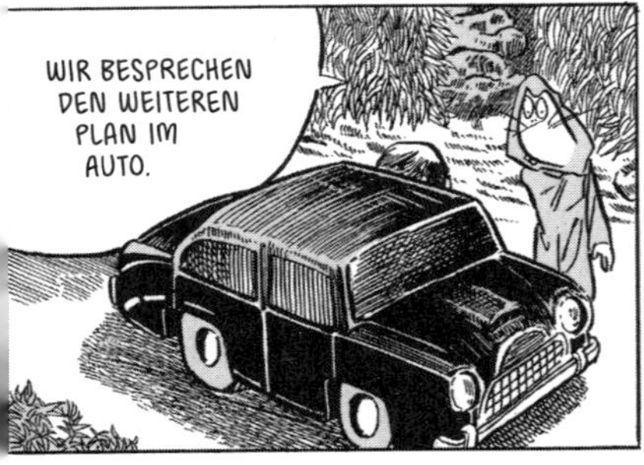

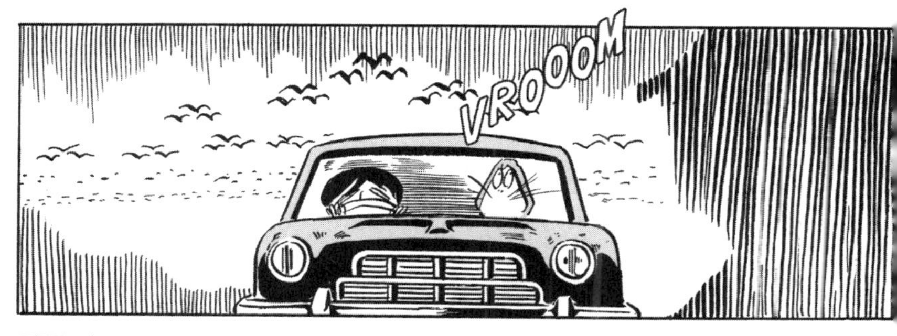

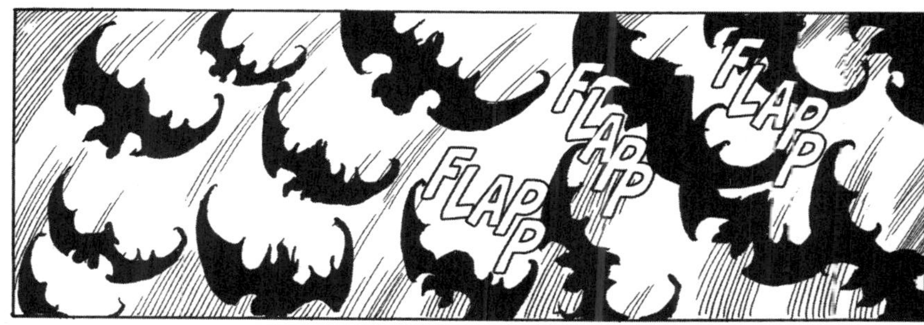

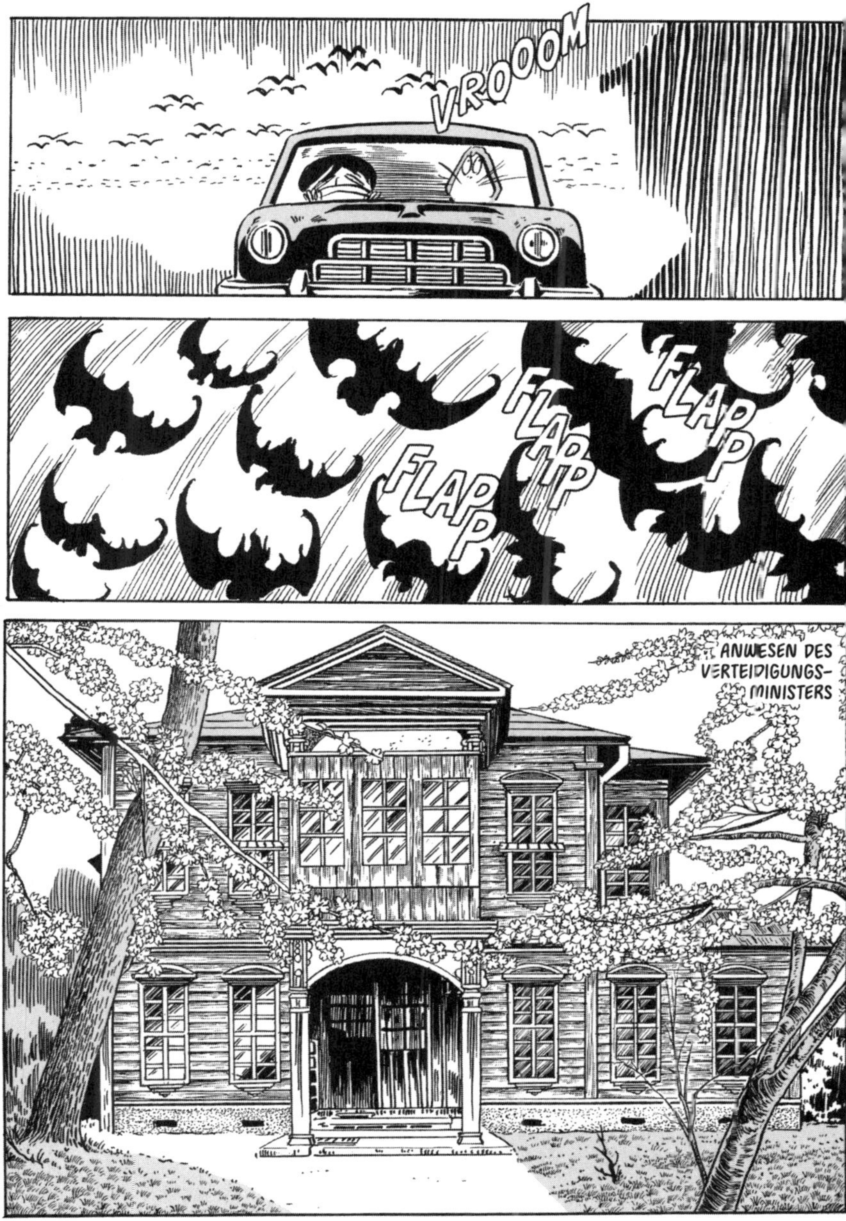

ANWESEN DES VERTEIDIGUNGS-MINISTERS

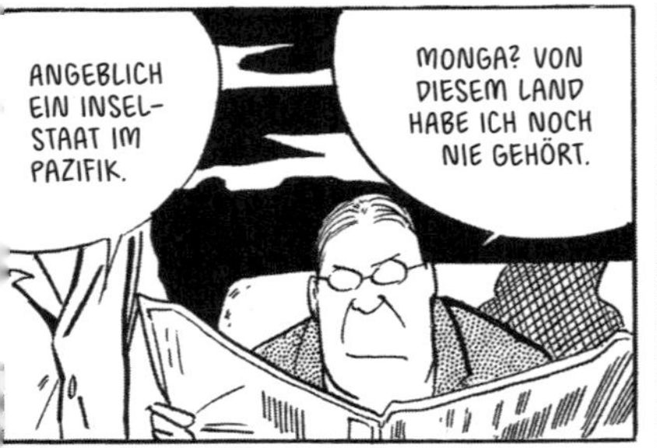
MONGA? VON DIESEM LAND HABE ICH NOCH NIE GEHÖRT.
ANGEBLICH EIN INSEL-STAAT IM PAZIFIK.
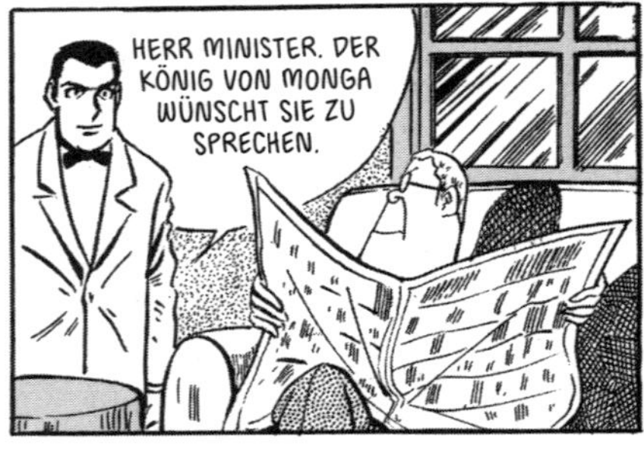
HERR MINISTER. DER KÖNIG VON MONGA WÜNSCHT SIE ZU SPRECHEN.
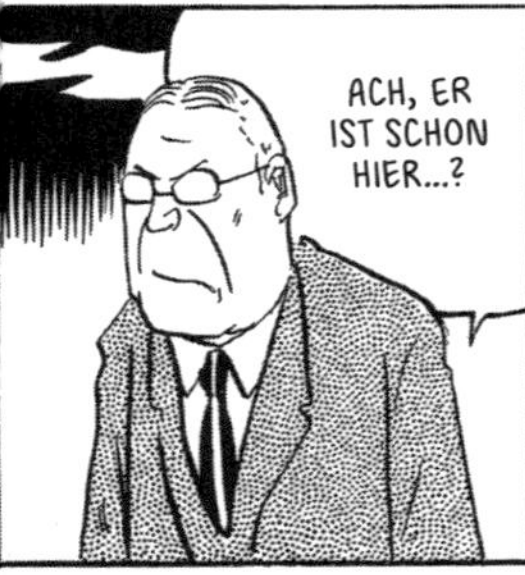
ACH, ER IST SCHON HIER…?
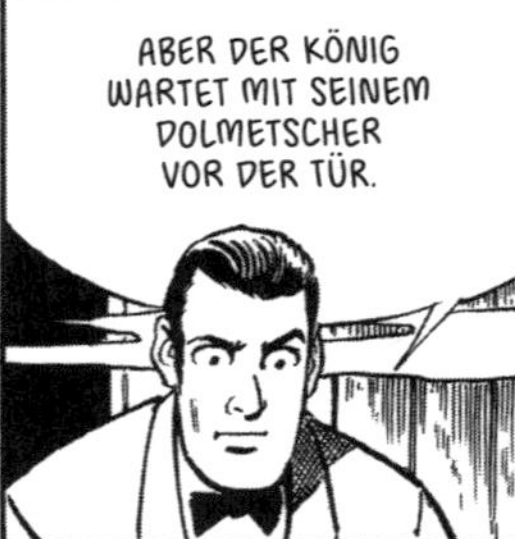
ABER DER KÖNIG WARTET MIT SEINEM DOLMETSCHER VOR DER TÜR.
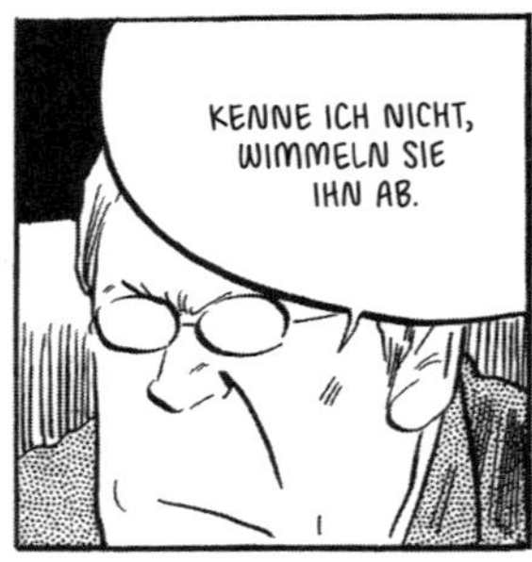
KENNE ICH NICHT, WIMMELN SIE IHN AB.
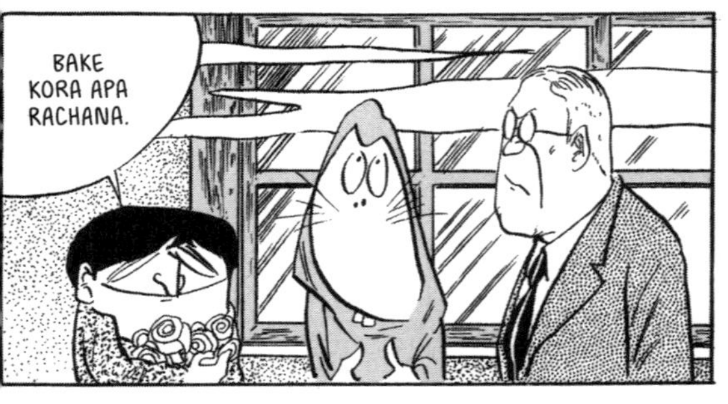
BAKE KORA APA RACHANA.
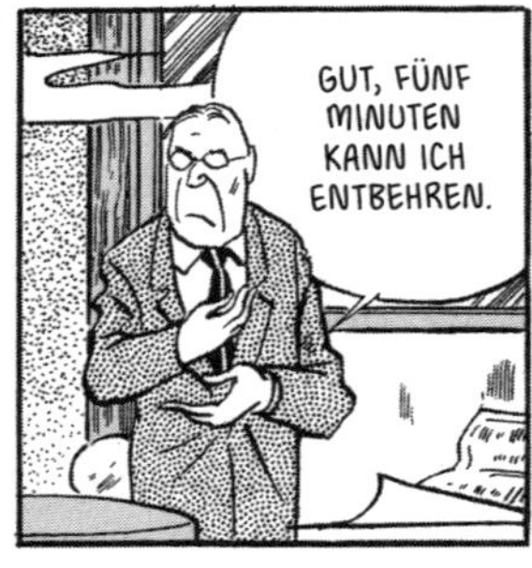
GUT, FÜNF MINUTEN KANN ICH ENTBEHREN.
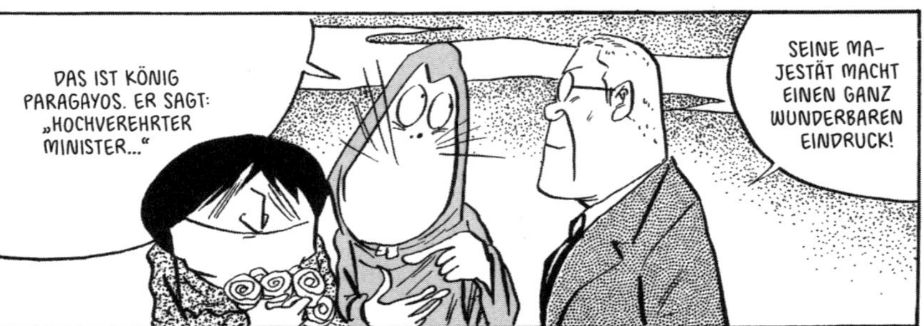
DAS IST KÖNIG PARAGAYOS. ER SAGT: „HOCHVEREHRTER MINISTER…"
SEINE MAJESTÄT MACHT EINEN GANZ WUNDERBAREN EINDRUCK!

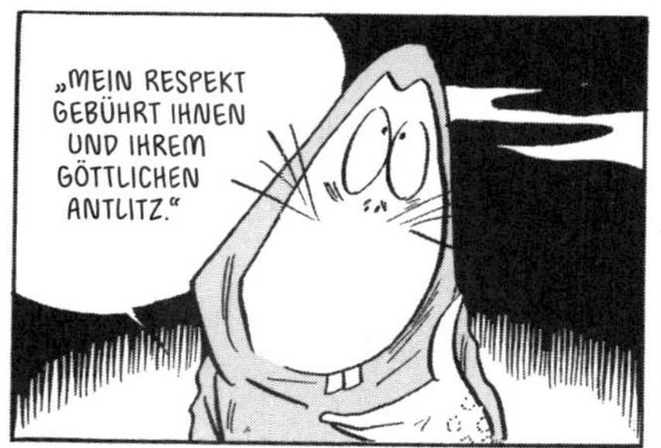
„MEIN RESPEKT GEBÜHRT IHNEN UND IHREM GÖTTLICHEN ANTLITZ.“

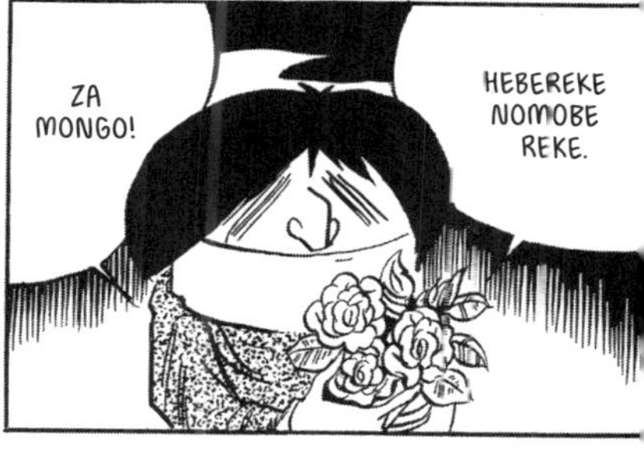
HEBEREKE NOMOBE REKE.
ZA MONGO!

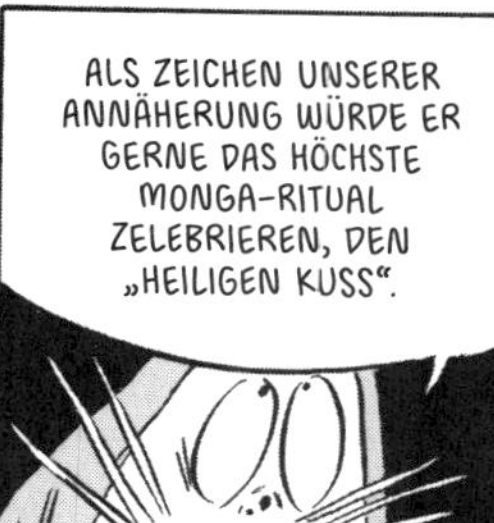
ALS ZEICHEN UNSERER ANNÄHERUNG WÜRDE ER GERNE DAS HÖCHSTE MONGA-RITUAL ZELEBRIEREN, DEN „HEILIGEN KUSS“.

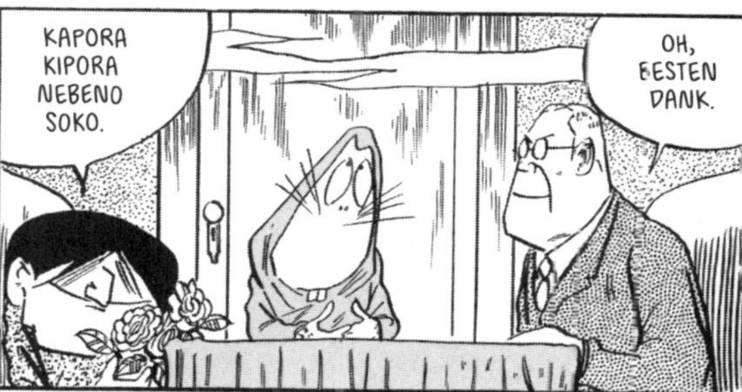
OH, BESTEN DANK.
KAPORA KIPORA NEBENO SOKO.

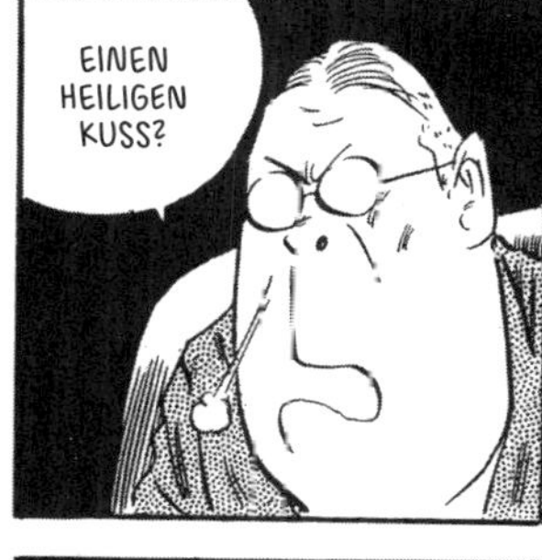
EINEN HEILIGEN KUSS?

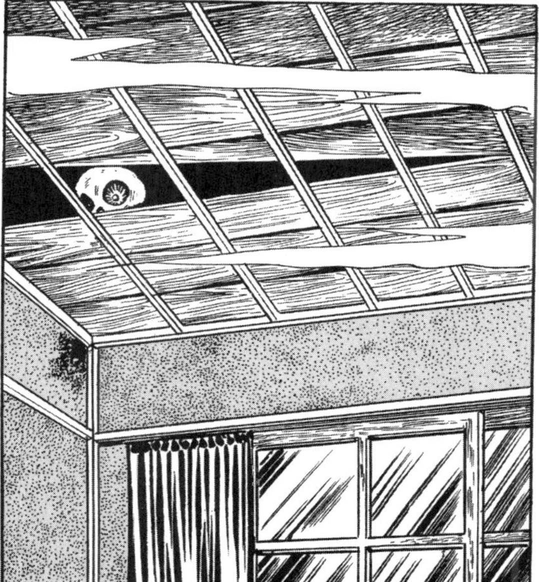

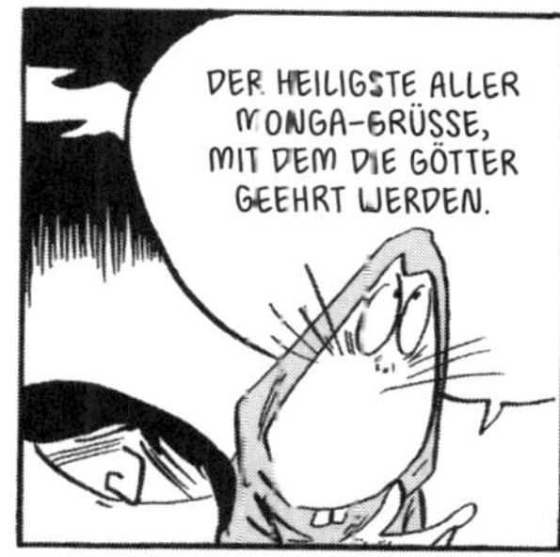
DER HEILIGSTE ALLER MONGA-GRÜSSE, MIT DEM DIE GÖTTER GEEHRT WERDEN.

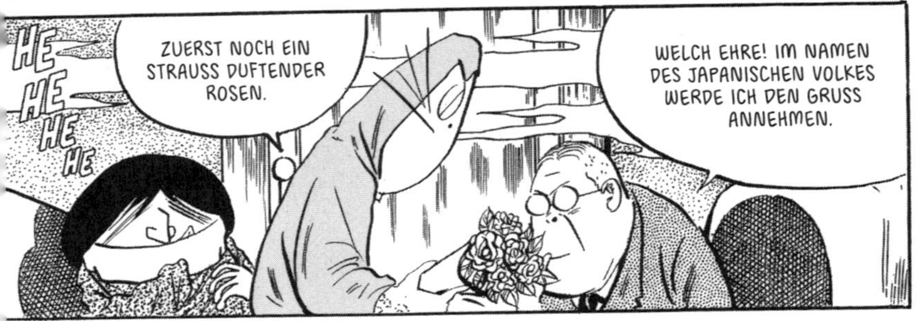
HE HE HE HE
ZUERST NOCH EIN STRAUSS DUFTENDER ROSEN.
WELCH EHRE! IM NAMEN DES JAPANISCHEN VOLKES WERDE ICH DEN GRUSS ANNEHMEN.

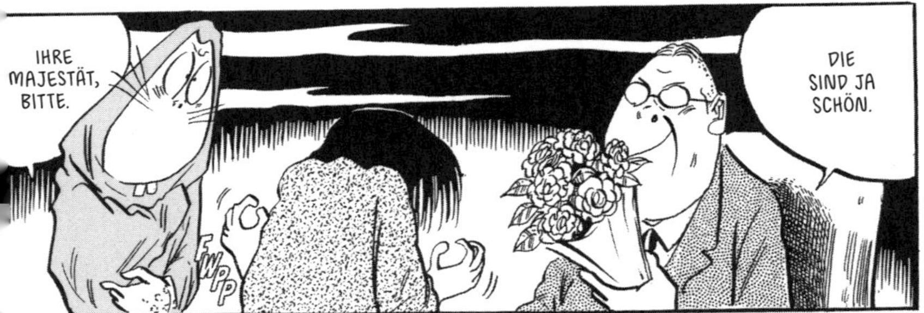
IHRE MAJESTÄT, BITTE.
FWPP
DIE SIND JA SCHÖN.

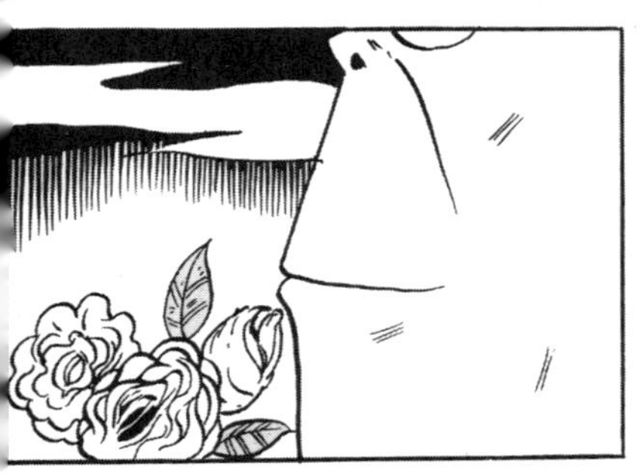

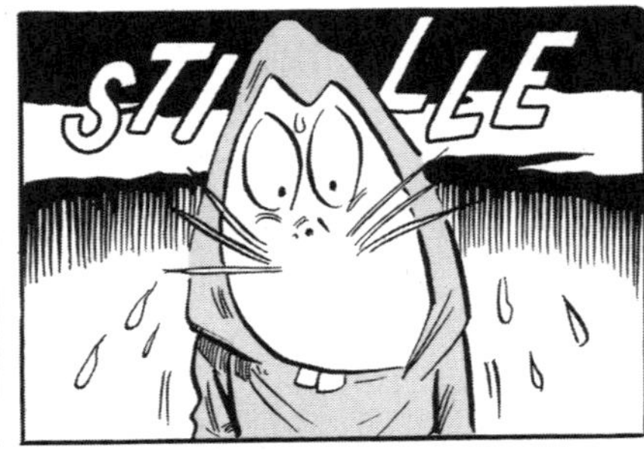
STILLE

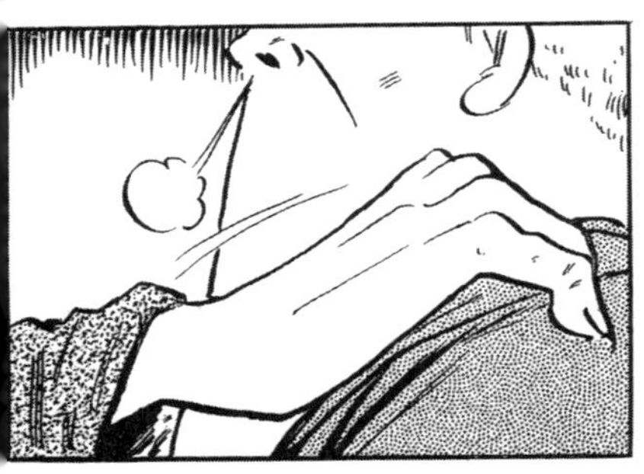

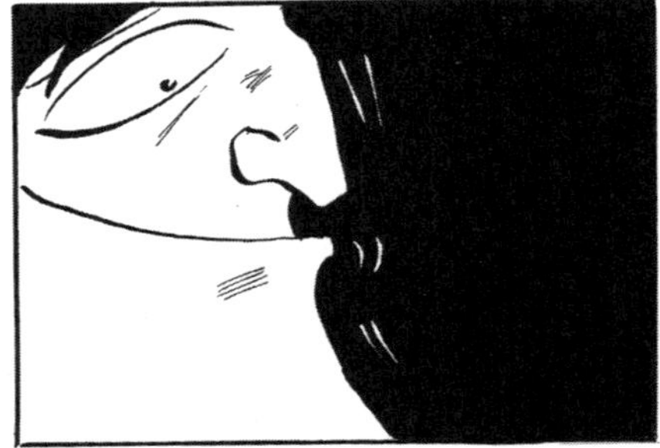

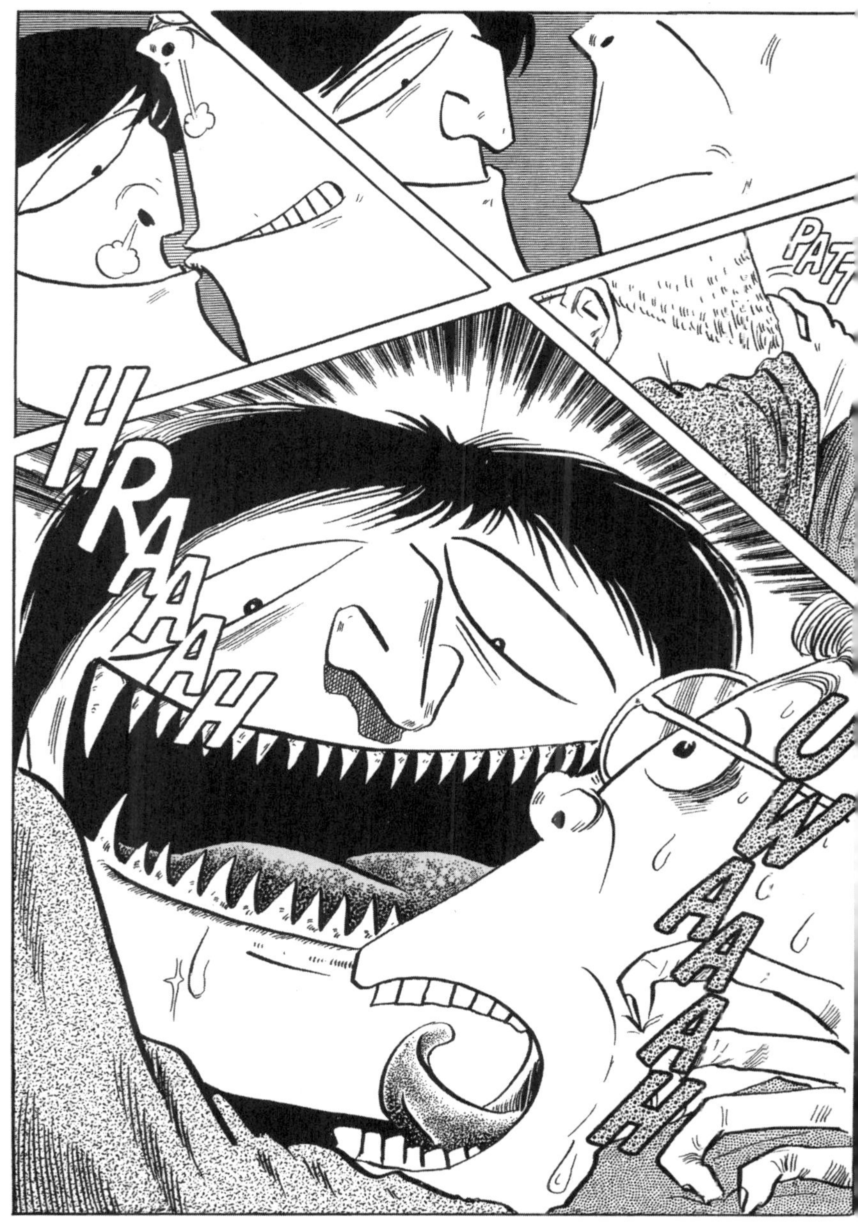

Der Vampir Elite, Teil 5 – Ende

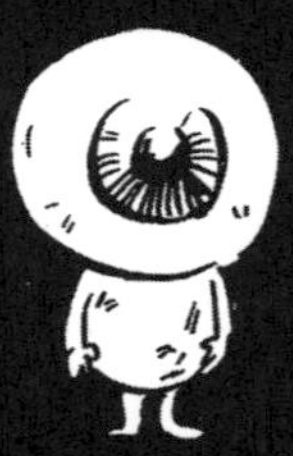

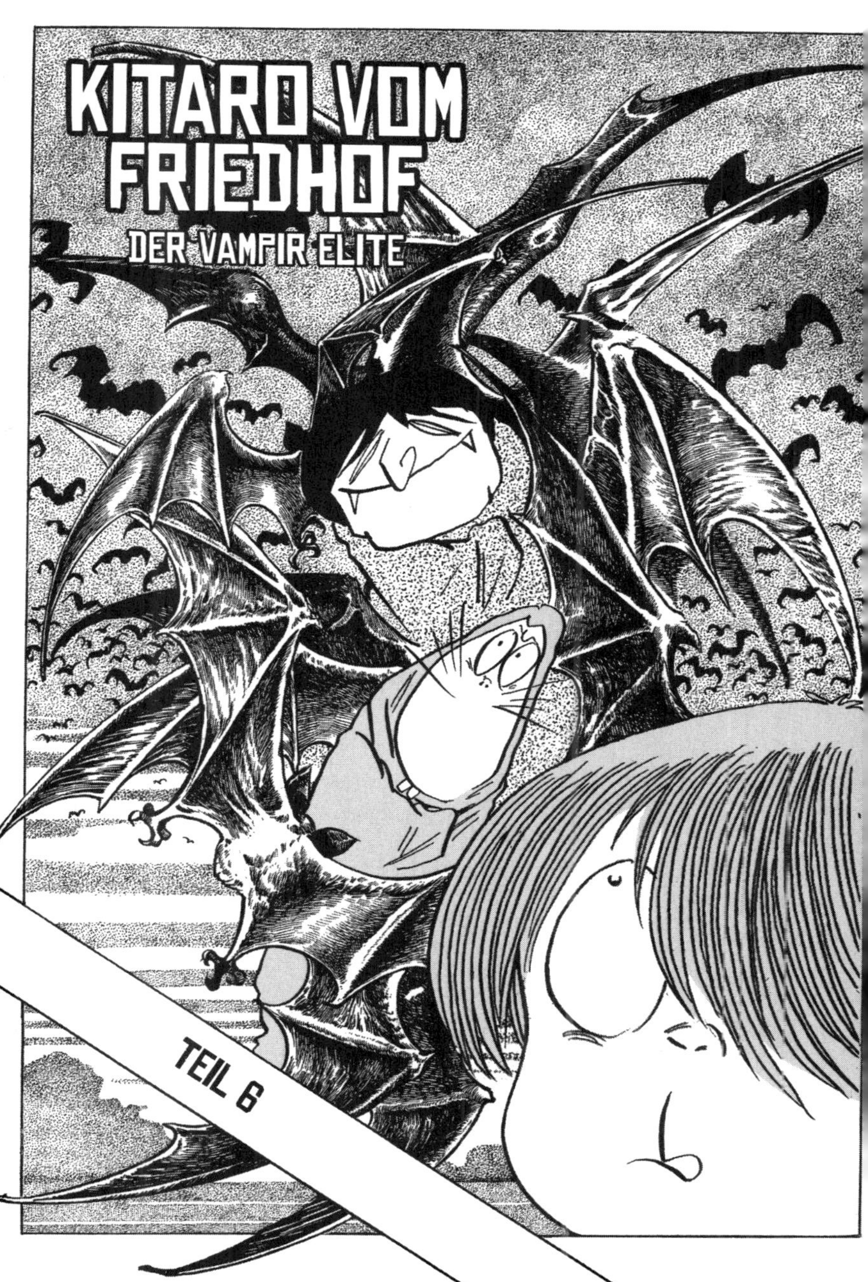
KITARO VOM FRIEDHOF
DER VAMPIR ELITE
TEIL 6

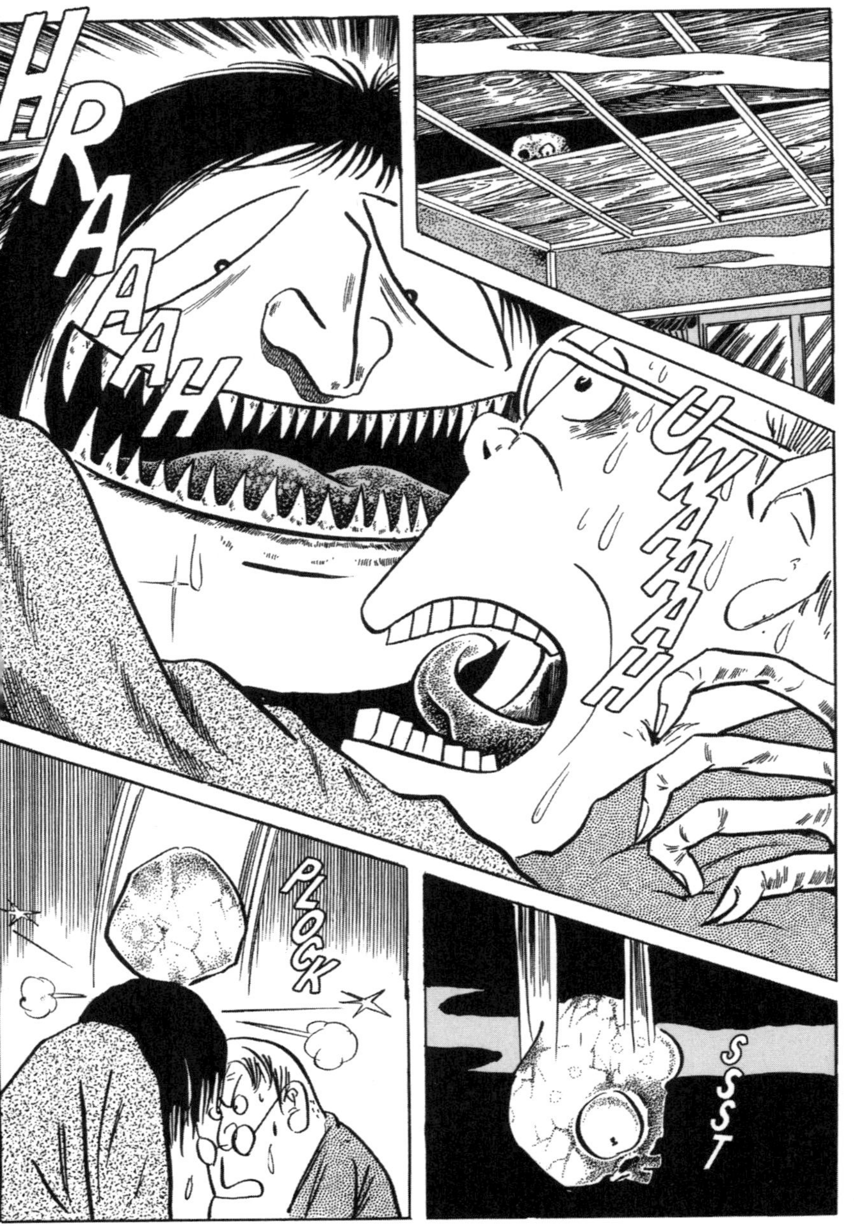
HRAAAAH
UWAAAAAH
PLOCK
SSST

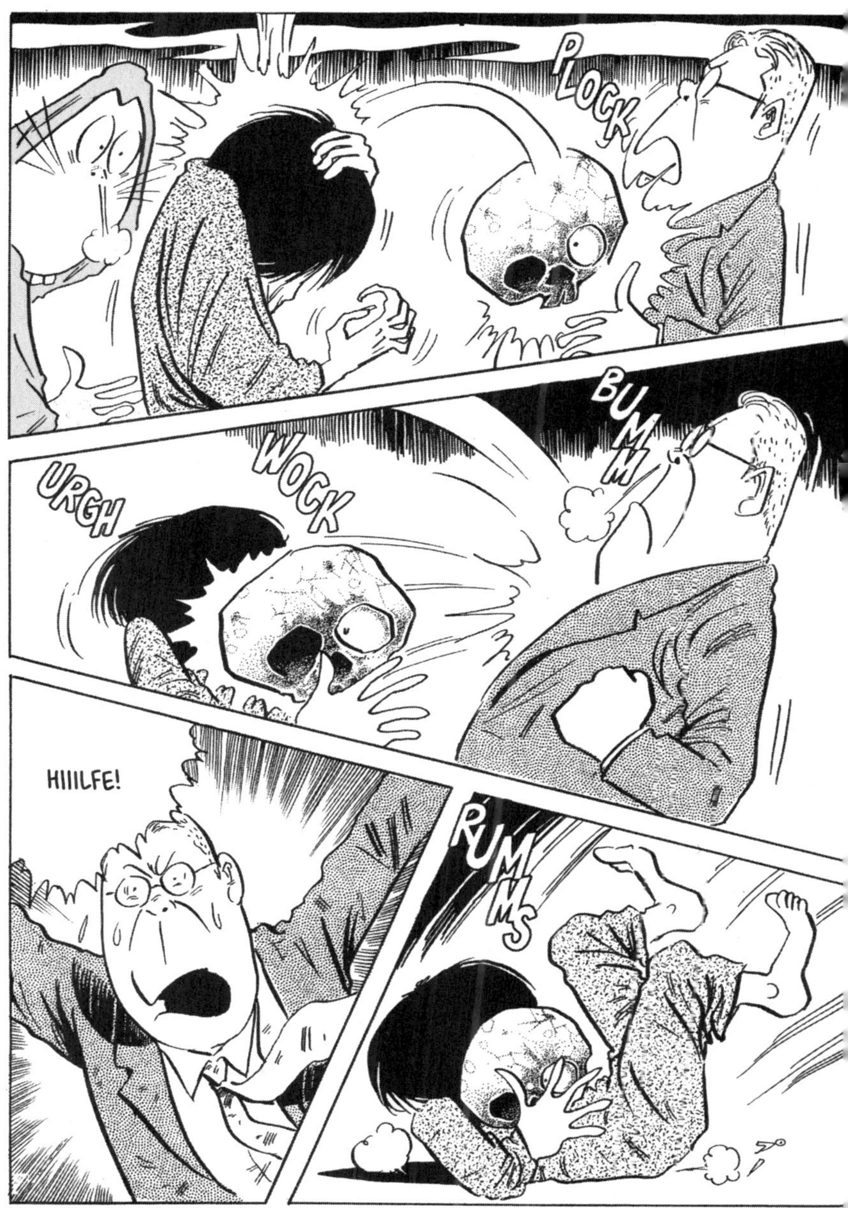
PLOCK
BUMM
WOCK
URGH
HIIILFE!
RUMMS

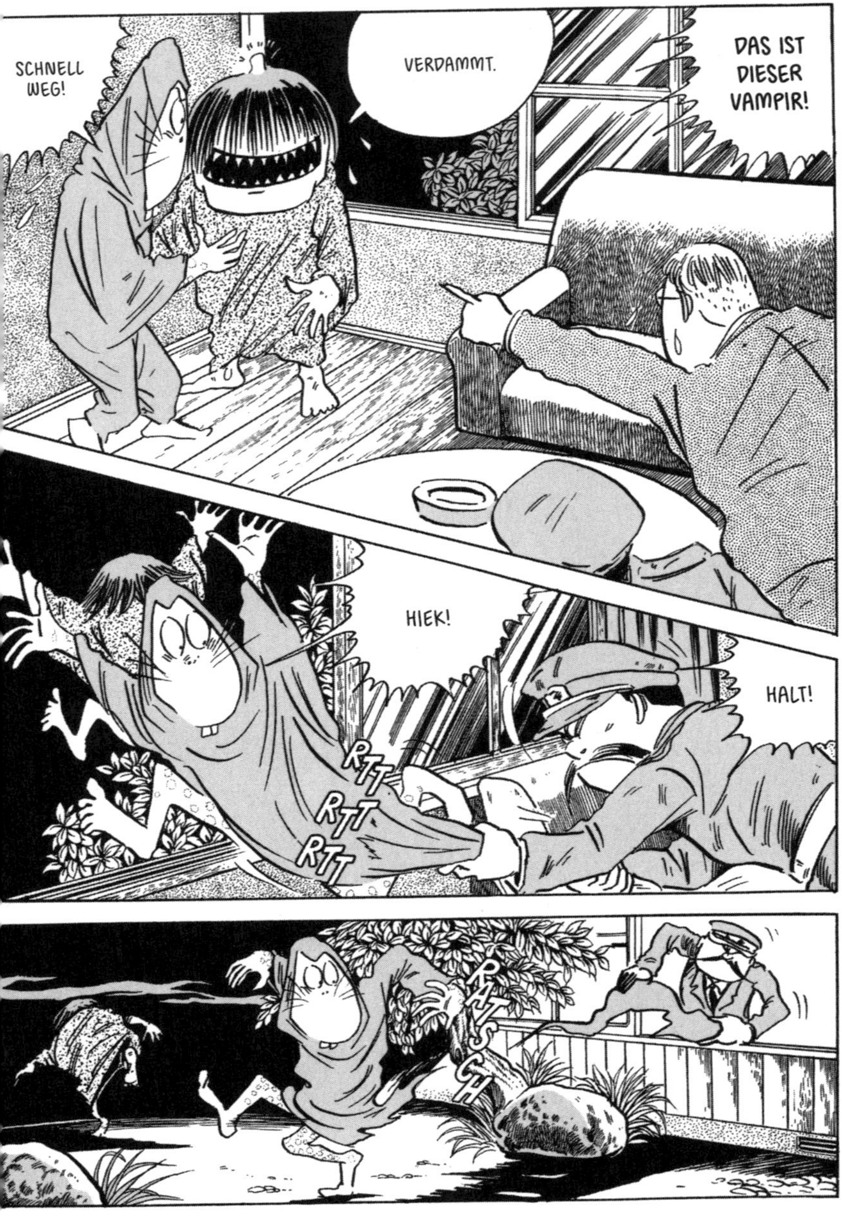

DAS IST DIESER VAMPIR!
VERDAMMT.
SCHNELL WEG!
HALT!
HIEK!
RTT RTT RTT

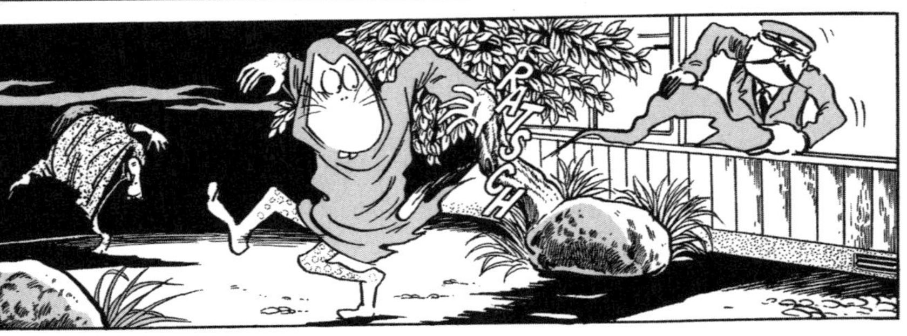

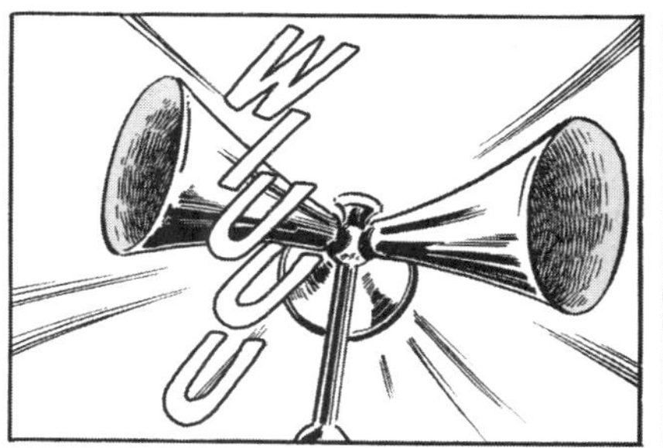
WIUUUU
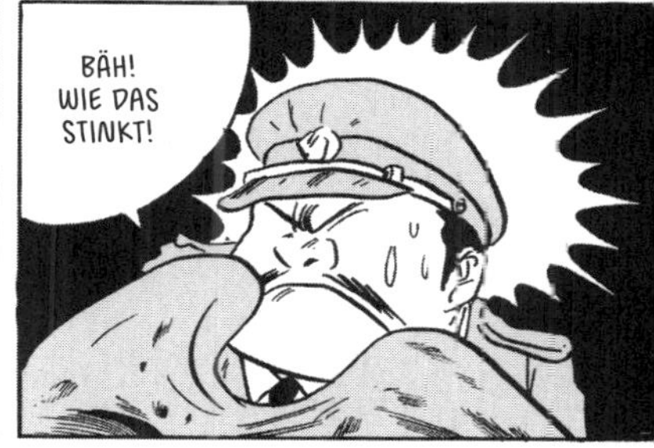
BÄH! WIE DAS STINKT!
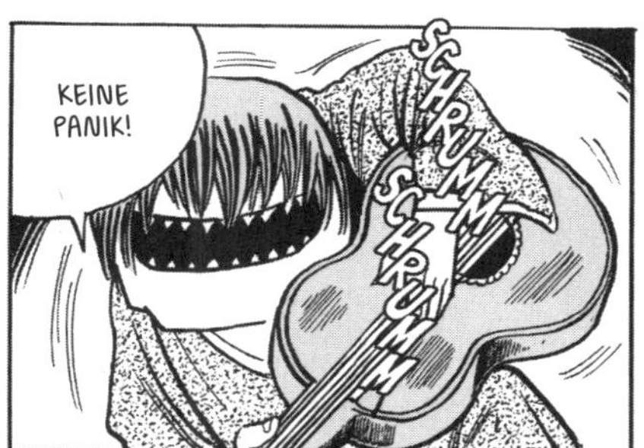
KEINE PANIK!
SCHRUMM
SCHRUMM
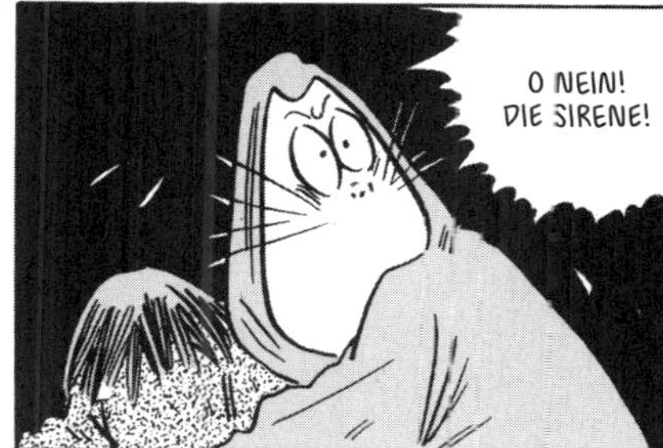
O NEIN! DIE SIRENE!
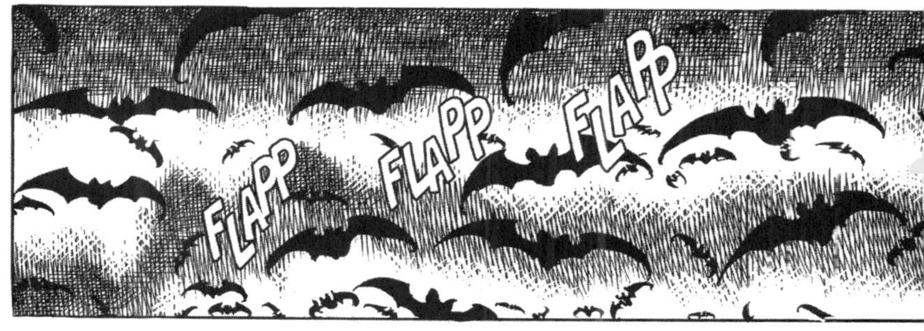
FLAPP
FLAPP
FLAPP
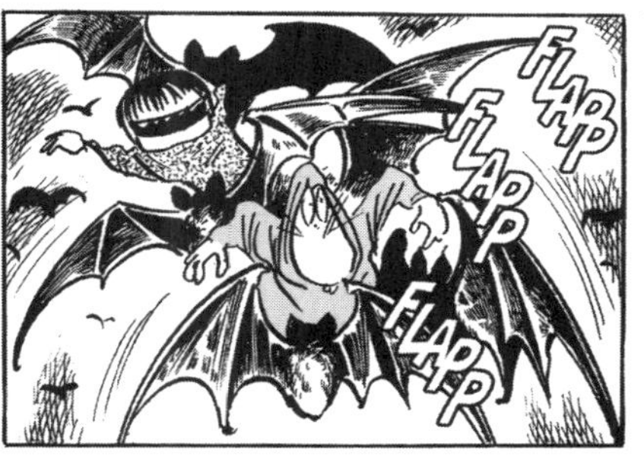
FLAPP
FLAPP
FLAPP
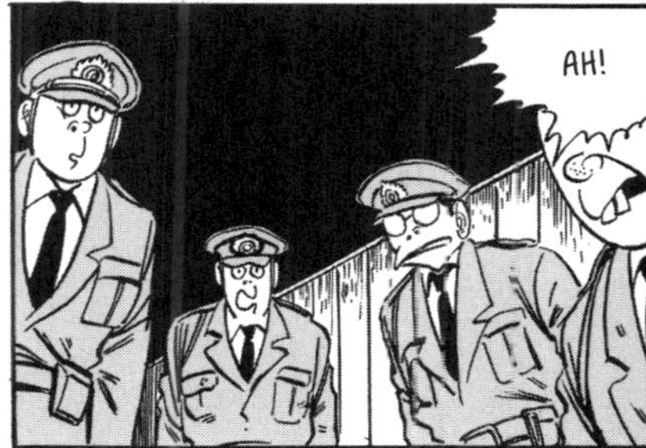
AH!

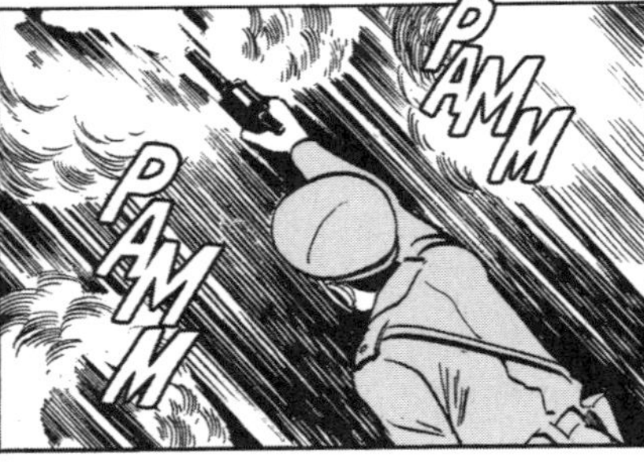
PAMM
PAMM

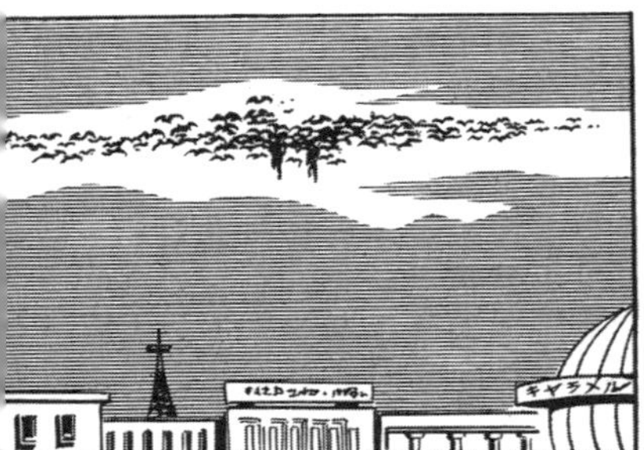
キャラメル

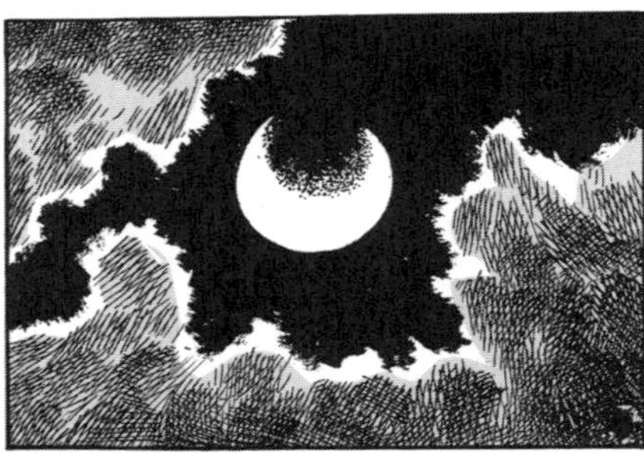

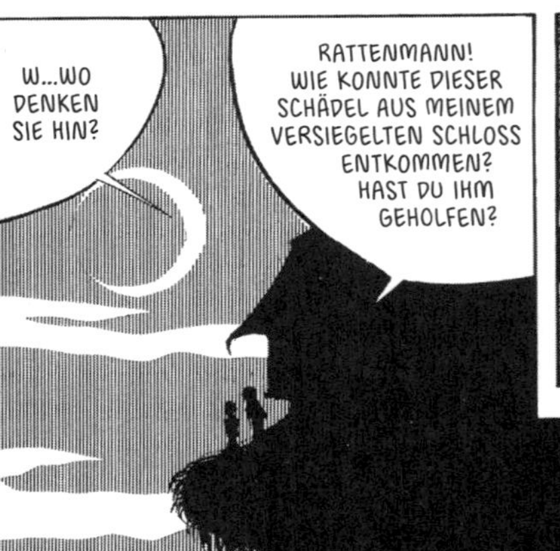
RATTENMANN! WIE KONNTE DIESER SCHÄDEL AUS MEINEM VERSIEGELTEN SCHLOSS ENTKOMMEN? HAST DU IHM GEHOLFEN?
W...WO DENKEN SIE HIN?

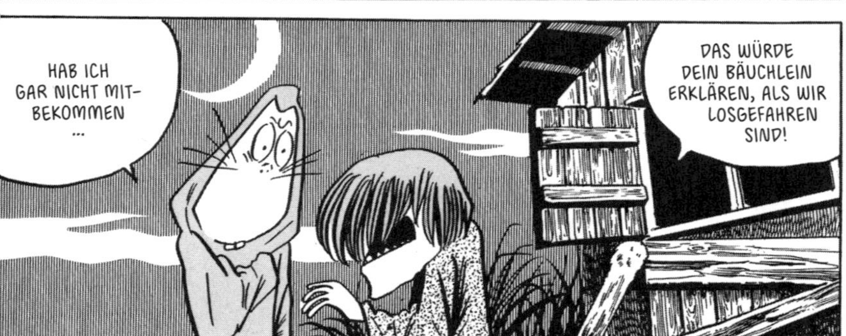
DAS WÜRDE DEIN BÄUCHLEIN ERKLÄREN, ALS WIR LOSGEFAHREN SIND!
HAB ICH GAR NICHT MIT-BEKOMMEN ...

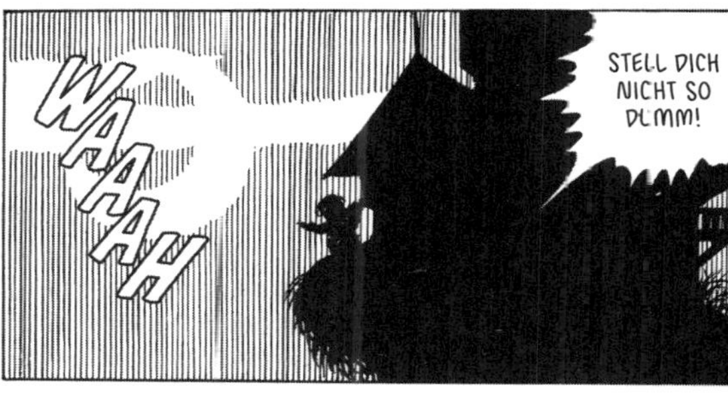
STELL DICH NICHT SO DUMM!
WAAAAH

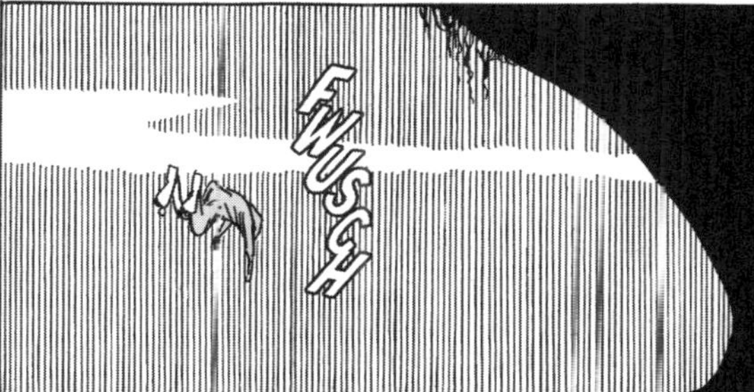
FWUSCH

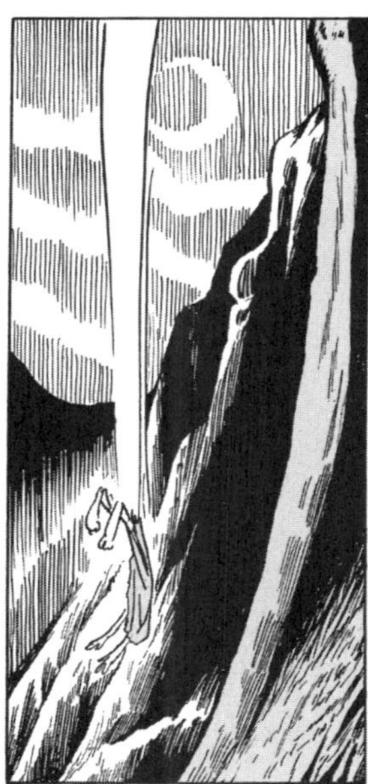

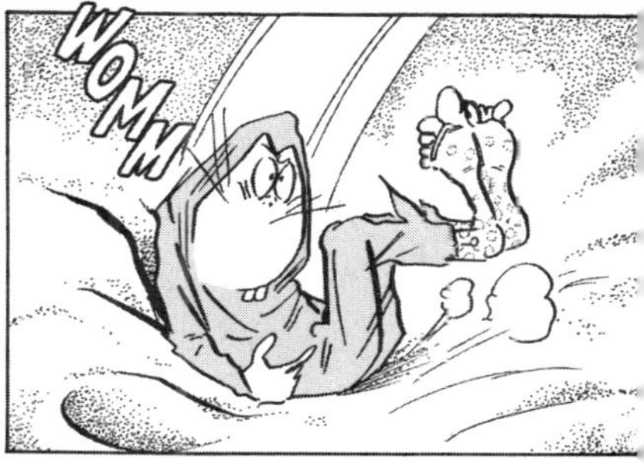
WOMM

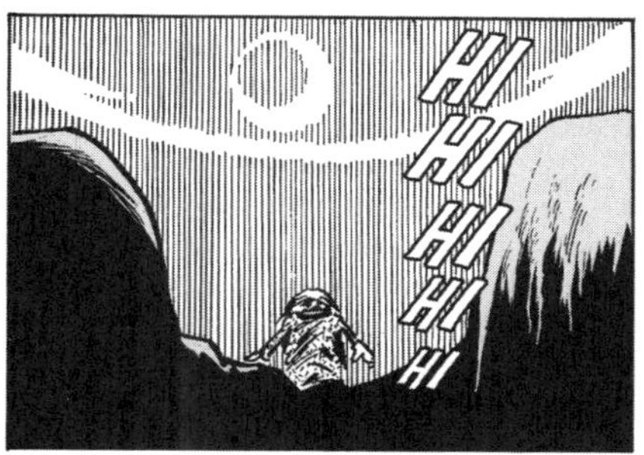
HI HI HI HI HI HI

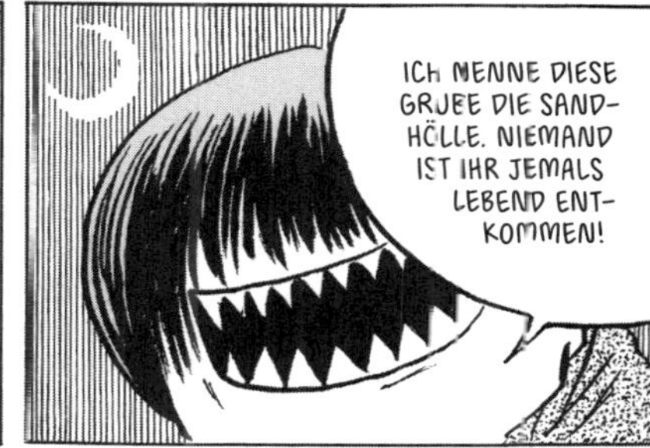
ICH NENNE DIESE GRUBE DIE SAND-HÖLLE. NIEMAND IST IHR JEMALS LEBEND ENT-KOMMEN!

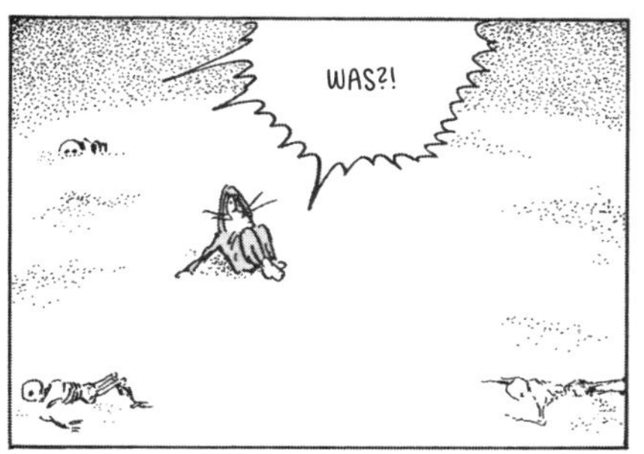
WAS?!

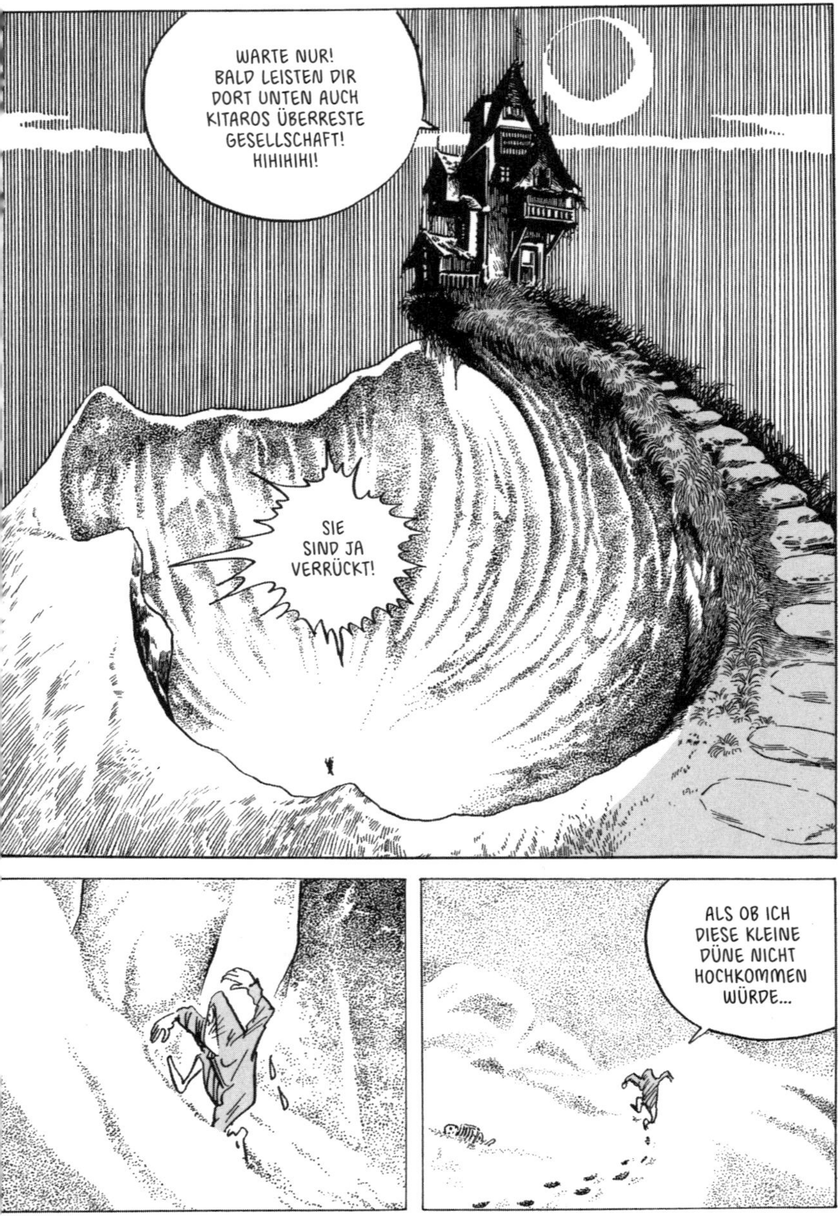

WARTE NUR! BALD LEISTEN DIR DORT UNTEN AUCH KITAROS ÜBERRESTE GESELLSCHAFT! HIHIHIHI!

SIE SIND JA VERRÜCKT!

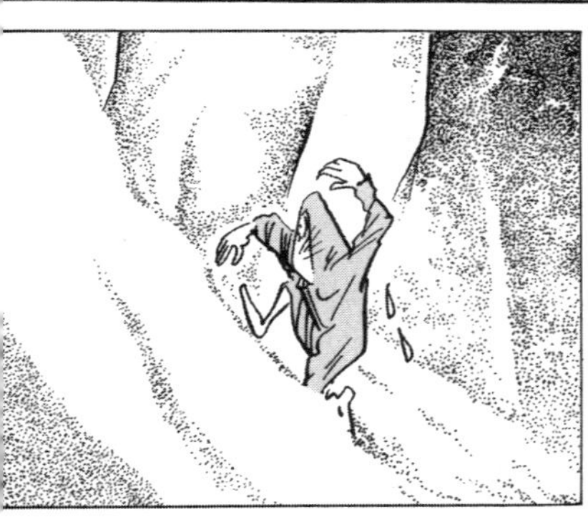

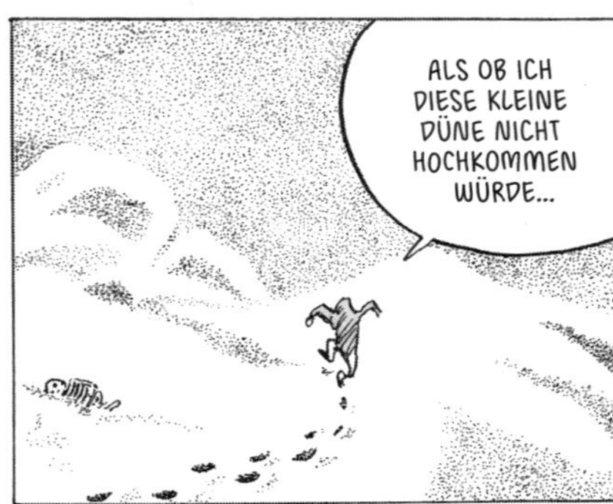

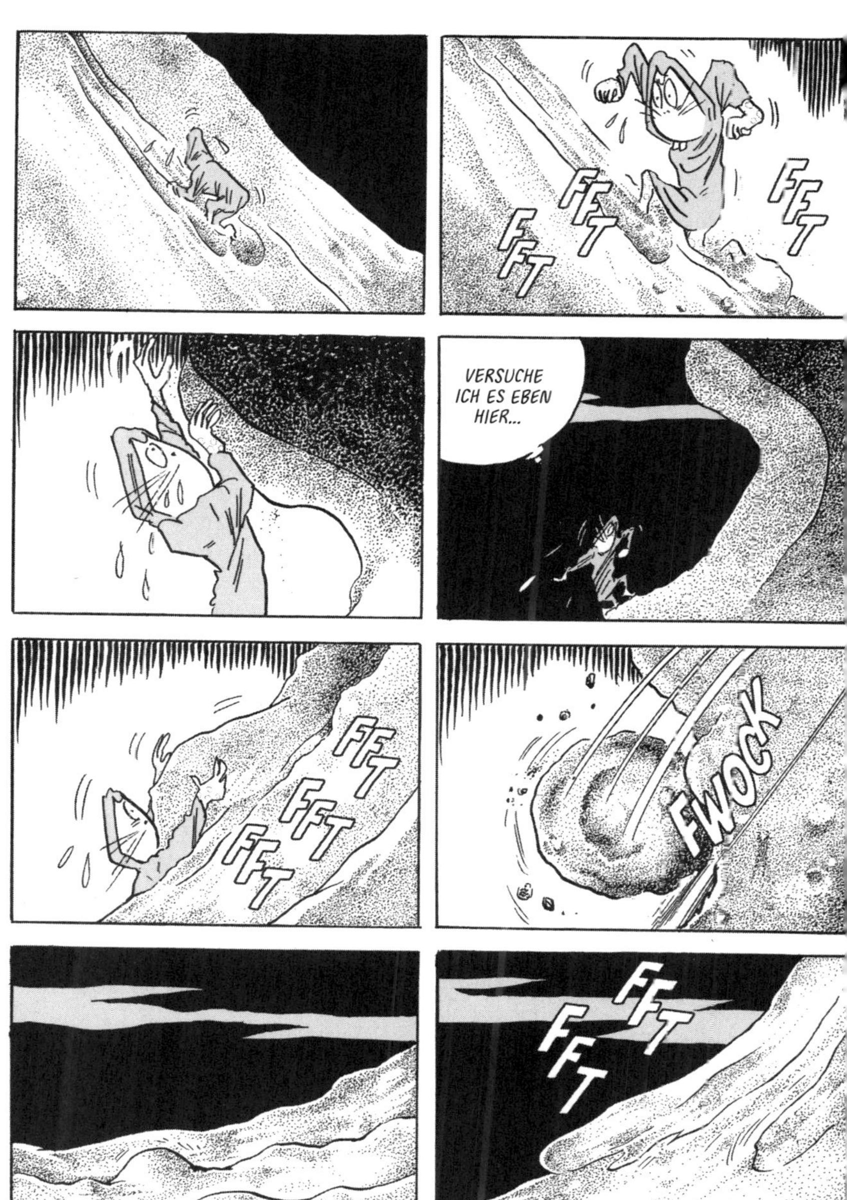
FFT
FFT
FFT
VERSUCHE ICH ES EBEN HIER...
FFT
FFT
FFT
FWOCK
FFT
FFT

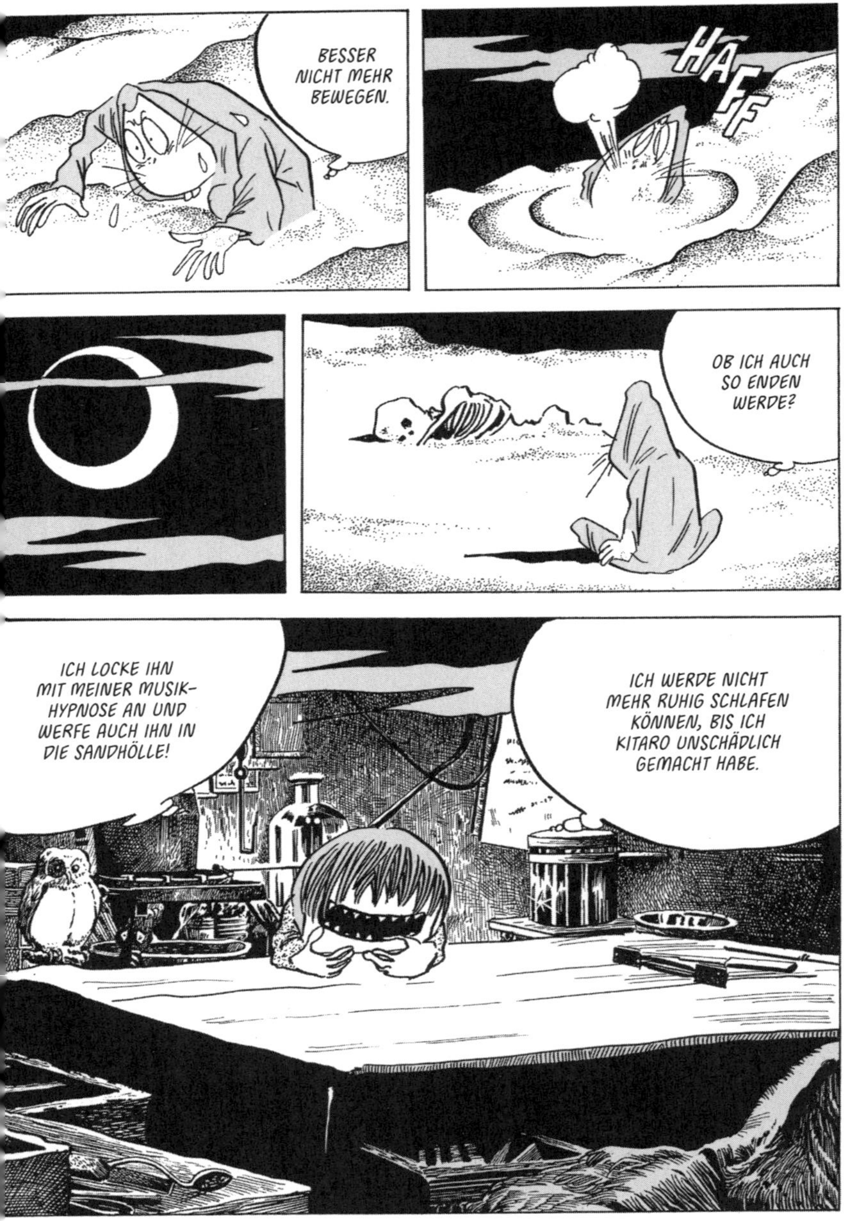

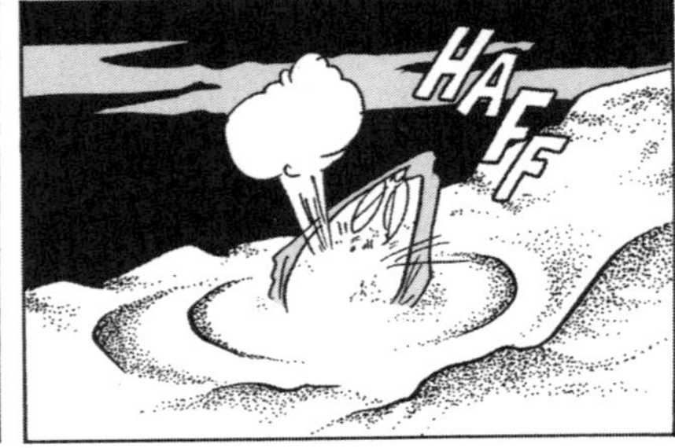
HAFF

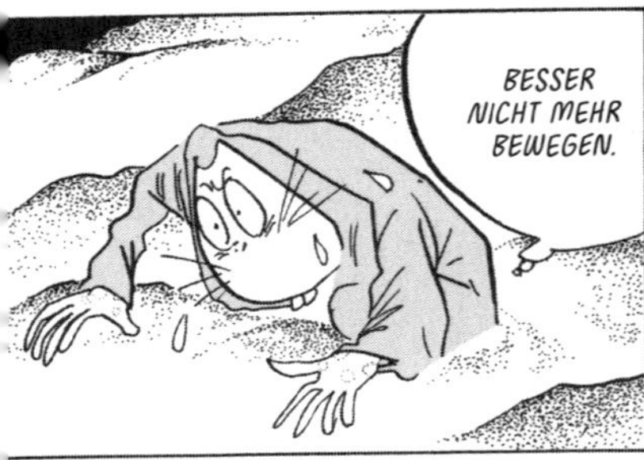
BESSER NICHT MEHR BEWEGEN.

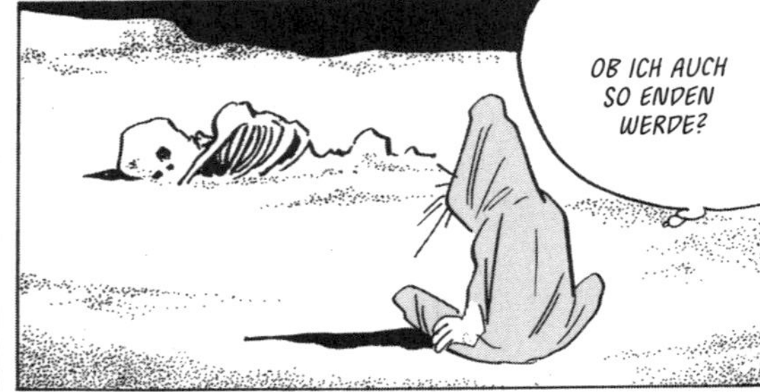
OB ICH AUCH SO ENDEN WERDE?

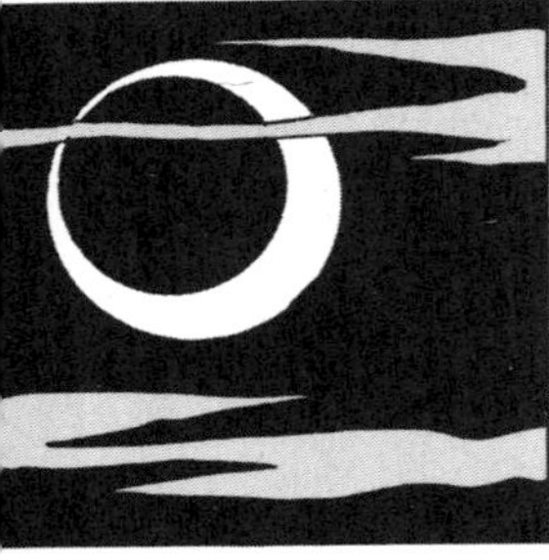

ICH WERDE NICHT MEHR RUHIG SCHLAFEN KÖNNEN, BIS ICH KITARO UNSCHÄDLICH GEMACHT HABE.
ICH LOCKE IHN MIT MEINER MUSIK-HYPNOSE AN UND WERFE AUCH IHN IN DIE SANDHÖLLE!

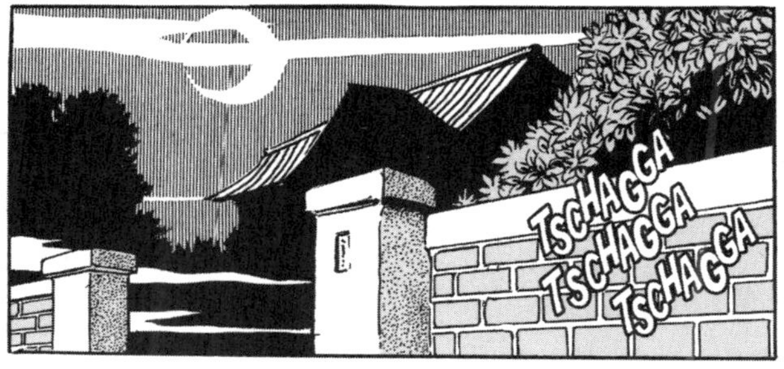

KURZ DARAUF WAR BEIM ANWESEN DES VERTEIDIGUNGS-MINISTERS EINE SONDERBARE GITARRENMELODIE ZU HÖREN.

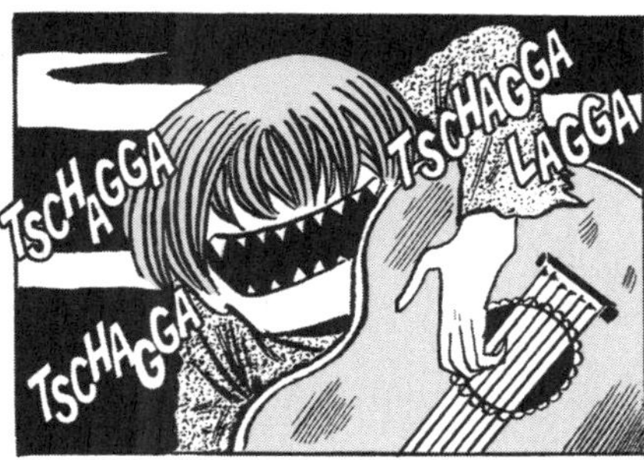

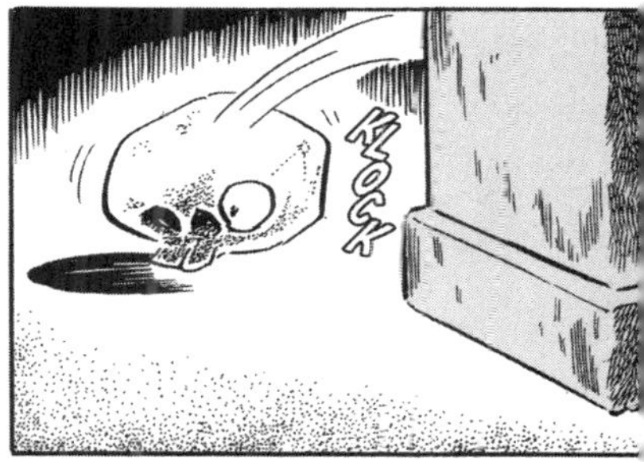

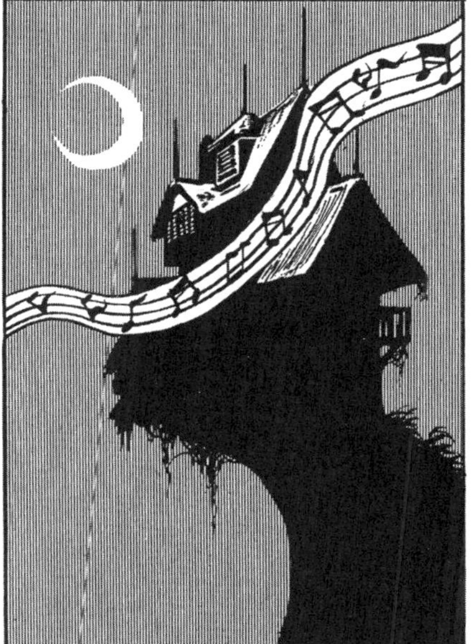

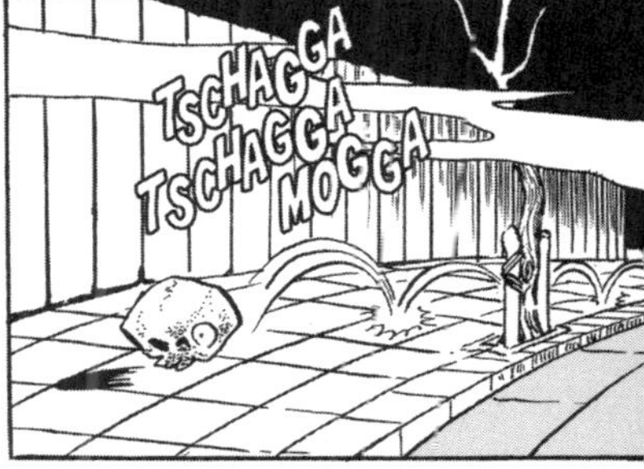

UND SO WAR DER SCHÄDEL WENIG SPÄTER WIEDER AM VAMPIR-SCHLOSS ANGELANGT.

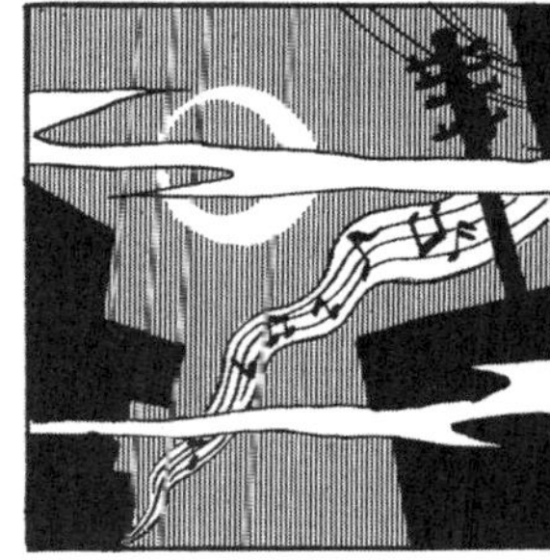

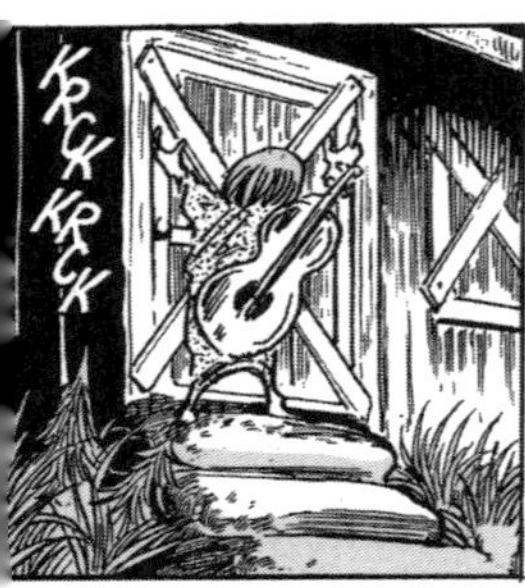
KRCK KRCK
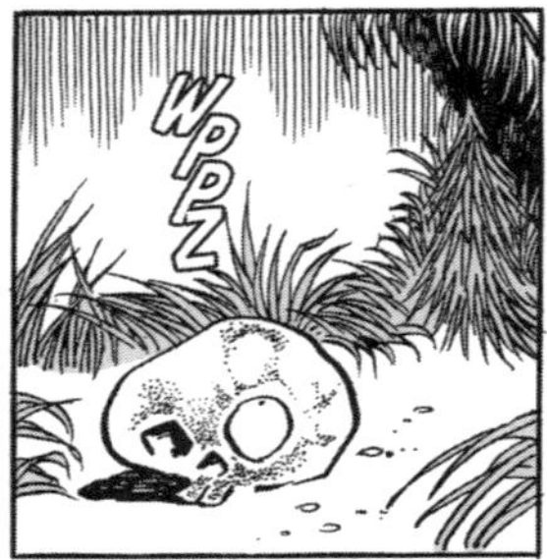
WPPZ
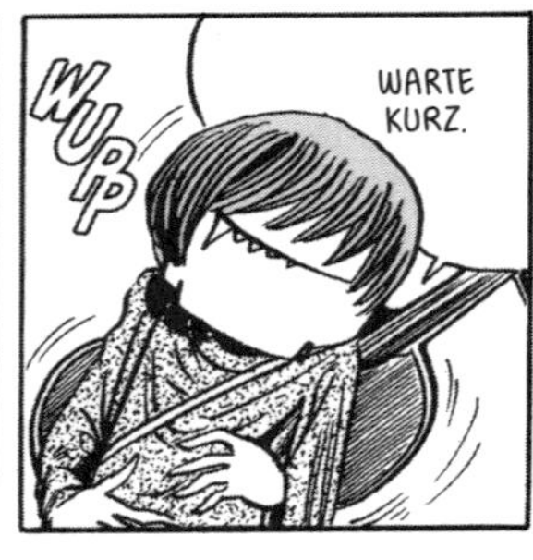
WUPP
WARTE KURZ.
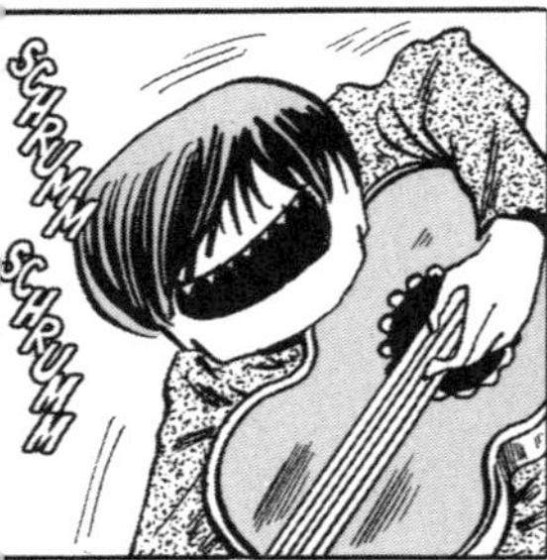
SCHRUMM SCHRUMM
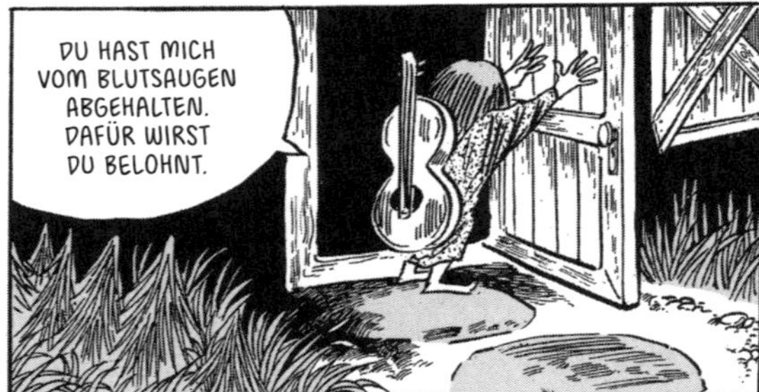
DU HAST MICH VOM BLUTSAUGEN ABGEHALTEN. DAFÜR WIRST DU BELOHNT.
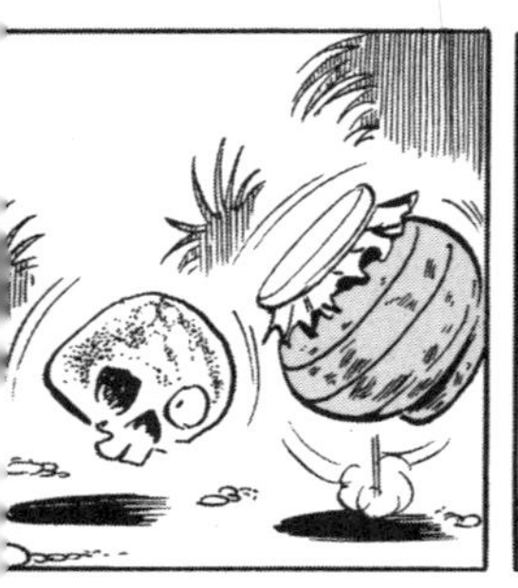
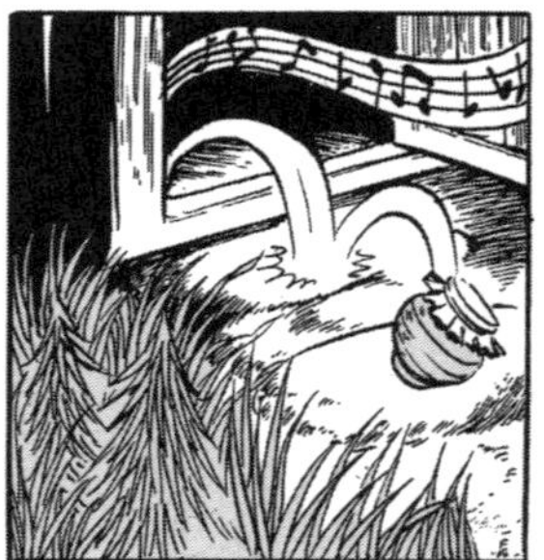
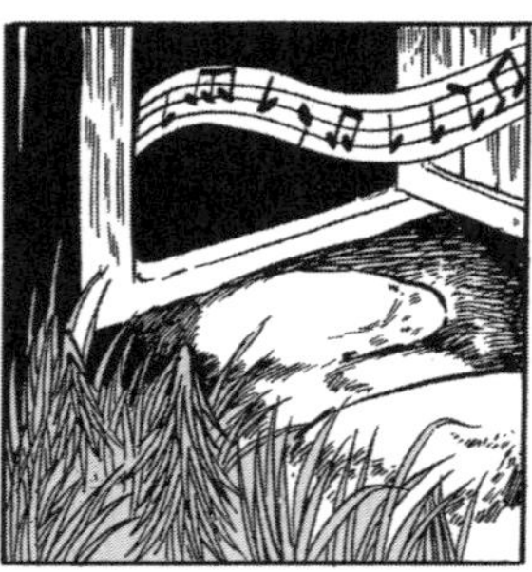
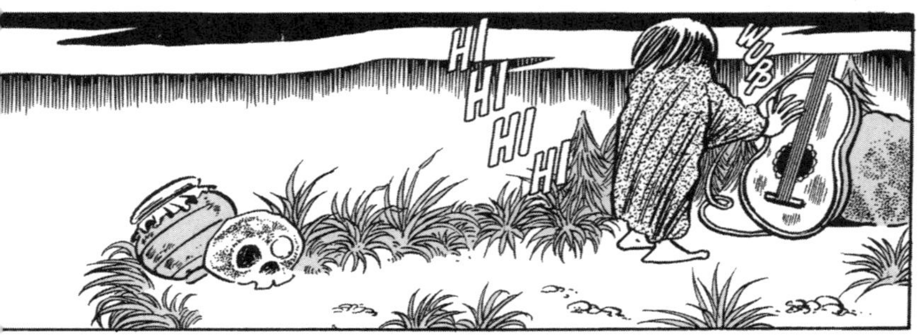
HI HI HI HI
WUPP

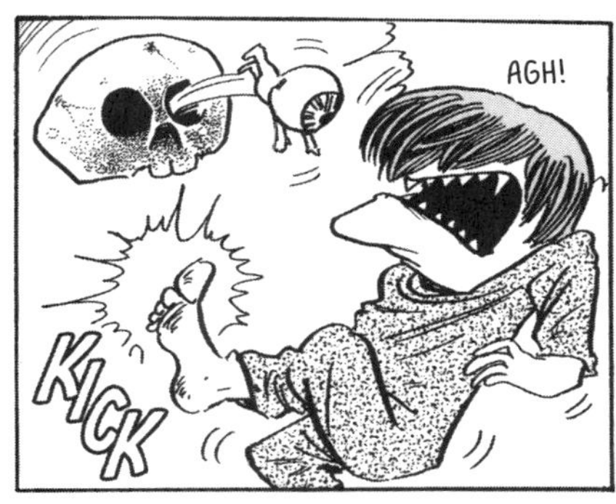
AGH!
KICK

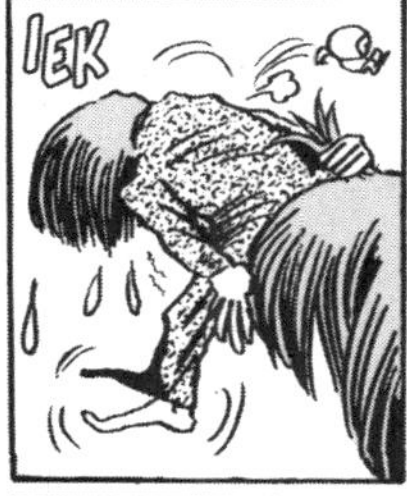
IEK

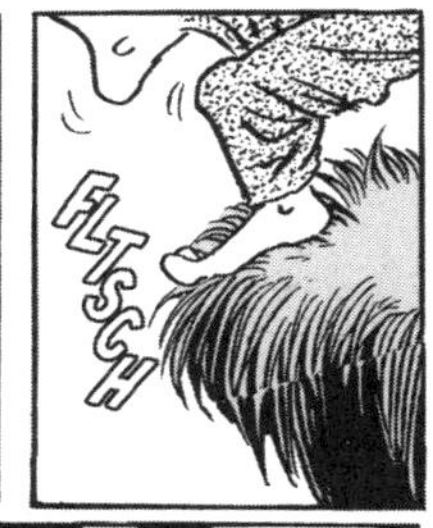
FLTSCH

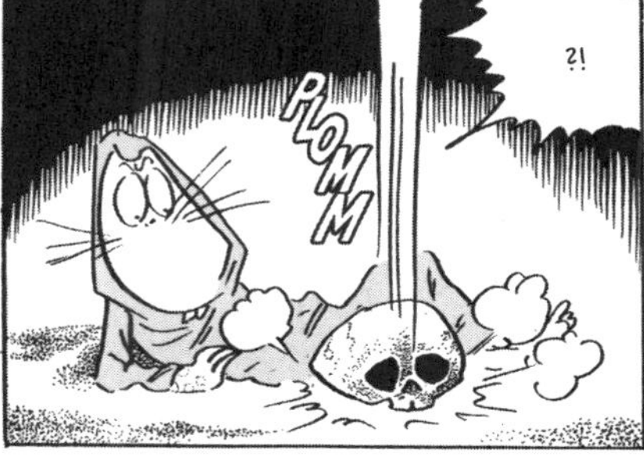
PLOMM
?!

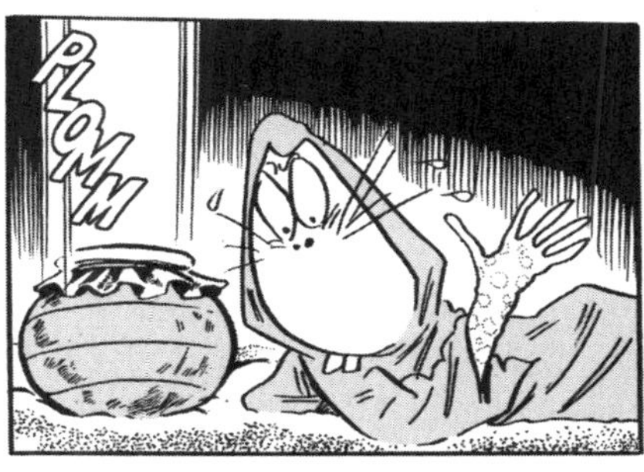
PLOMM

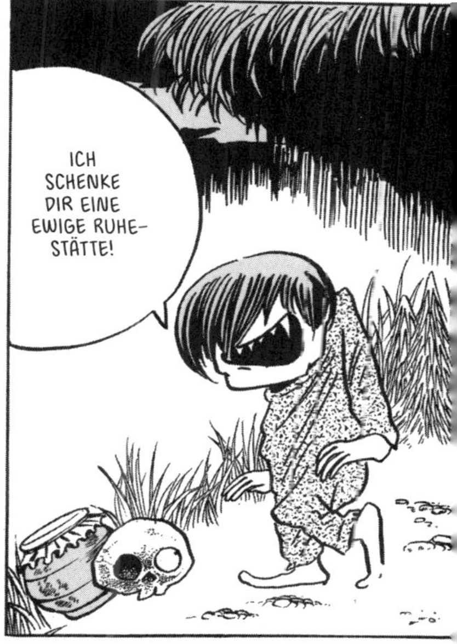
ICH SCHENKE DIR EINE EWIGE RUHE-STÄTTE!

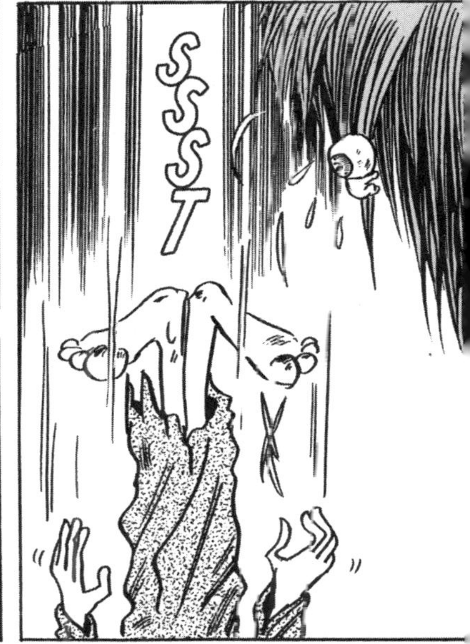
SSST

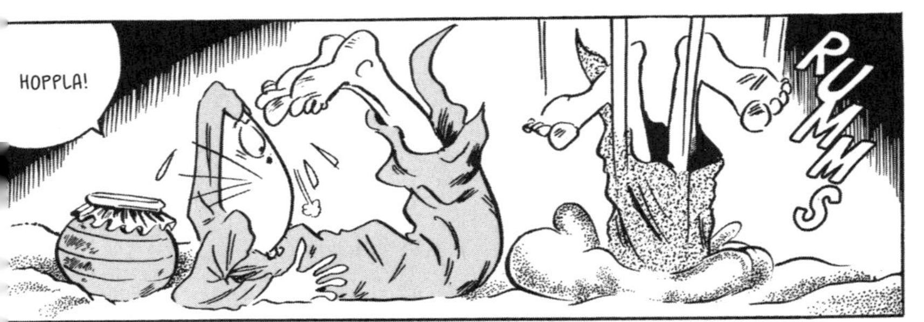
HOPPLA!
RUMMS

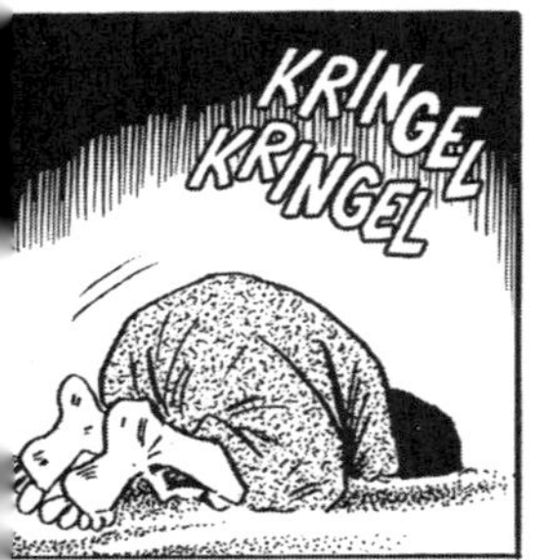
KRINGEL
KRINGEL

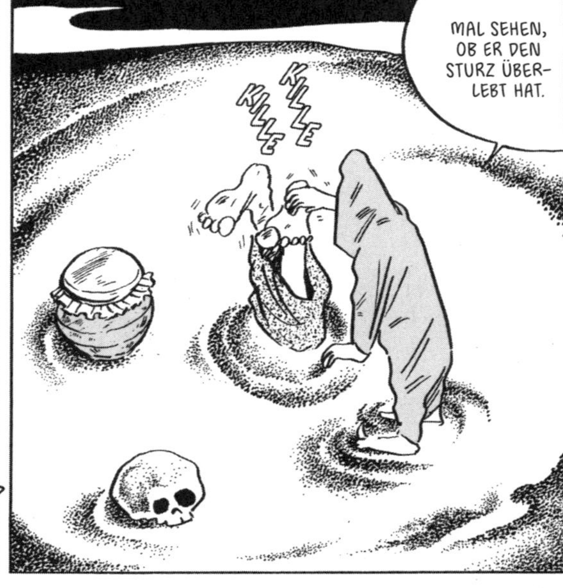
MAL SEHEN, OB ER DEN STURZ ÜBERLEBT HAT.
KILLE
KILLE

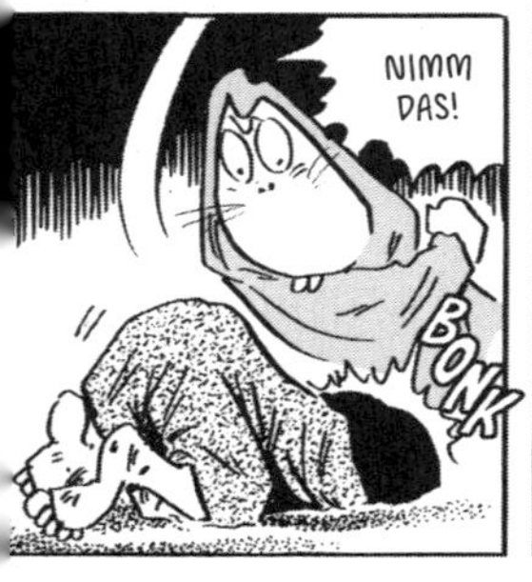
NIMM DAS!
BONK

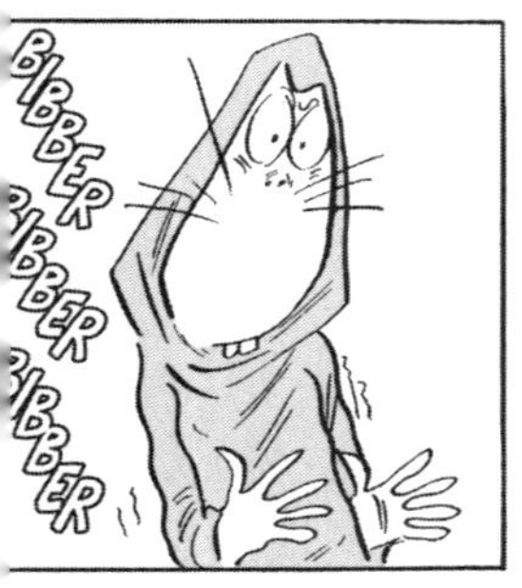
BIBBER
BIBBER
BIBBER

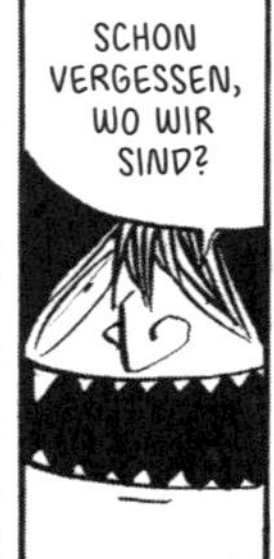
SCHON VERGESSEN, WO WIR SIND?

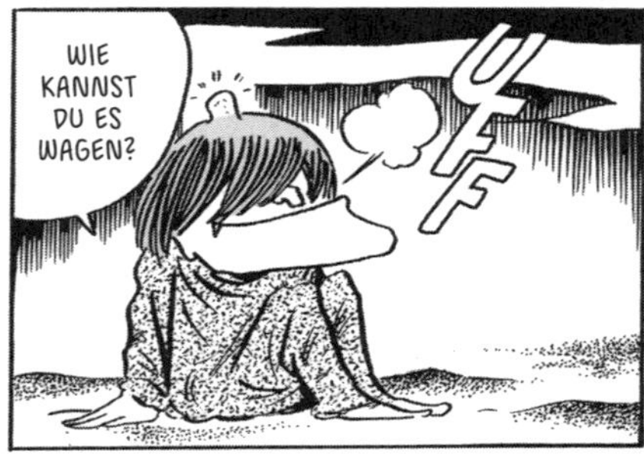
WIE KANNST DU ES WAGEN?
UFF

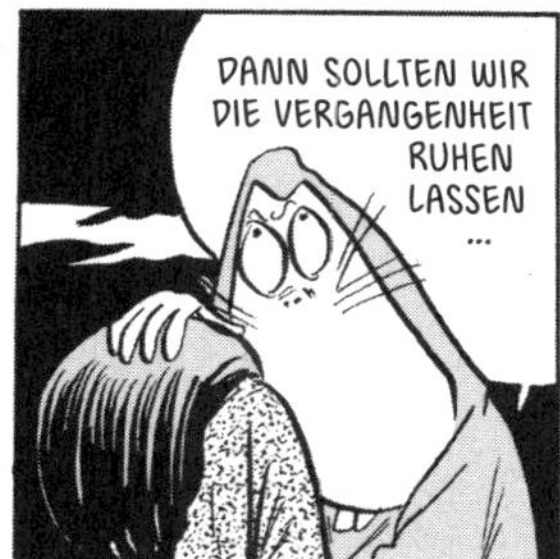
DANN SOLLTEN WIR DIE VERGANGENHEIT RUHEN LASSEN ...

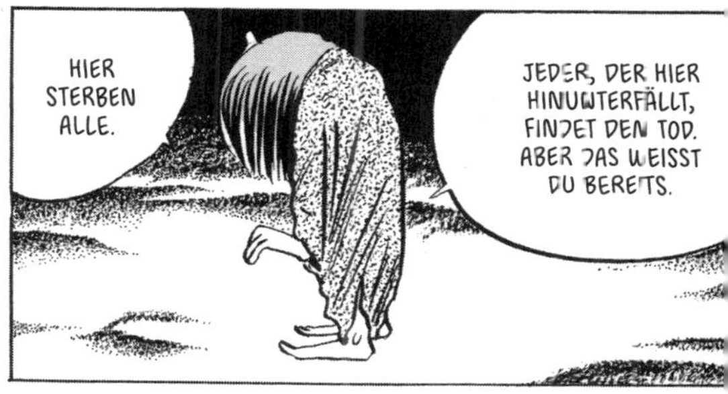
HIER STERBEN ALLE.
JEDER, DER HIER HINUNTERFÄLLT, FINDET DEN TOD. ABER DAS WEISST DU BEREITS.

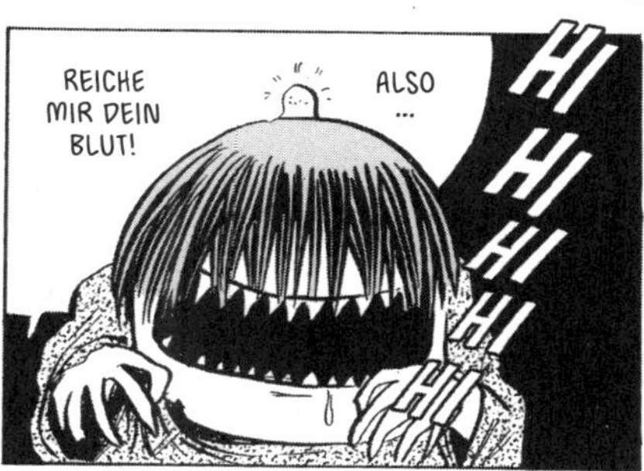
REICHE MIR DEIN BLUT!
ALSO ...
HI HI HI HI HI

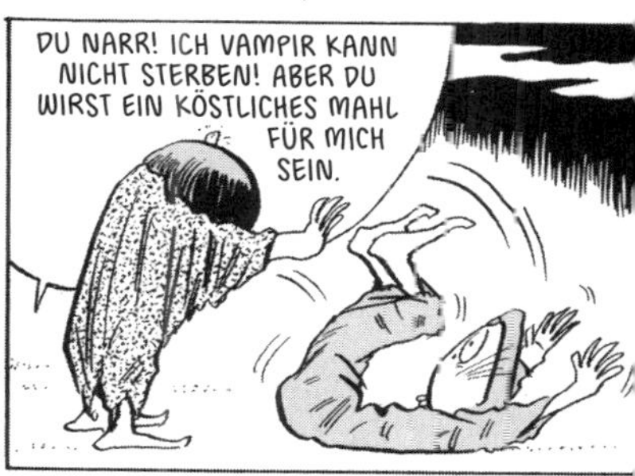
DU NARR! ICH VAMPIR KANN NICHT STERBEN! ABER DU WIRST EIN KÖSTLICHES MAHL FÜR MICH SEIN.

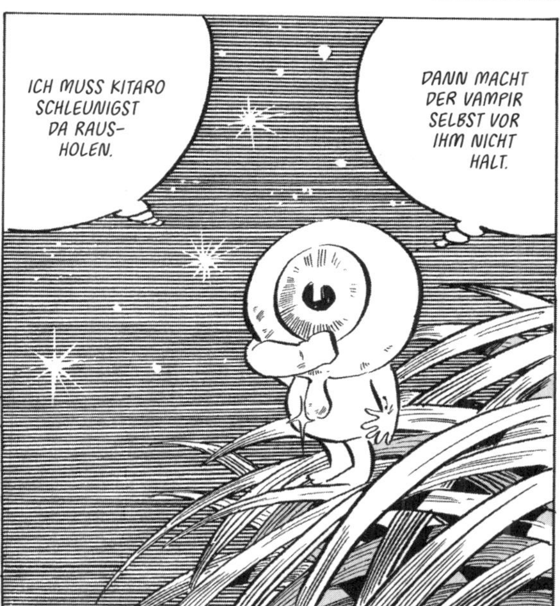
ICH MUSS KITARO SCHLEUNIGST DA RAUS-HOLEN.
DANN MACHT DER VAMPIR SELBST VOR IHM NICHT HALT.

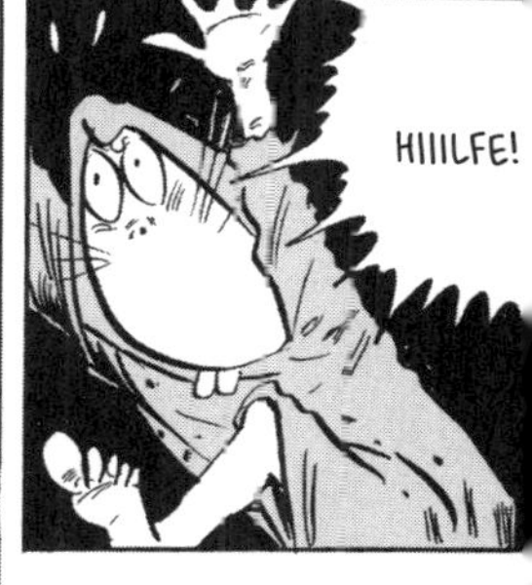
HIIILFE!

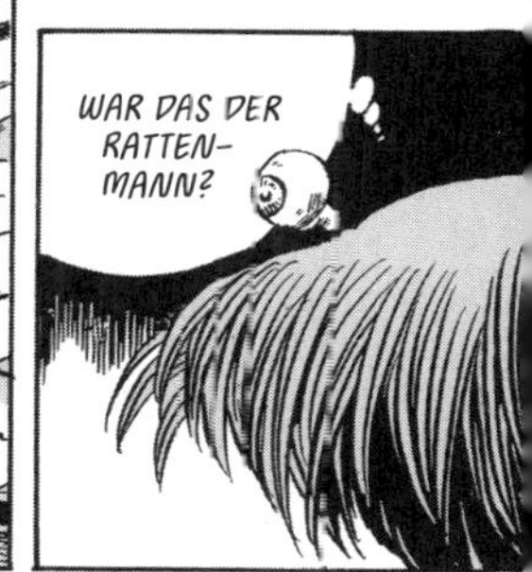
WAR DAS DER RATTEN-MANN?

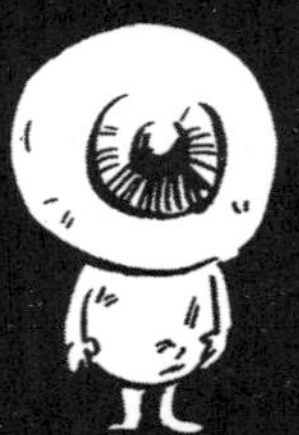

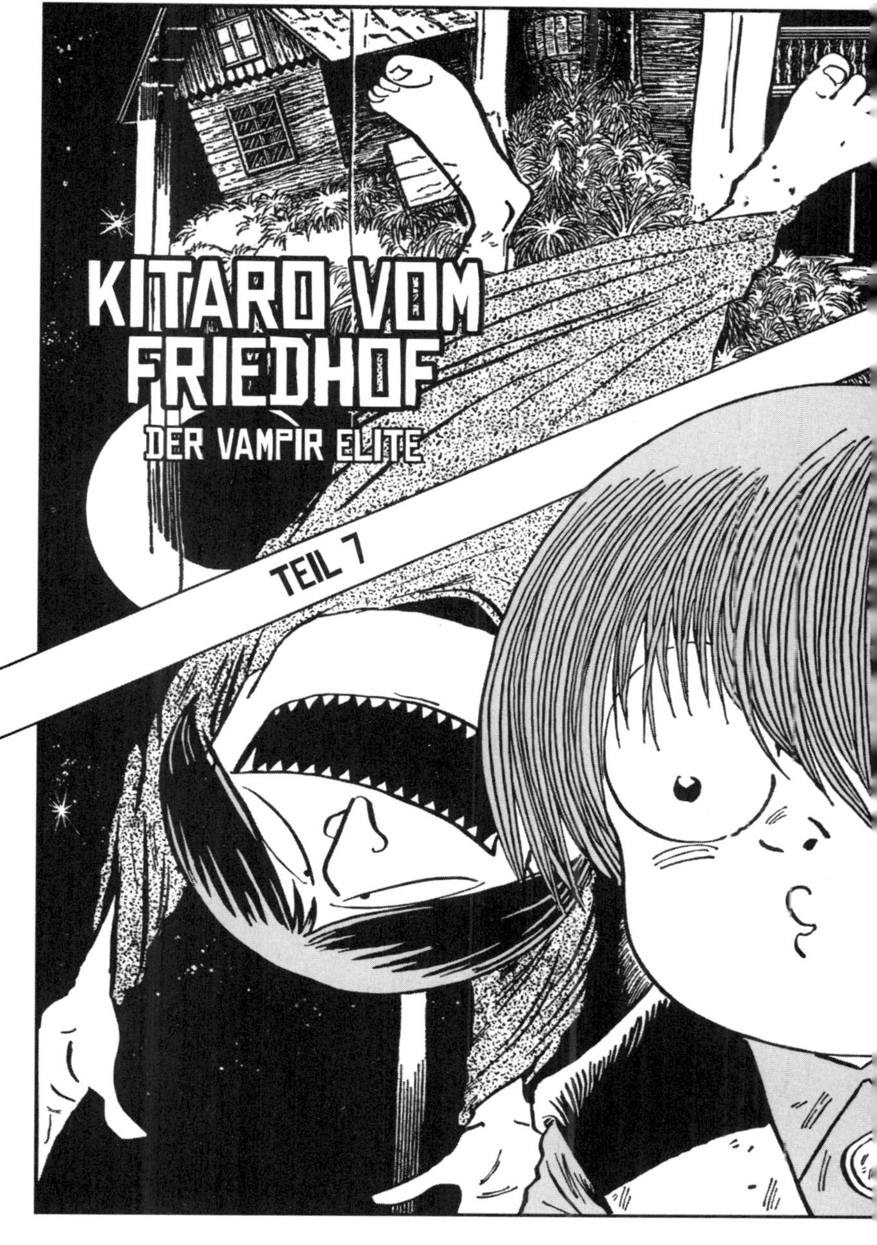
KITARO VOM FRIEDHOF
DER VAMPIR ELITE
TEIL 7

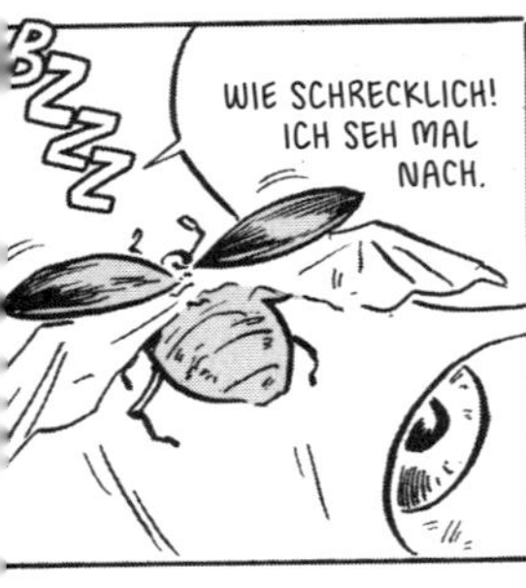

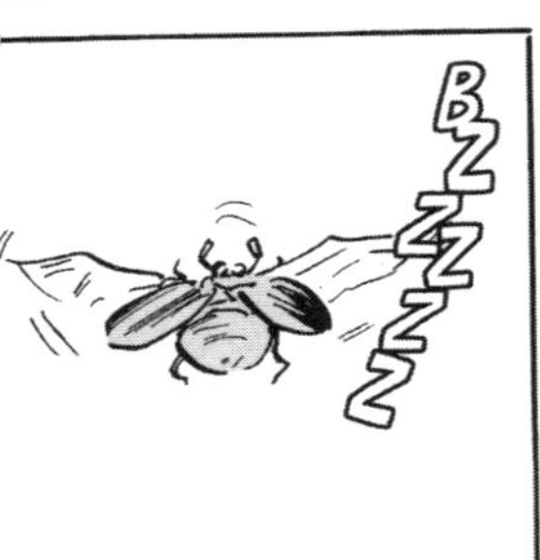

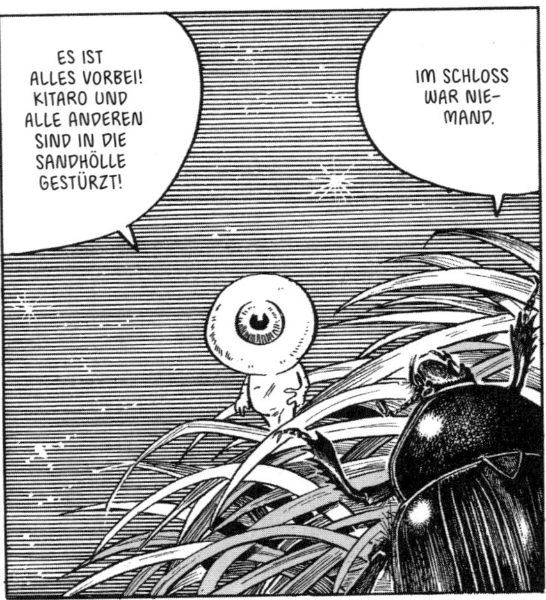

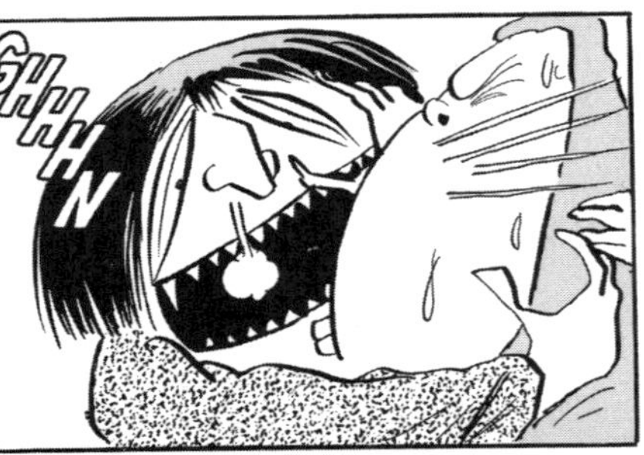

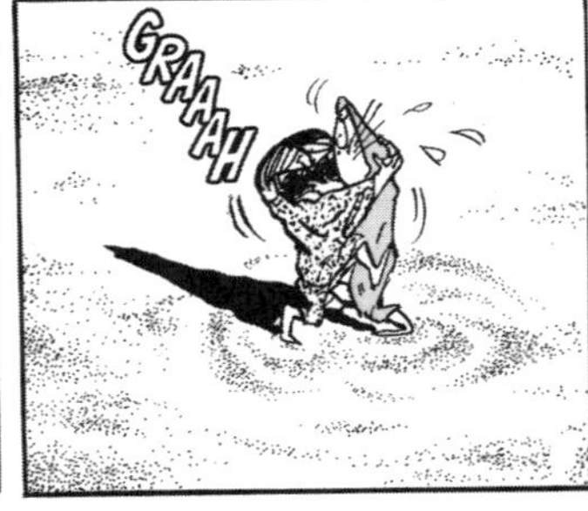

IN DER GRUBE VERSUCHTE DER VAMPIR NOCH IMMER, RATTENMANNS BLUT ZU SAUGEN.

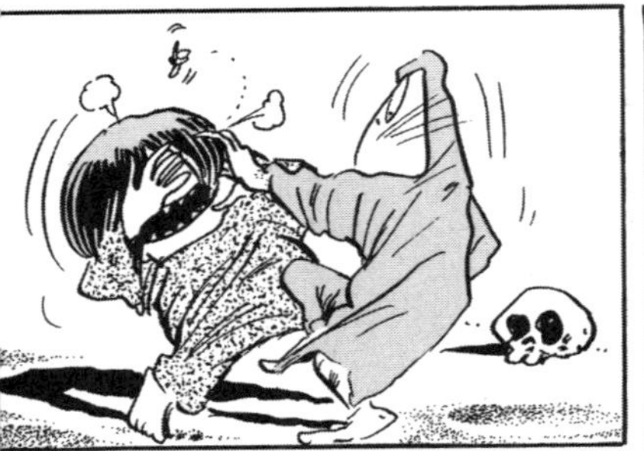

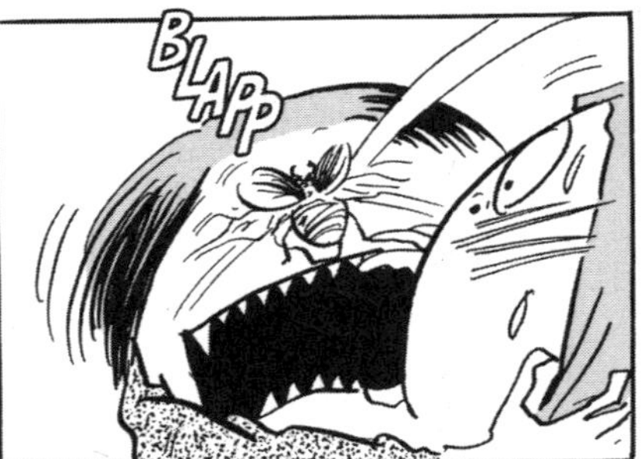

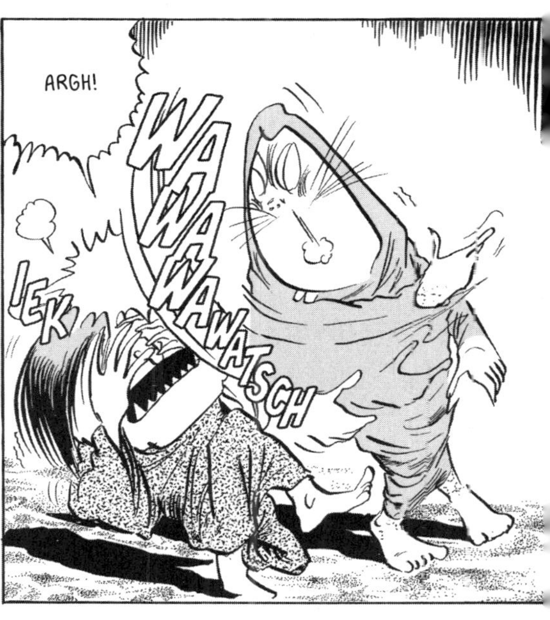
ARGH!
WAWAWAWAWATSCH
IEK

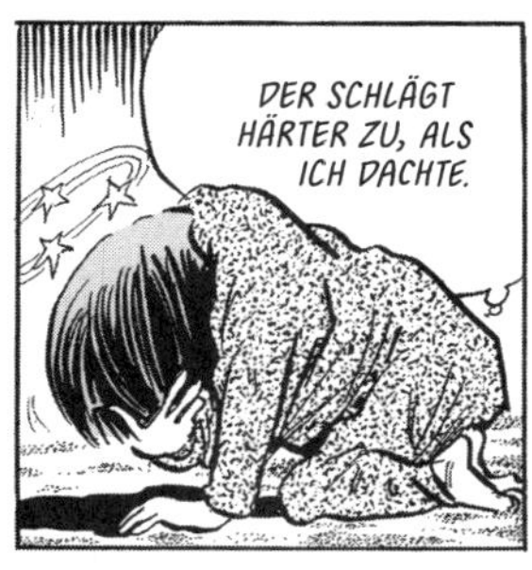
DER SCHLÄGT HÄRTER ZU, ALS ICH DACHTE.

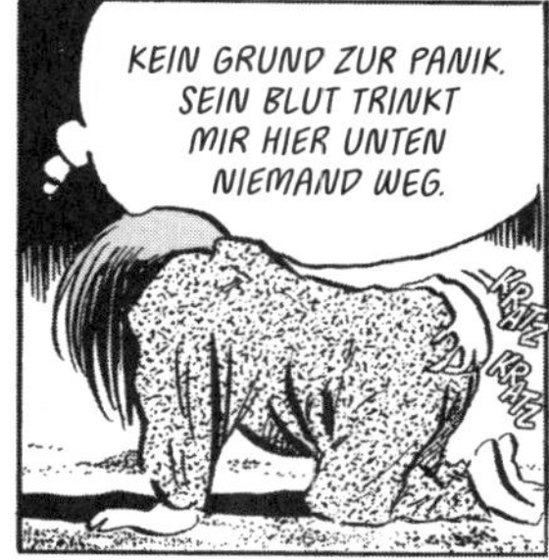
KEIN GRUND ZUR PANIK. SEIN BLUT TRINKT MIR HIER UNTEN NIEMAND WEG.
KRATZ KRATZ

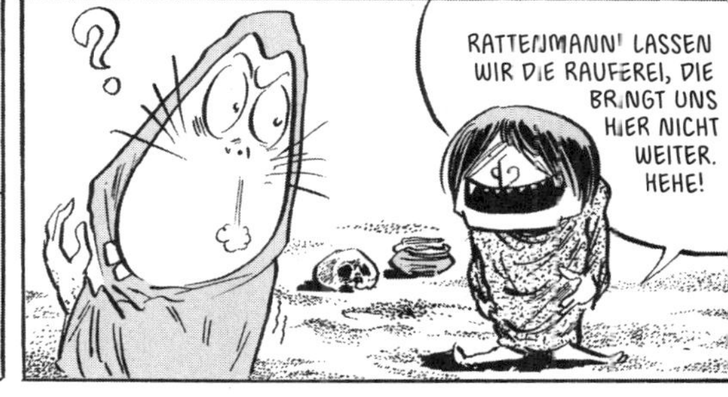
RATTENMANN! LASSEN WIR DIE RAUFEREI, DIE BRINGT UNS HIER NICHT WEITER. HEHE!
?

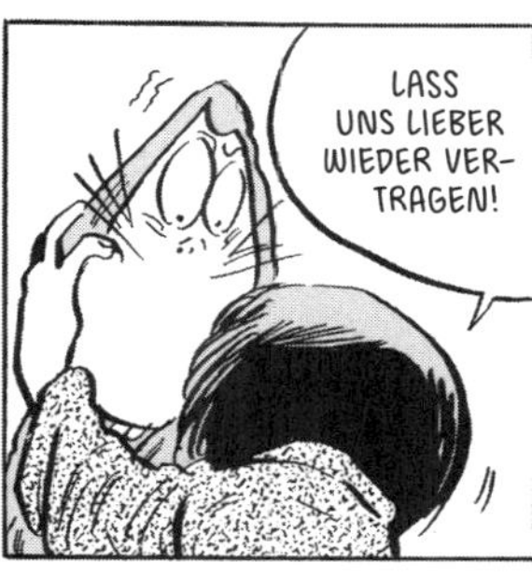
LASS UNS LIEBER WIEDER VER-TRAGEN!

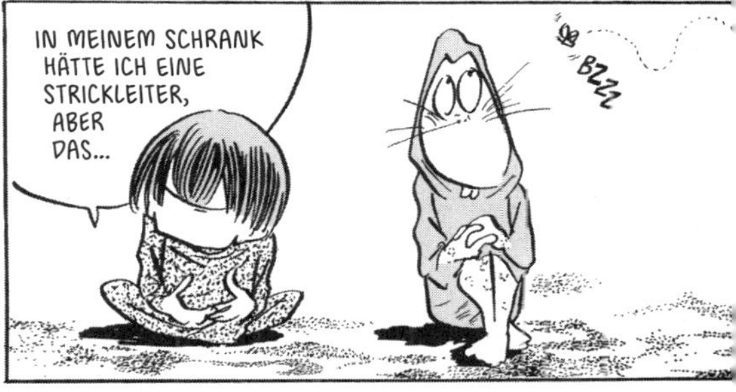
IN MEINEM SCHRANK HÄTTE ICH EINE STRICKLEITER, ABER DAS...
BZZZ

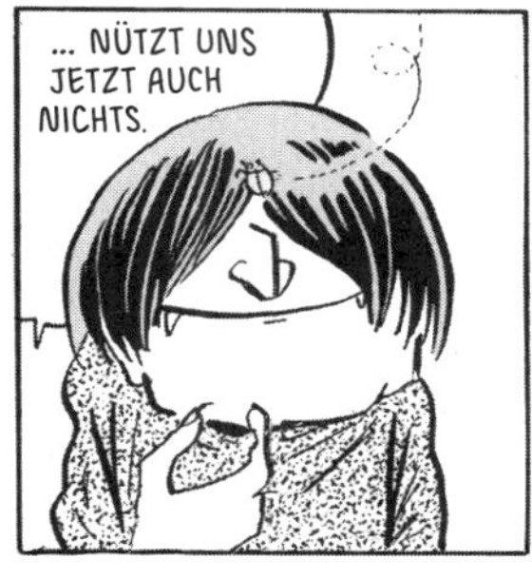
... NÜTZT UNS JETZT AUCH NICHTS.

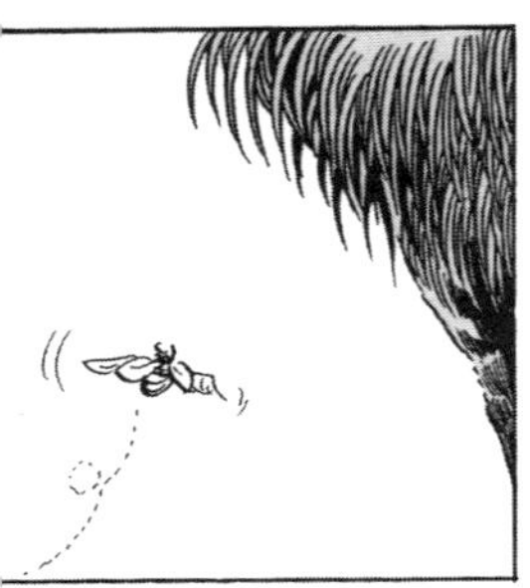
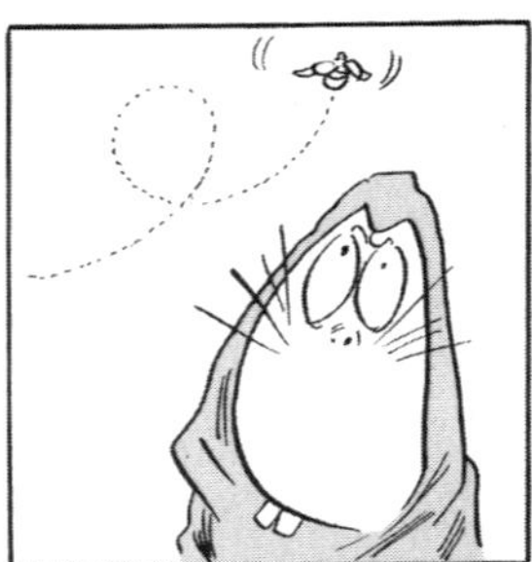
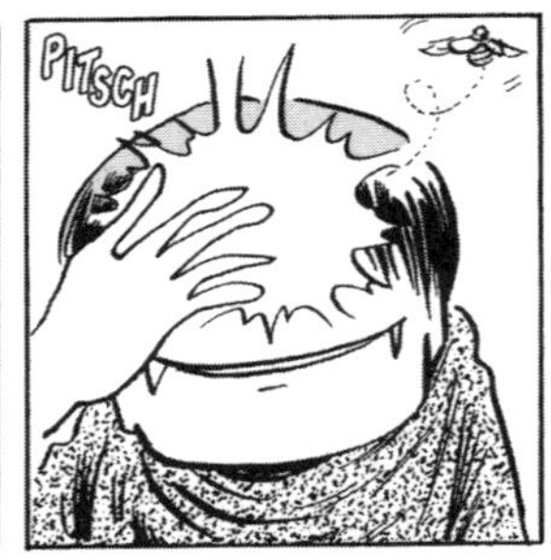
PITSCH
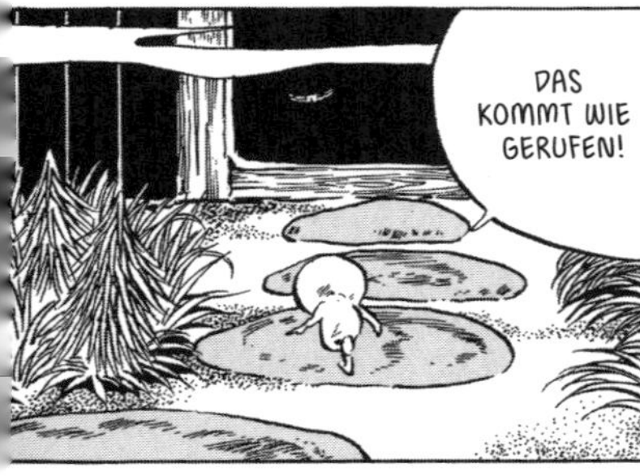
DAS KOMMT WIE GERUFEN!
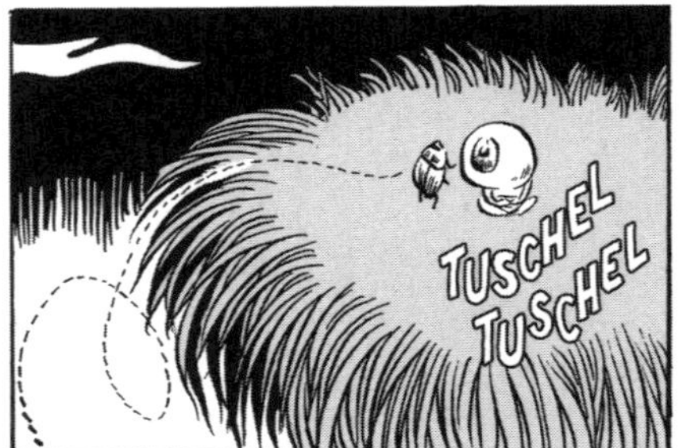
TUSCHEL
TUSCHEL
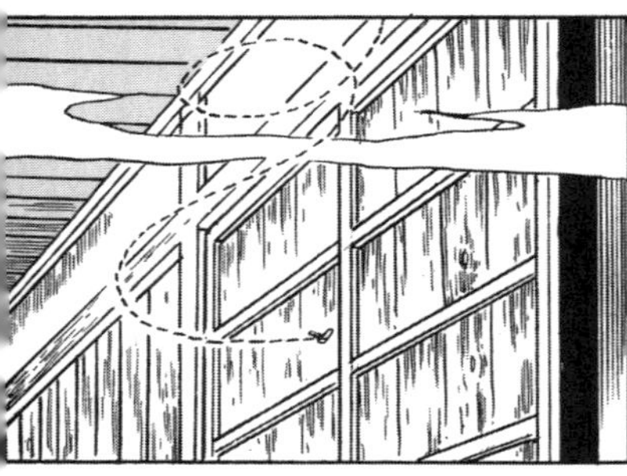
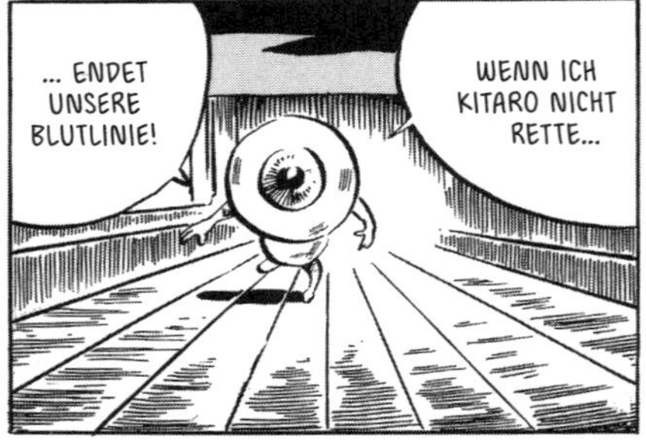
WENN ICH KITARO NICHT RETTE...
... ENDET UNSERE BLUTLINIE!
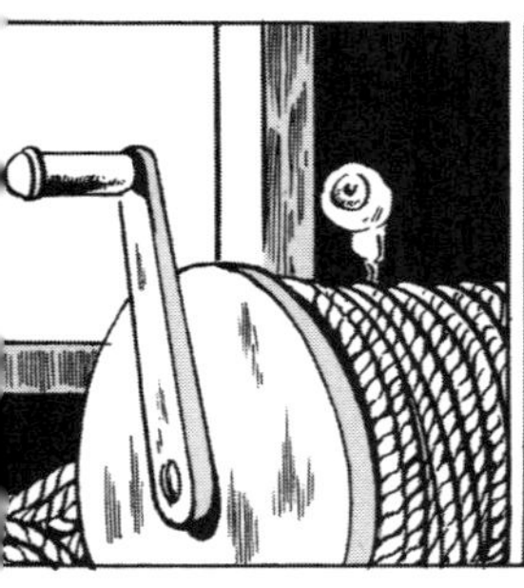
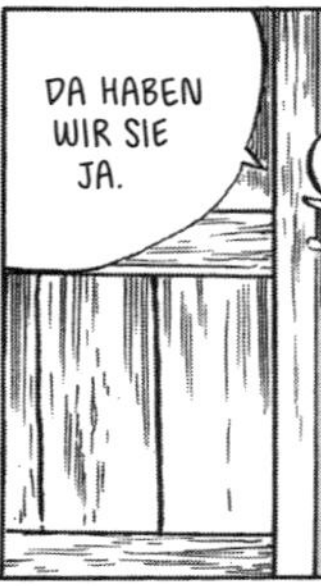
DA HABEN WIR SIE JA.
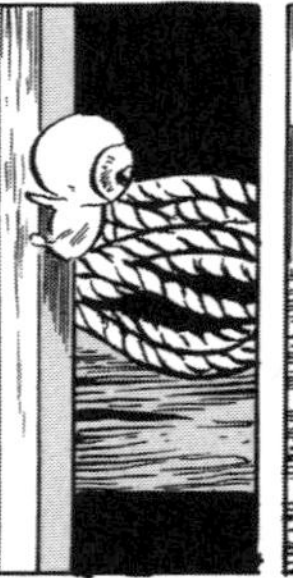
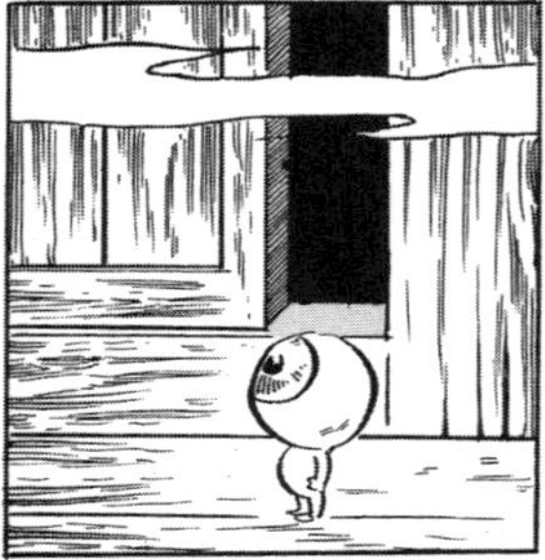

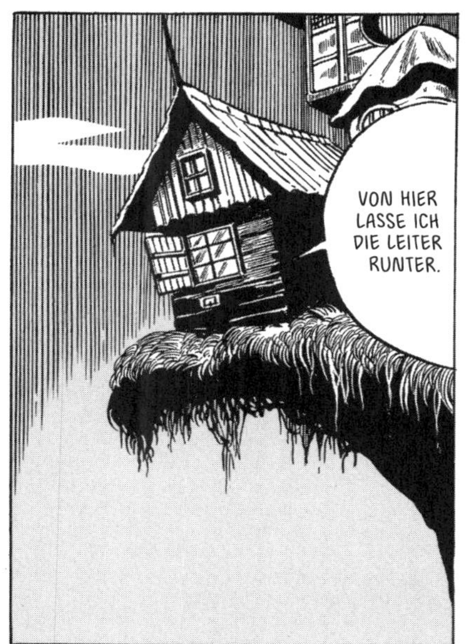
VON HIER LASSE ICH DIE LEITER RUNTER.

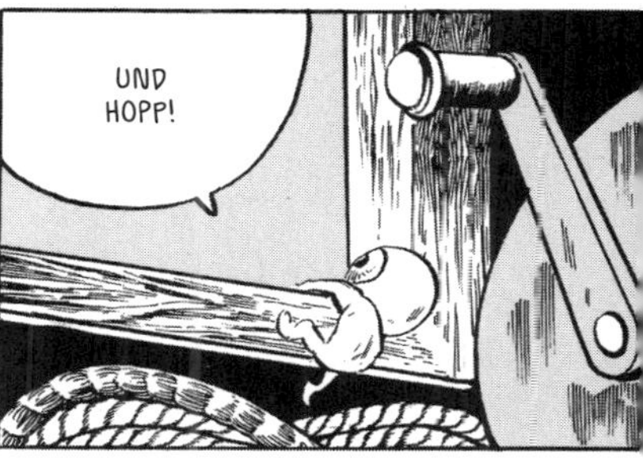
UND HOPP!

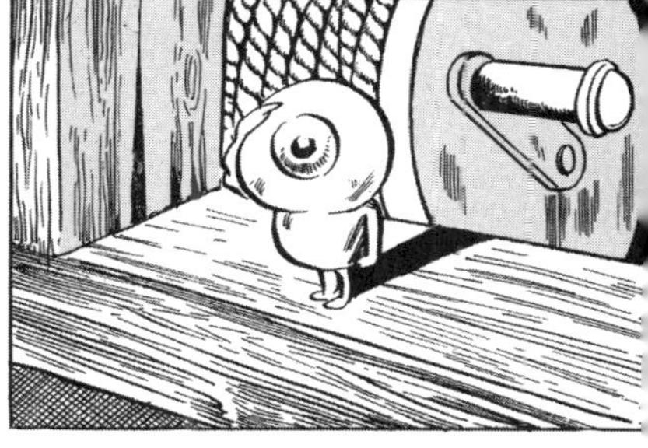

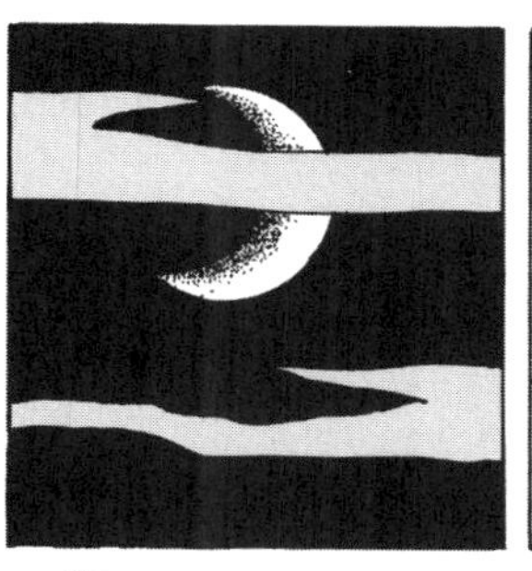

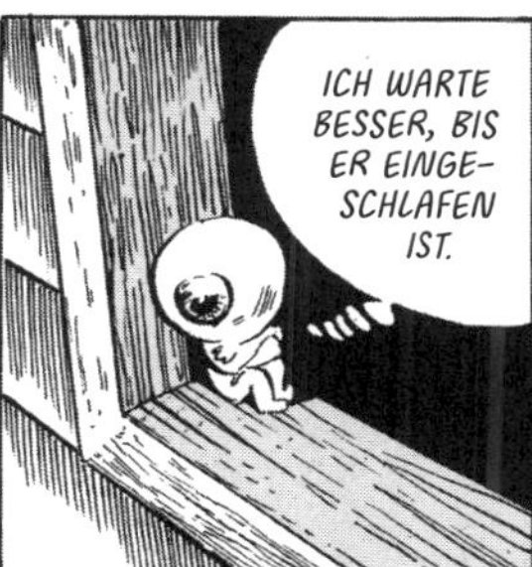
ICH WARTE BESSER, BIS ER EINGE-SCHLAFEN IST.

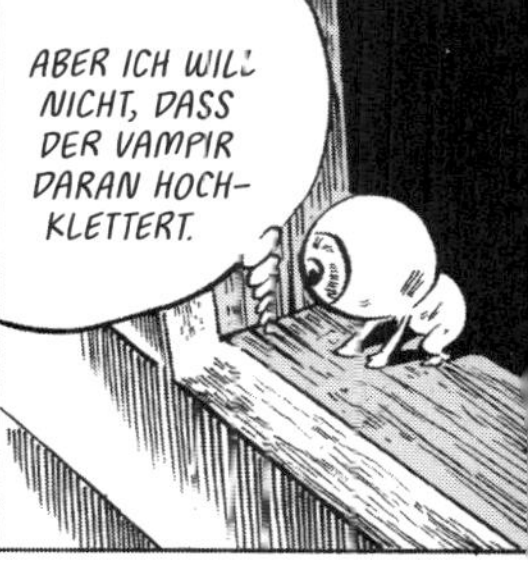
ABER ICH WILL NICHT, DASS DER VAMPIR DARAN HOCH-KLETTERT.

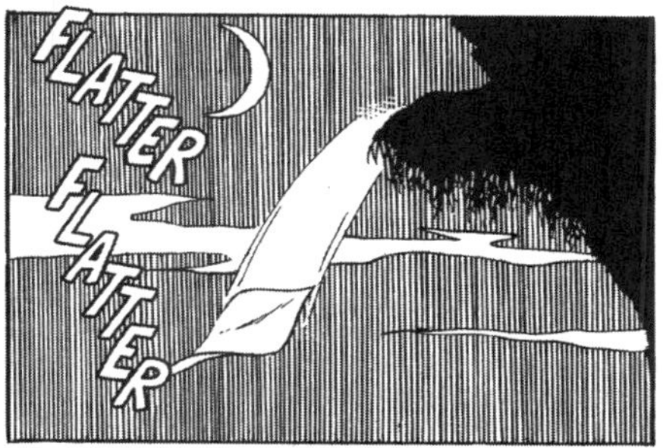
FLATTER
FLATTER
FLATTER

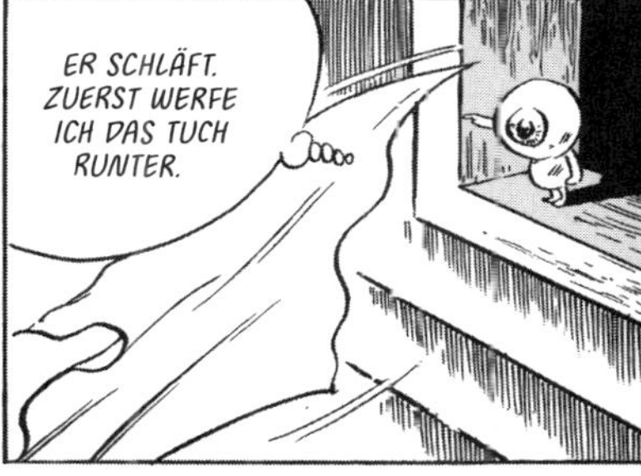
ER SCHLÄFT. ZUERST WERFE ICH DAS TUCH RUNTER.

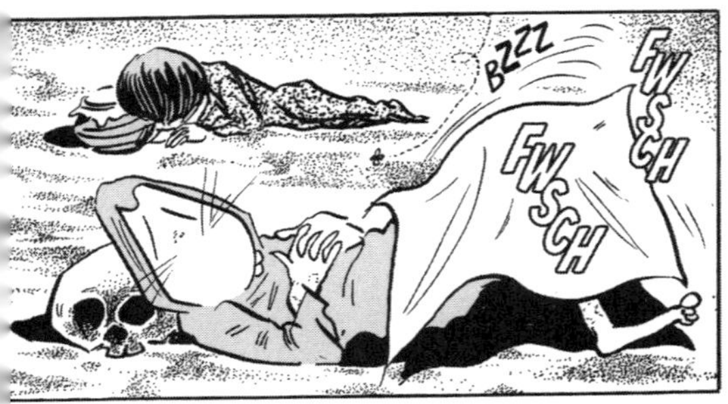
BZZZ
FWSCH
FWSCH

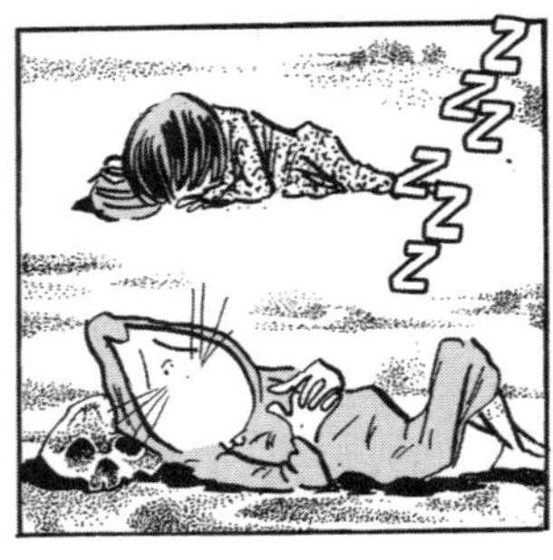
ZZZZZ

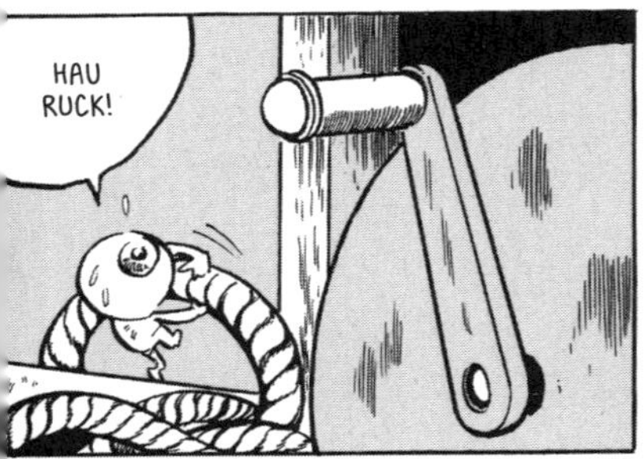
HAU RUCK!

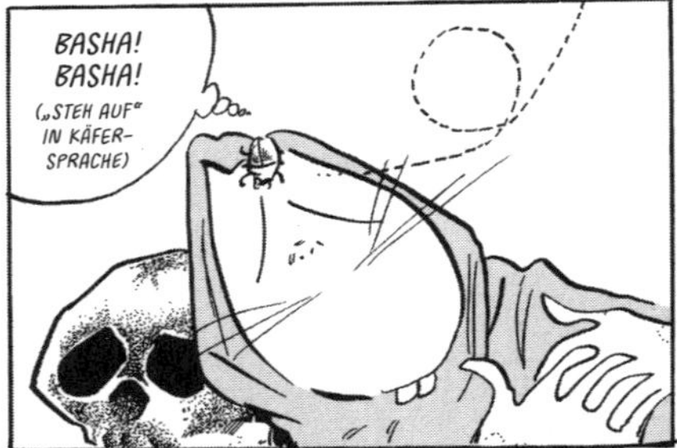
BASHA! BASHA!
(„STEH AUF" IN KÄFER-SPRACHE)

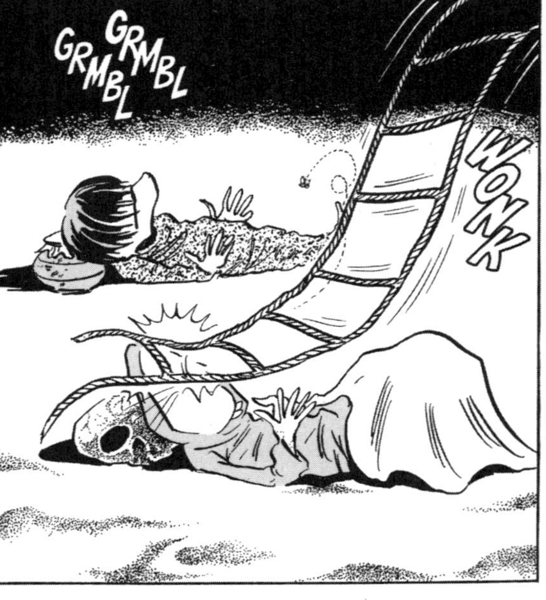
GRMBL GRMBL
WONK

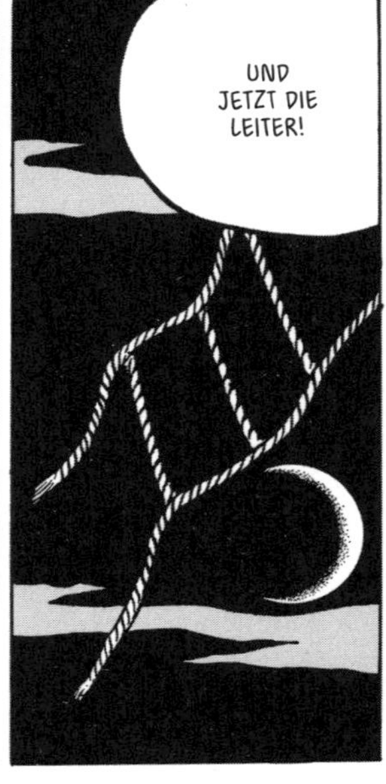
UND JETZT DIE LEITER!

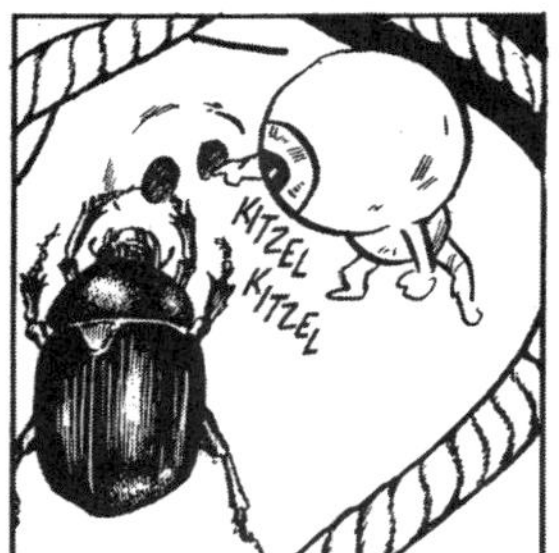
KITZEL
KITZEL

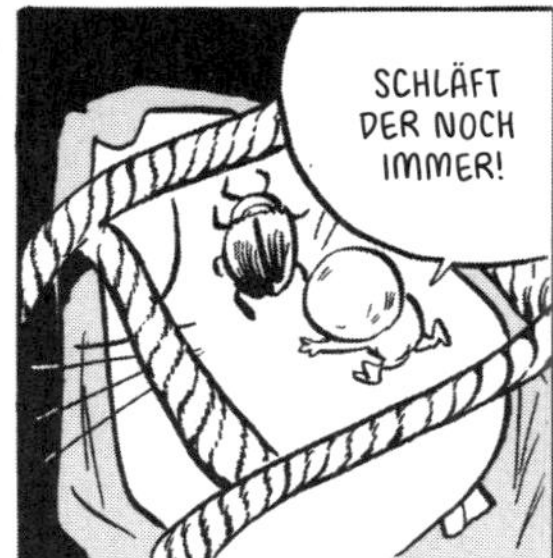
SCHLÄFT DER NOCH IMMER!

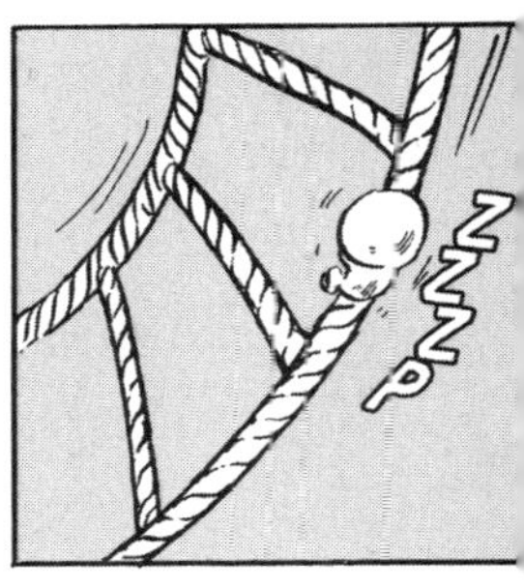
ZZZZP

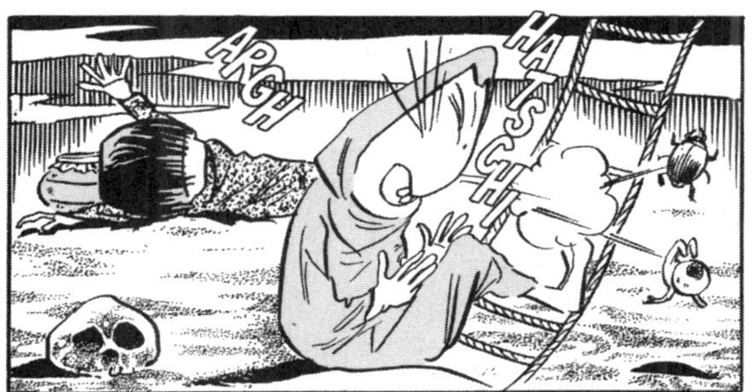
ARGH
HATSCHI

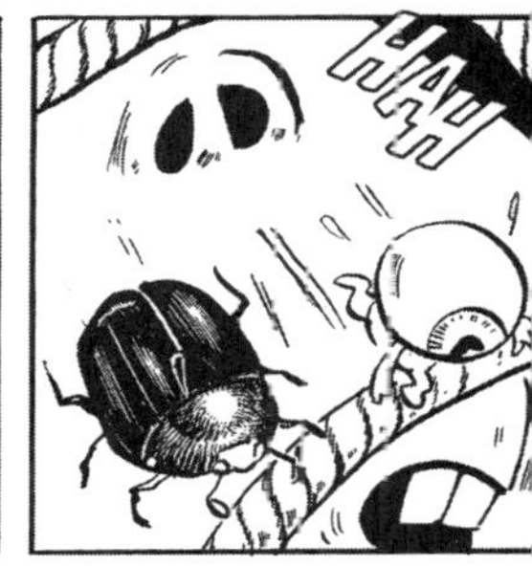
HAH

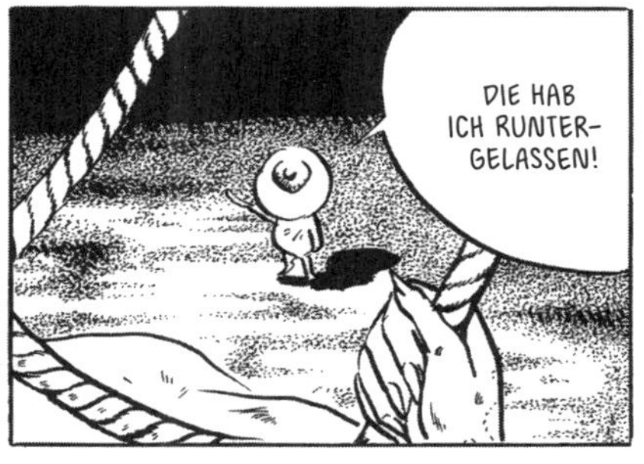
DIE HAB ICH RUNTER-GELASSEN!

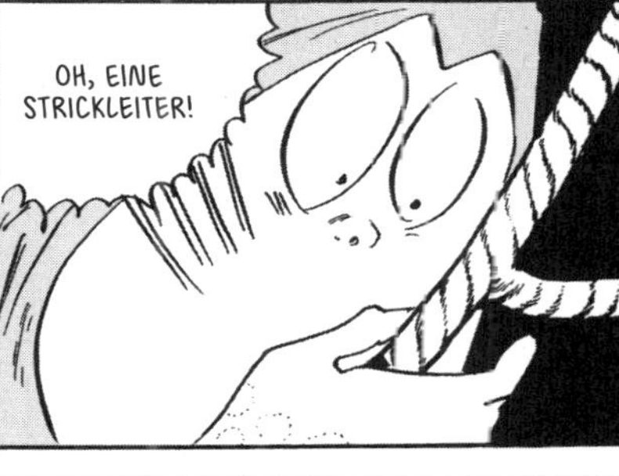
OH, EINE STRICKLEITER!

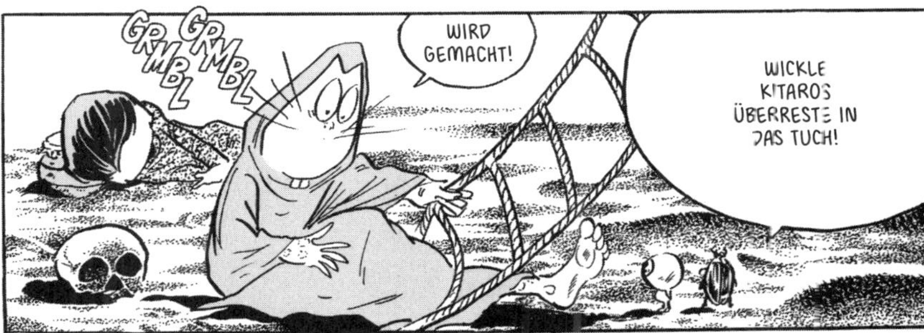
GRMBL GRMBL
WIRD GEMACHT!
WICKLE KITAROS ÜBERRESTE IN DAS TUCH!

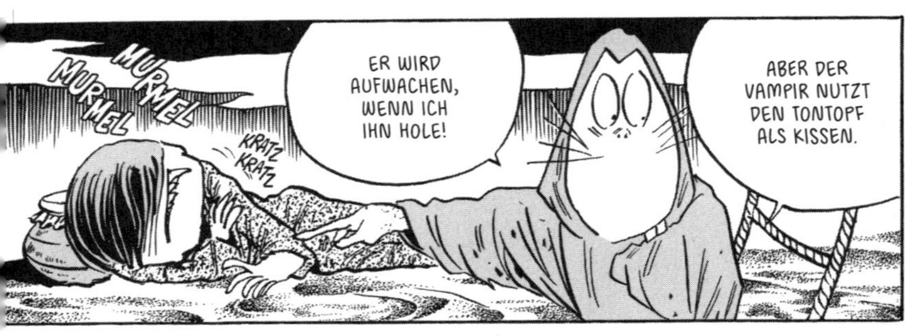
MURMEL
MURMEL
KRATZ
KRATZ
ER WIRD AUFWACHEN, WENN ICH IHN HOLE!
ABER DER VAMPIR NUTZT DEN TONTOPF ALS KISSEN.

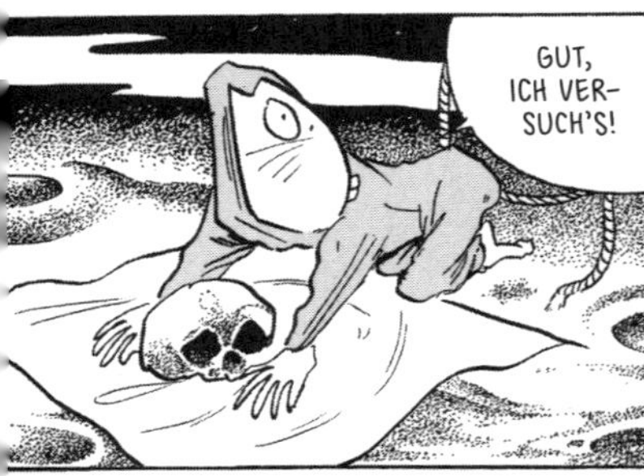
GUT, ICH VERSUCH'S!

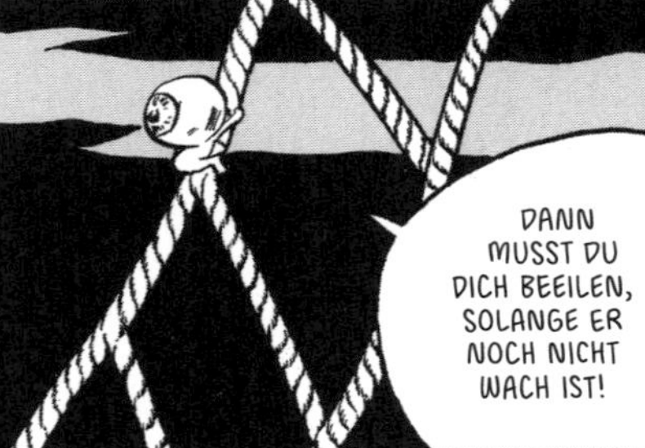
DANN MUSST DU DICH BEEILEN, SOLANGE ER NOCH NICHT WACH IST!

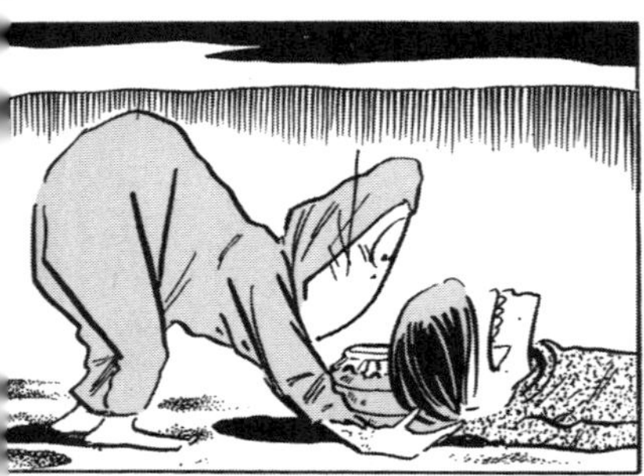

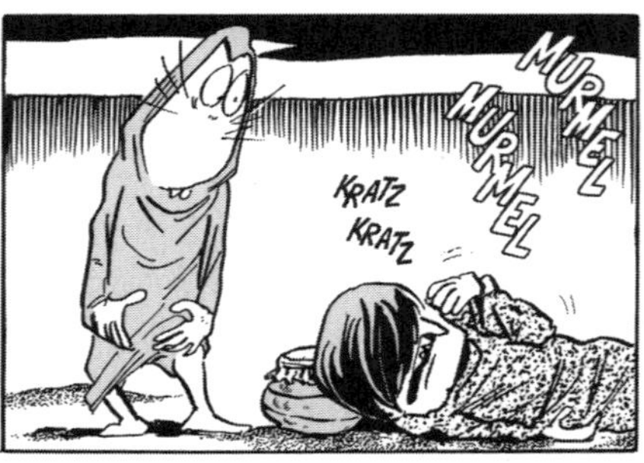
MURMEL
MURMEL
KRATZ
KRATZ

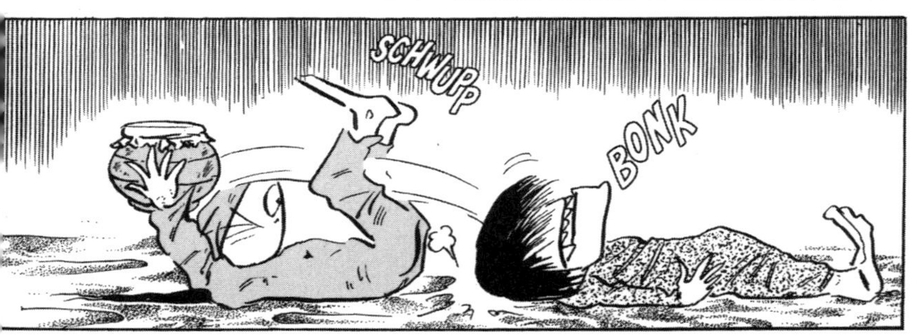
SCHWUPP
BONK

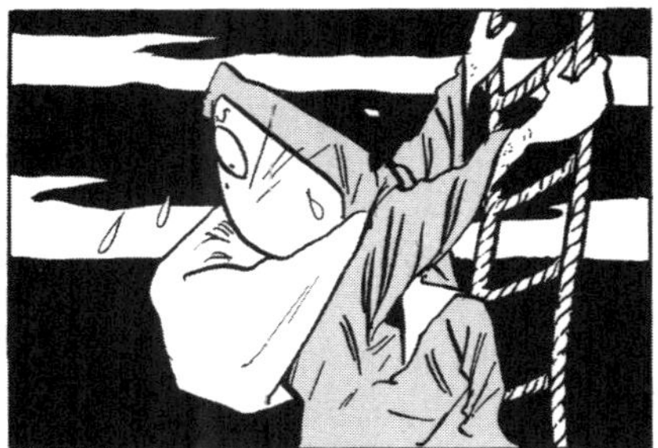

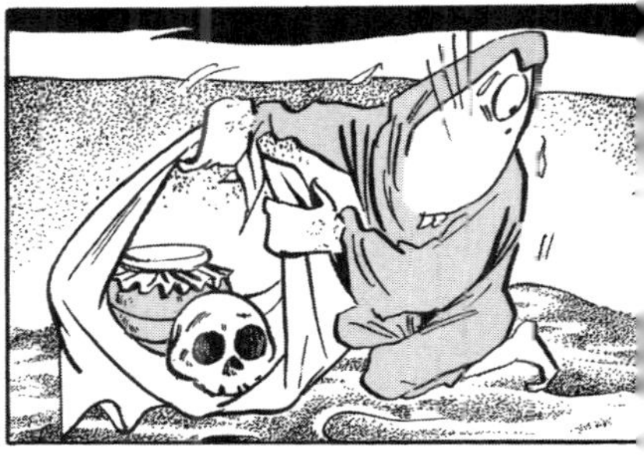

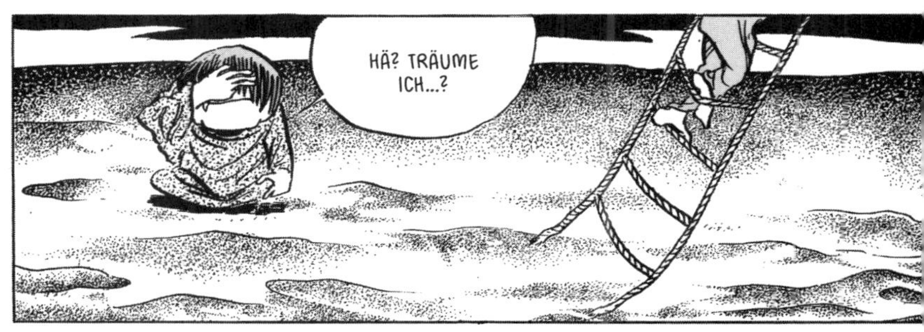
HÄ? TRÄUME ICH...?

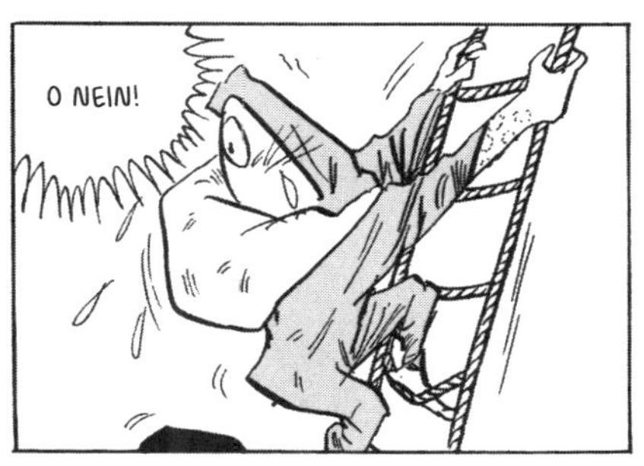
O NEIN!

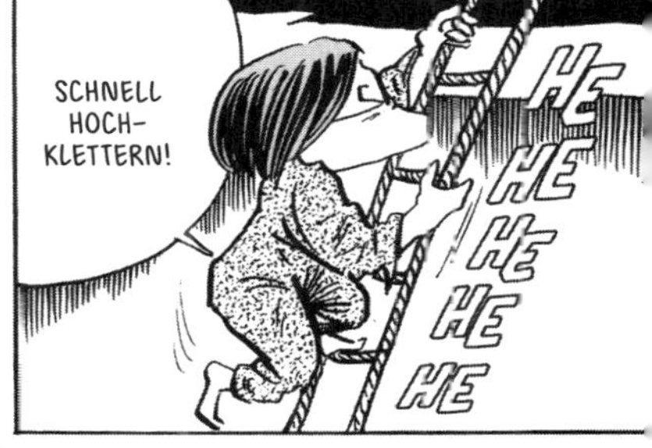
SCHNELL HOCH-KLETTERN!
HE HE HE HE HE HE

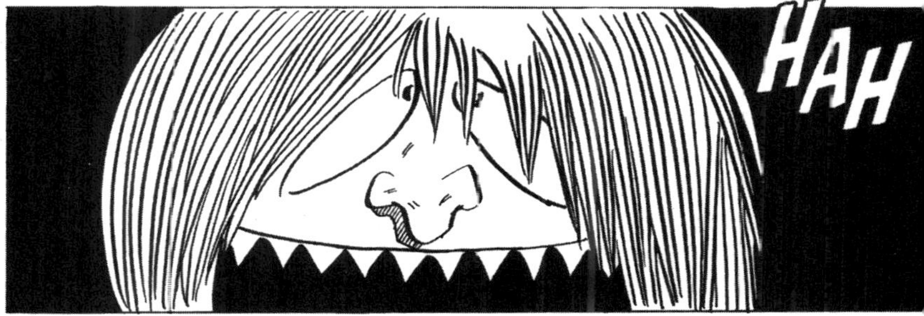
HAH

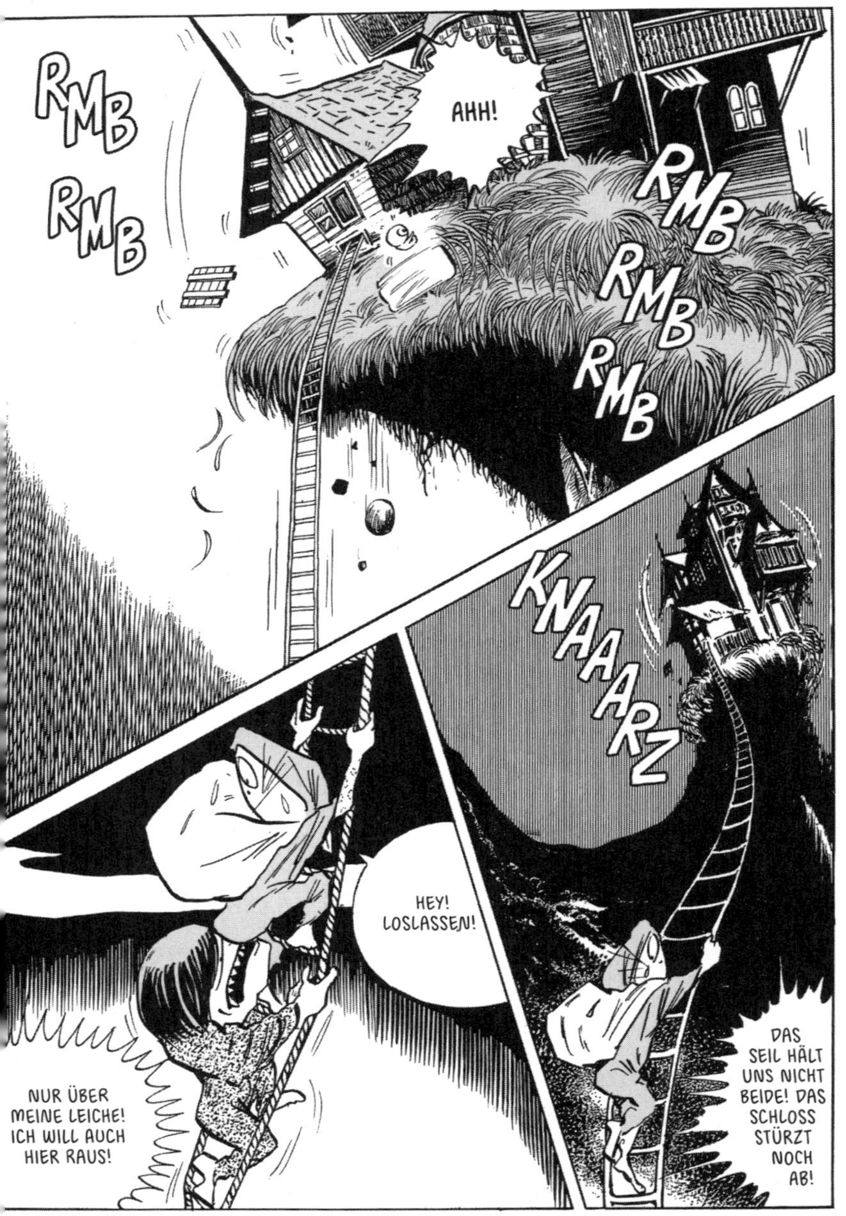
RMB
RMB
AHH!
RMB
RMB
RMB
KNAAAARZ
DAS SEIL HÄLT UNS NICHT BEIDE! DAS SCHLOSS STÜRZT NOCH AB!
HEY! LOSLASSEN!
NUR ÜBER MEINE LEICHE! ICH WILL AUCH HIER RAUS!

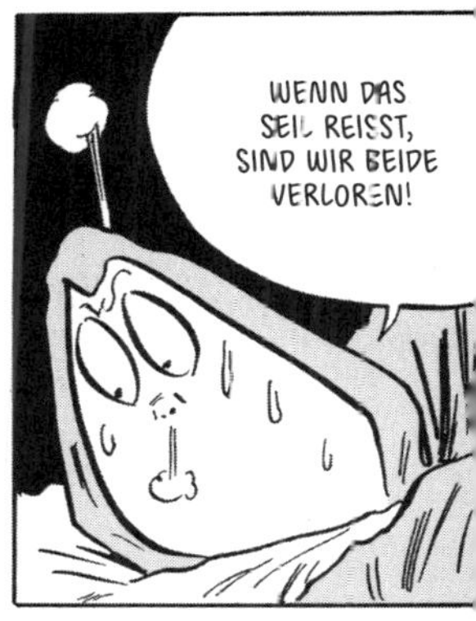
WENN DAS SEIL REISST, SIND WIR BEIDE VERLOREN!

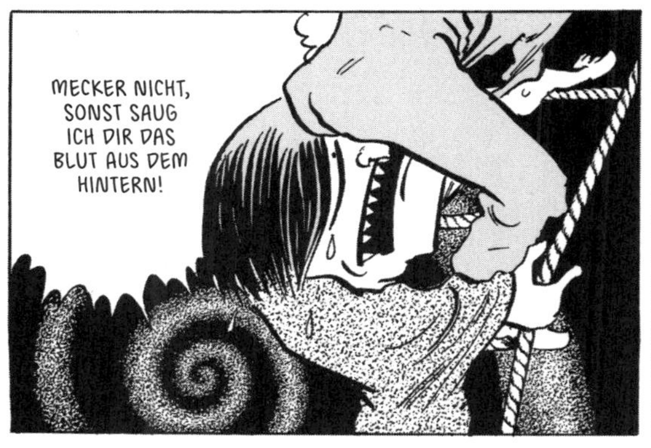
MECKER NICHT, SONST SAUG ICH DIR DAS BLUT AUS DEM HINTERN!

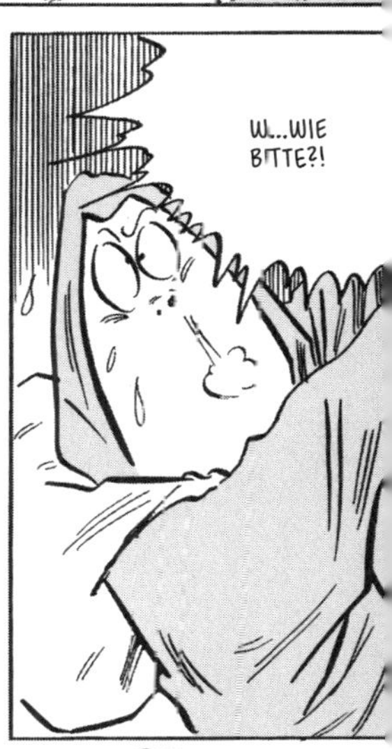
W...WIE BITTE?!

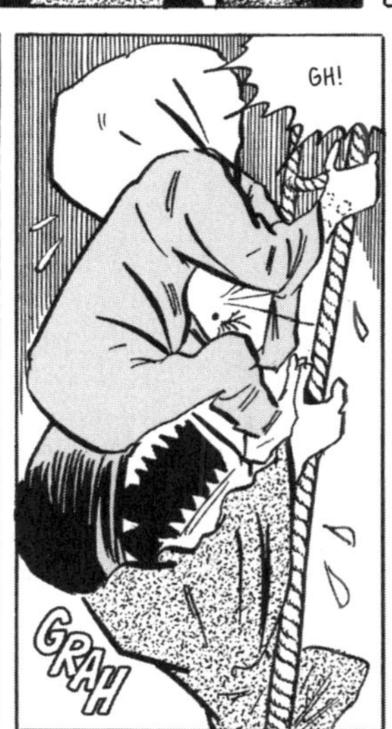
GH!
GRAH

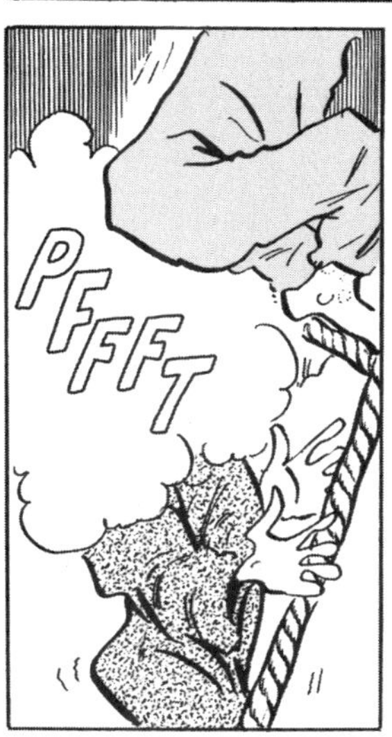
PFFFT

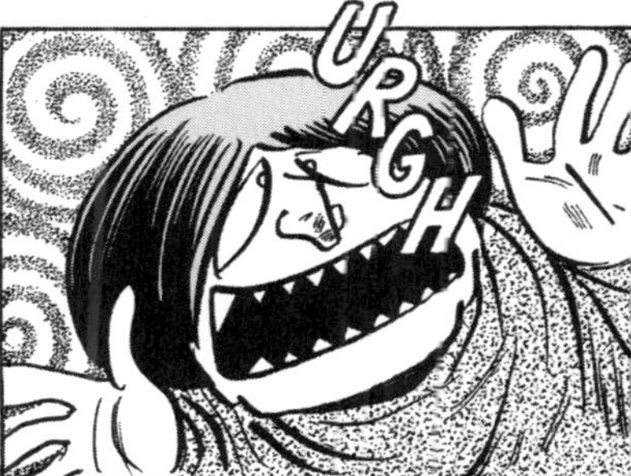
URGH

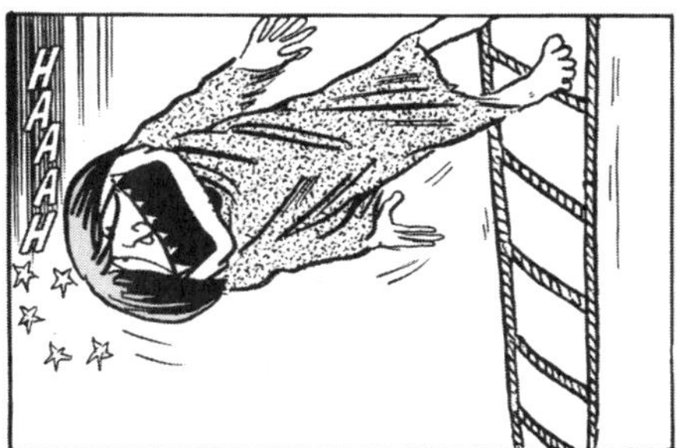
HAAAAH

INIGE VON EUCH FRAGEN SICH
ESTIMMT, WARUM DER VAMPIR
VEGEN EINES KLEINEN FURZES
AS SEIL LOSGELASSEN HAT.
IN ÜBLICHER MENSCHENFURZ
VÄRE SICHERLICH KEIN
ROBLEM GEWESEN, ABER BEIM
ATTENMANN VERHÄLT SICH DAS
NDERS. SEINE PUPSE SIND STARK
ASHALTIG UND REICHEN AN DEN
VINDDRUCK EINES DÜSENJETS
ERAN. SIE KÖNNEN SOGAR EINEN
ERZINFARKT AUSLÖSEN UND
TINKEN BESTIALISCH. DER VAMPIR
ATTE DEN FURZ MIT ALLER
RAFT INHALIERT UND DIE VOLLE
REITSEITE ABBEKOMMEN. JEDER
ORMALE MENSCH WÄRE AUF DER
TELLE TOT UMGEFALLEN, DER
AMPIR VERLOR ALLERDINGS
UR DAS BEWUSSTSEIN.

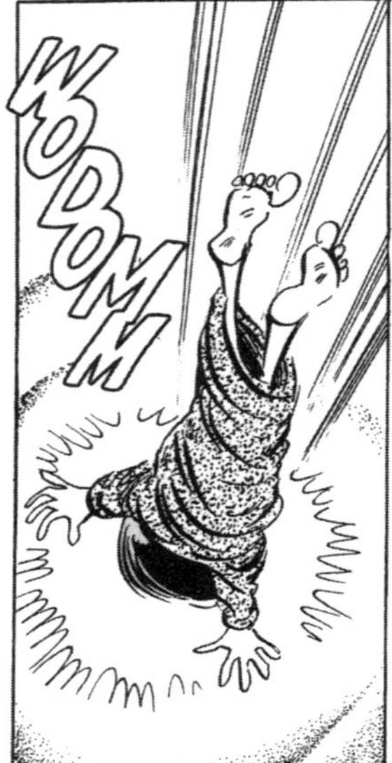

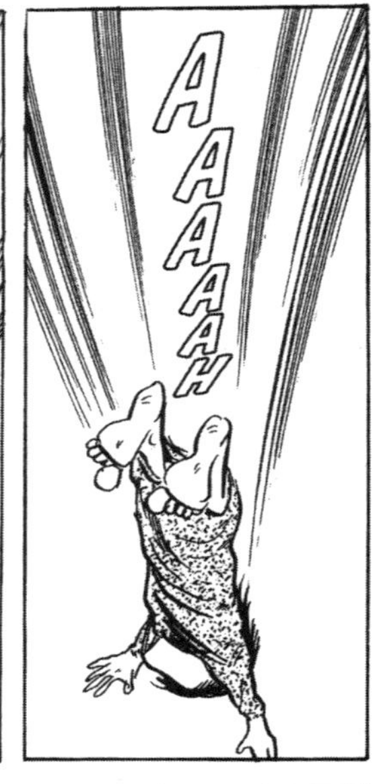

KNAAARZ

SCHNELL, BRING MIR KITAROS KNOCHEN!

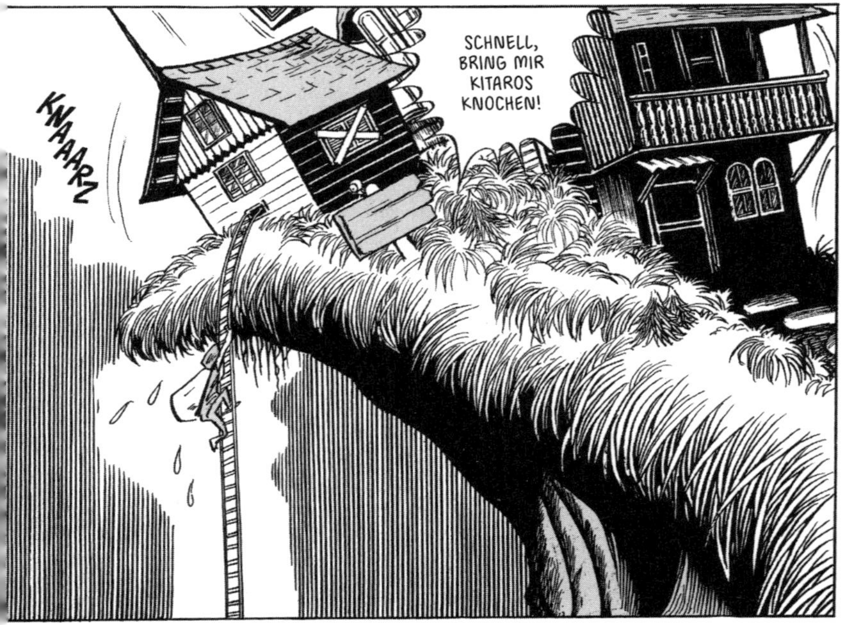

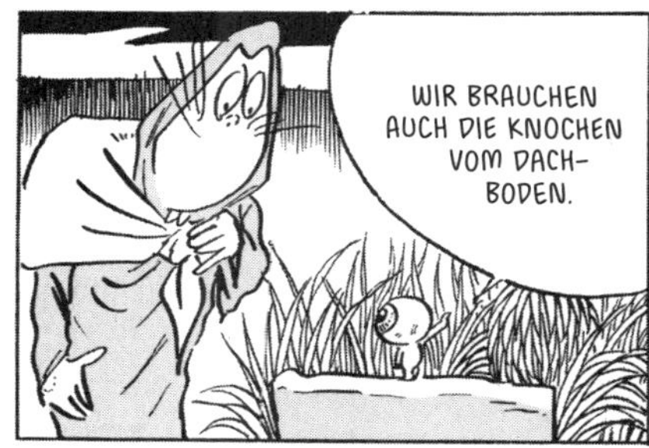
WIR BRAUCHEN AUCH DIE KNOCHEN VOM DACH-BODEN.

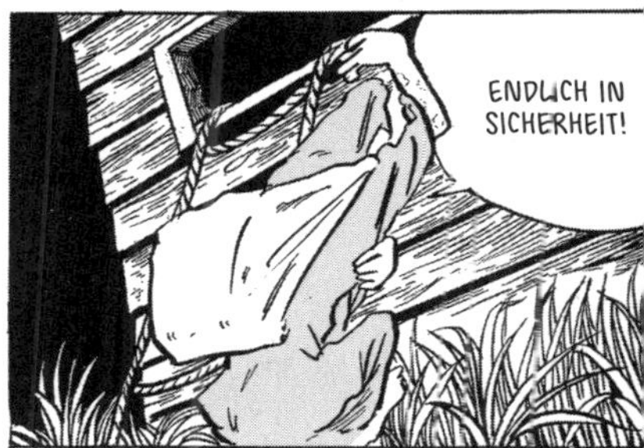
ENDLICH IN SICHERHEIT!

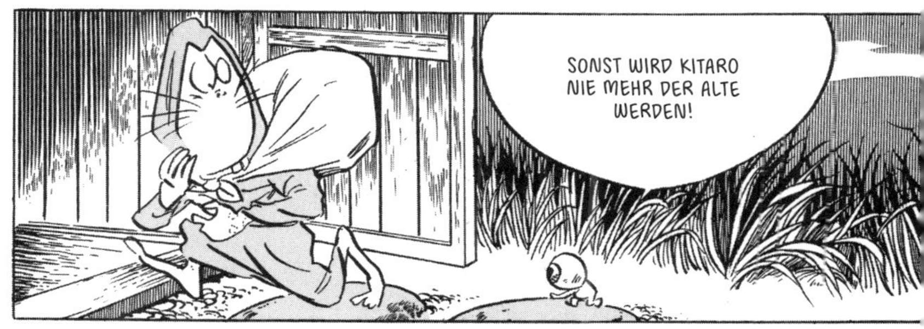
SONST WIRD KITARO NIE MEHR DER ALTE WERDEN!

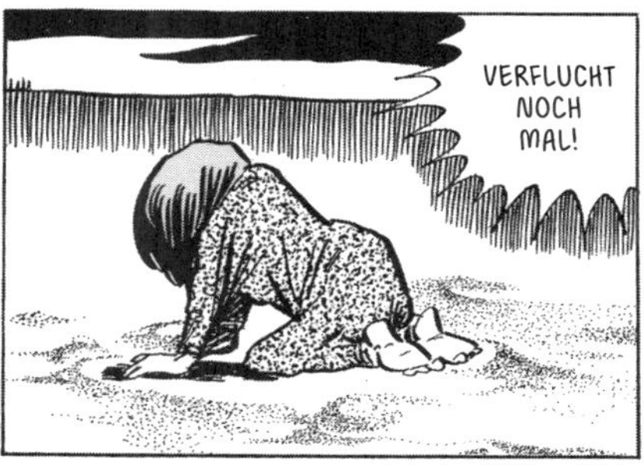
VERFLUCHT NOCH MAL!

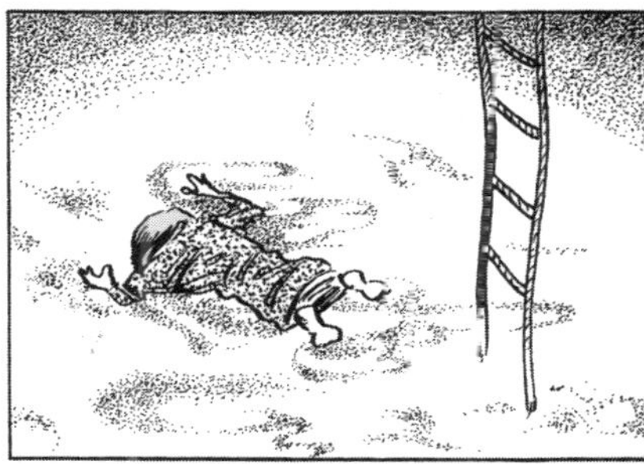

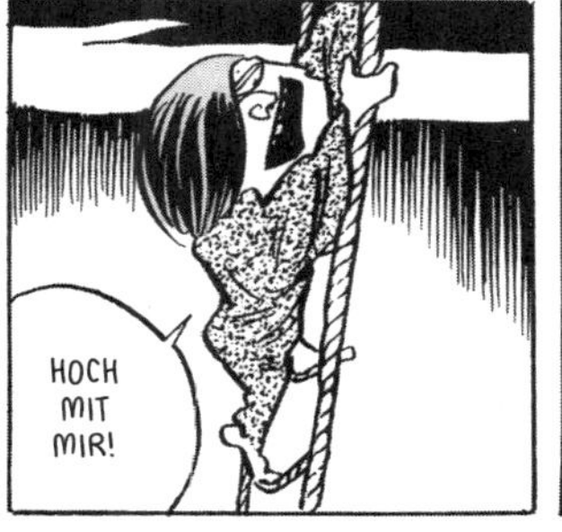
HOCH MIT MIR!

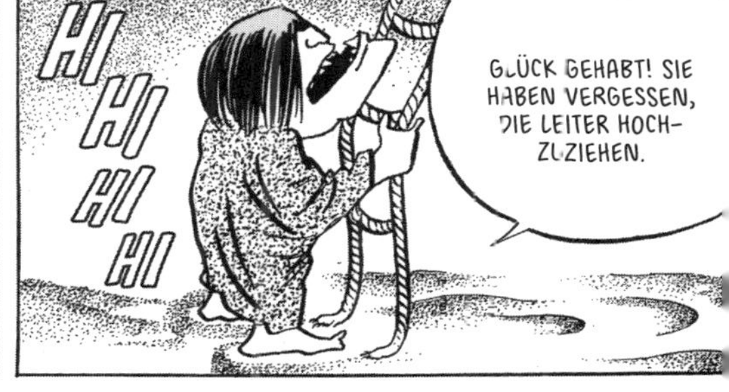
HI HI HI HI
GLÜCK GEHABT! SIE HABEN VERGESSEN, DIE LEITER HOCH-ZUZIEHEN.

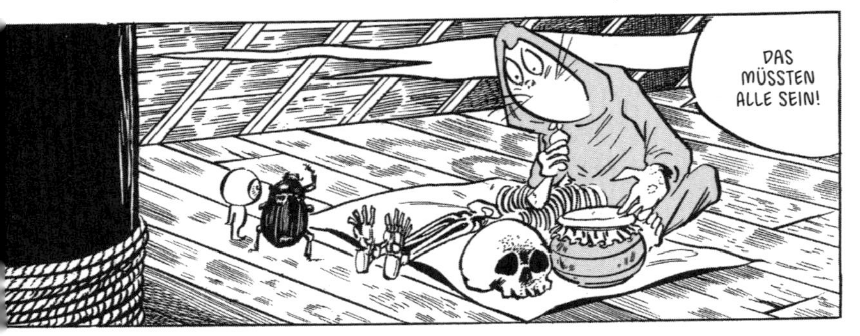
DAS MÜSSTEN ALLE SEIN!

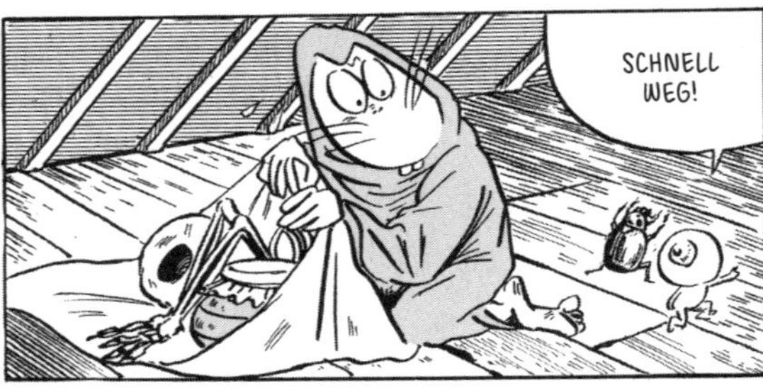
SCHNELL WEG!

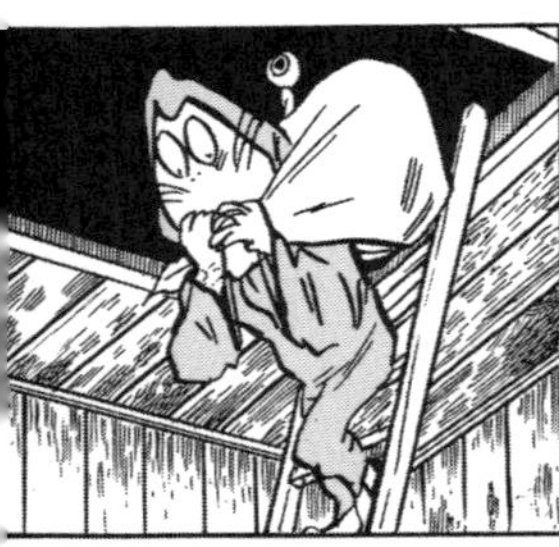

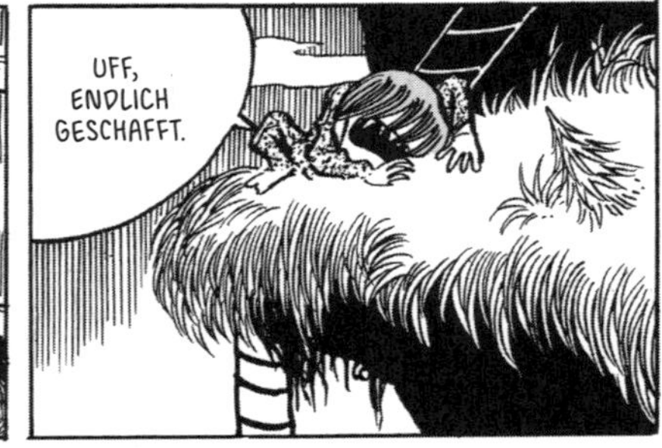
UFF, ENDLICH GESCHAFFT.

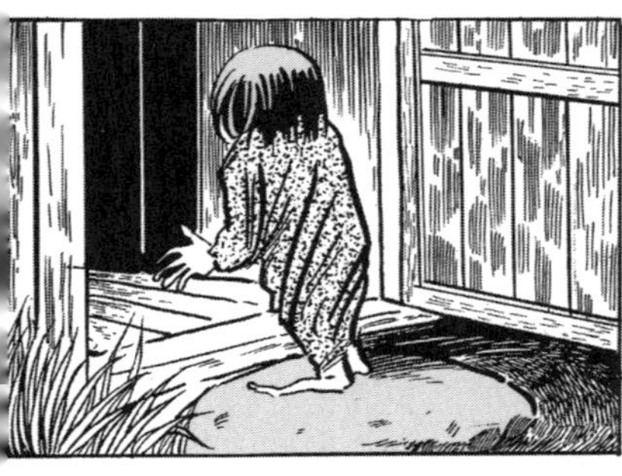

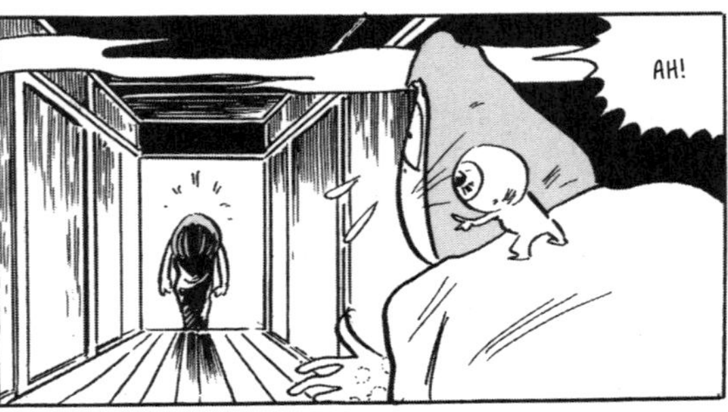
AH!

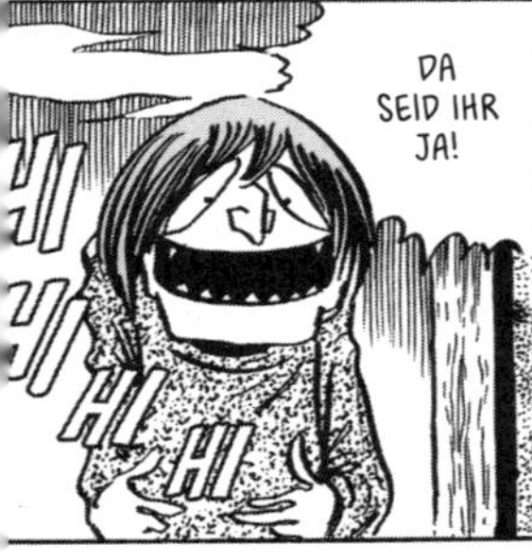
DA SEID IHR JA!
HI HI HI HI

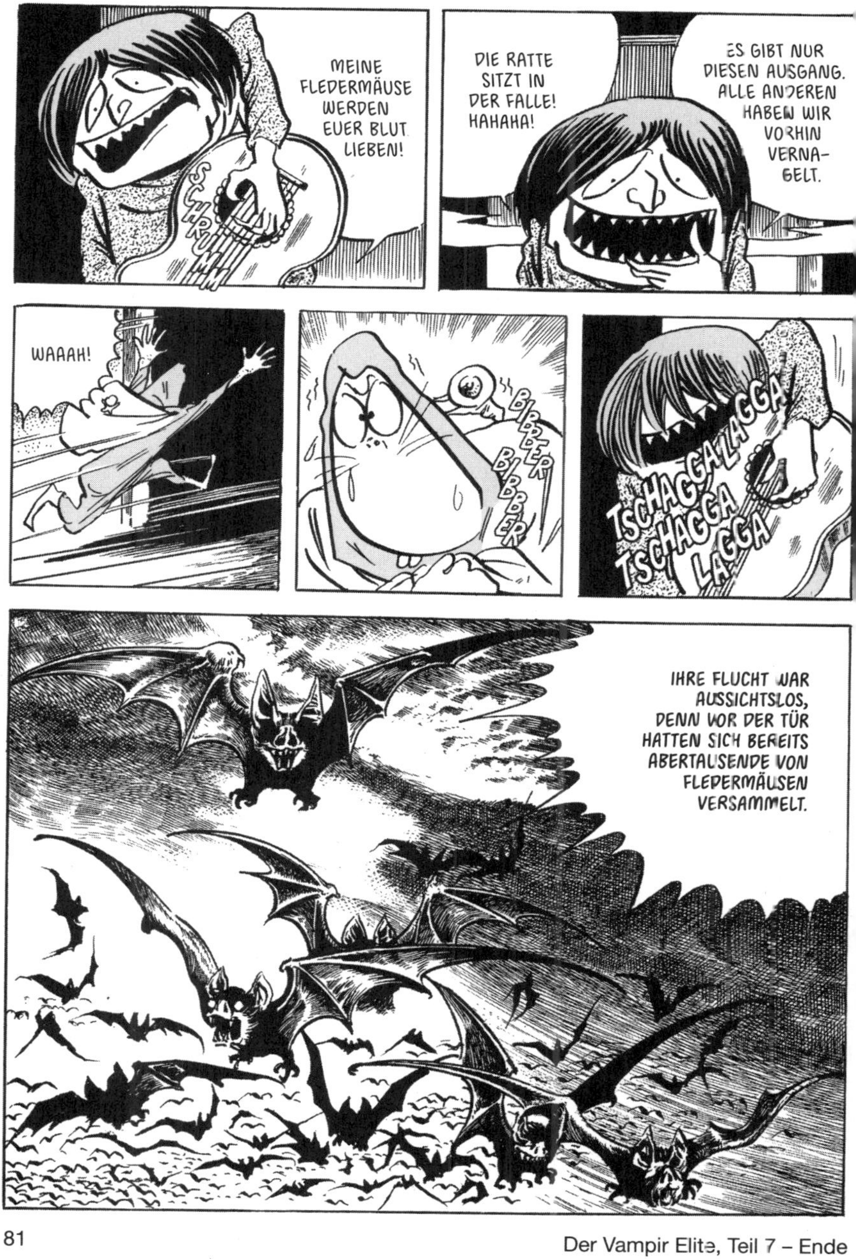

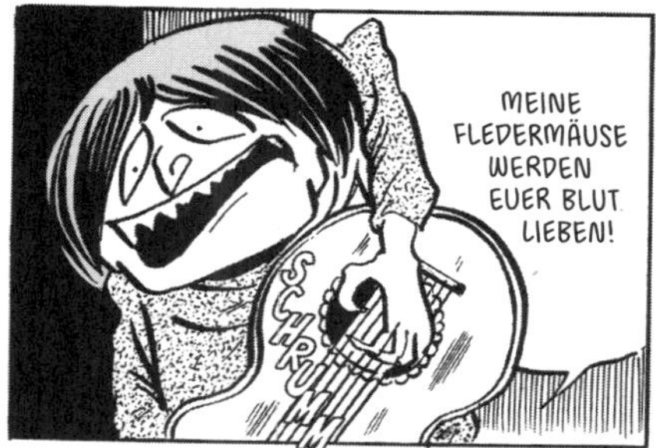

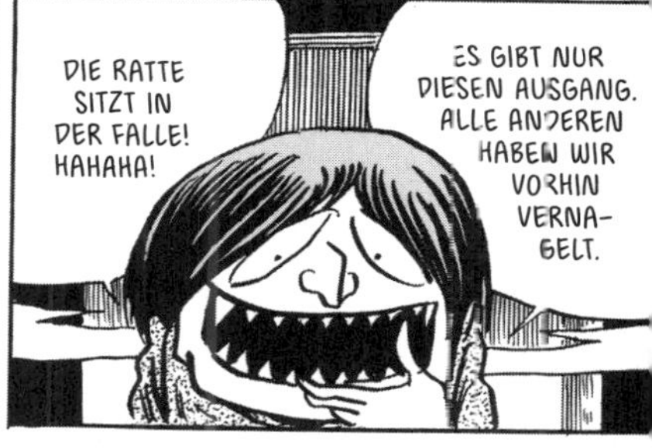

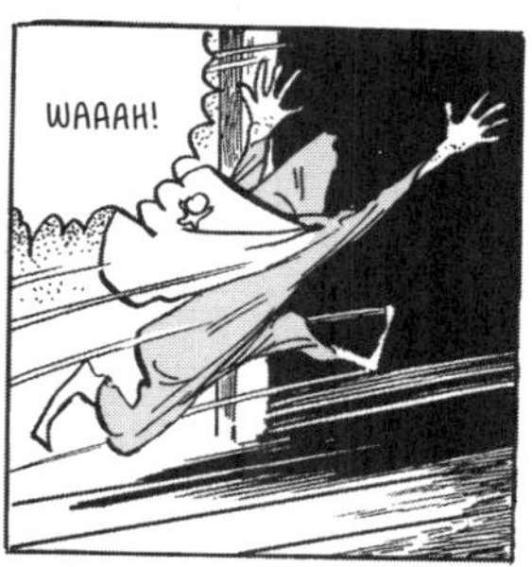

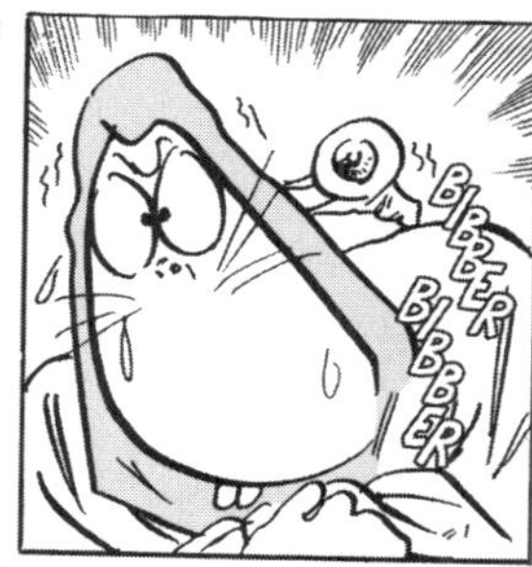

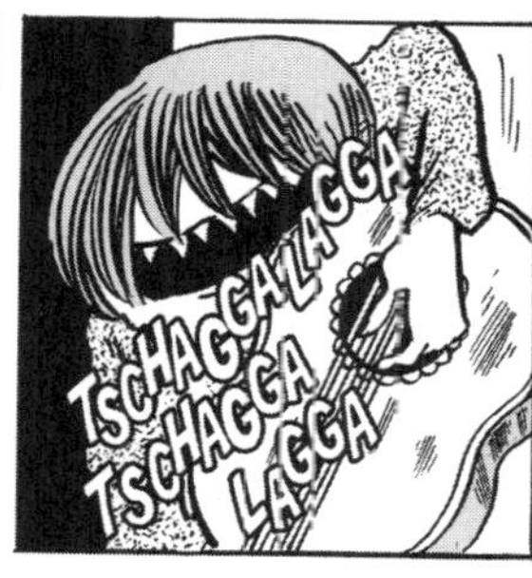

IHRE FLUCHT WAR AUSSICHTSLOS, DENN VOR DER TÜR HATTEN SICH BEREITS ABERTAUSENDE VON FLEDERMÄUSEN VERSAMMELT.

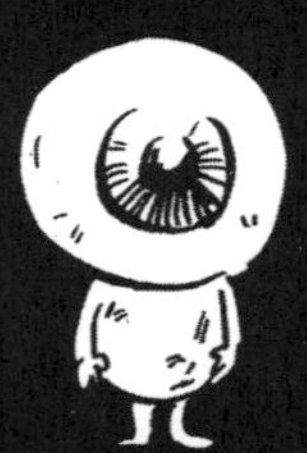

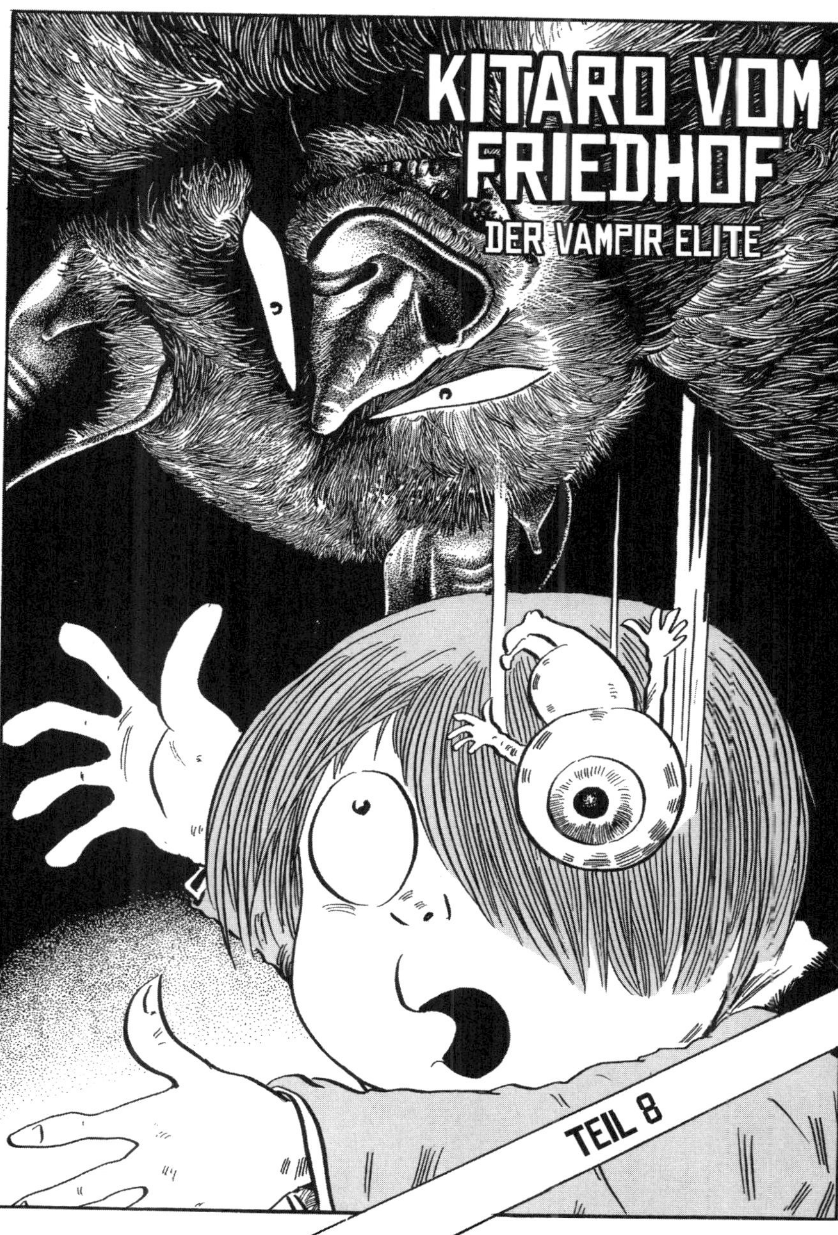
KITARO VOM FRIEDHOF
DER VAMPIR ELITE
TEIL 8

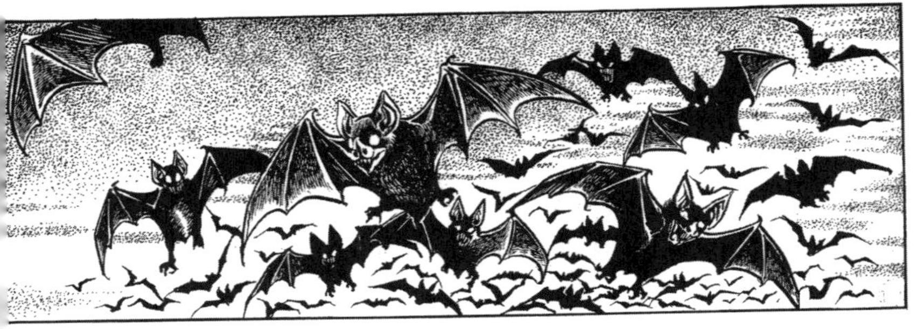

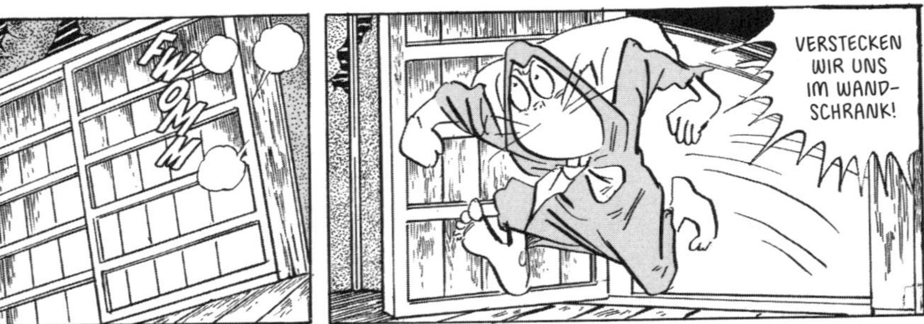
FWOMM
VERSTECKEN WIR UNS IM WAND-SCHRANK!

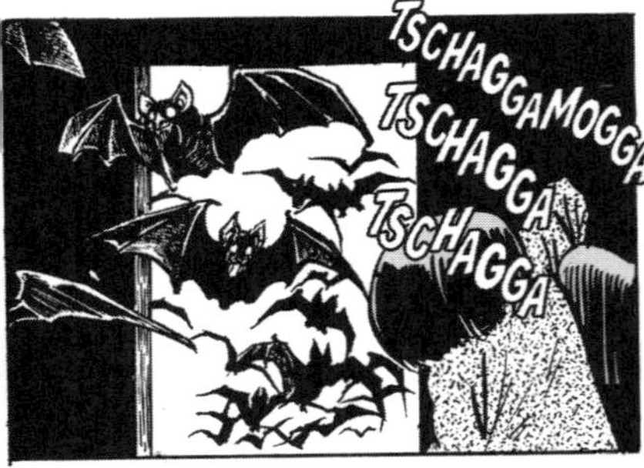
TSCHAGGAMOGGA
TSCHAGGA
TSCHAGGA

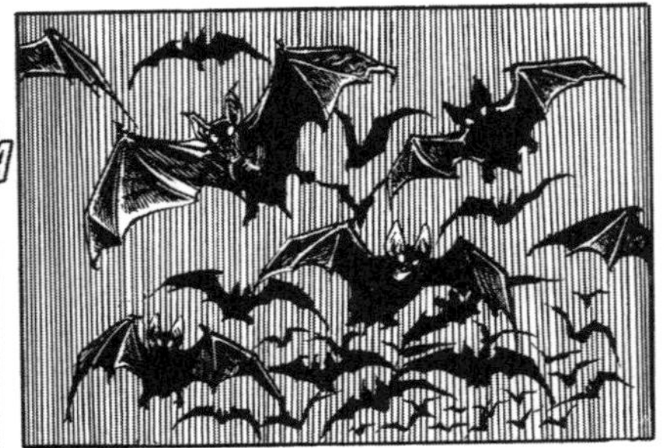

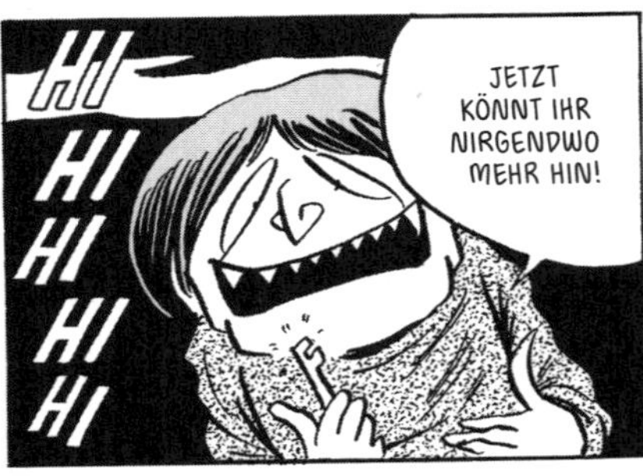
HI HI HI HI HI
JETZT KÖNNT IHR NIRGENDWO MEHR HIN!

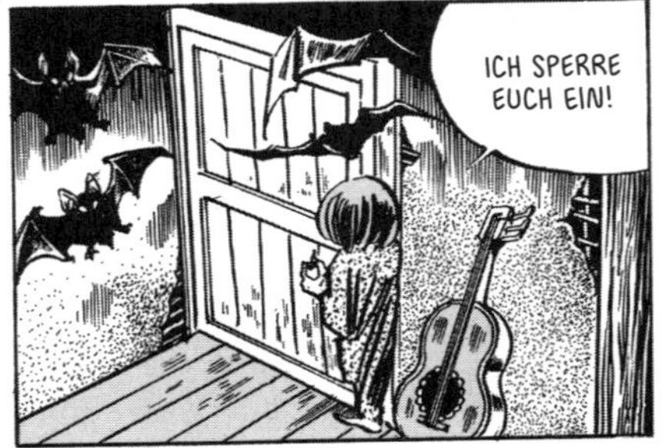
ICH SPERRE EUCH EIN!

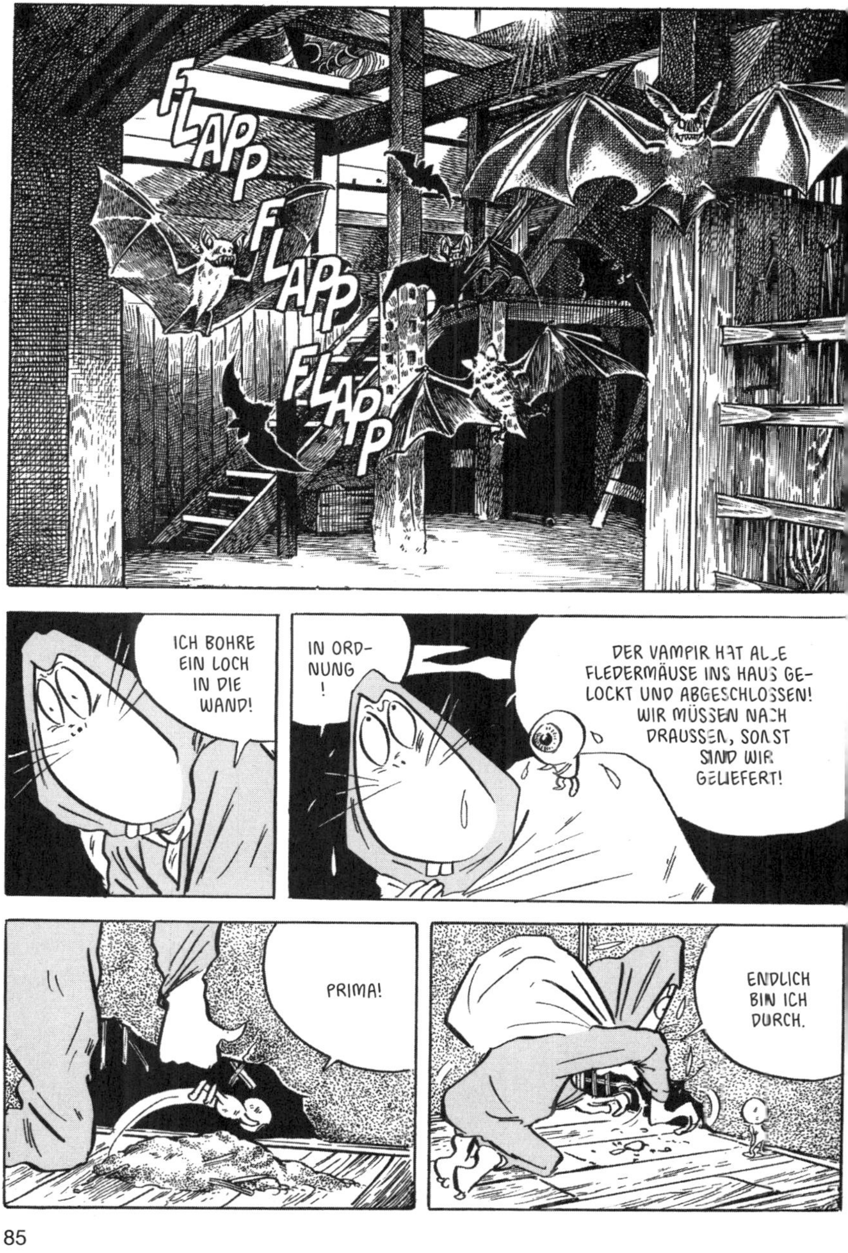

FLAPP
FLAPP
FLAPP

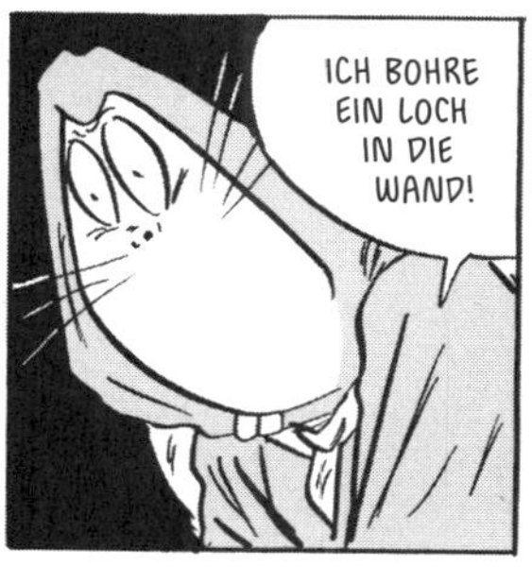

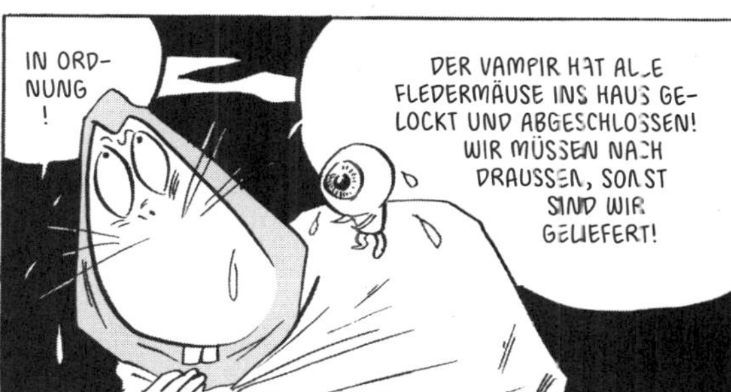

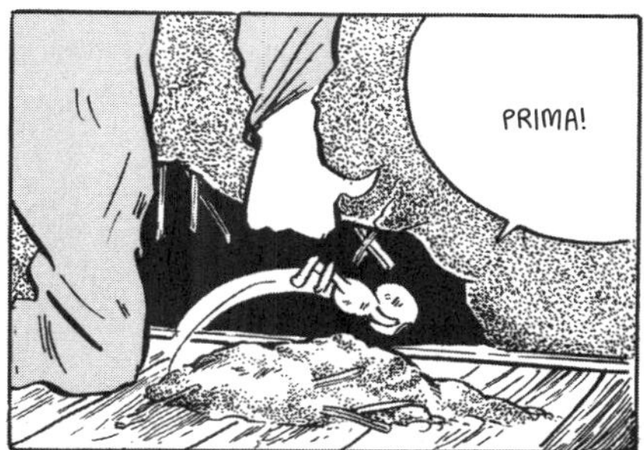

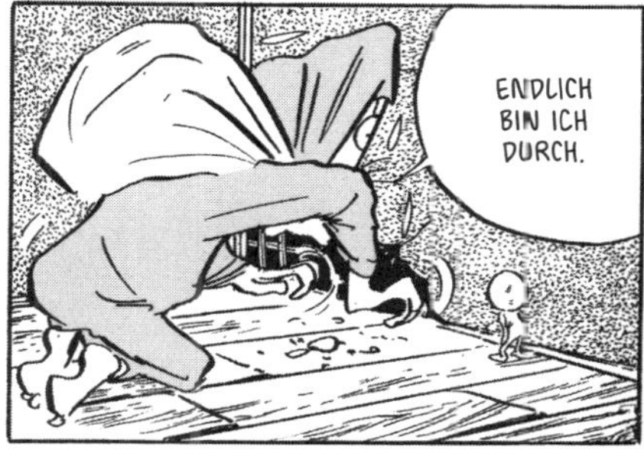

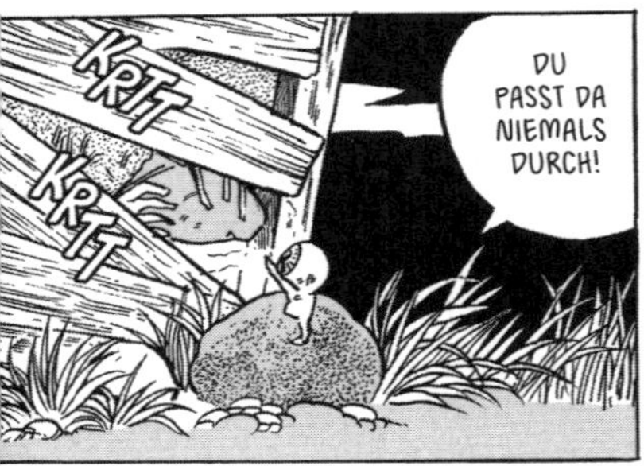
KRTT
KRTT
DU PASST DA NIEMALS DURCH!

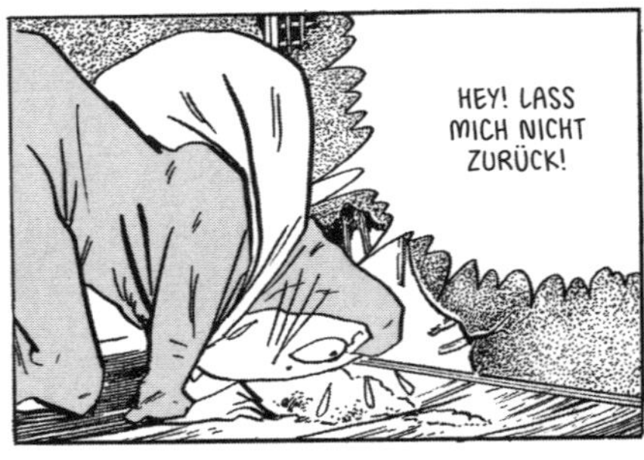
HEY! LASS MICH NICHT ZURÜCK!

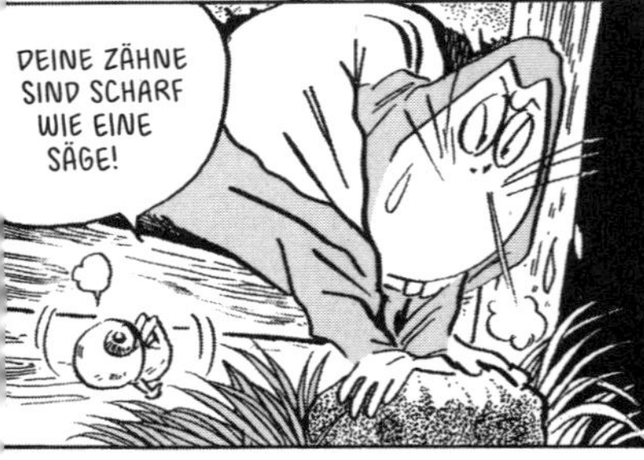
DEINE ZÄHNE SIND SCHARF WIE EINE SÄGE!

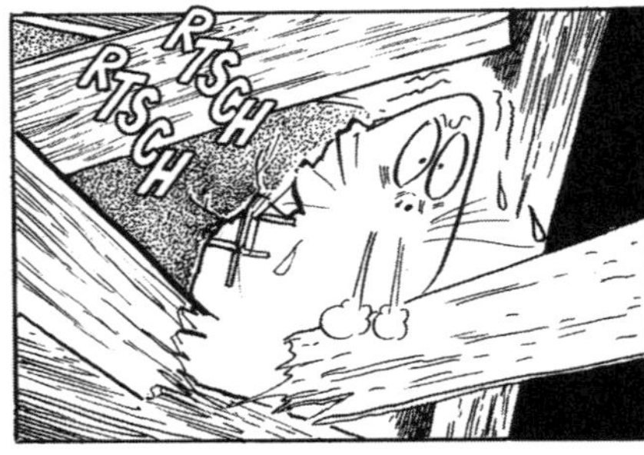
RTSCH
RTSCH

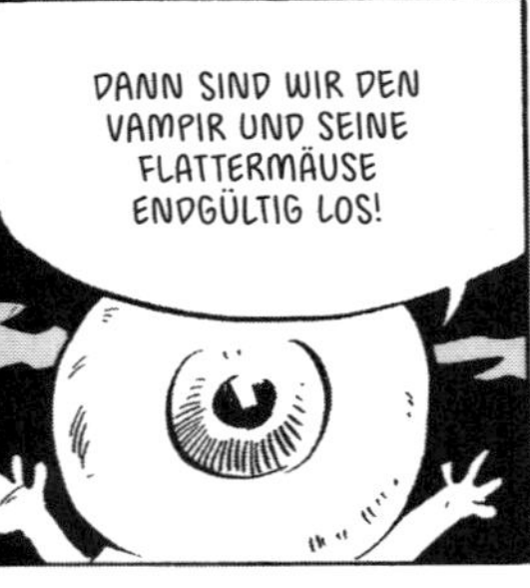
DANN SIND WIR DEN VAMPIR UND SEINE FLATTERMÄUSE ENDGÜLTIG LOS!

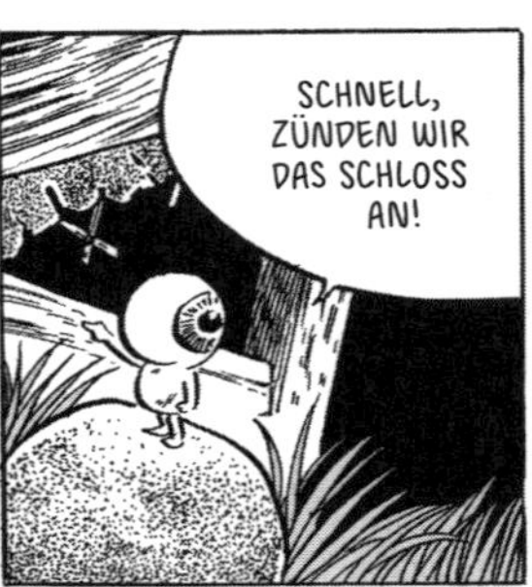
SCHNELL, ZÜNDEN WIR DAS SCHLOSS AN!

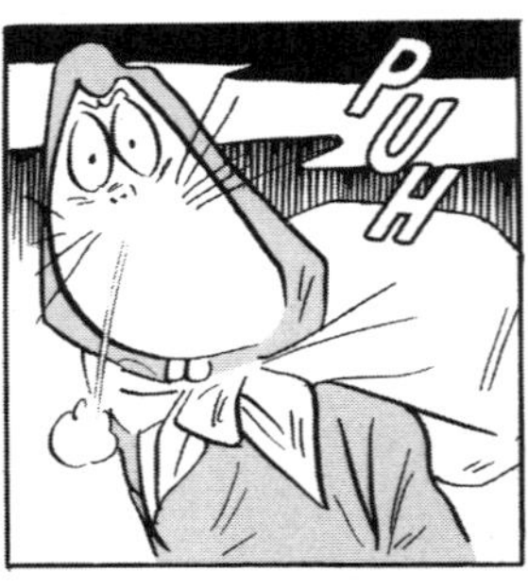
PUH

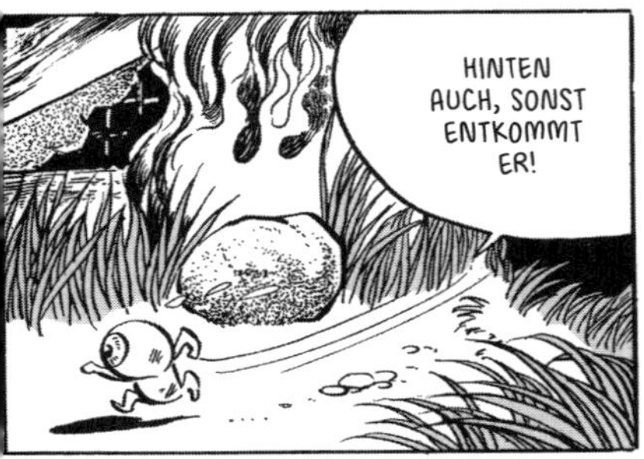
HINTEN AUCH, SONST ENTKOMMT ER!

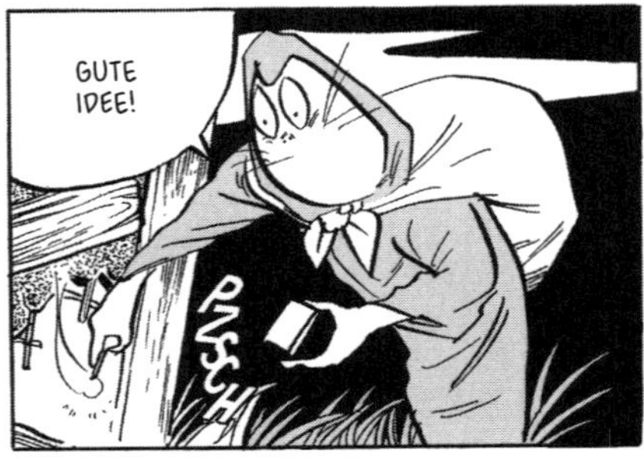
GUTE IDEE!
PZSCH

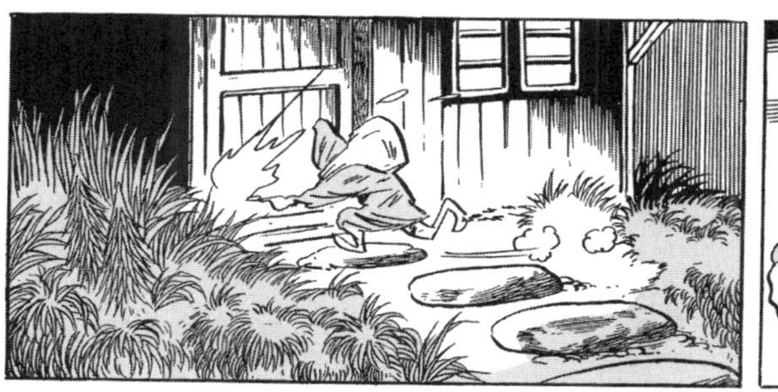

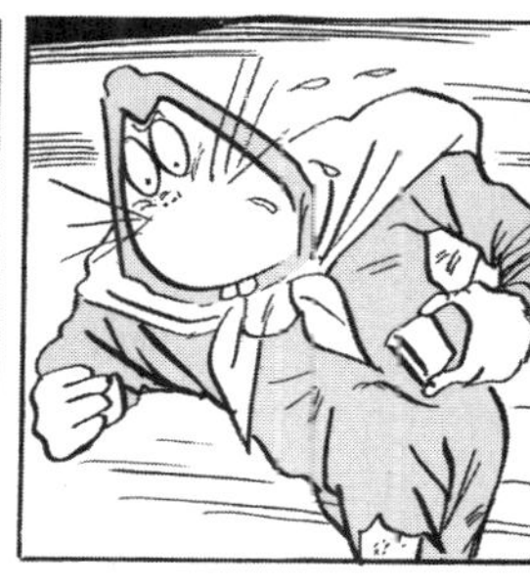

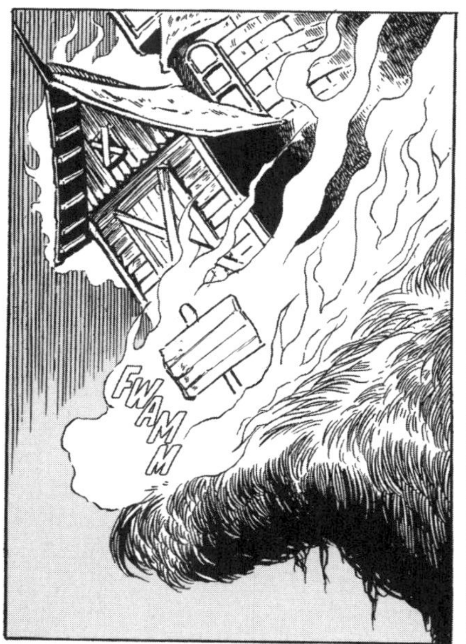
FWAMM

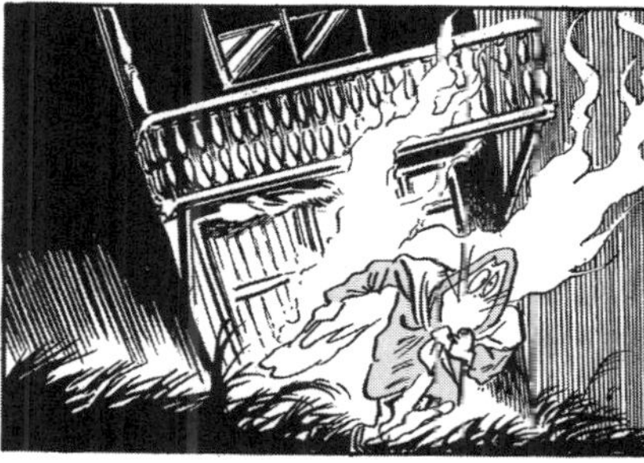

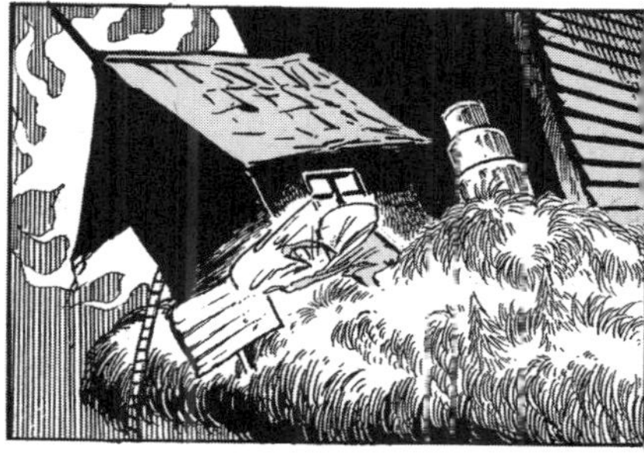

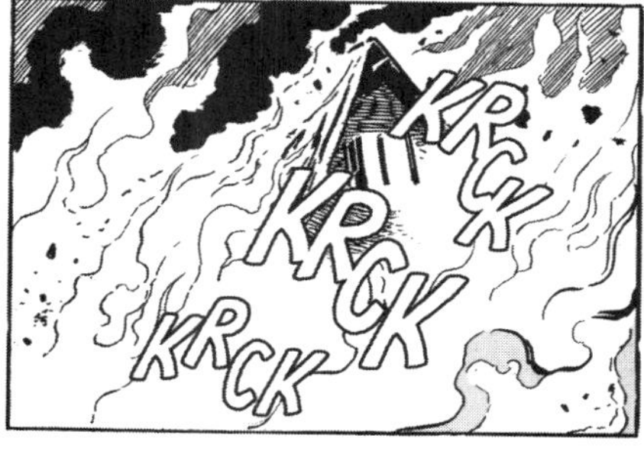
KRCK
KRCK
KRCK

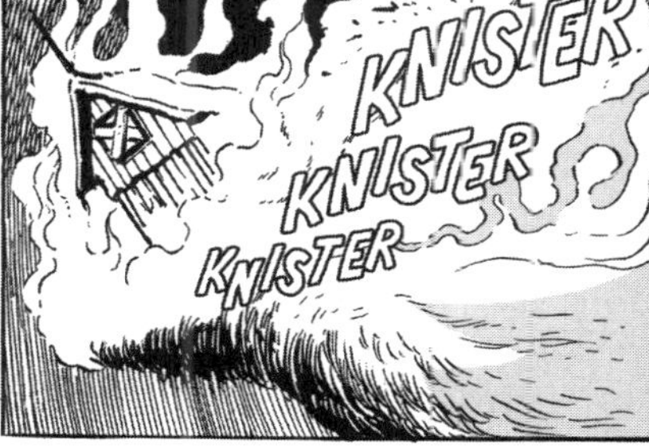
KNISTER
KNISTER
KNISTER

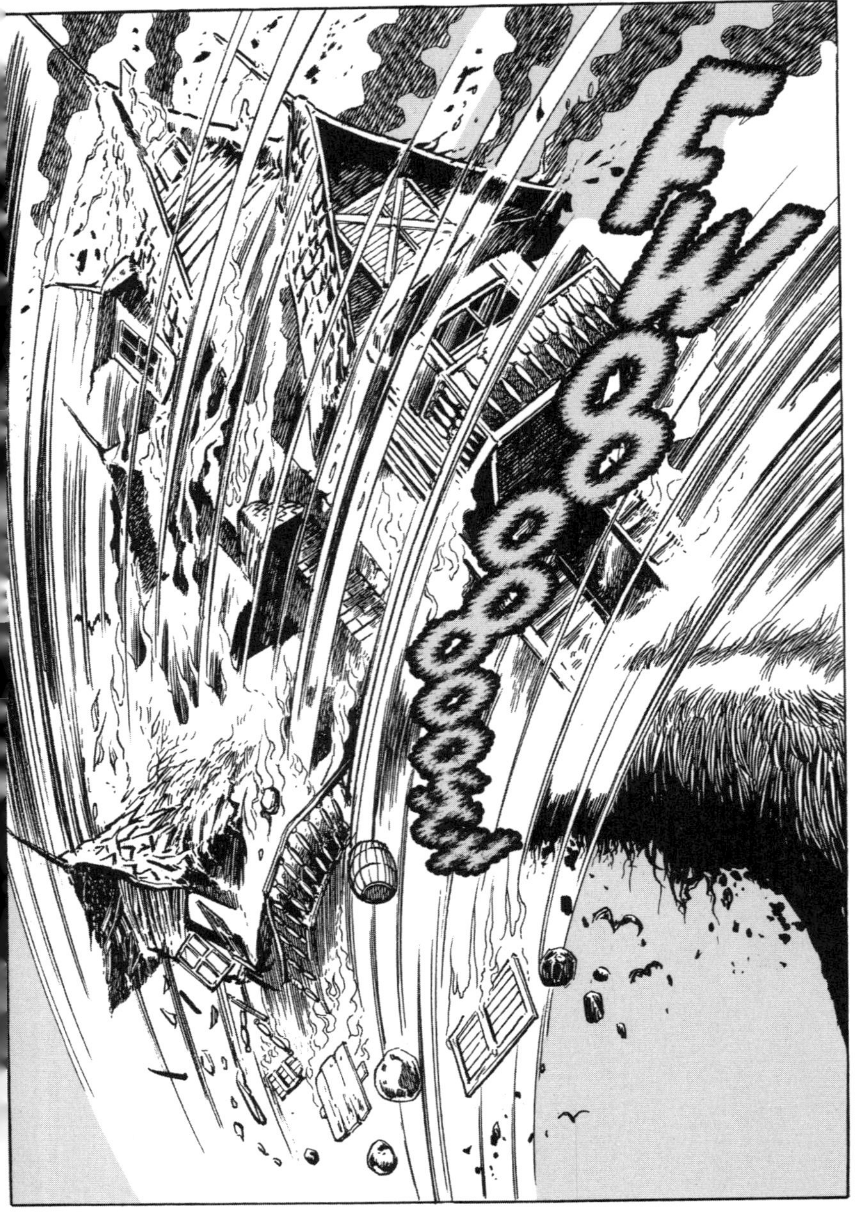
FWOOOOOOOM

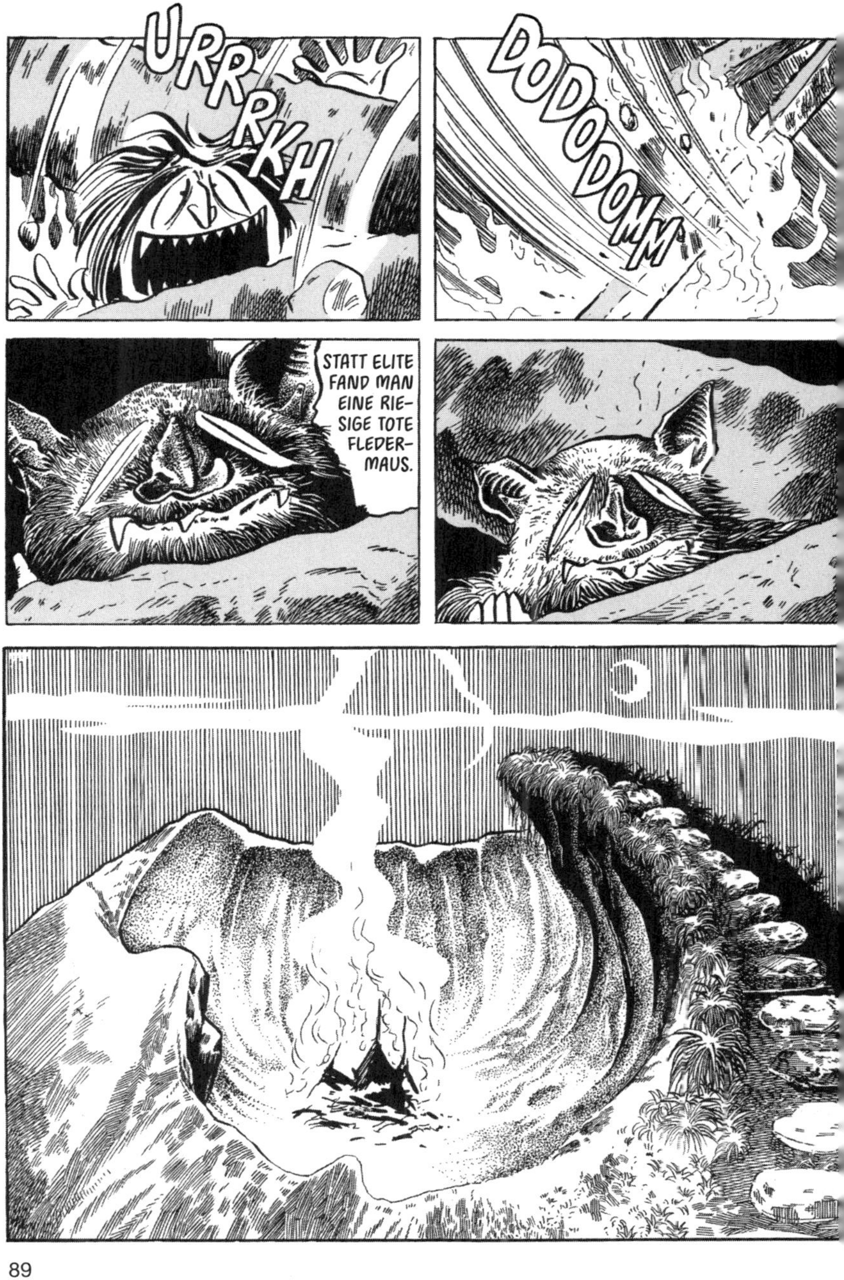

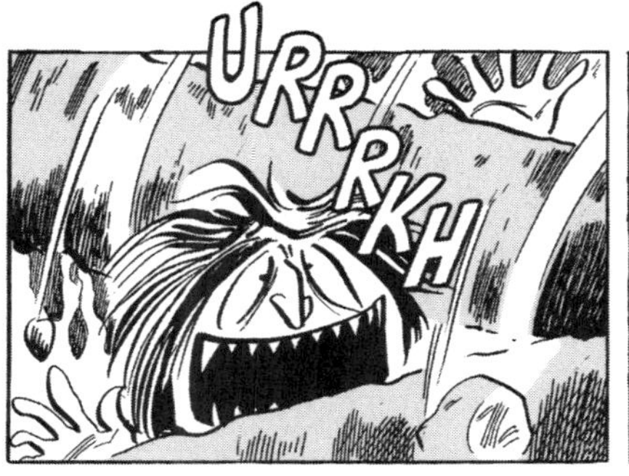
URRRKH

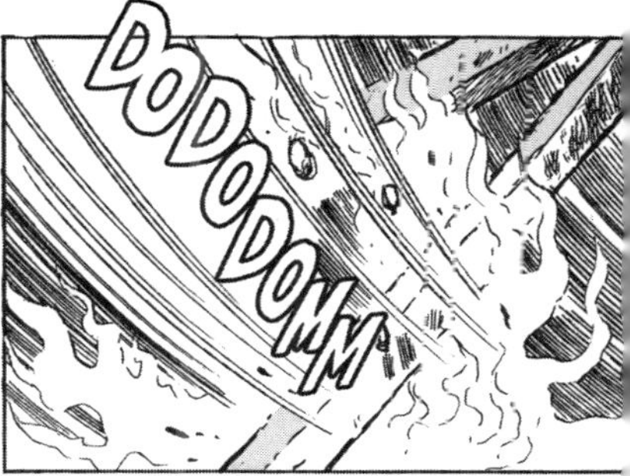
DODODOMM

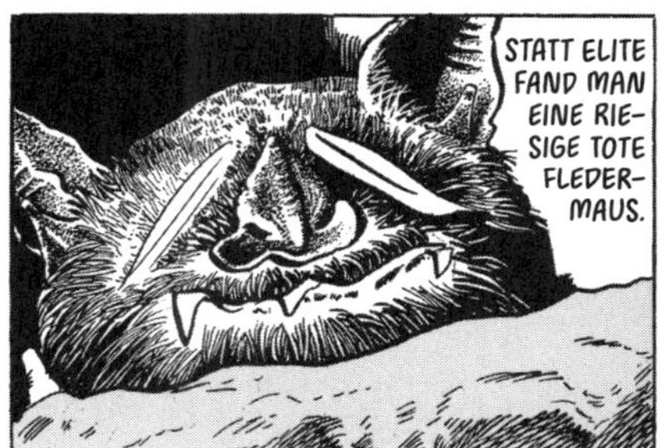
STATT ELITE FAND MAN EINE RIESIGE TOTE FLEDERMAUS.

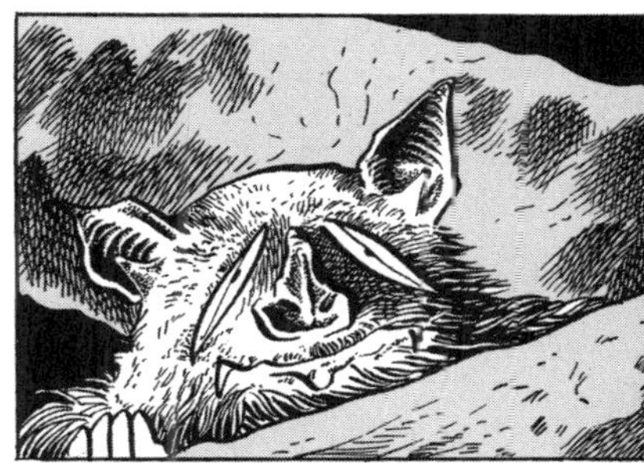

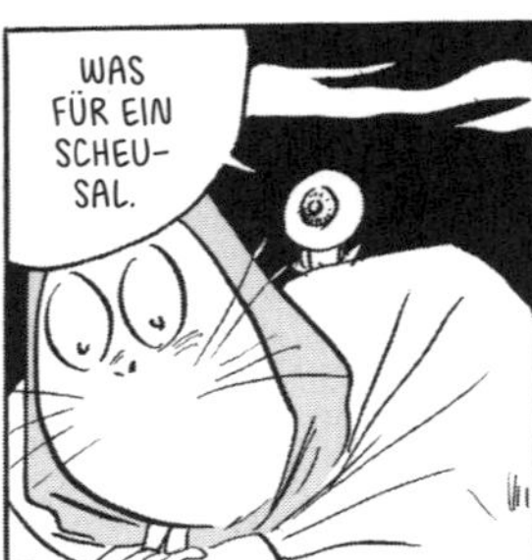
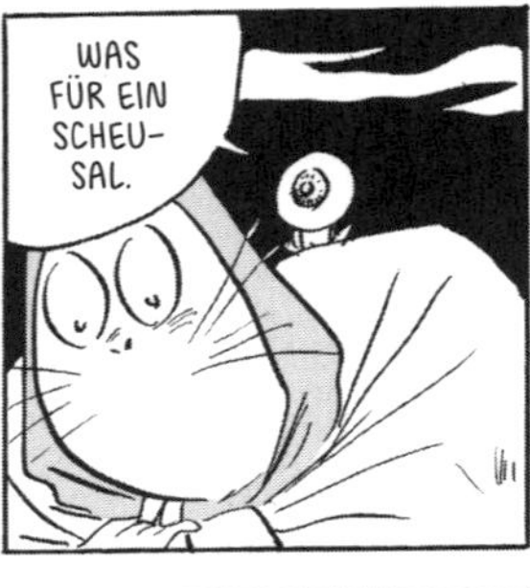
WAS FÜR EIN SCHEUSAL.

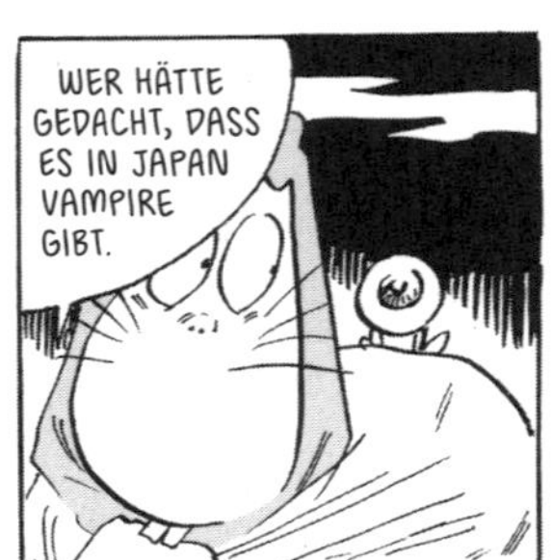
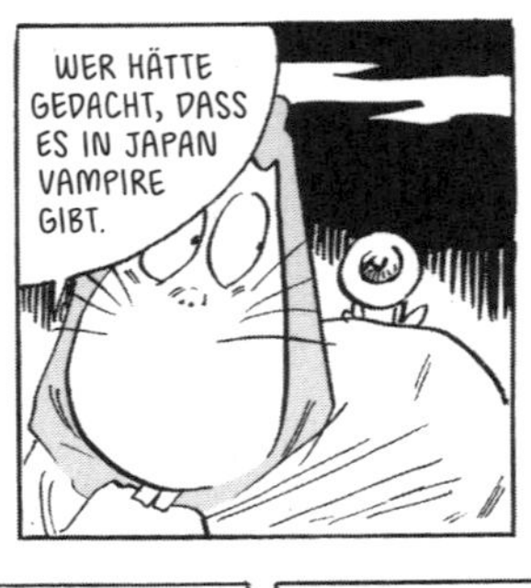
WER HÄTTE GEDACHT, DASS ES IN JAPAN VAMPIRE GIBT.

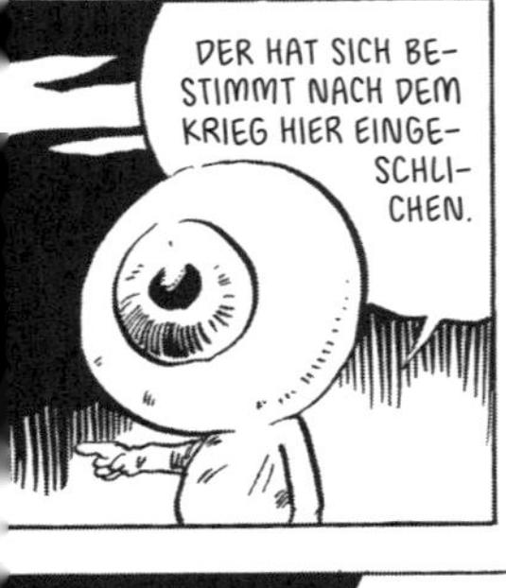
DER HAT SICH BESTIMMT NACH DEM KRIEG HIER EINGESCHLICHEN.

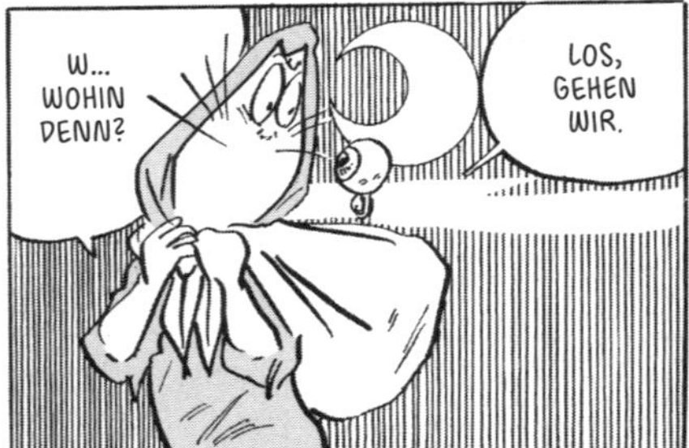
LOS, GEHEN WIR.
W... WOHIN DENN?

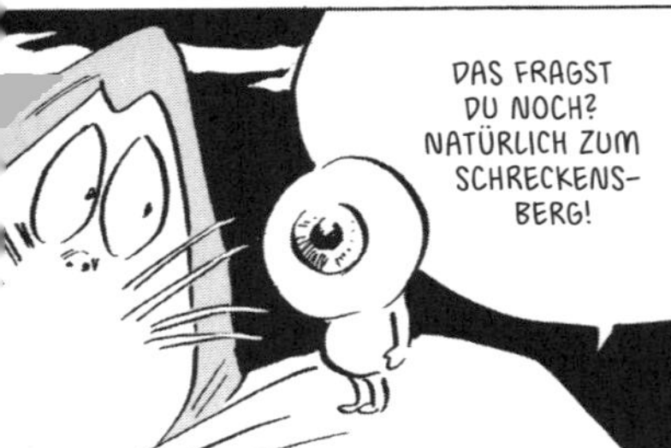
DAS FRAGST DU NOCH? NATÜRLICH ZUM SCHRECKENSBERG!

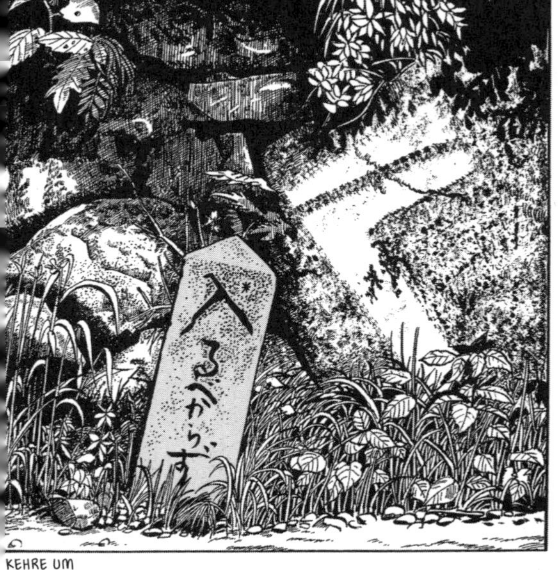
DORT IST DAS EINZIGE KRANKENHAUS FÜR YOKAI!
GUT!
入るべからず

* KEHRE UM

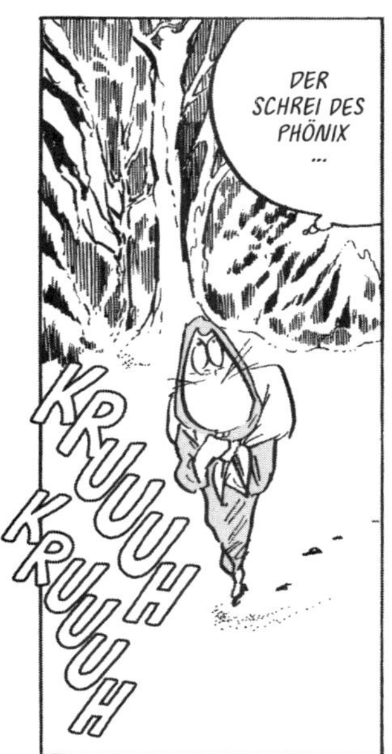
DER SCHREI DES PHÖNIX ...
KRUUUH
KRUUUH

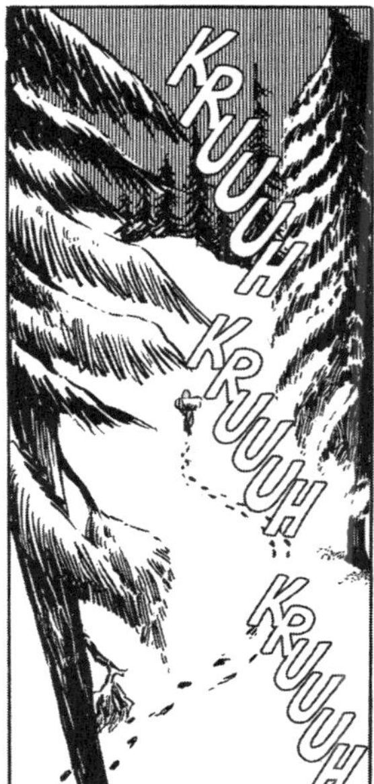
KRUUUH
KRUUUH
KRUUUH

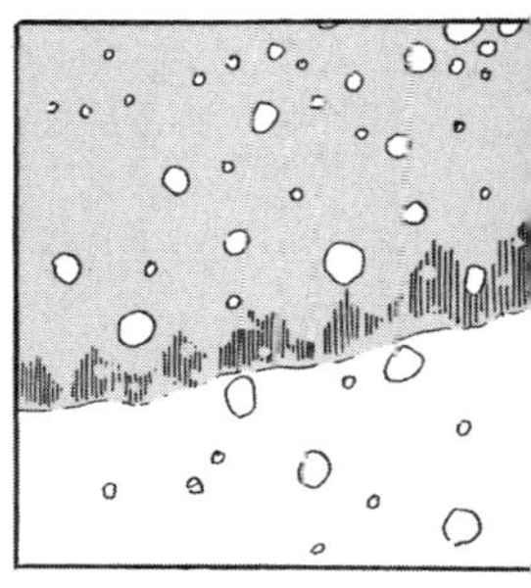

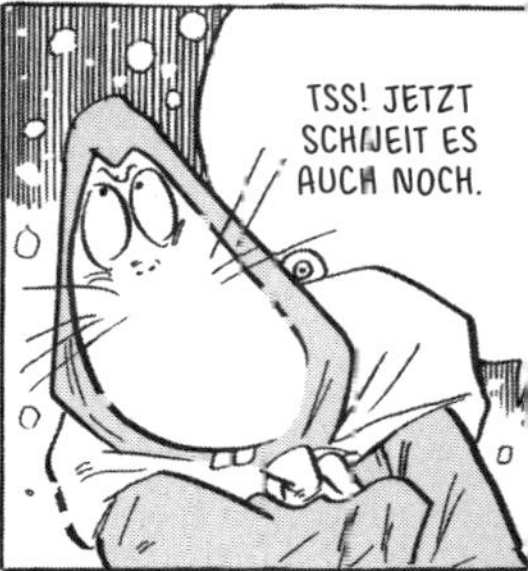
TSS! JETZT SCHNEIT ES AUCH NOCH.

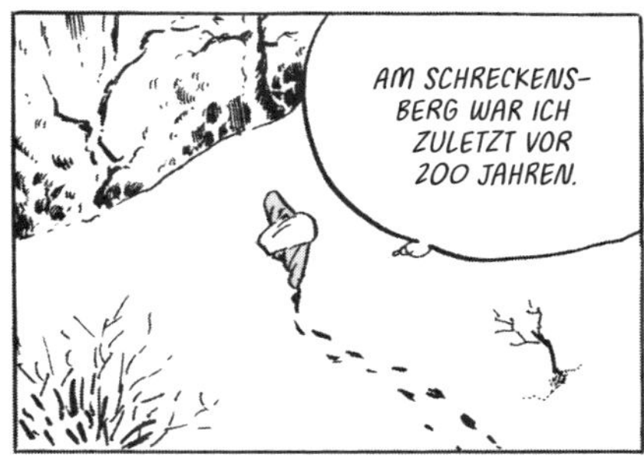
AM SCHRECKENS-BERG WAR ICH ZULETZT VOR 200 JAHREN.

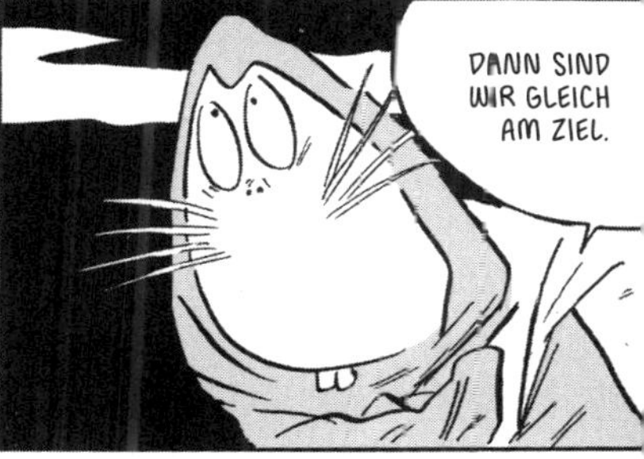
DANN SIND WIR GLEICH AM ZIEL.

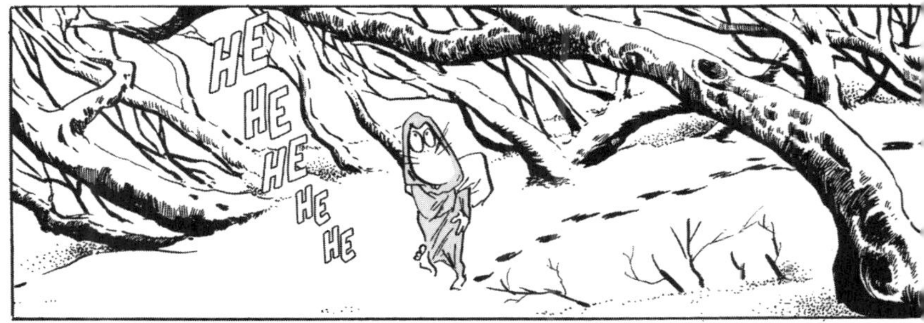
HE
HE
HE
HE
HE

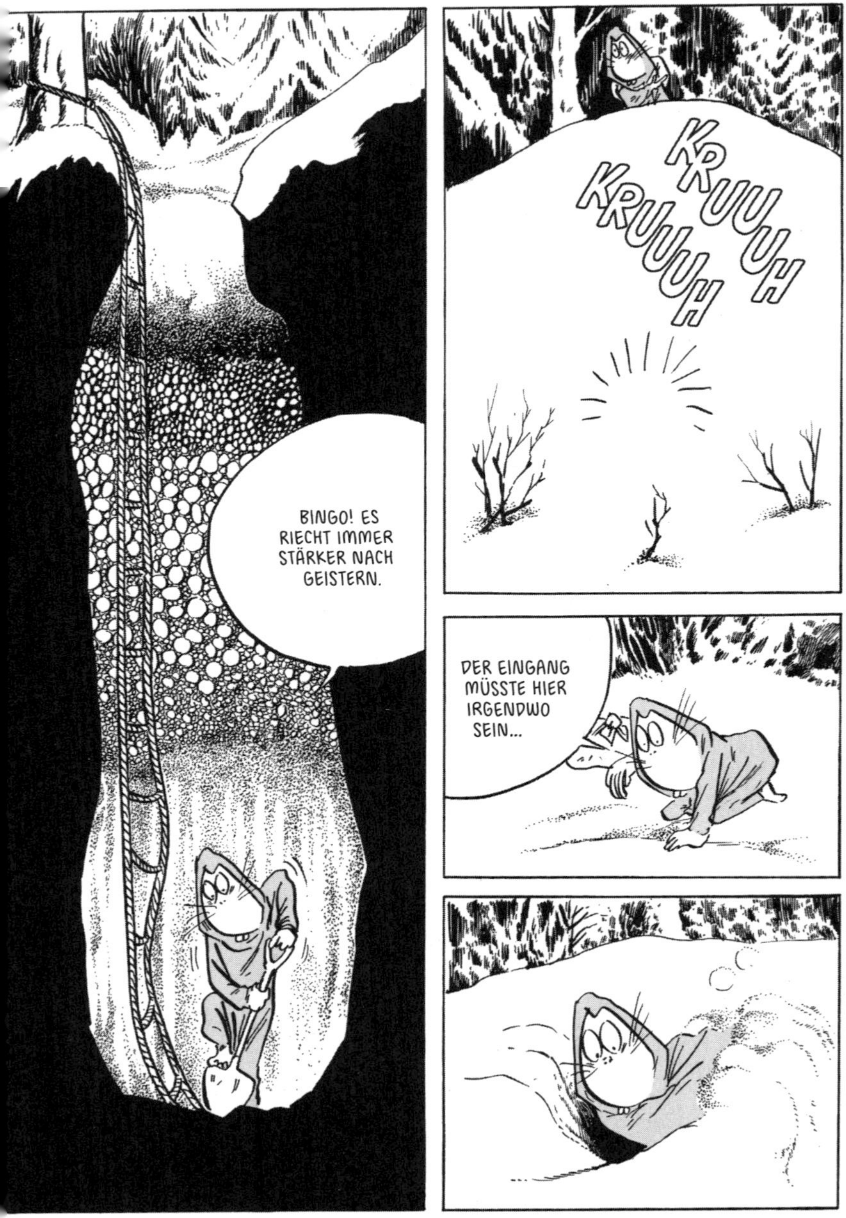

BINGO! ES RIECHT IMMER STÄRKER NACH GEISTERN.

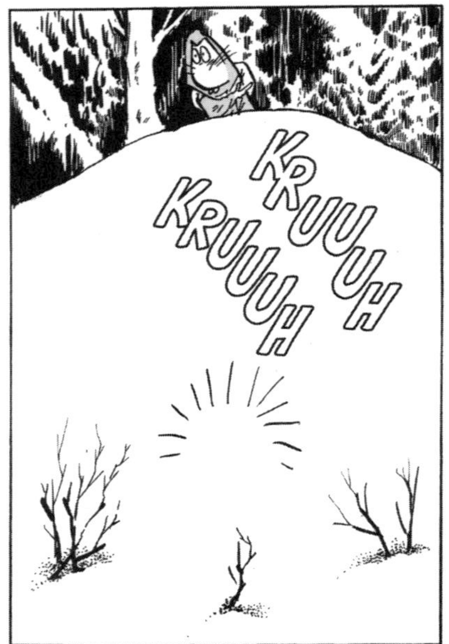

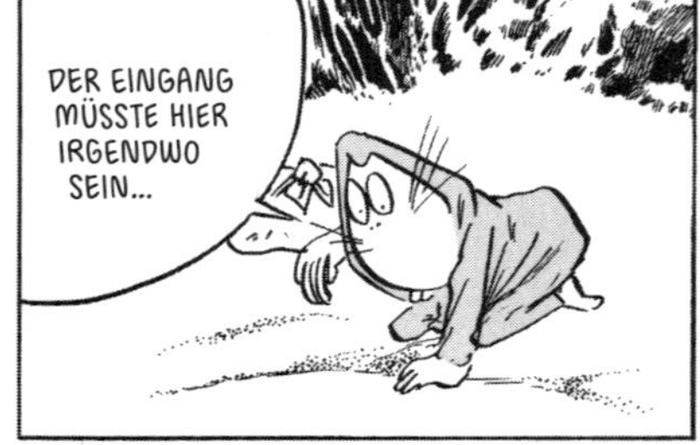

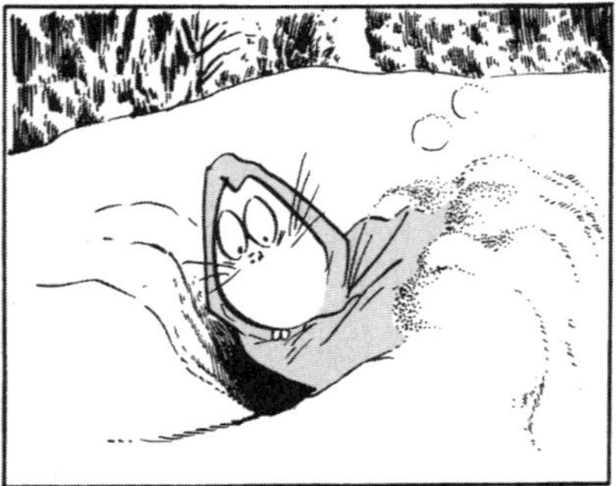

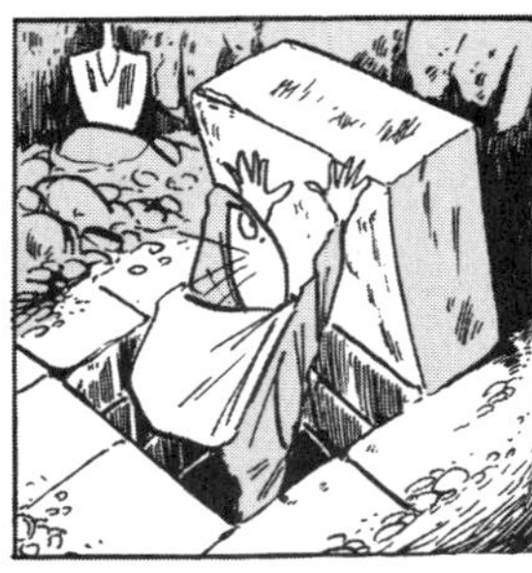

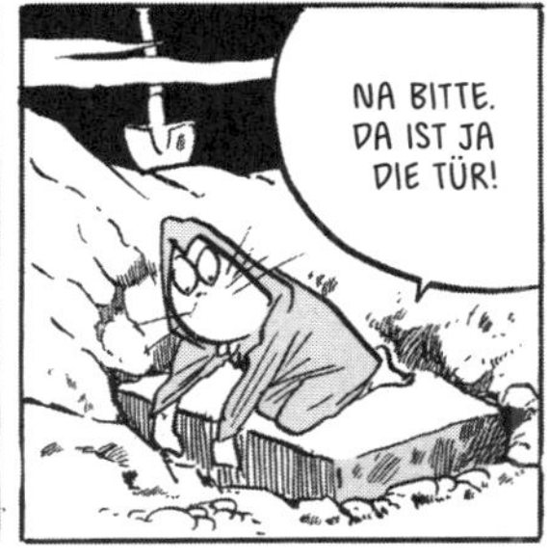

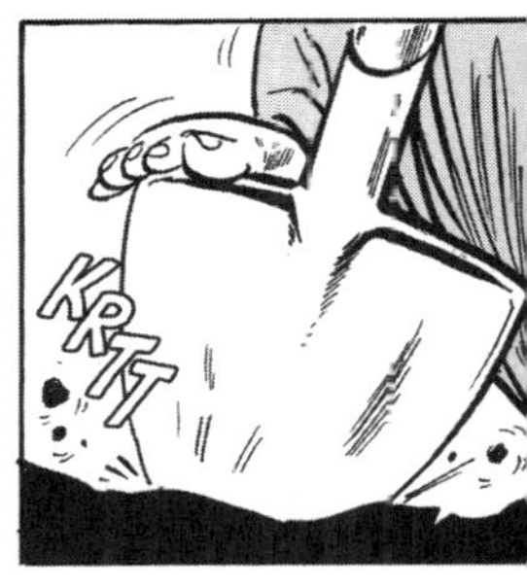

DER UNTERIRDISCHE SCHRECKENSBERG WAR EIN GEHEIMER ORT, AN DEM KRANKE YOKAI ZUFLUCHT SUCHTEN. ER WAR SO ETWAS WIE EIN KRANKENHAUS. VOR TAUSENDEN VON JAHREN HATTE SEIN ZUGANG NOCH AUF DEM BERGGIPFEL GELEGEN, DOCH MIT DEM ABSACKEN DES BODENS BEFAND SICH DER EINGANG NUN UNTER DER ERDE.

DEN YOKAI KAM DAS NUR GELEGEN, DENN SO WAR DIESER ORT BEI DEN MENSCHEN ZUNEHMEND IN VERGESSENHEIT GERATEN.

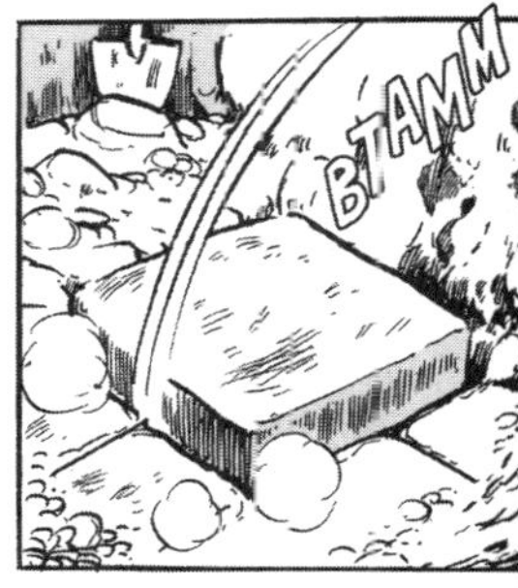

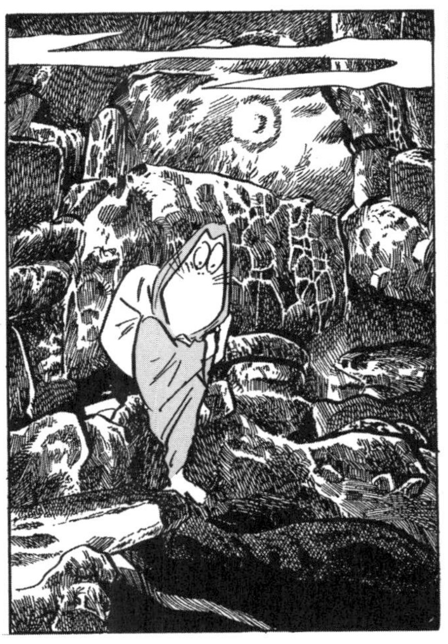

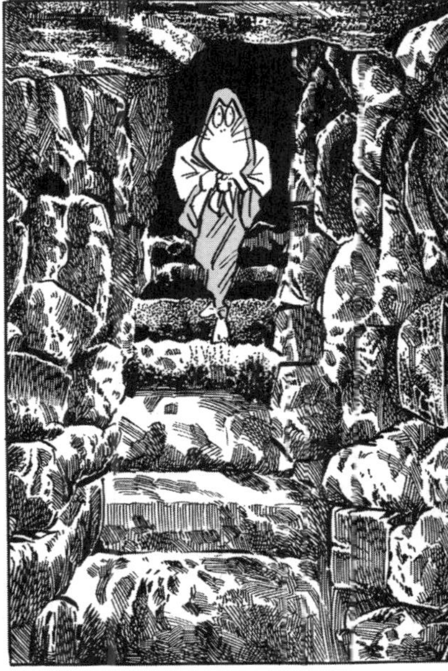

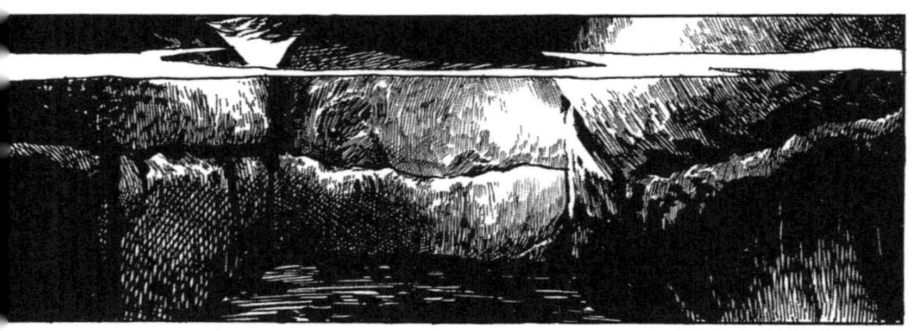

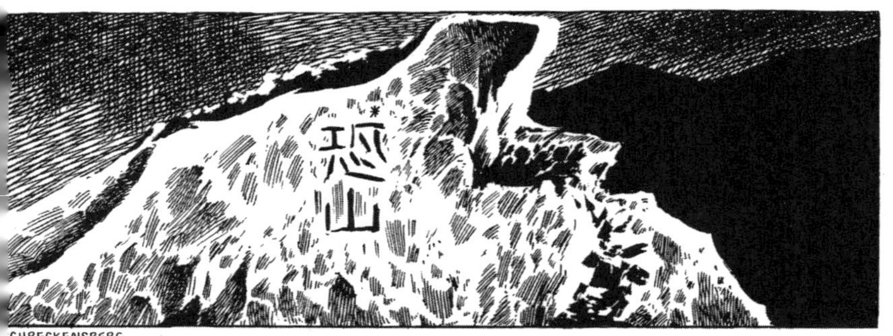

CHRECKENSBERG

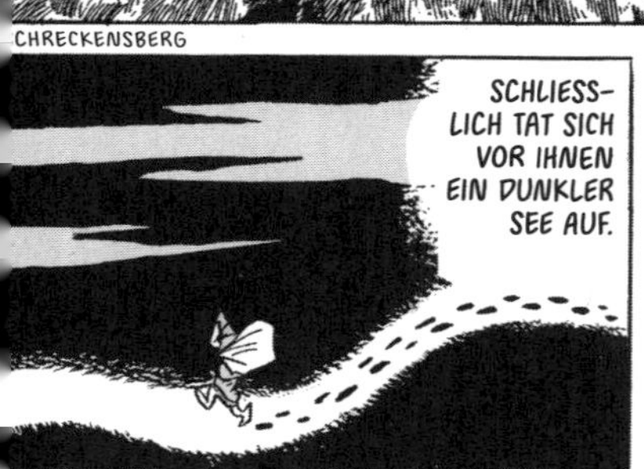

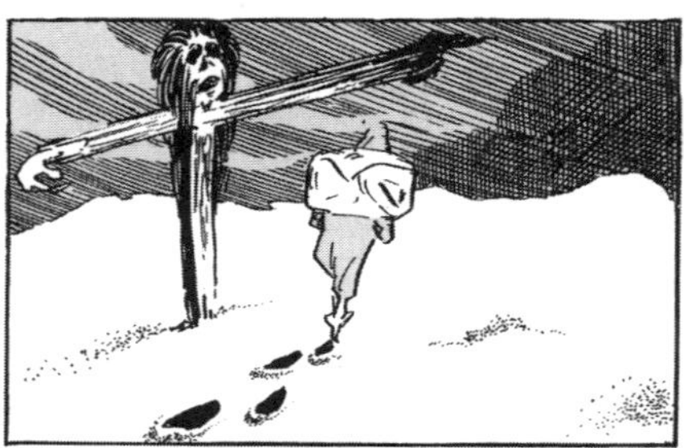

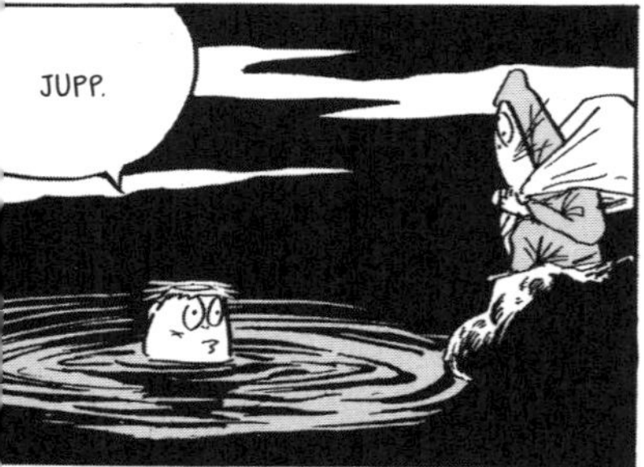

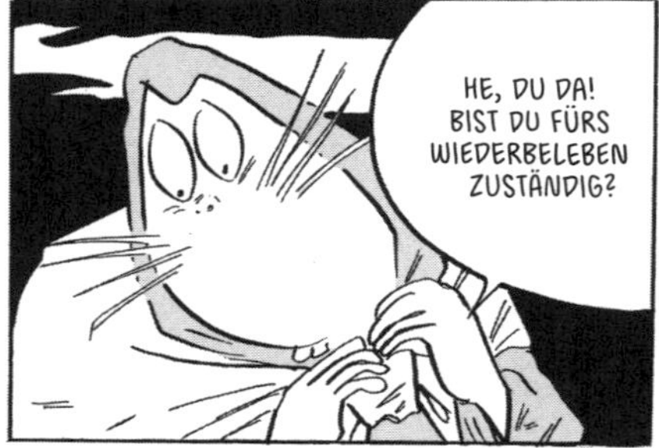

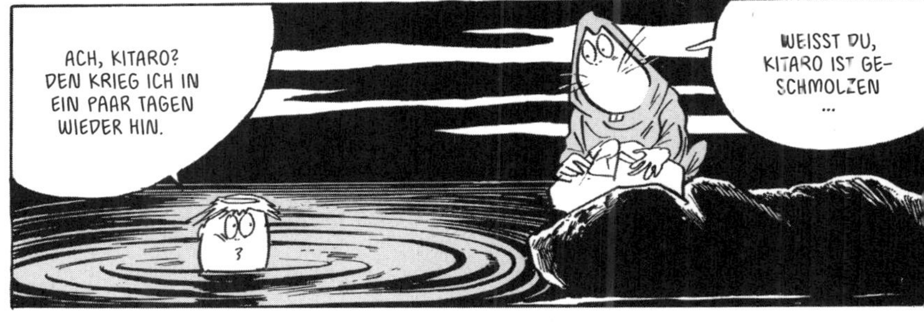
WEISST DU, KITARO IST GESCHMOLZEN ...
ACH, KITARO? DEN KRIEG ICH IN EIN PAAR TAGEN WIEDER HIN.

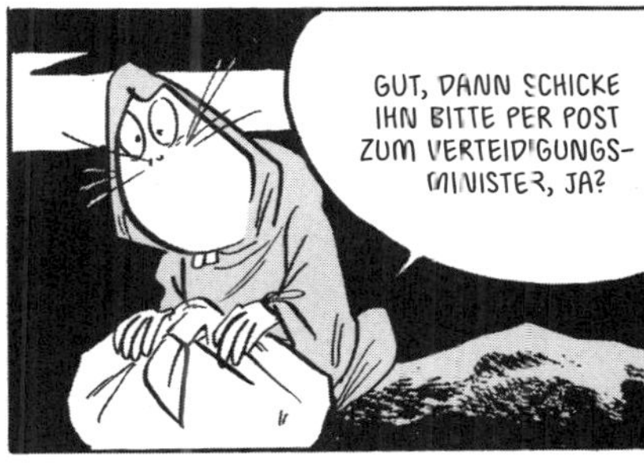
GUT, DANN SCHICKE IHN BITTE PER POST ZUM VERTEIDIGUNGS-MINISTER, JA?

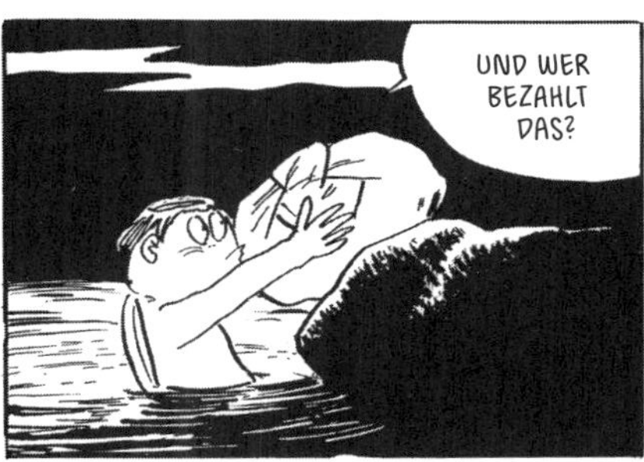
UND WER BEZAHLT DAS?

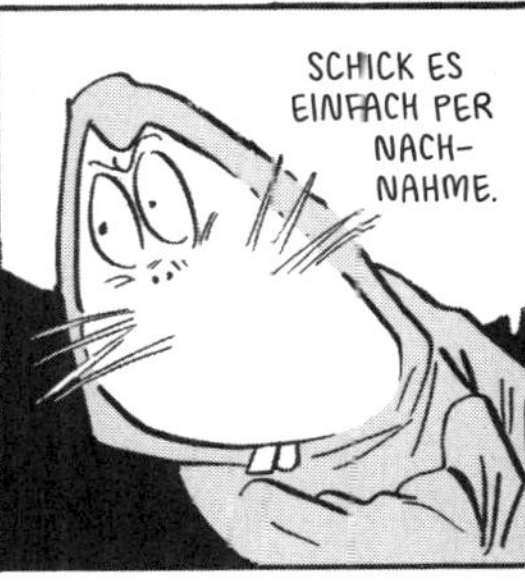
SCHICK ES EINFACH PER NACH-NAHME.

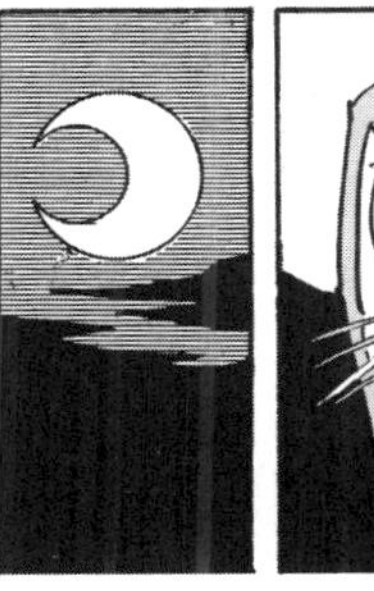

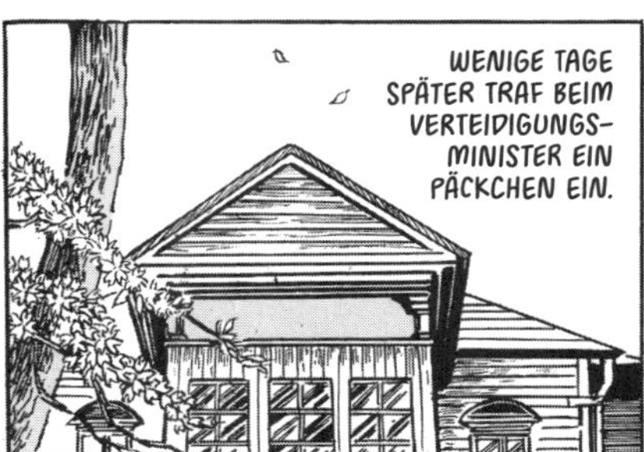
WENIGE TAGE SPÄTER TRAF BEIM VERTEIDIGUNGS-MINISTER EIN PÄCKCHEN EIN.

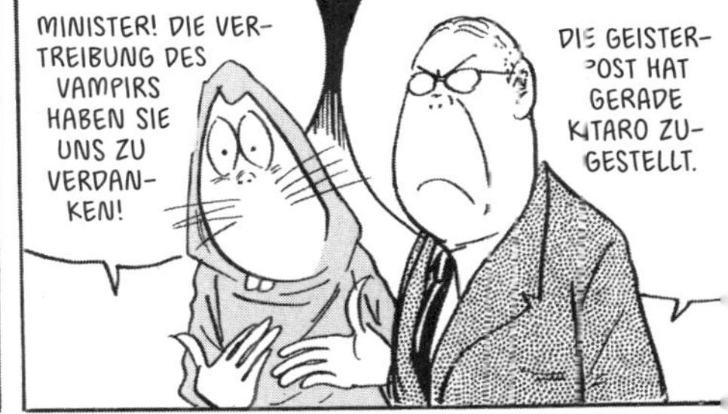
DIE GEISTER-POST HAT GERADE KITARO ZU-GESTELLT.
MINISTER! DIE VER-TREIBUNG DES VAMPIRS HABEN SIE UNS ZU VERDAN-KEN!

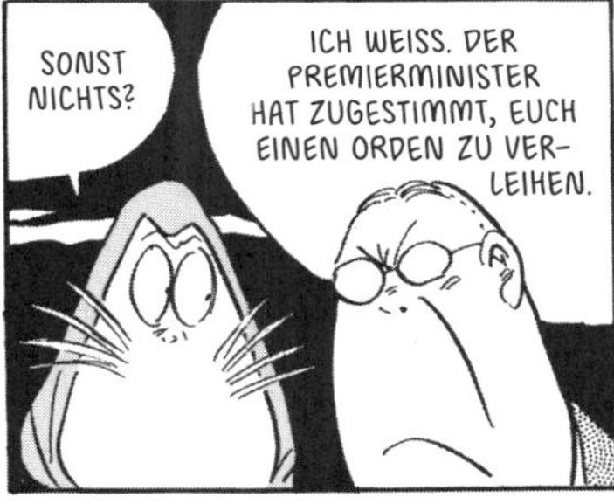
ICH WEISS. DER PREMIERMINISTER HAT ZUGESTIMMT, EUCH EINEN ORDEN ZU VER-LEIHEN.
SONST NICHTS?

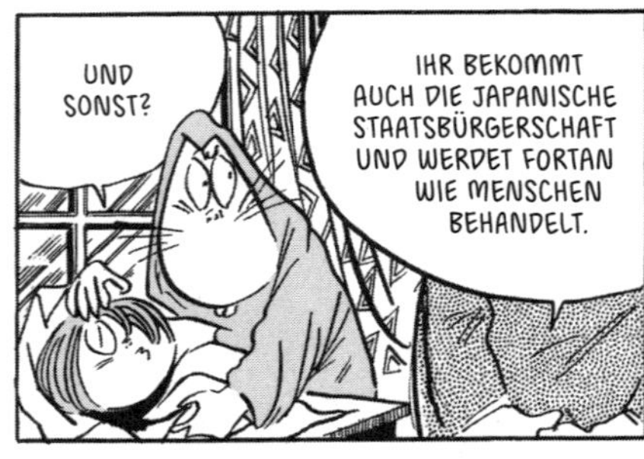
IHR BEKOMMT AUCH DIE JAPANISCHE STAATSBÜRGERSCHAFT UND WERDET FORTAN WIE MENSCHEN BEHANDELT.
UND SONST?

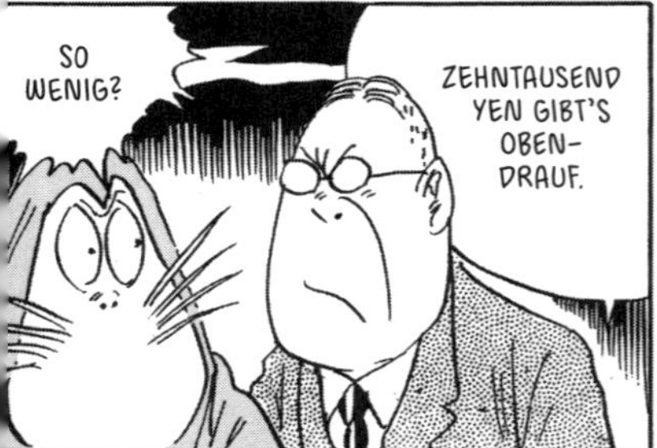
ZEHNTAUSEND YEN GIBT'S OBEN-DRAUF.
SO WENIG?

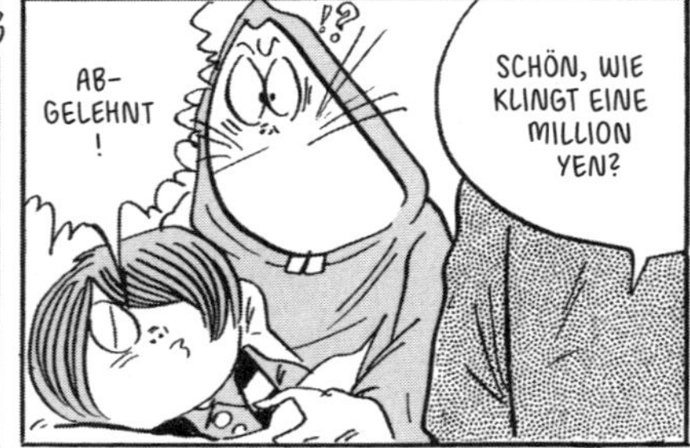
SCHÖN, WIE KLINGT EINE MILLION YEN?
AB-GELEHNT!
!?

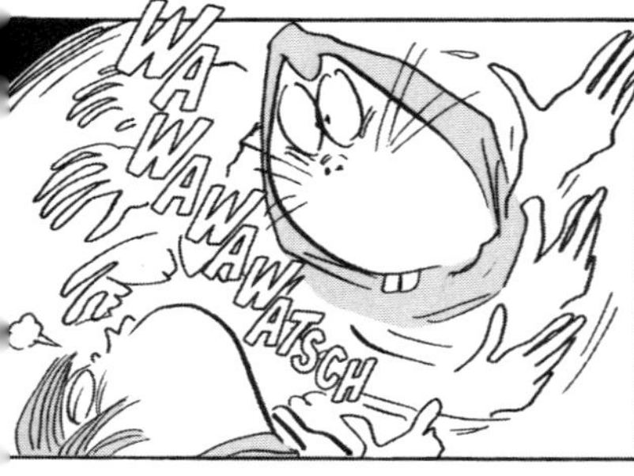
WAWAWAWATSCH

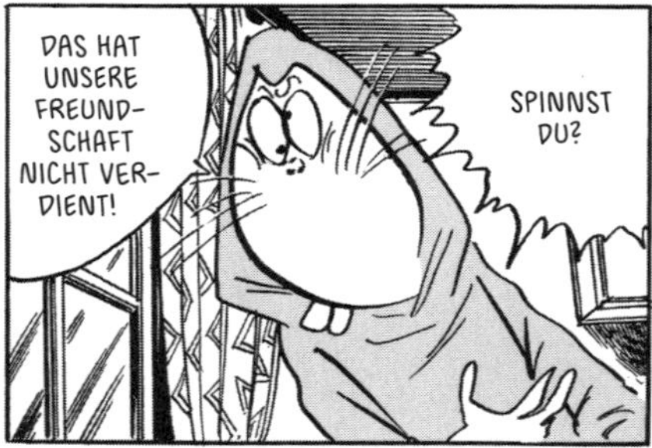
SPINNST DU?
DAS HAT UNSERE FREUND-SCHAFT NICHT VER-DIENT!

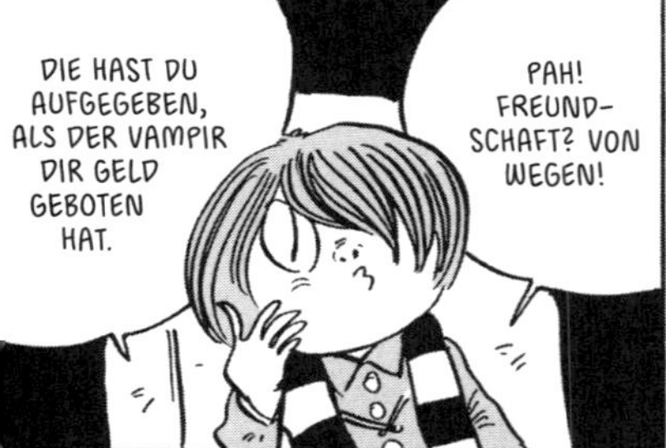
PAH! FREUND-SCHAFT? VON WEGEN!
DIE HAST DU AUFGEGEBEN, ALS DER VAMPIR DIR GELD GEBOTEN HAT.

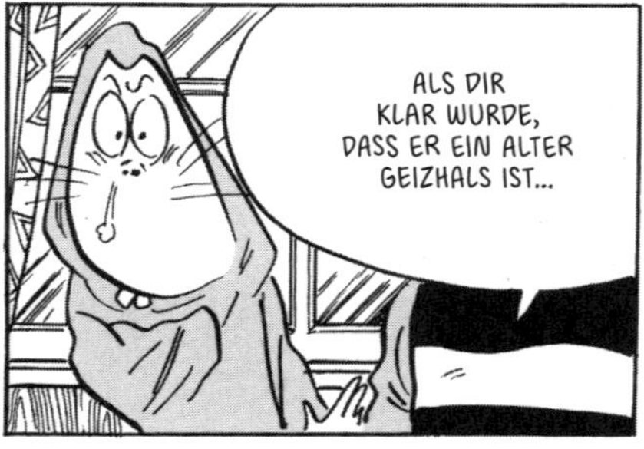
ALS DIR KLAR WURDE, DASS ER EIN ALTER GEIZHALS IST...

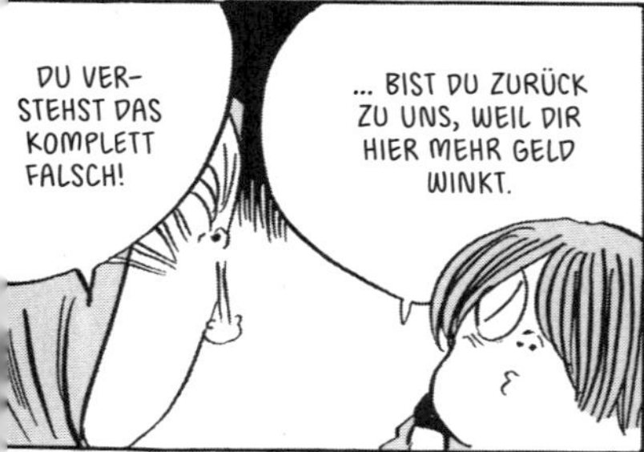
... BIST DU ZURÜCK ZU UNS, WEIL DIR HIER MEHR GELD WINKT.
DU VER-STEHST DAS KOMPLETT FALSCH!

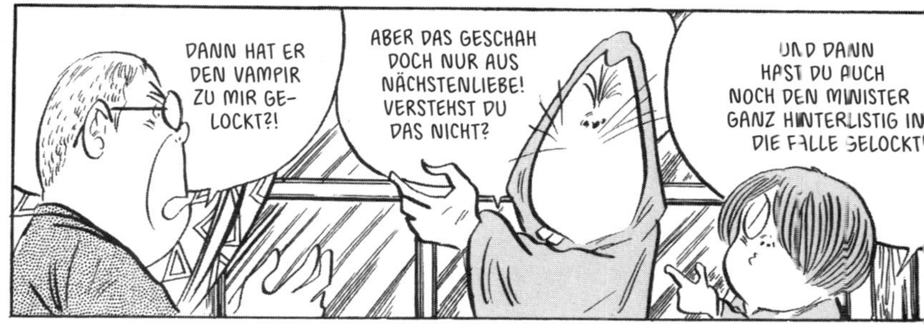
DANN HAT ER DEN VAMPIR ZU MIR GE-LOCKT?!
ABER DAS GESCHAH DOCH NUR AUS NÄCHSTENLIEBE! VERSTEHST DU DAS NICHT?
UND DANN HAST DU AUCH NOCH DEN MINISTER GANZ HINTERLISTIG IN DIE FALLE GELOCKT

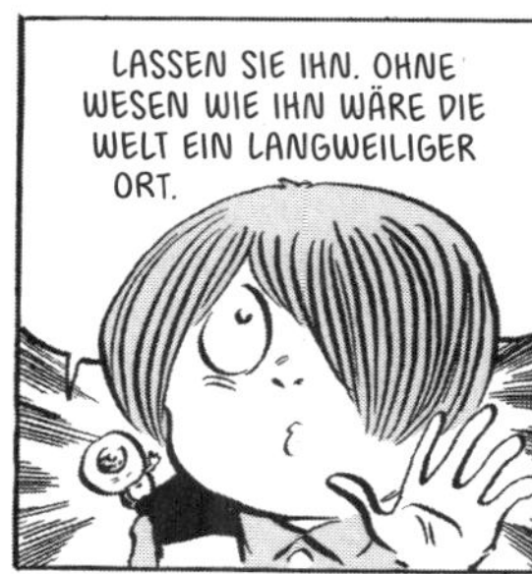
LASSEN SIE IHN. OHNE WESEN WIE IHN WÄRE DIE WELT EIN LANGWEILIGER ORT.

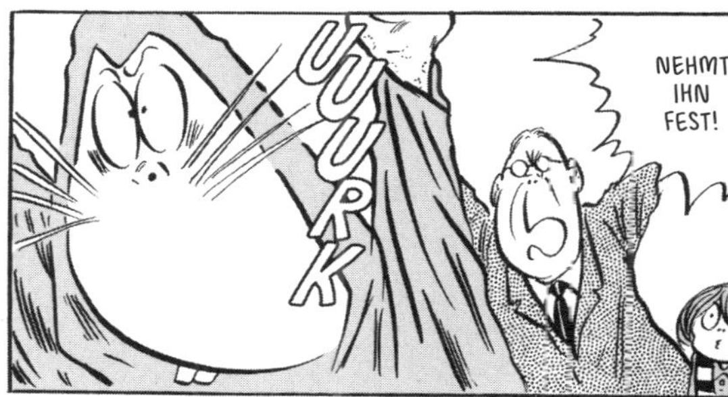
UUURK
NEHMT IHN FEST!

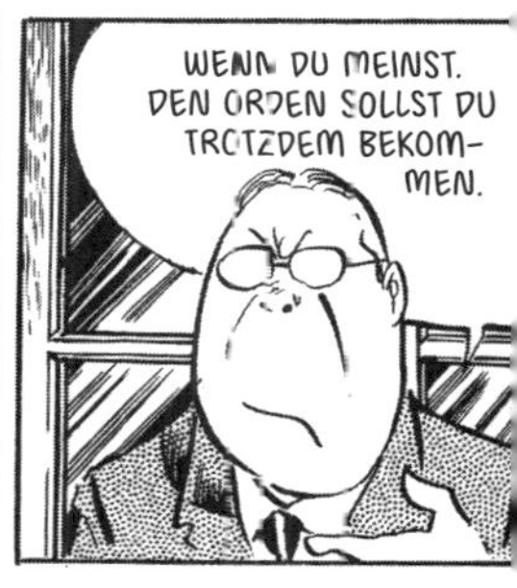
WENN DU MEINST. DEN ORDEN SOLLST DU TROTZDEM BEKOM-MEN.

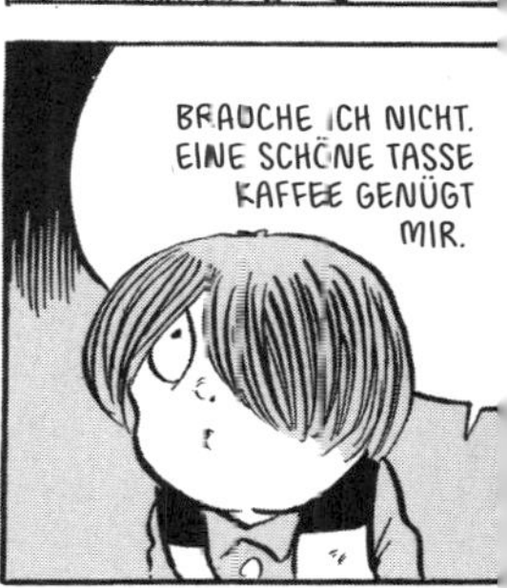
BRAUCHE ICH NICHT. EINE SCHÖNE TASSE KAFFEE GENÜGT MIR.

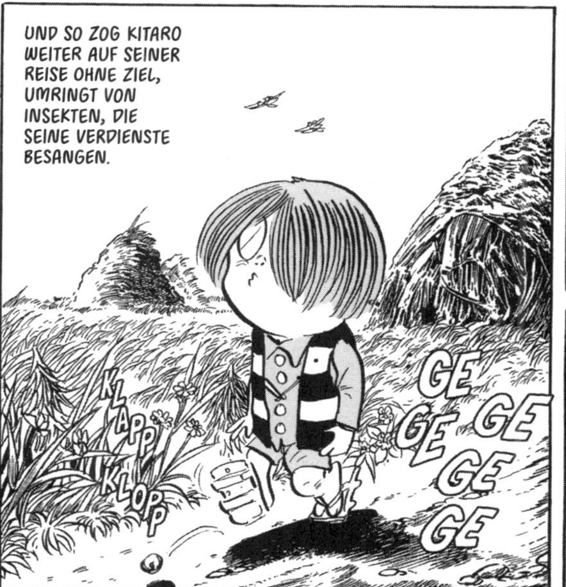
UND SO ZOG KITARO WEITER AUF SEINER REISE OHNE ZIEL, UMRINGT VON INSEKTEN, DIE SEINE VERDIENSTE BESANGEN.
KLAPP
KLOPP
GE GE GE GE GE

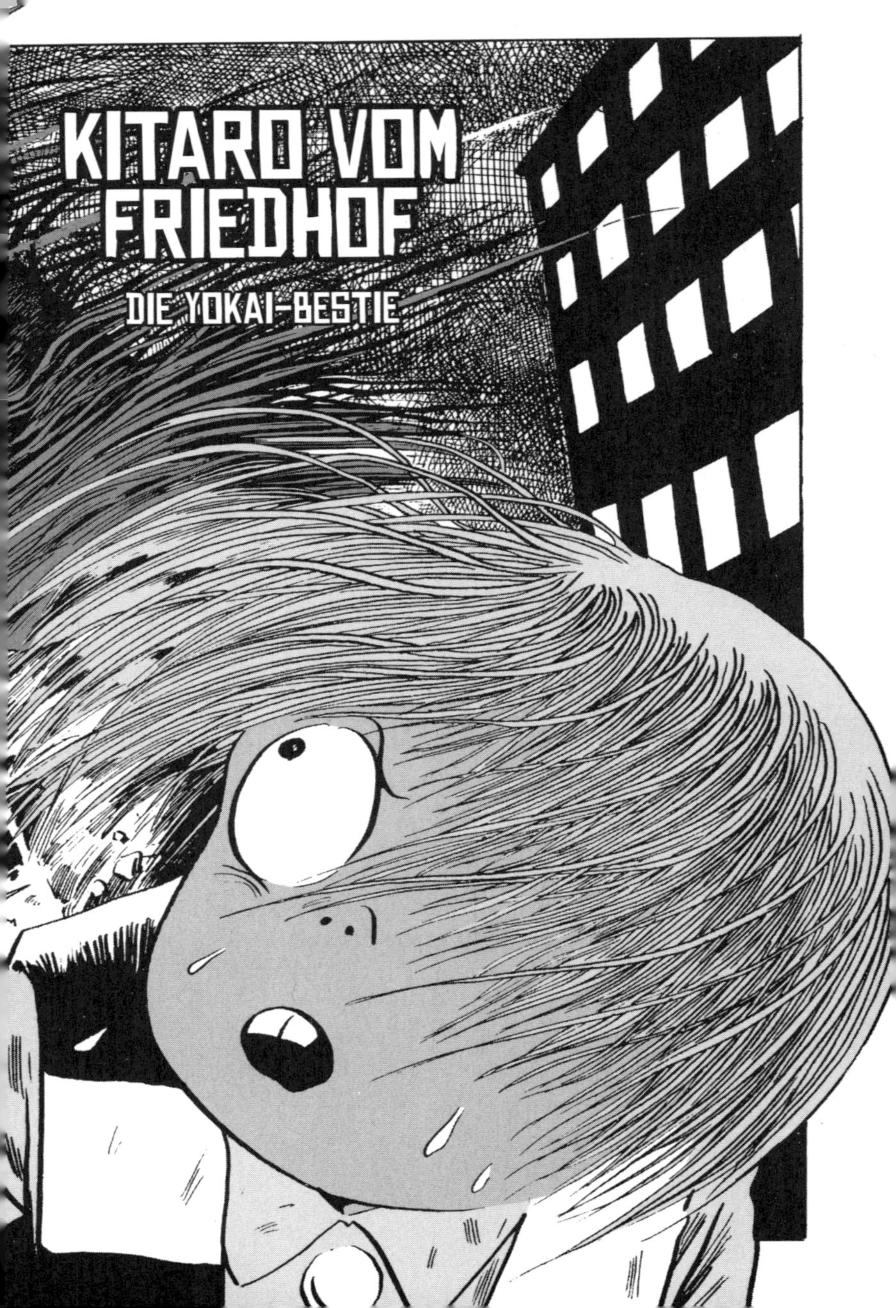
KITARO VOM FRIEDHOF
DIE YOKAI-BESTIE

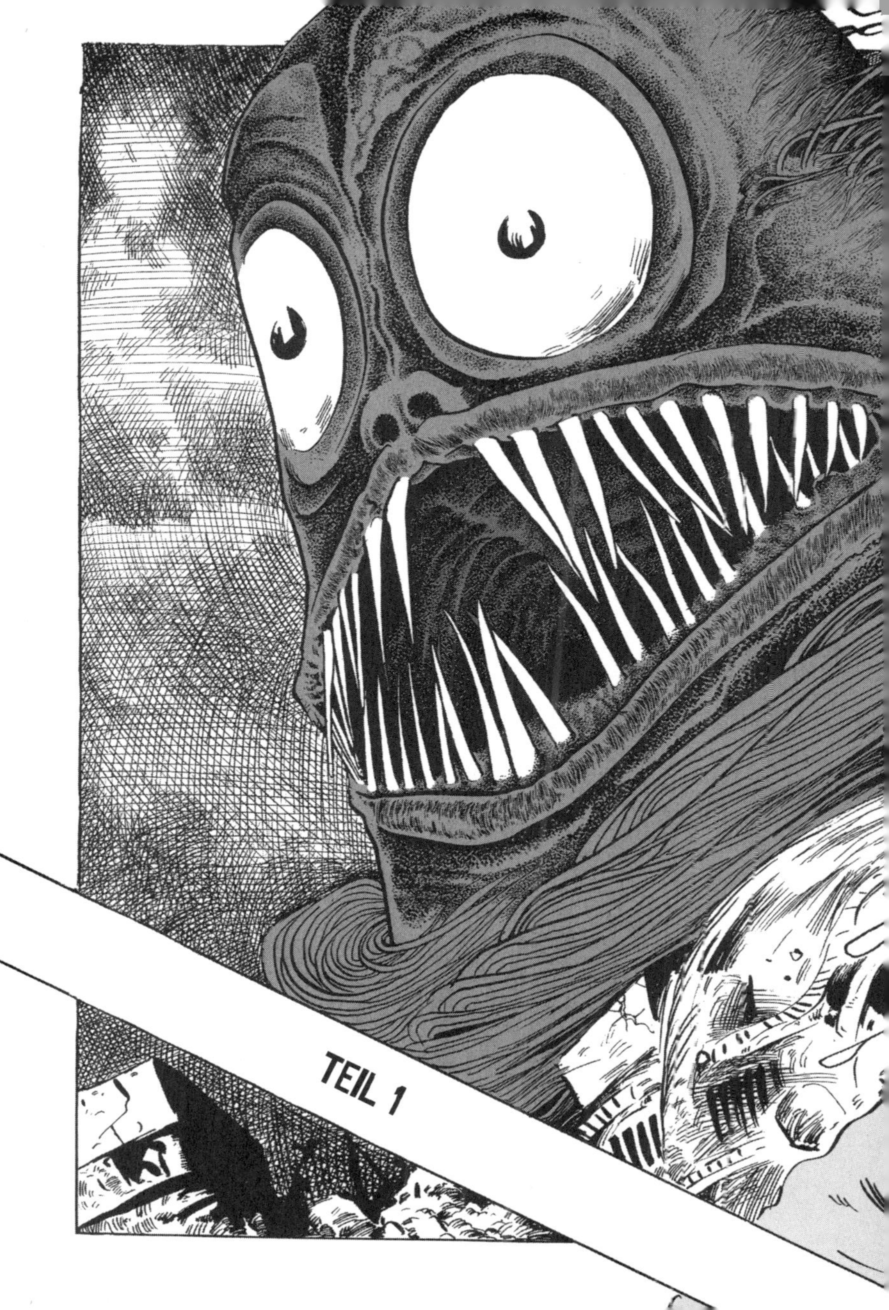
TEIL 1

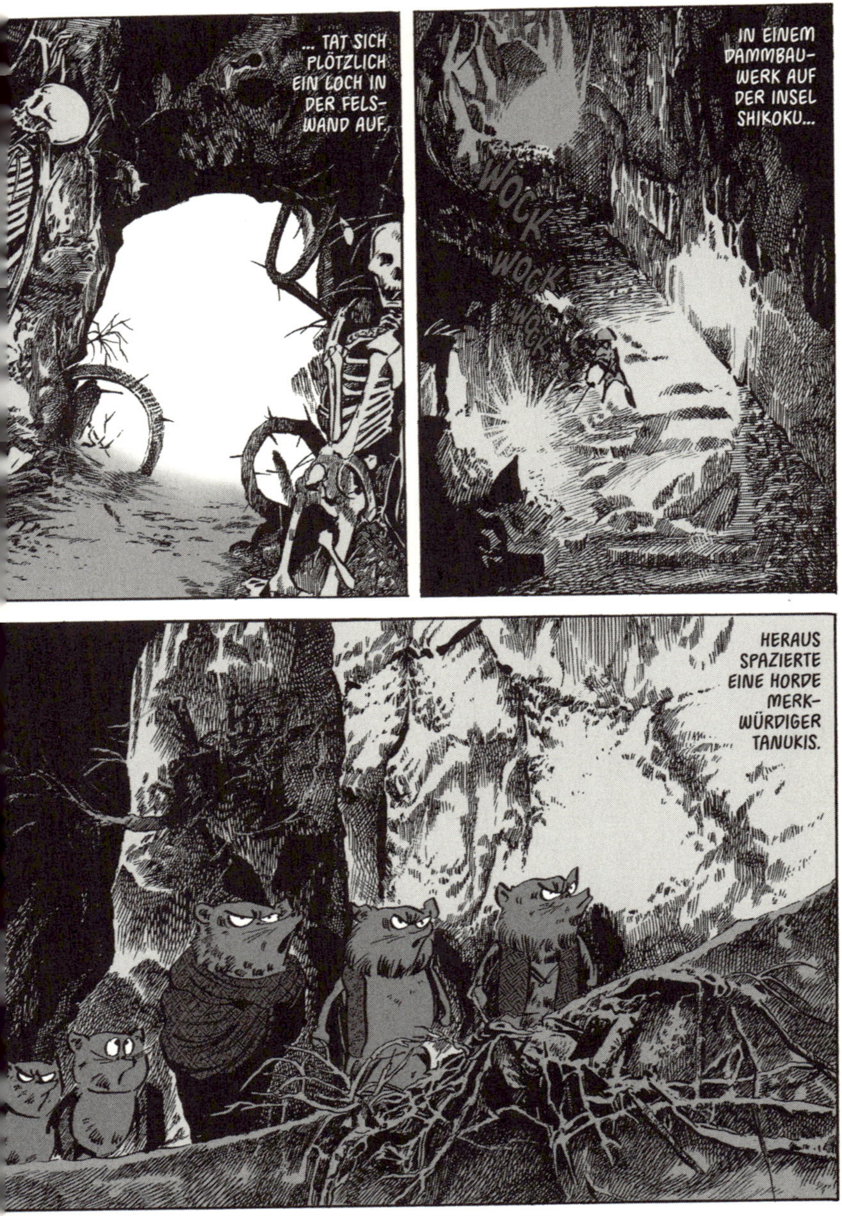

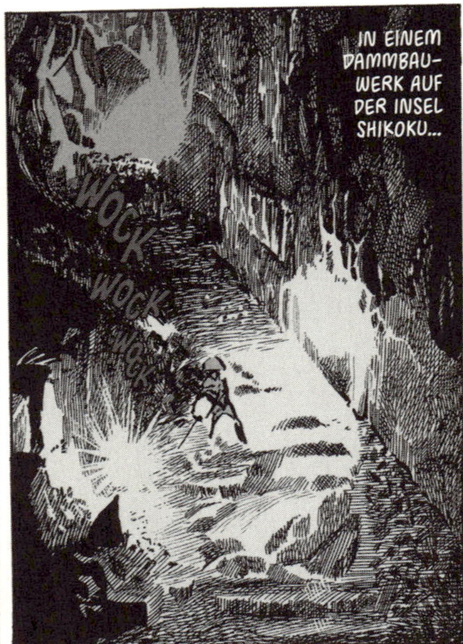

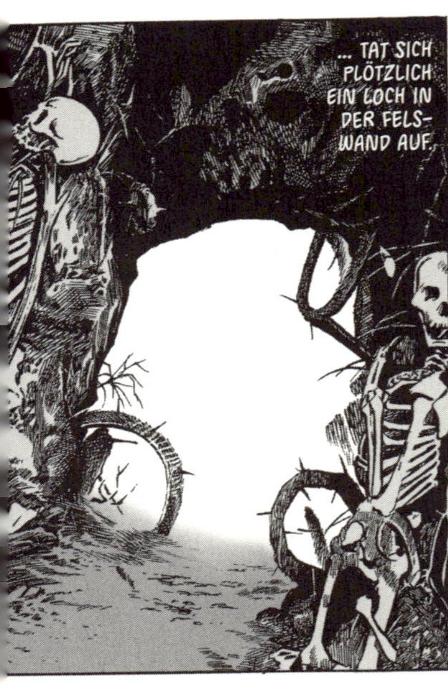

HERAUS SPAZIERTE EINE HORDE MERKWÜRDIGER TANUKIS.

ES WAREN NICHT
NUR EIN ODER ZWEI...
INSGESAMT MARSCHIERTEN
808 TANUKIS EIN, UND
DIE BAUARBEITER RANNTEN
VOR SCHRECK DAVON.

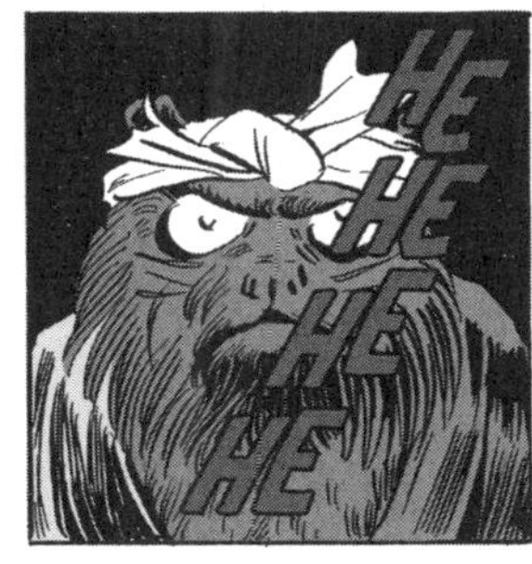

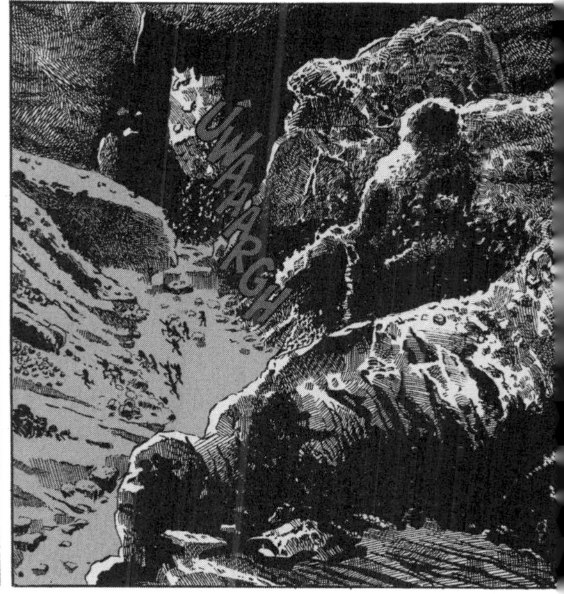

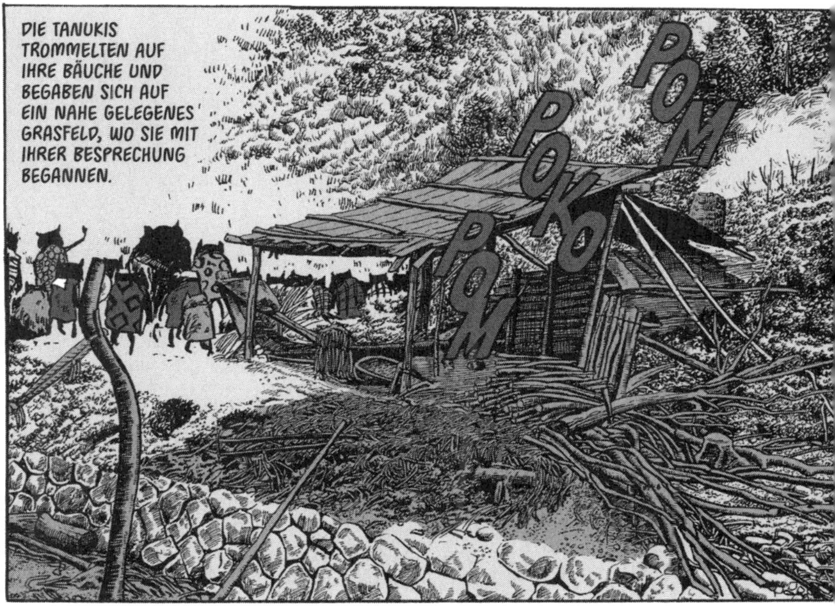

DIE TANUKIS
TROMMELTEN AUF
IHRE BÄUCHE UND
BEGABEN SICH AUF
EIN NAHE GELEGENES
GRASFELD, WO SIE MIT
IHRER BESPRECHUNG
BEGANNEN.

POM POKO POM

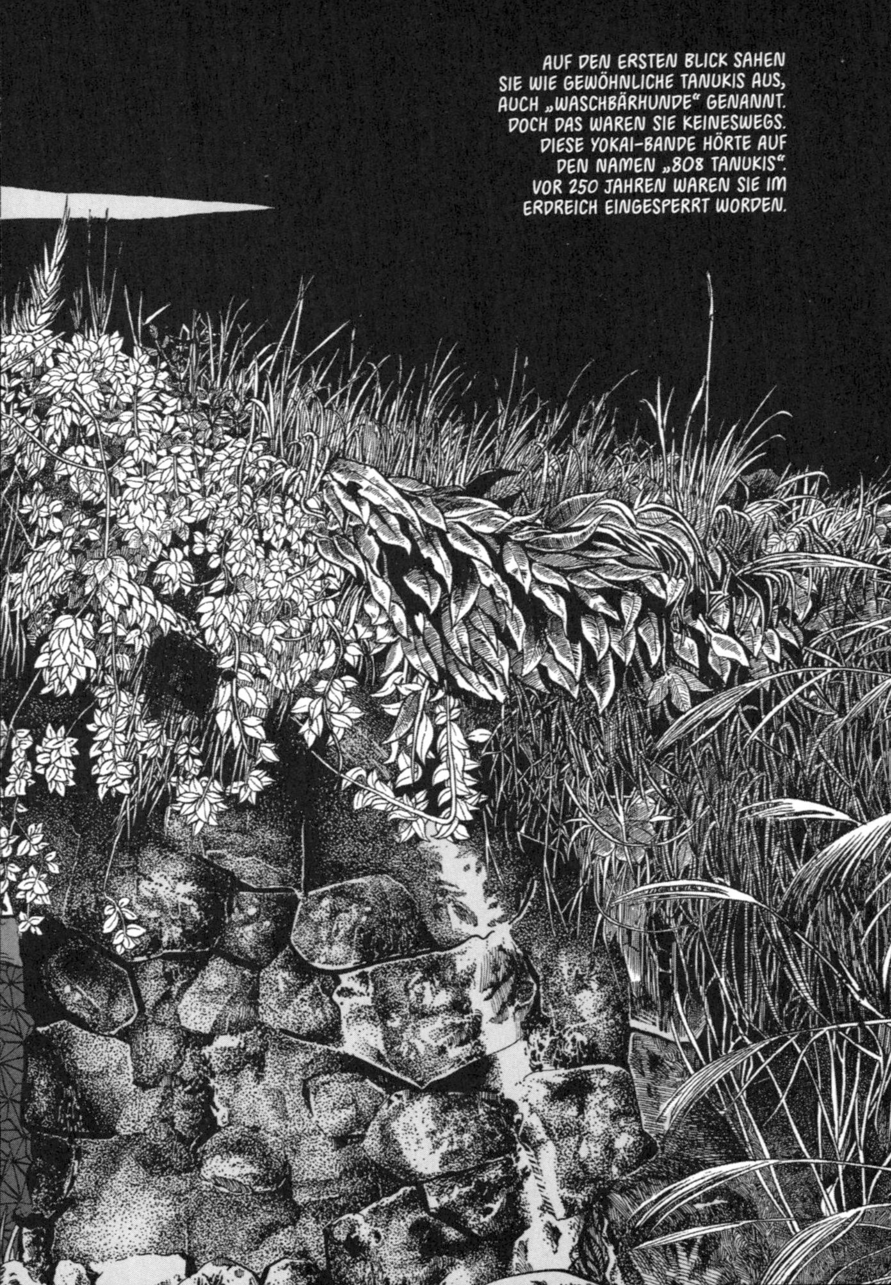
AUF DEN ERSTEN BLICK SAHEN SIE WIE GEWÖHNLICHE TANUKIS AUS, AUCH „WASCHBÄRHUNDE“ GENANNT. DOCH DAS WAREN SIE KEINESWEGS. DIESE YOKAI-BANDE HÖRTE AUF DEN NAMEN „808 TANUKIS“. VOR 250 JAHREN WAREN SIE IM ERDREICH EINGESPERRT WORDEN.

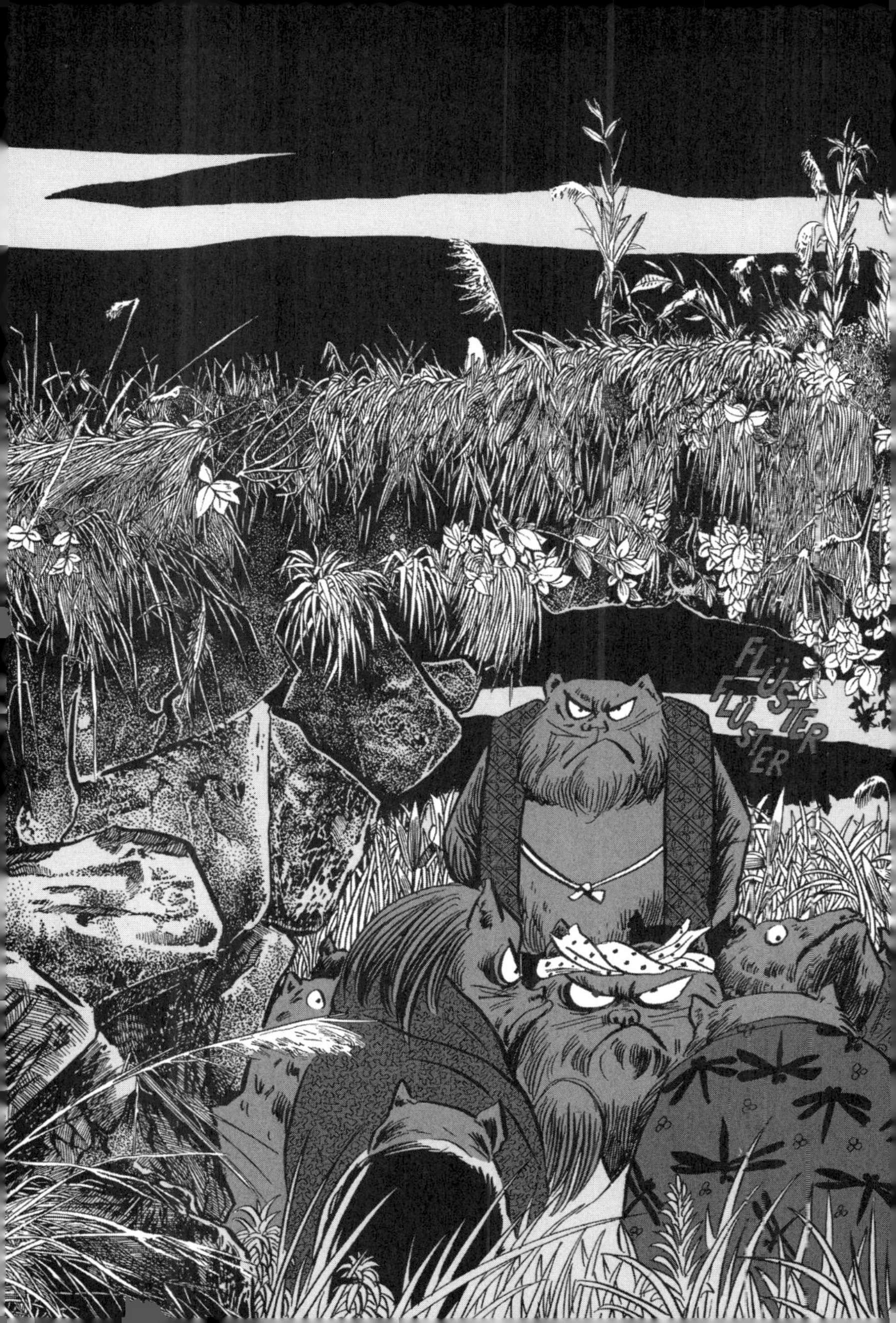
FLÜSTER
FLÜSTER

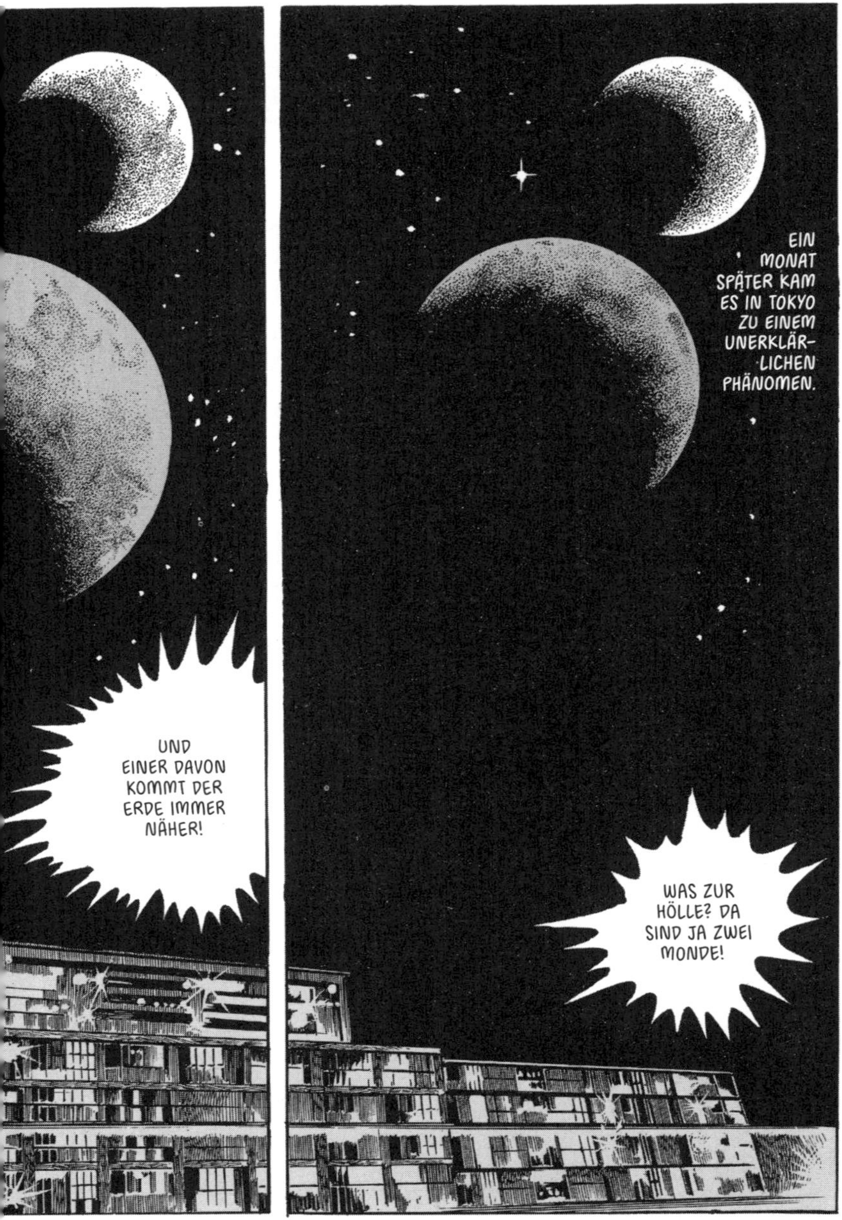

EIN MONAT SPÄTER KAM ES IN TOKYO ZU EINEM UNERKLÄRLICHEN PHÄNOMEN.

WAS ZUR HÖLLE? DA SIND JA ZWEI MONDE!

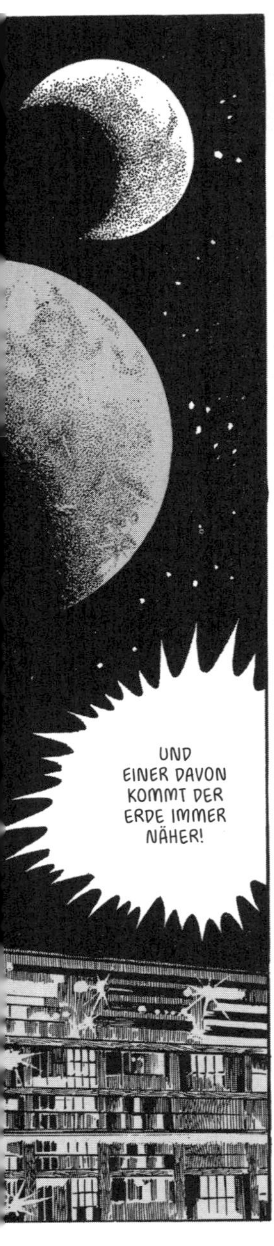

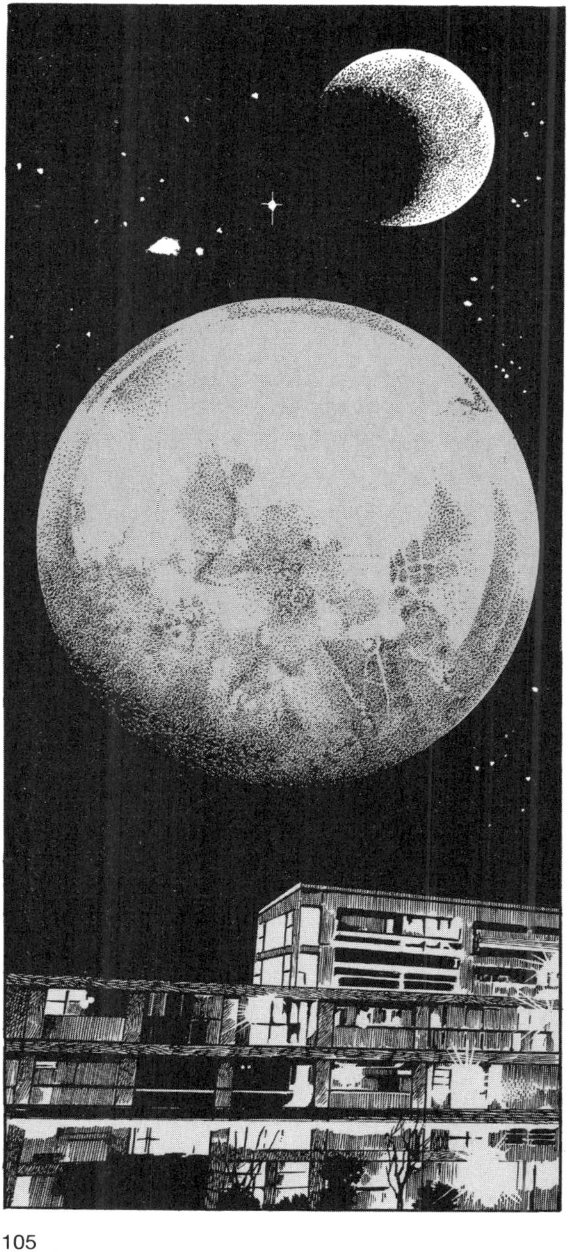

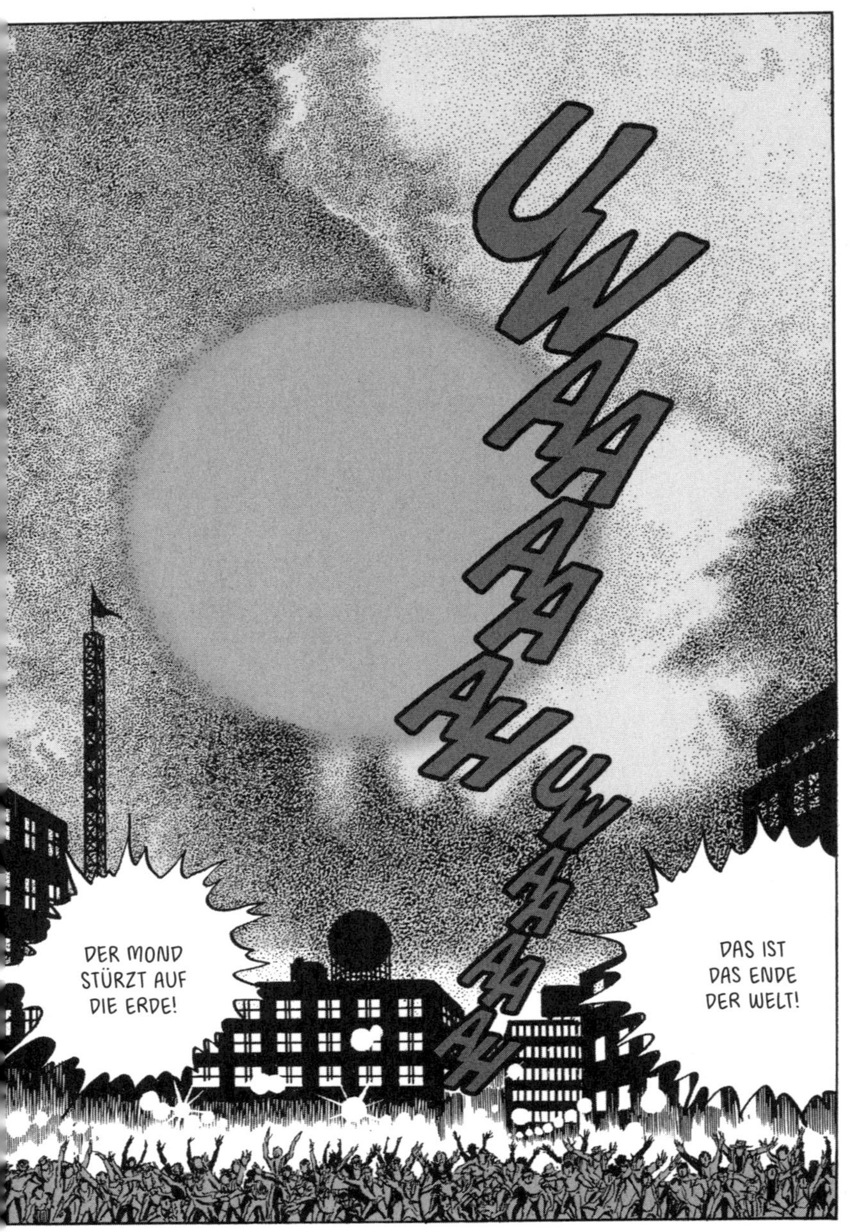
UWAAAAAAH
UWAAAAAH
DER MOND STÜRZT AUF DIE ERDE!
DAS IST DAS ENDE DER WELT!

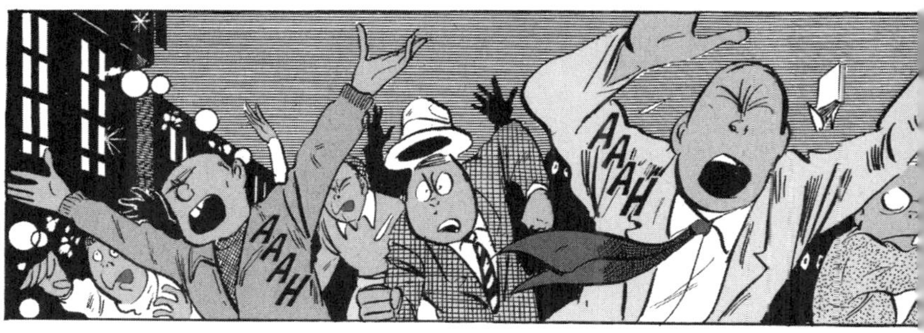
AAAH
AAAH

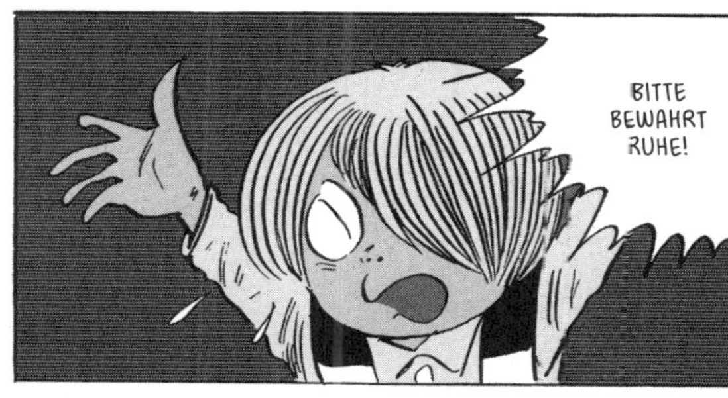
BITTE BEWAHRT RUHE!

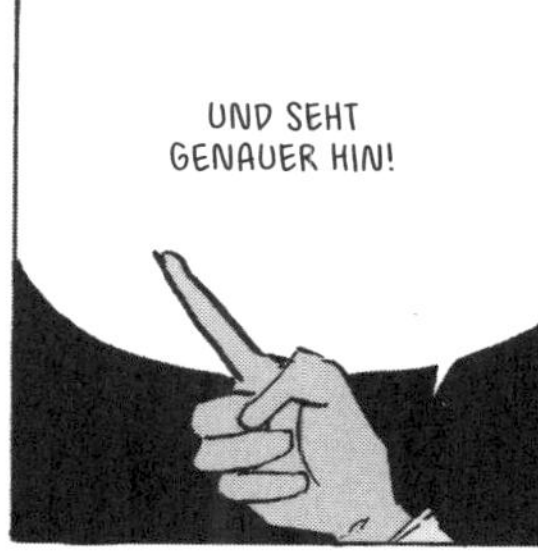
UND SEHT GENAUER HIN!

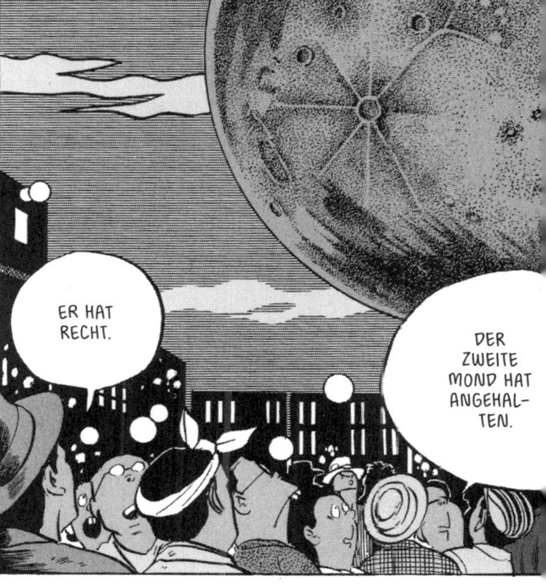
DER ZWEITE MOND HAT ANGEHAL-TEN.
ER HAT RECHT.

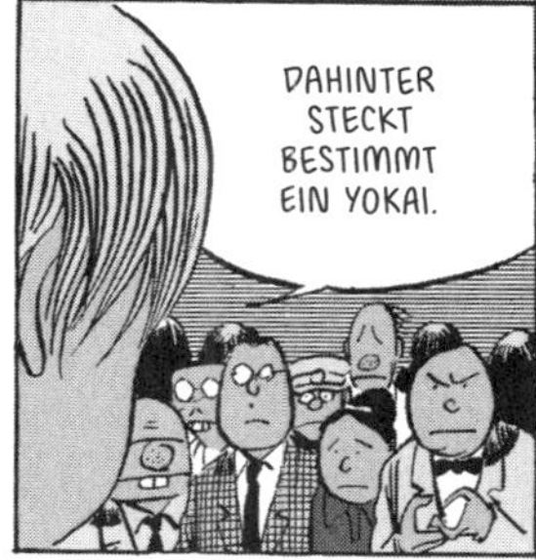
DAHINTER STECKT BESTIMMT EIN YOKAI.

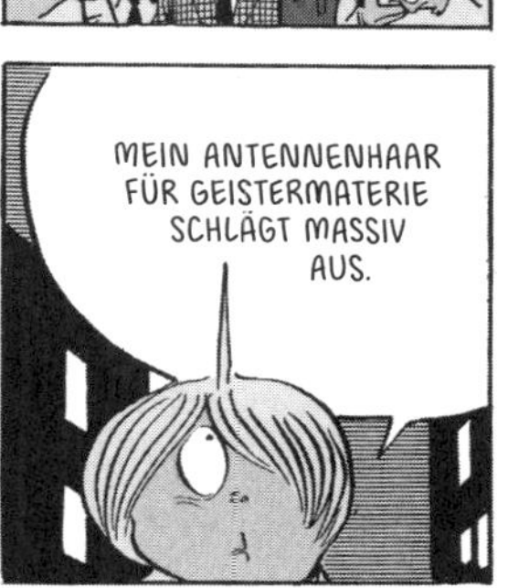
MEIN ANTENNENHAAR FÜR GEISTERMATERIE SCHLÄGT MASSIV AUS.

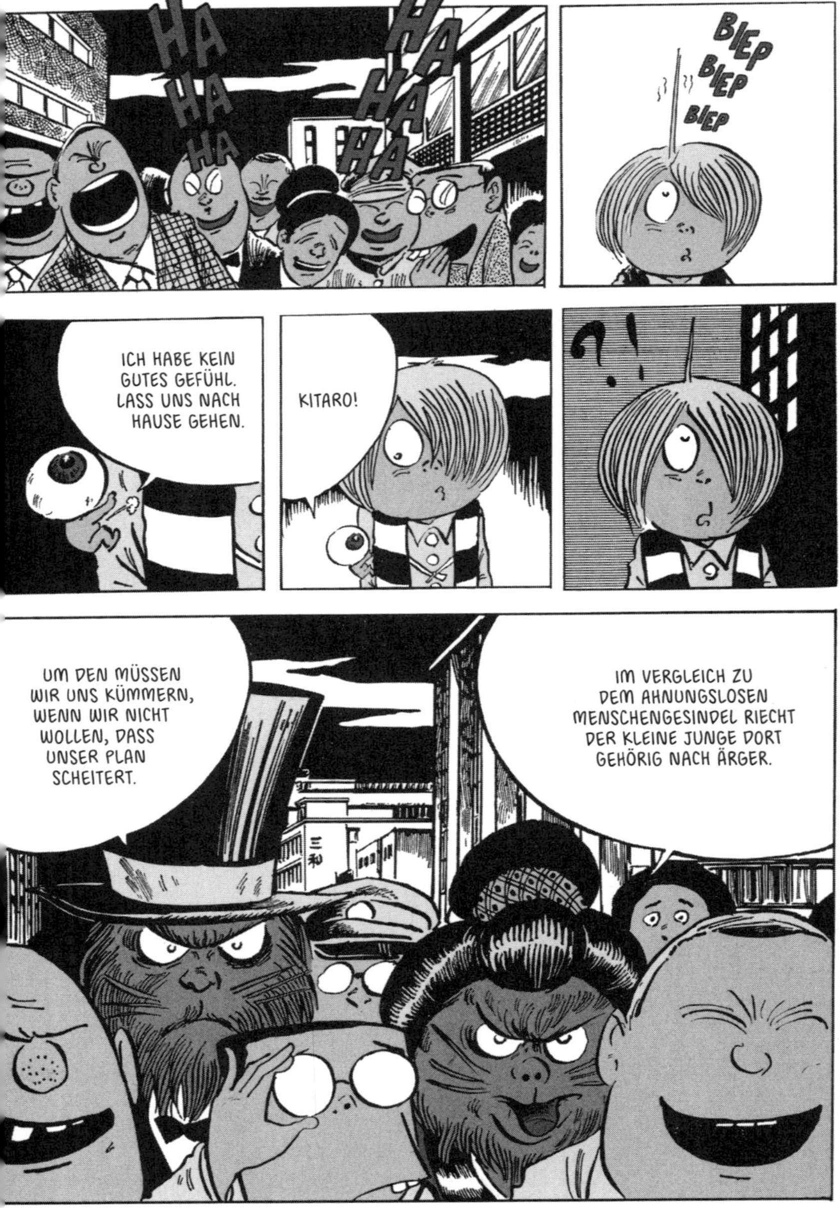

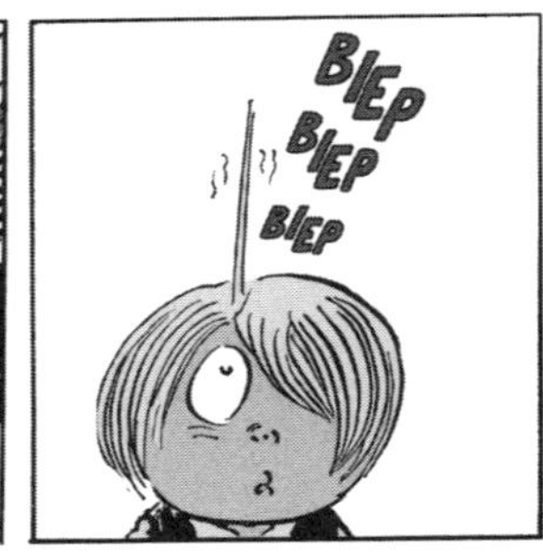

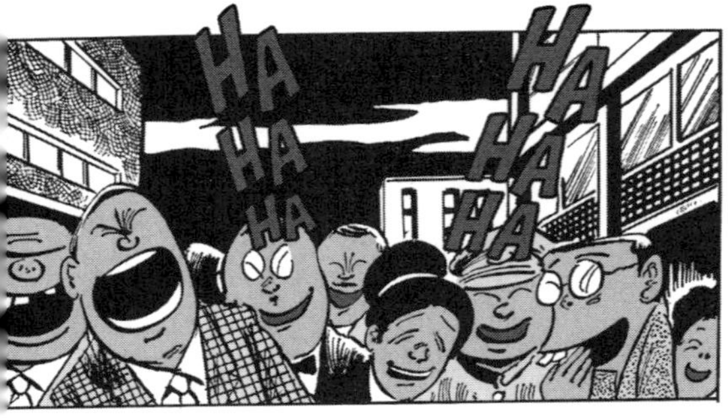

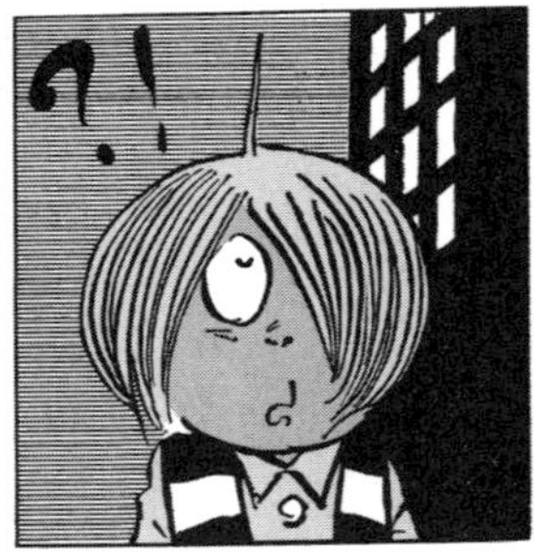

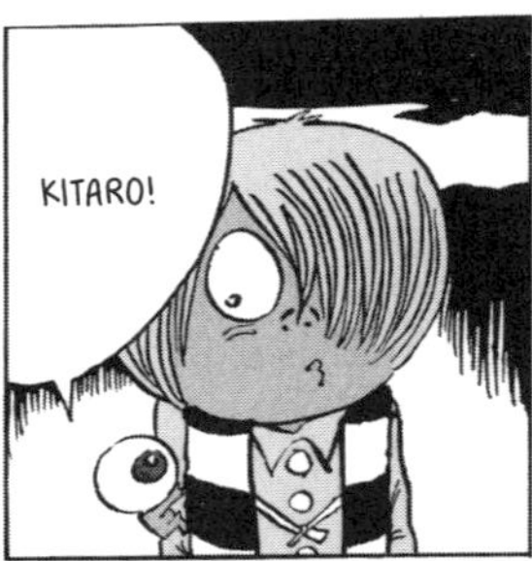

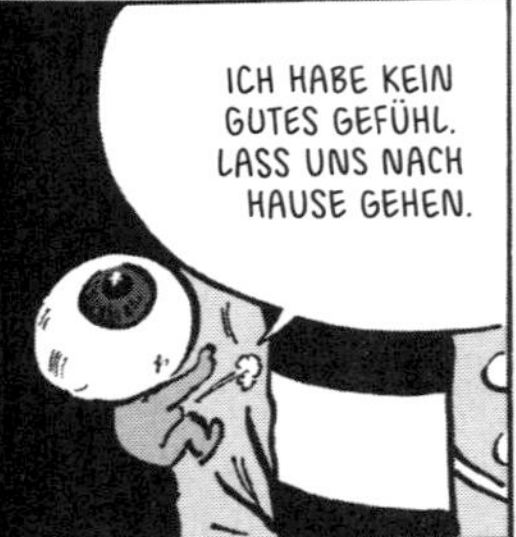

IM VERGLEICH ZU DEM AHNUNGSLOSEN MENSCHENGESINDEL RIECHT DER KLEINE JUNGE DORT GEHÖRIG NACH ÄRGER.

UM DEN MÜSSEN WIR UNS KÜMMERN, WENN WIR NICHT WOLLEN, DASS UNSER PLAN SCHEITERT.

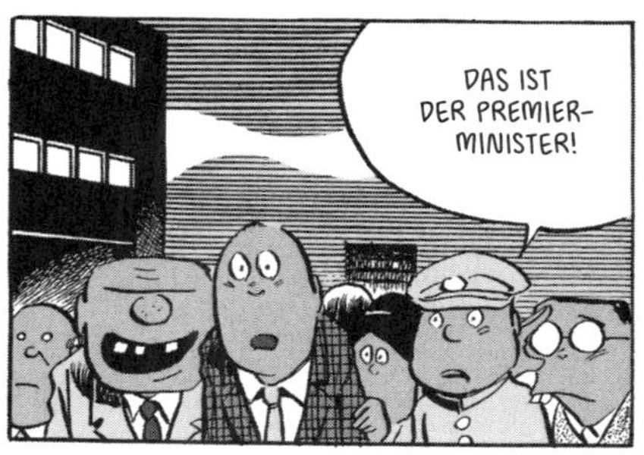
DAS IST DER PREMIER-MINISTER!

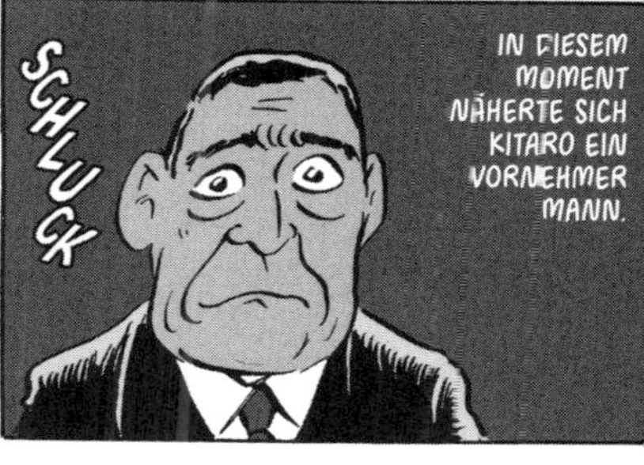
IN DIESEM MOMENT NÄHERTE SICH KITARO EIN VORNEHMER MANN.
SCHLUCK

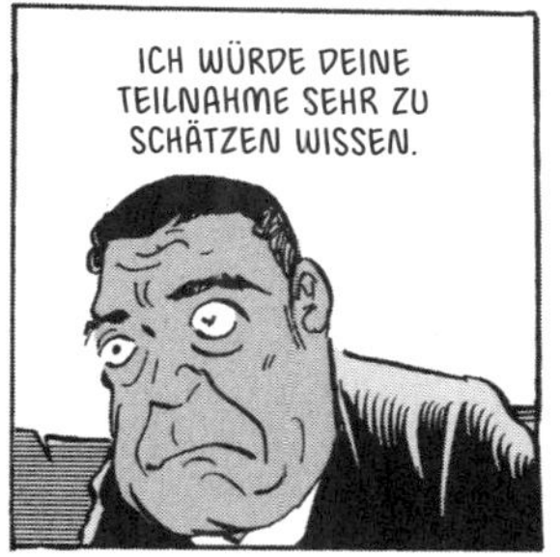
ICH WÜRDE DEINE TEILNAHME SEHR ZU SCHÄTZEN WISSEN.

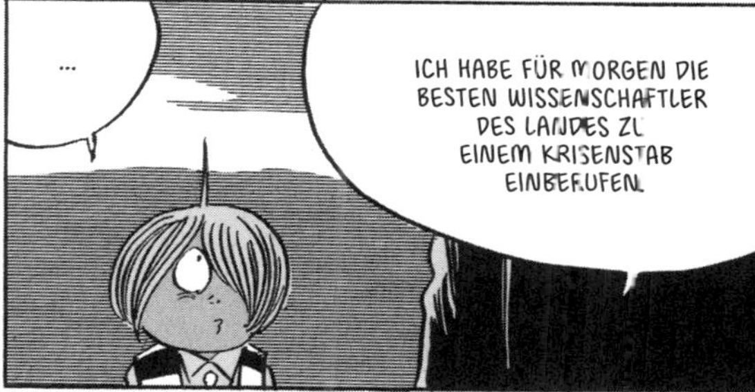
ICH HABE FÜR MORGEN DIE BESTEN WISSENSCHAFTLER DES LANDES ZU EINEM KRISENSTAB EINBERUFEN.
...

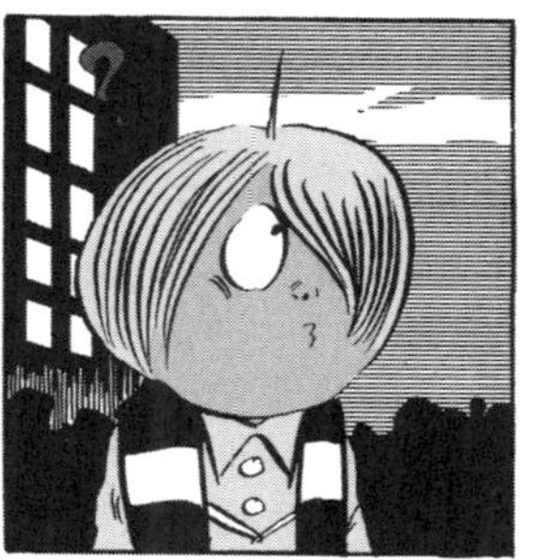
?

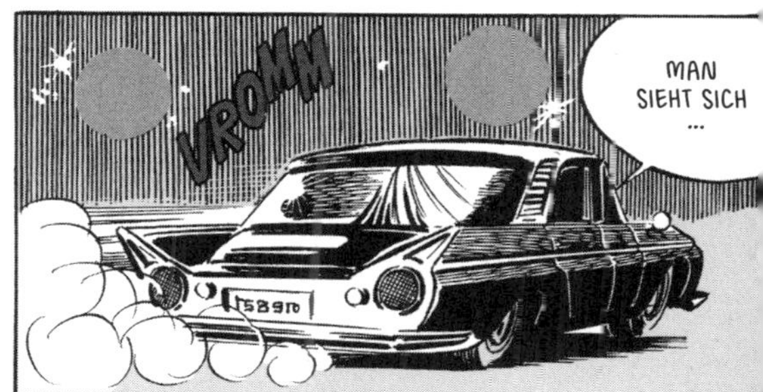
VROMM
MAN SIEHT SICH ...

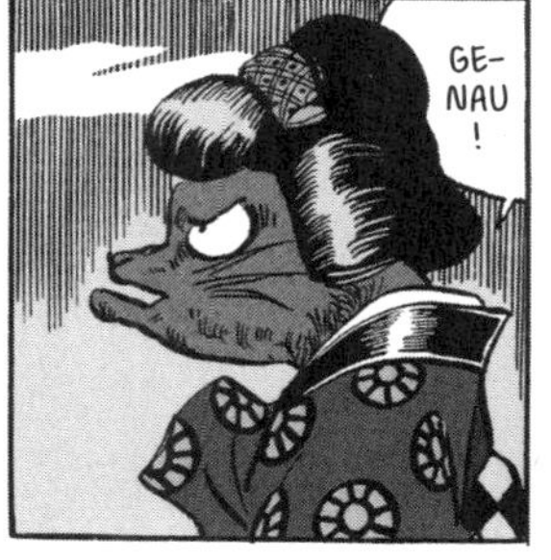
GE-NAU!

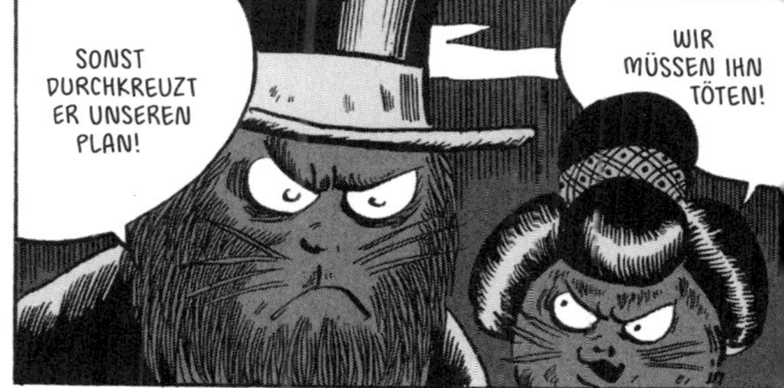
WIR MÜSSEN IHN TÖTEN!
SONST DURCHKREUZT ER UNSEREN PLAN!

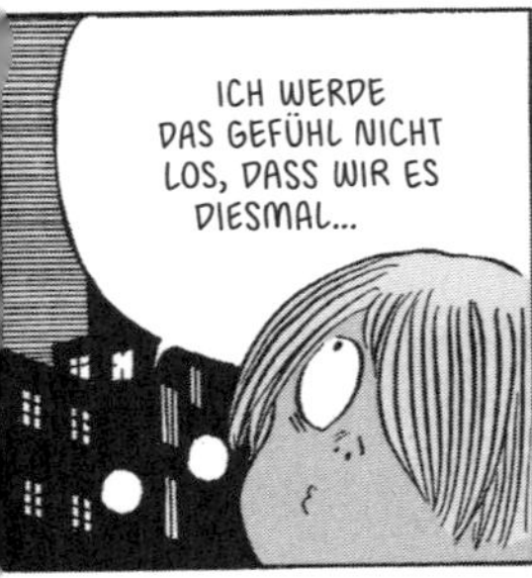
ICH WERDE DAS GEFÜHL NICHT LOS, DASS WIR ES DIESMAL...

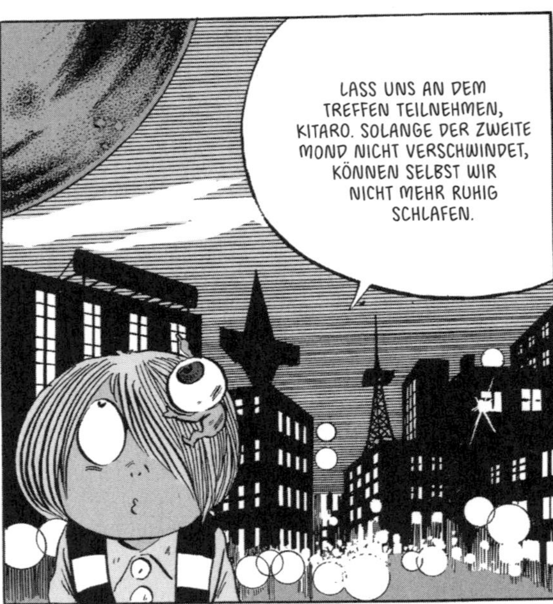
LASS UNS AN DEM TREFFEN TEILNEHMEN, KITARO. SOLANGE DER ZWEITE MOND NICHT VERSCHWINDET, KÖNNEN SELBST WIR NICHT MEHR RUHIG SCHLAFEN.

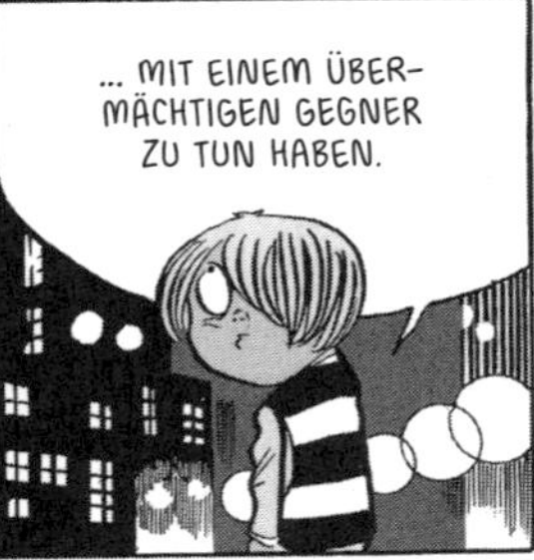
... MIT EINEM ÜBER-MÄCHTIGEN GEGNER ZU TUN HABEN.

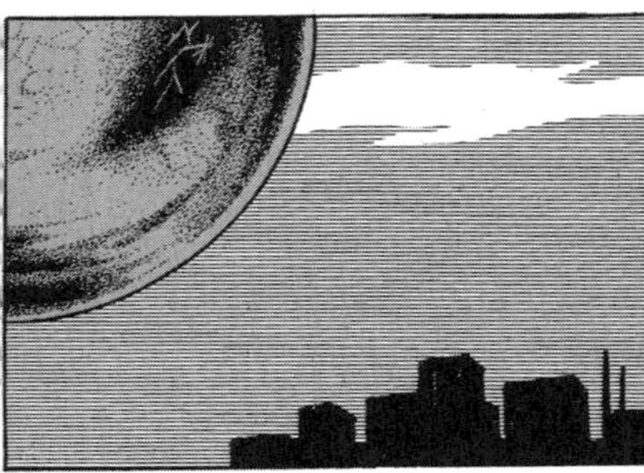

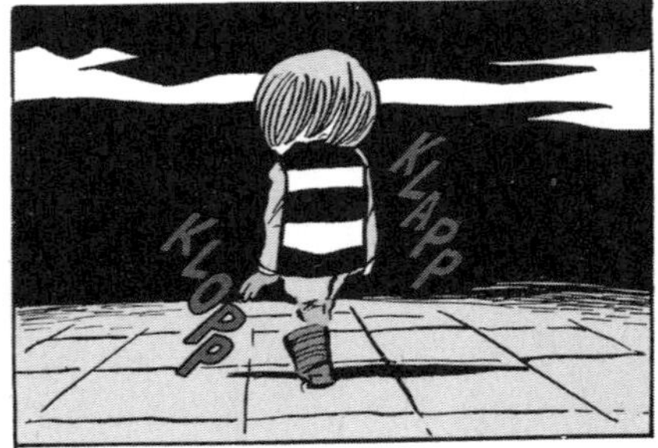
KLAPP
KLOPP

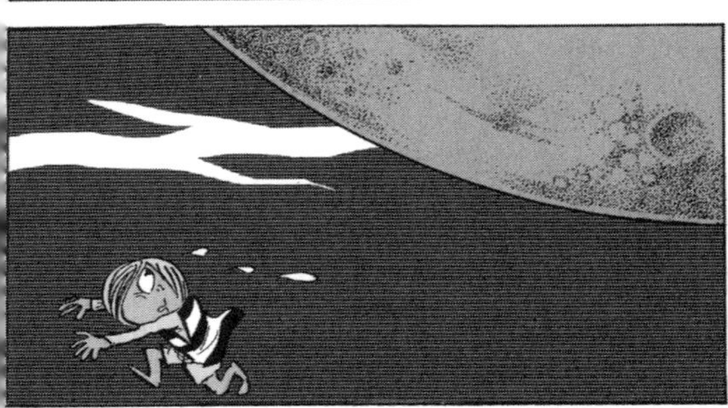

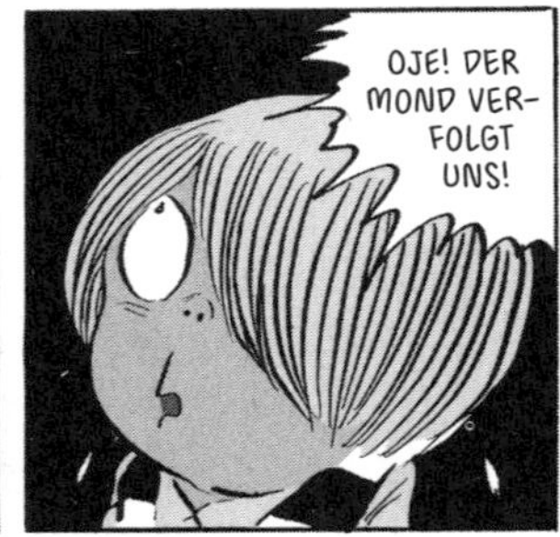
OJE! DER MOND VER-FOLGT UNS!

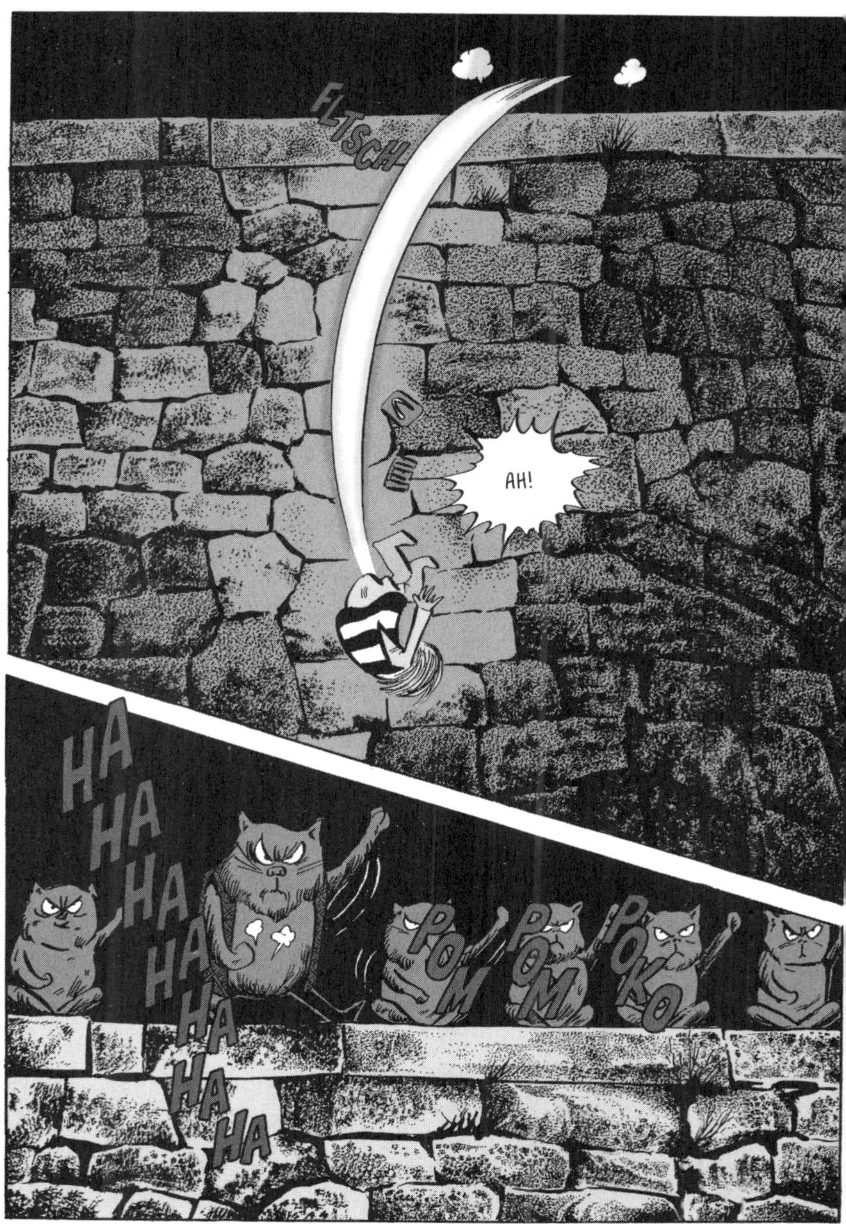
FLTSCH
AH!
HA HA HA HA HA HA HA HA HA
POM
POM
POKO

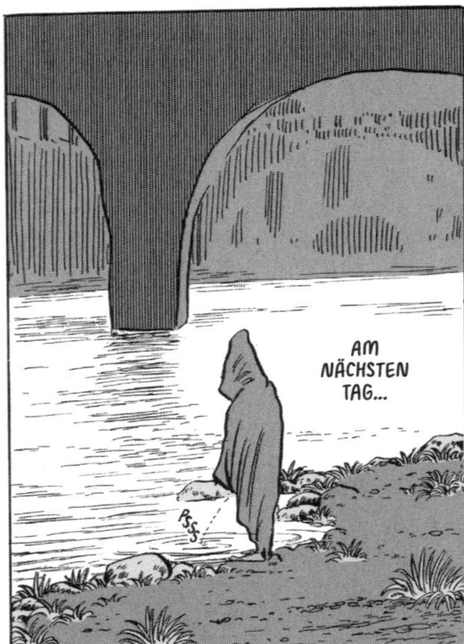

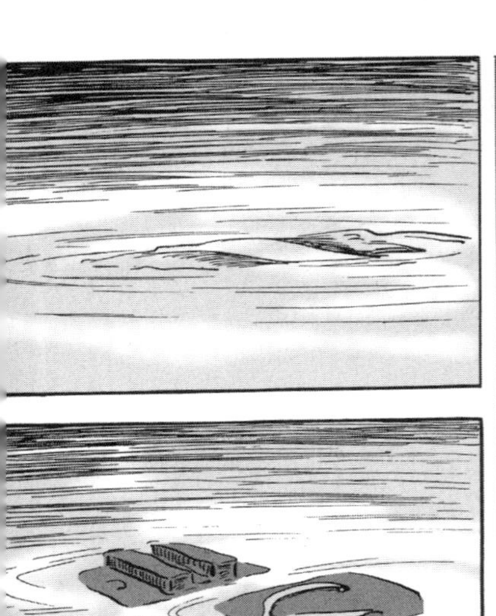

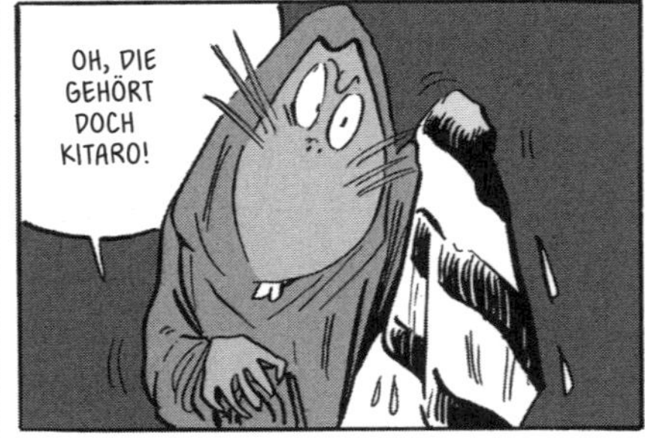

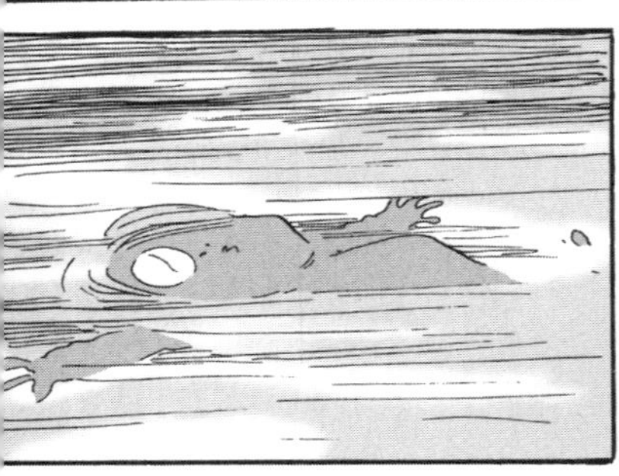

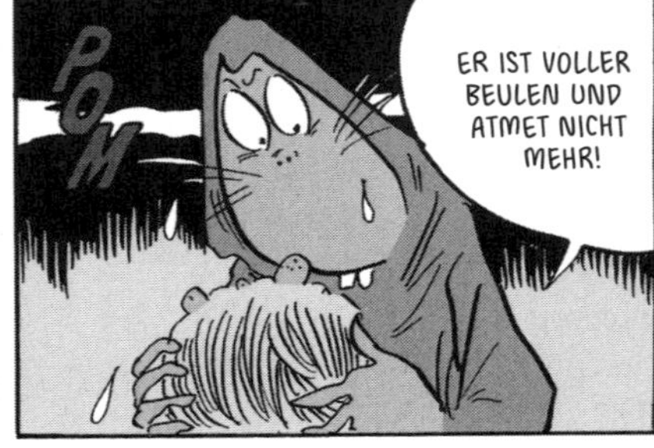

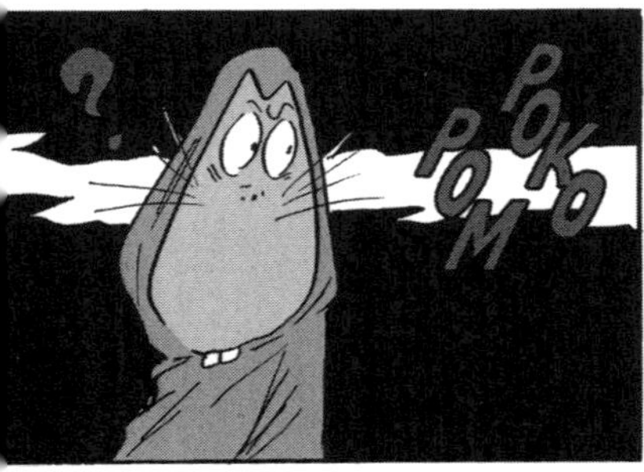

Die Yokai-Bestie, Teil 1 – Ende

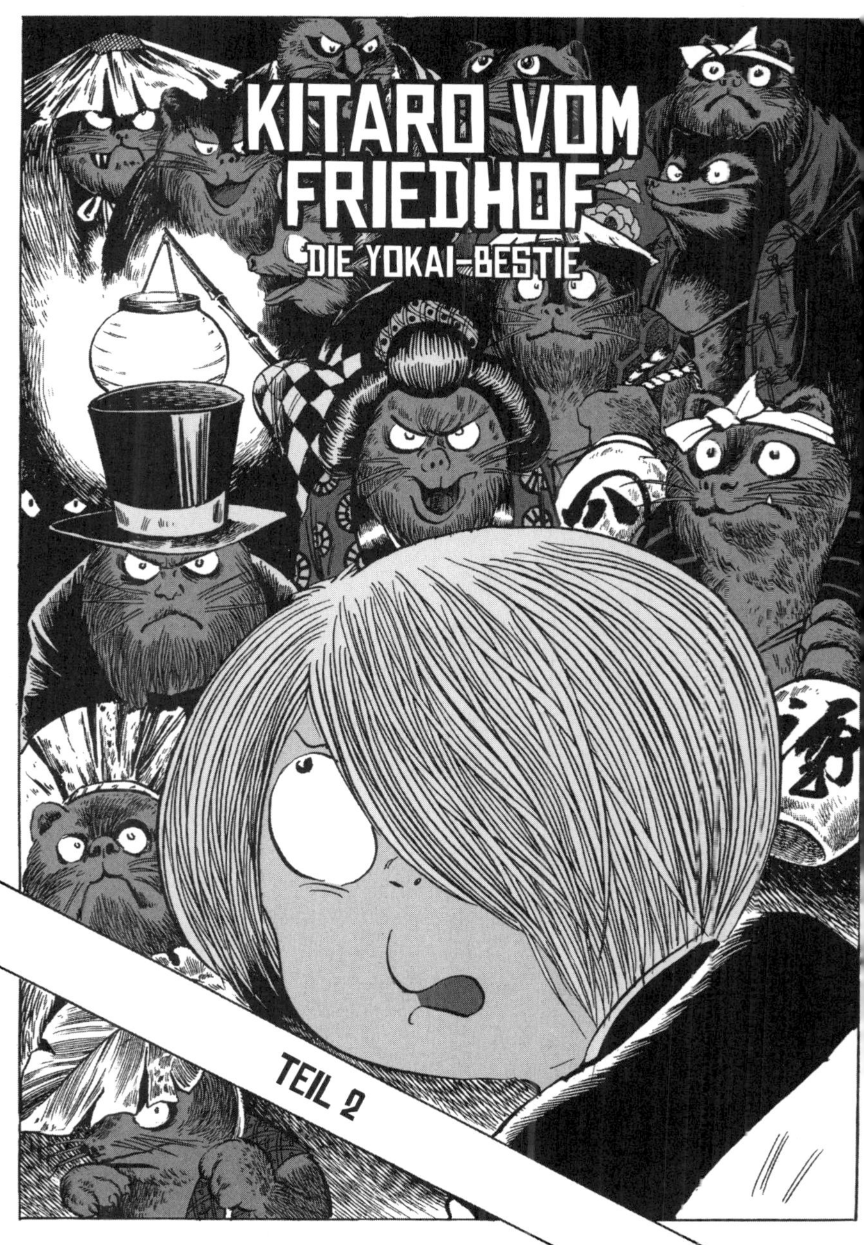
KITARO VOM FRIEDHOF
DIE YOKAI-BESTIE
TEIL 2

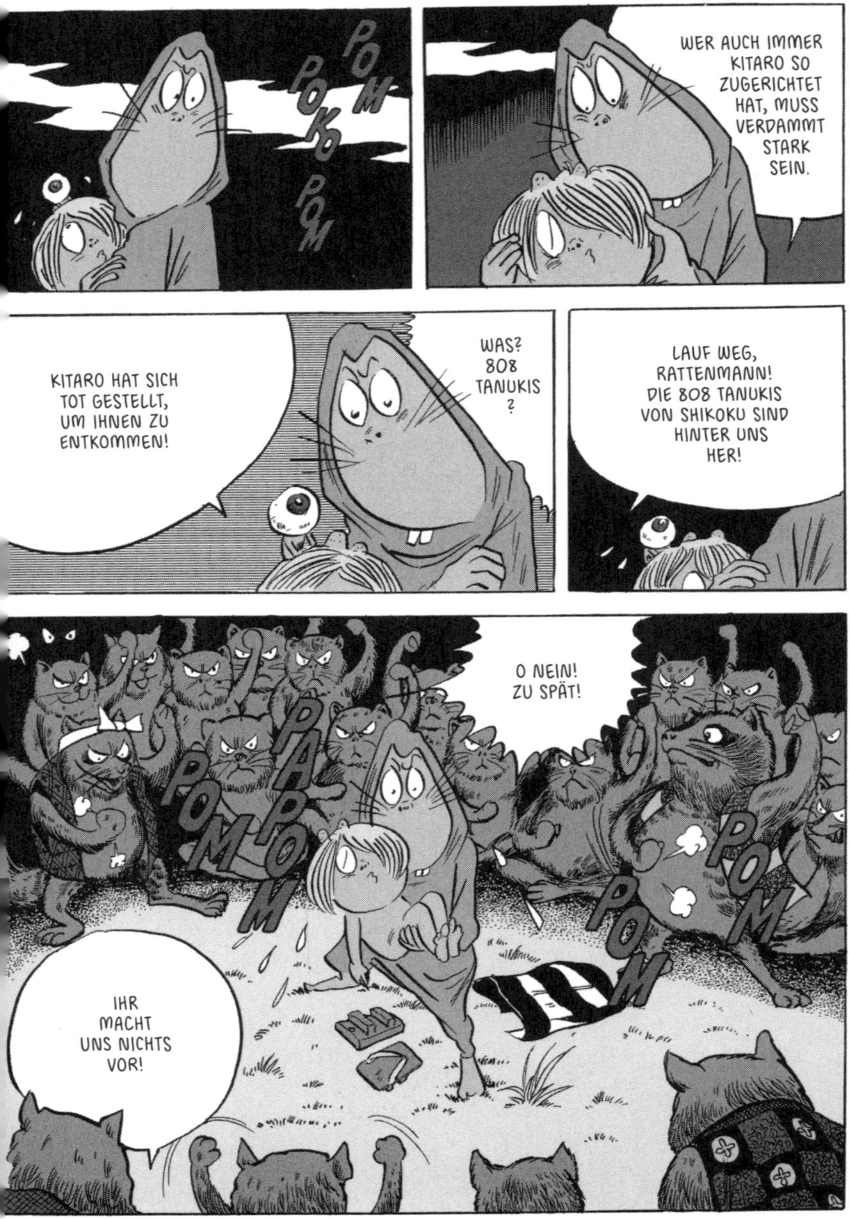

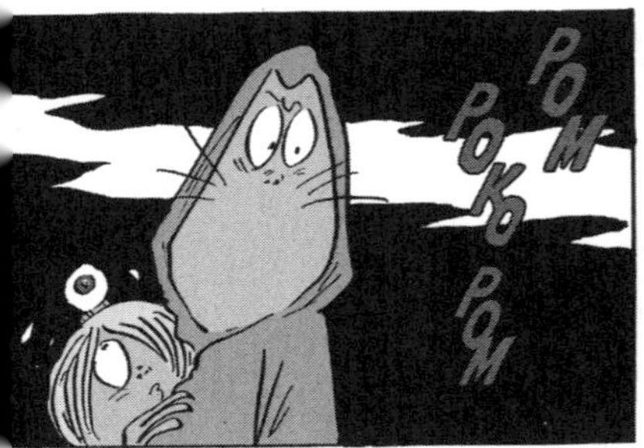
POM
POKO
POM
POM

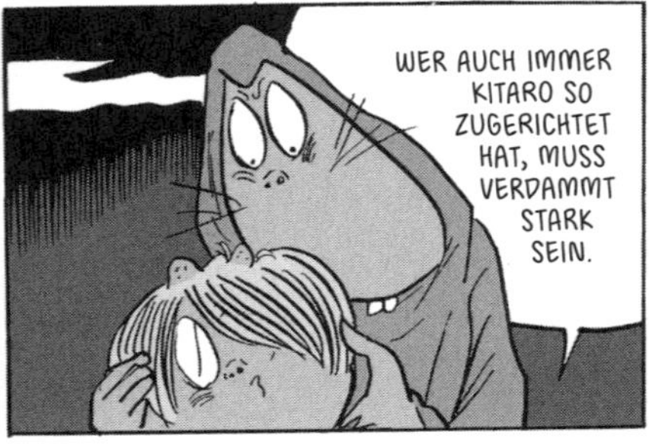
WER AUCH IMMER KITARO SO ZUGERICHTET HAT, MUSS VERDAMMT STARK SEIN.

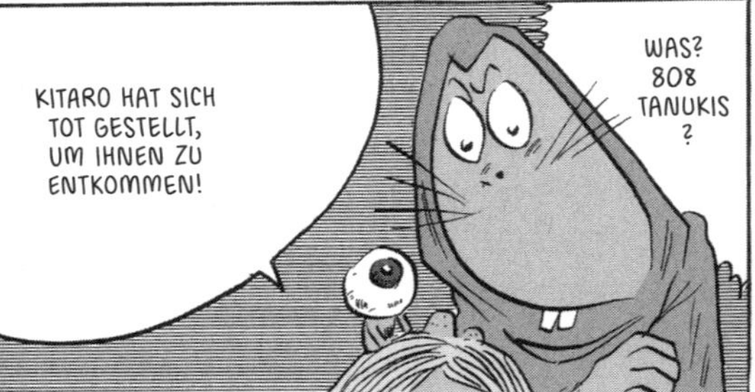
KITARO HAT SICH TOT GESTELLT, UM IHNEN ZU ENTKOMMEN!
WAS? 808 TANUKIS ?

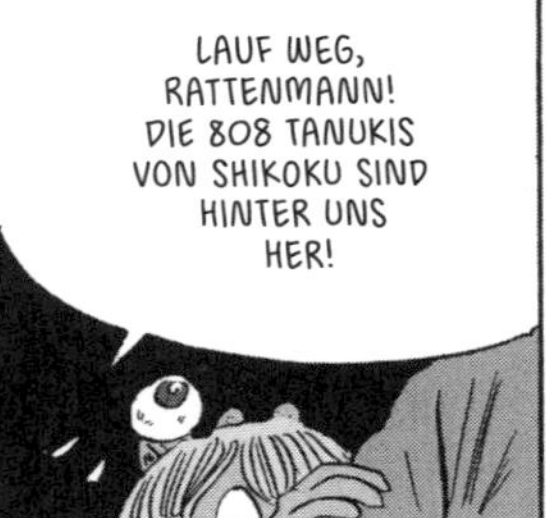
LAUF WEG, RATTENMANN! DIE 808 TANUKIS VON SHIKOKU SIND HINTER UNS HER!

POM POM
PAPOPOM
O NEIN! ZU SPÄT!
POM POM
IHR MACHT UNS NICHTS VOR!

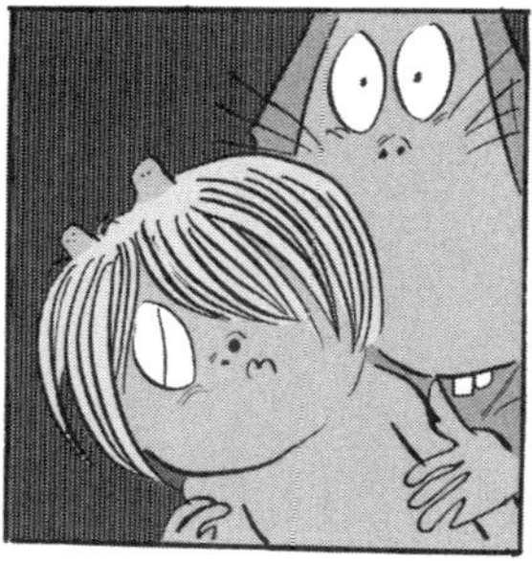

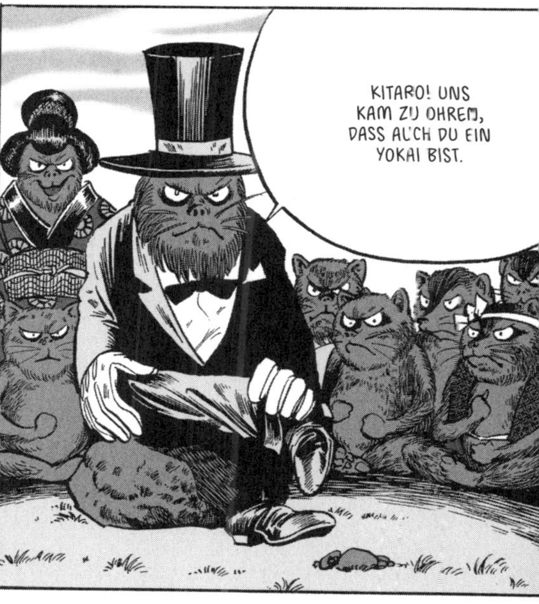
KITARO! UNS KAM ZU OHREN, DASS AUCH DU EIN YOKAI BIST.

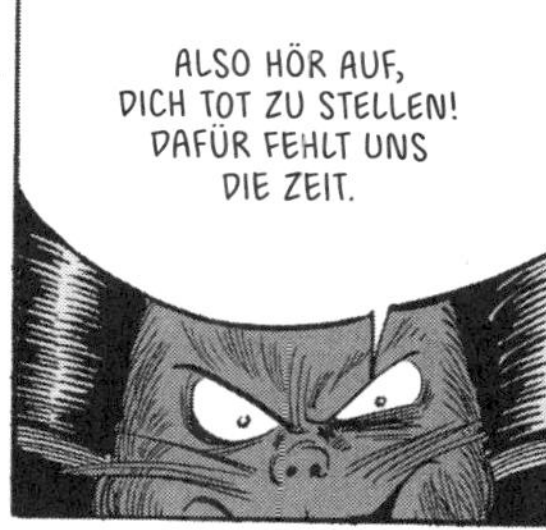
ALSO HÖR AUF, DICH TOT ZU STELLEN! DAFÜR FEHLT UNS DIE ZEIT.

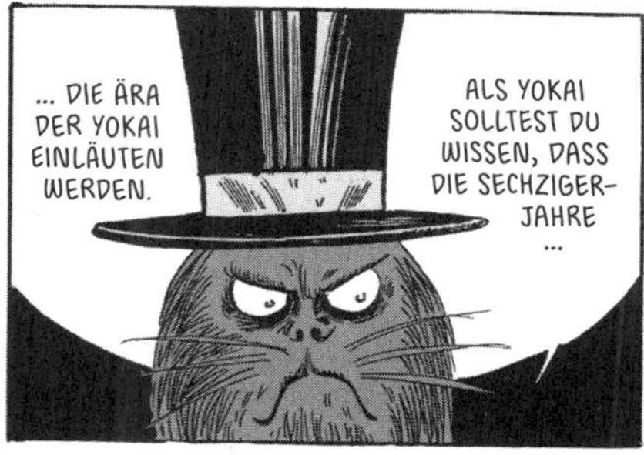
ALS YOKAI SOLLTEST DU WISSEN, DASS DIE SECHZIGER-JAHRE ...
... DIE ÄRA DER YOKAI EINLÄUTEN WERDEN.

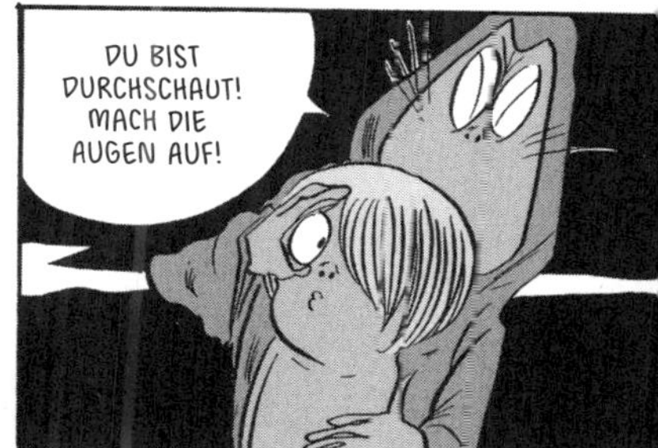
DU BIST DURCHSCHAUT! MACH DIE AUGEN AUF!

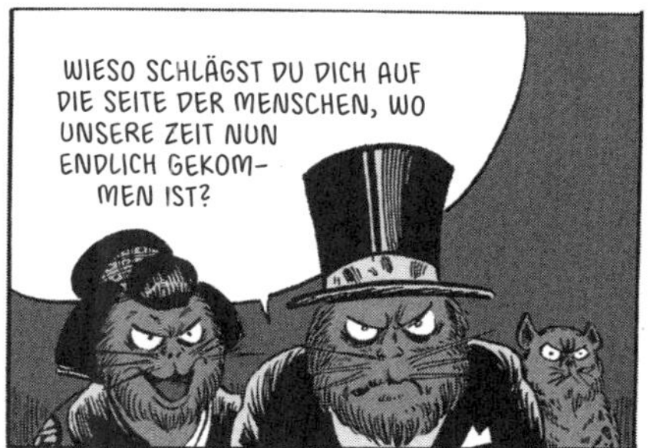
WIESO SCHLÄGST DU DICH AUF DIE SEITE DER MENSCHEN, WO UNSERE ZEIT NUN ENDLICH GEKOM-MEN IST?

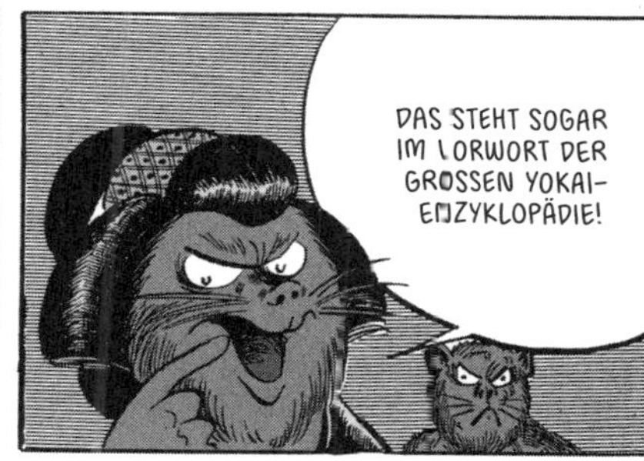
DAS STEHT SOGAR IM VORWORT DER GROSSEN YOKAI-ENZYKLOPÄDIE!

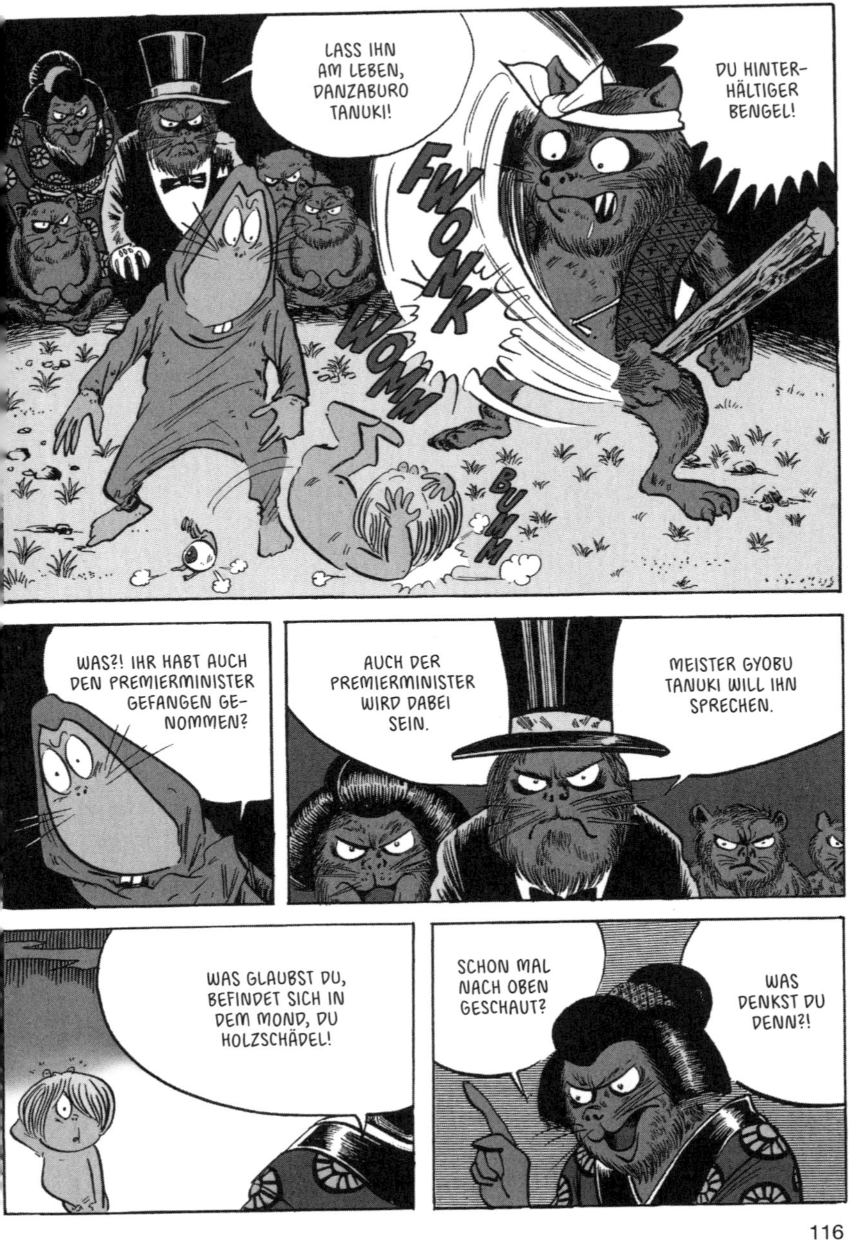

DU HINTERHÄLTIGER BENGEL!
FWONK
LASS IHN AM LEBEN, DANZABURO TANUKI!
WOMM
BUMM

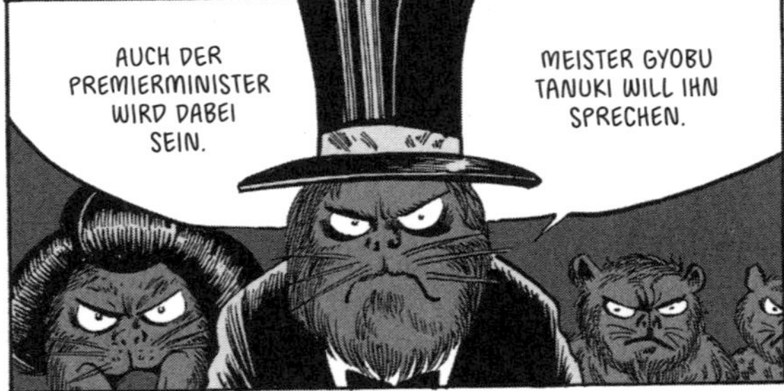

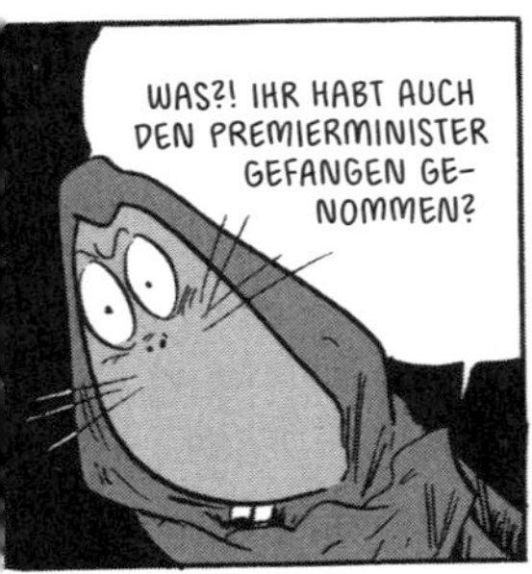

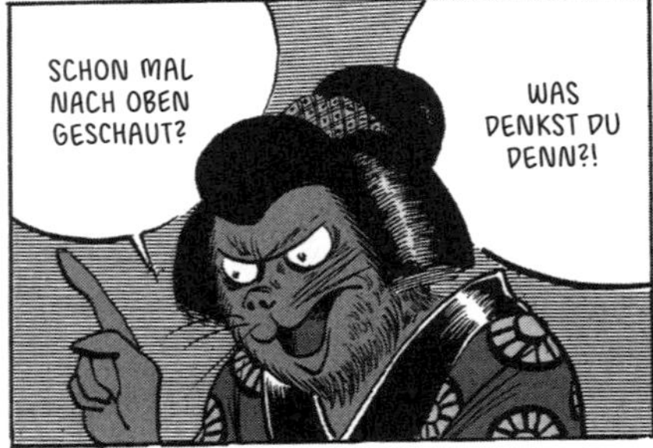

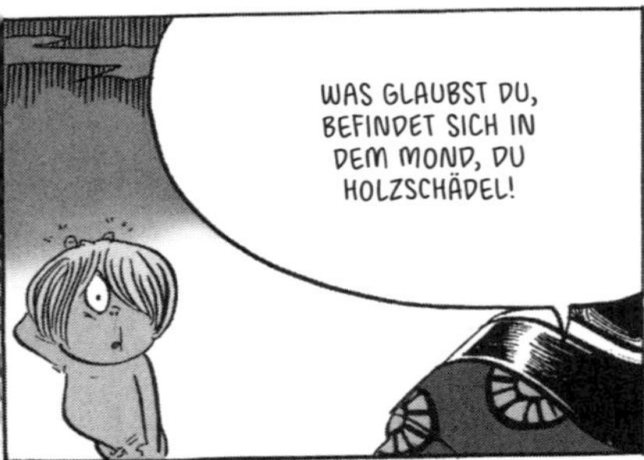

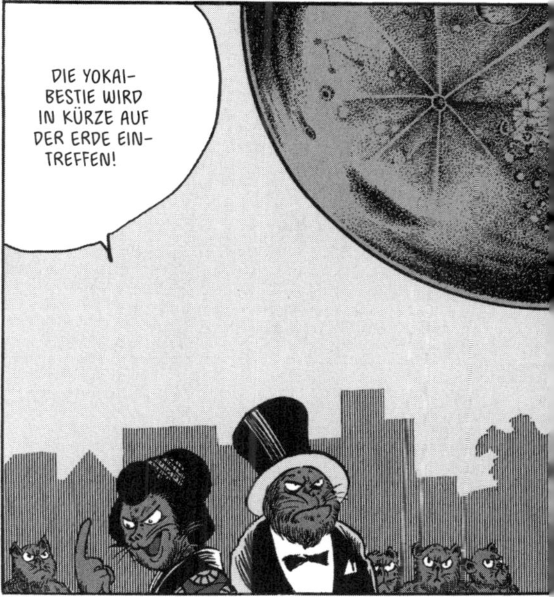
DIE YOKAI-BESTIE WIRD IN KÜRZE AUF DER ERDE EINTREFFEN!

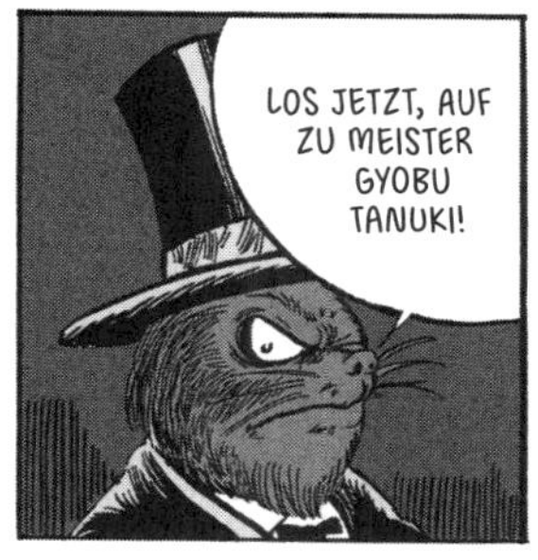
LOS JETZT, AUF ZU MEISTER GYOBU TANUKI!

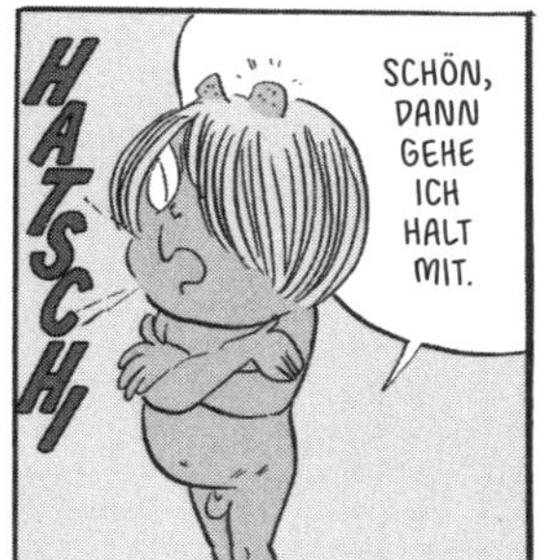
SCHÖN, DANN GEHE ICH HALT MIT.
HATSCHI

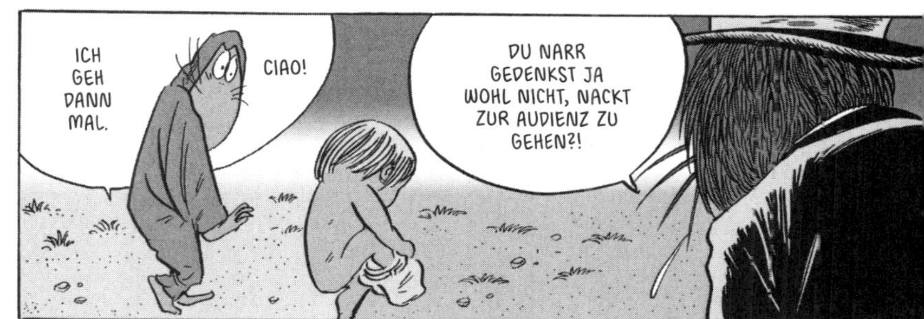
DU NARR GEDENKST JA WOHL NICHT, NACKT ZUR AUDIENZ ZU GEHEN?!
CIAO!
ICH GEH DANN MAL.

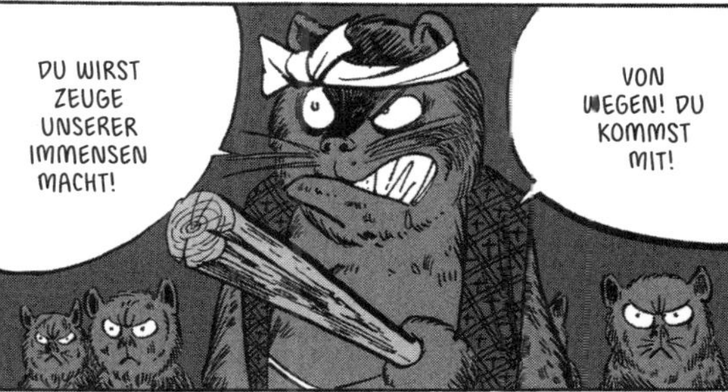
VON WEGEN! DU KOMMST MIT!
DU WIRST ZEUGE UNSERER IMMENSEN MACHT!

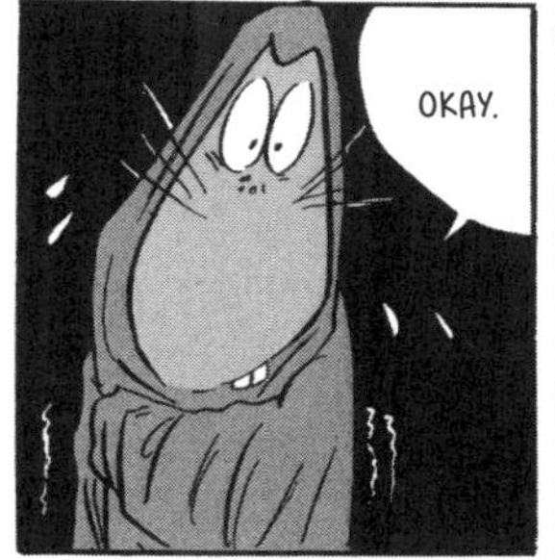
OKAY.

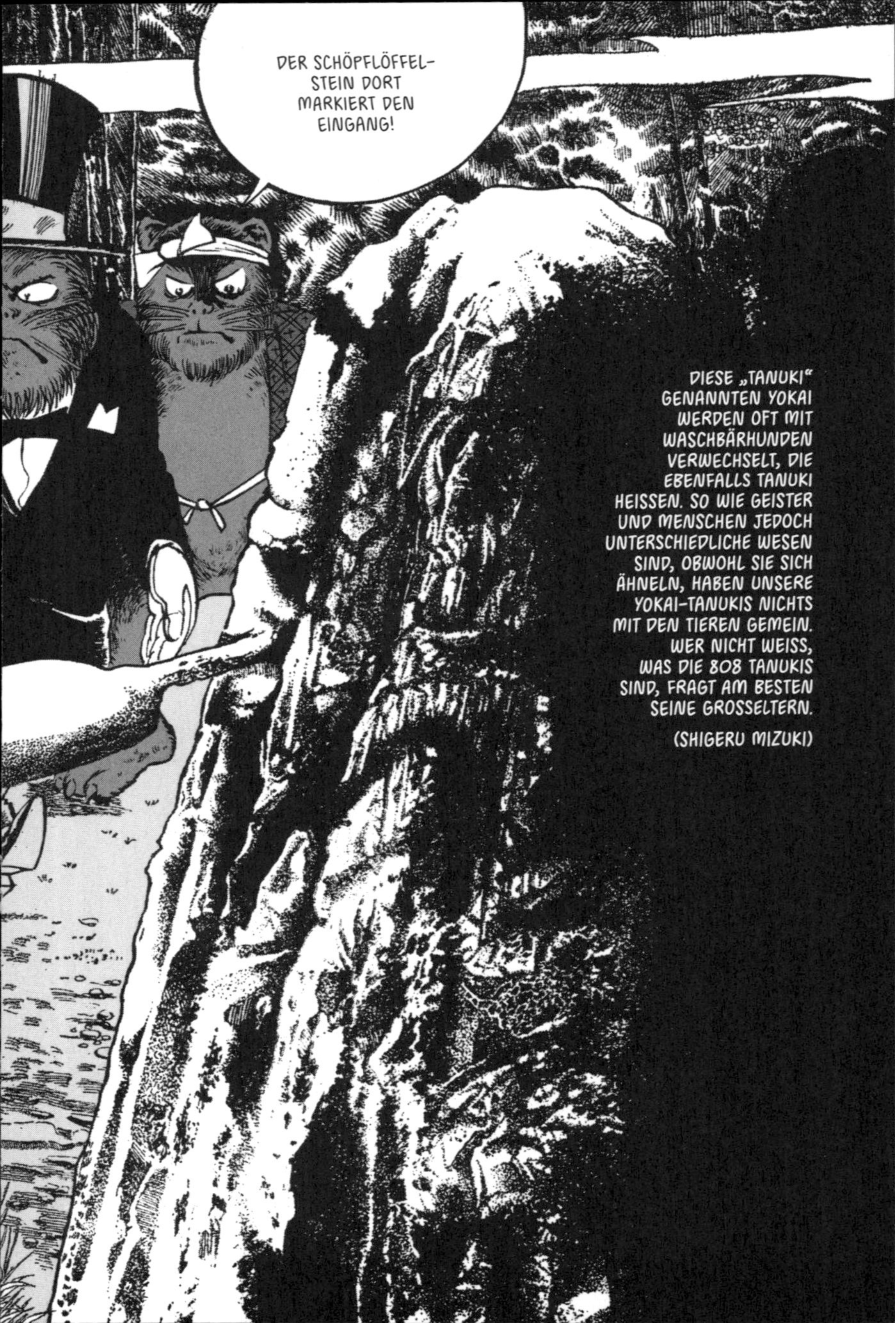
DER SCHÖPFLÖFFEL-STEIN DORT MARKIERT DEN EINGANG!
DIESE „TANUKI“ GENANNTEN YOKAI WERDEN OFT MIT WASCHBÄRHUNDEN VERWECHSELT, DIE EBENFALLS TANUKI HEISSEN. SO WIE GEISTER UND MENSCHEN JEDOCH UNTERSCHIEDLICHE WESEN SIND, OBWOHL SIE SICH ÄHNELN, HABEN UNSERE YOKAI-TANUKIS NICHTS MIT DEN TIEREN GEMEIN. WER NICHT WEISS, WAS DIE 808 TANUKIS SIND, FRAGT AM BESTEN SEINE GROSSELTERN.
(SHIGERU MIZUKI)

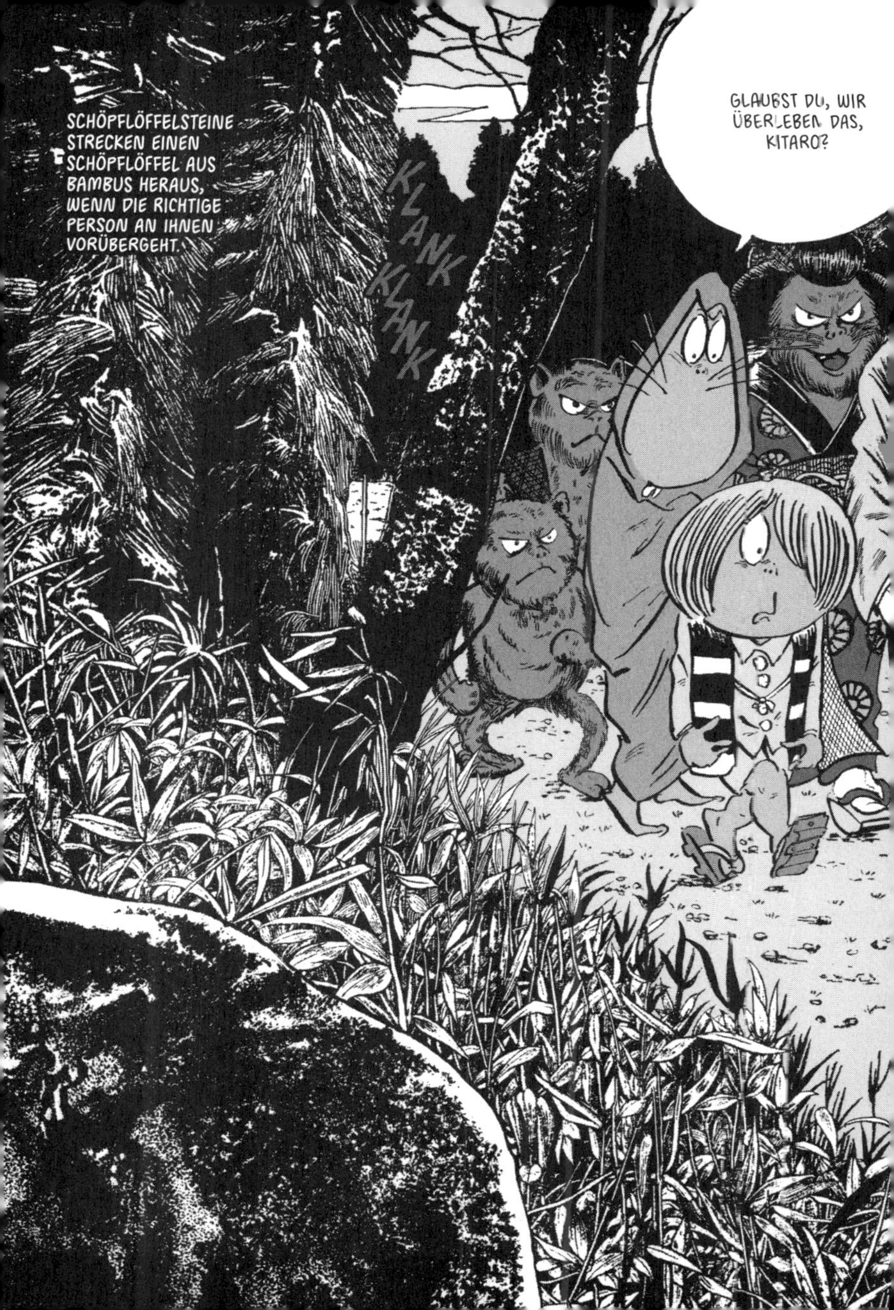
SCHÖPFLÖFFELSTEINE STRECKEN EINEN SCHÖPFLÖFFEL AUS BAMBUS HERAUS, WENN DIE RICHTIGE PERSON AN IHNEN VORÜBERGEHT.
GLAUBST DU, WIR ÜBERLEBEN DAS, KITARO?
KLANK KLANK KLANK

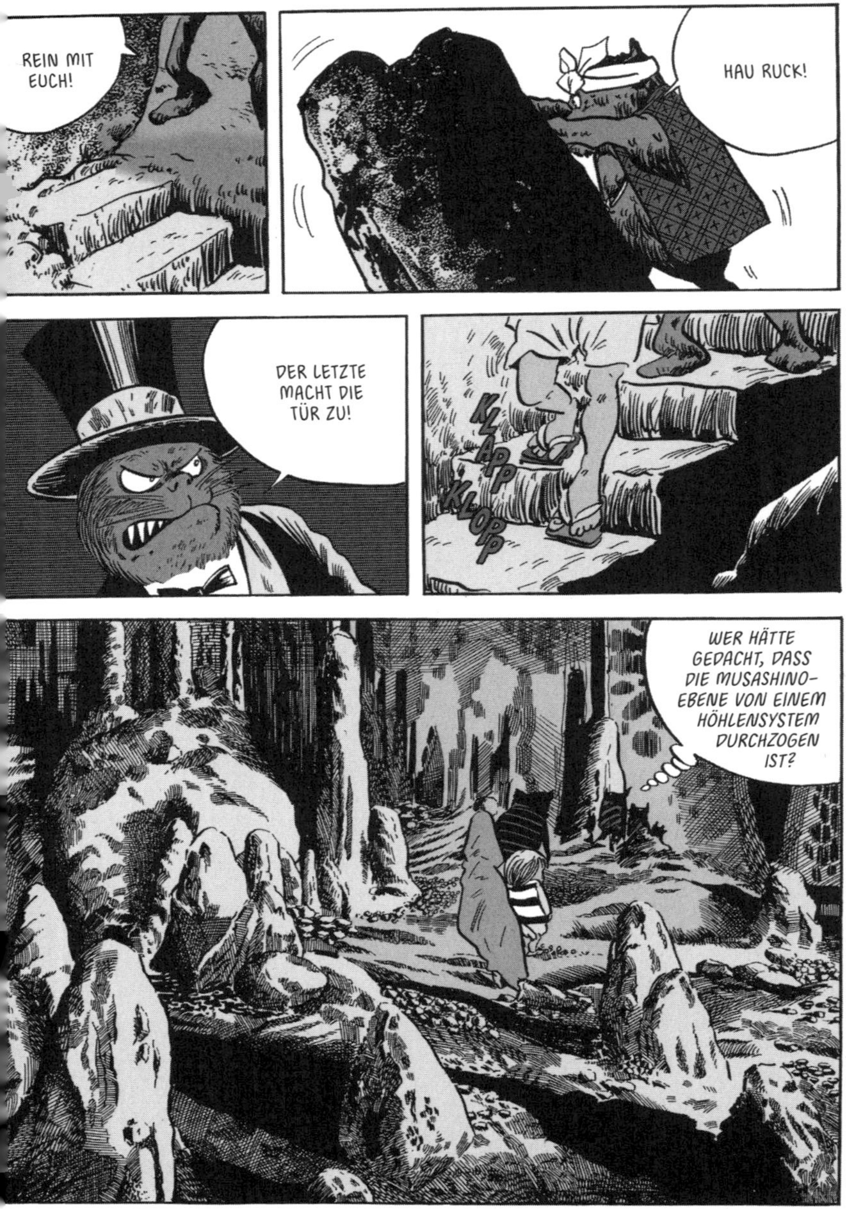

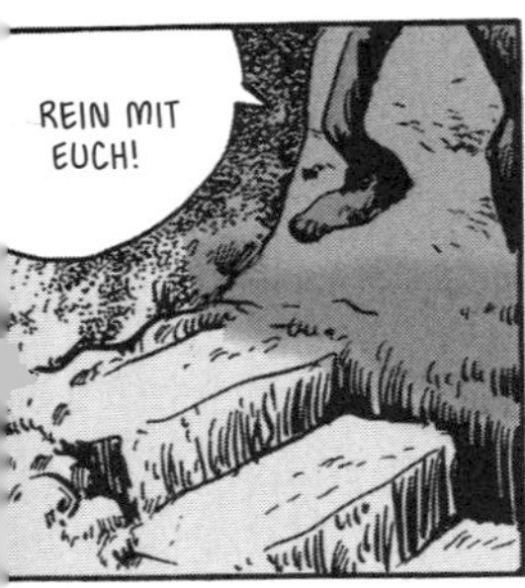

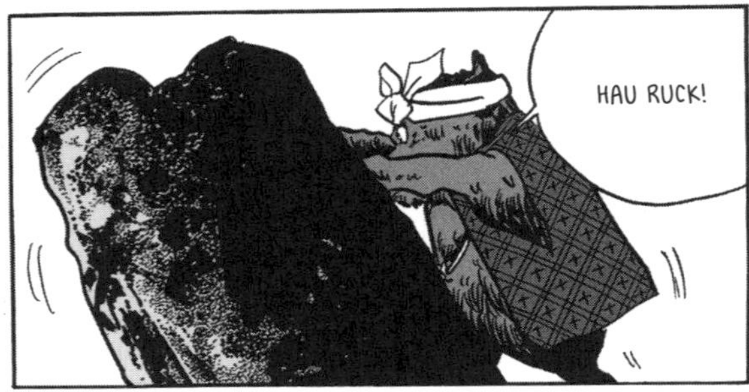

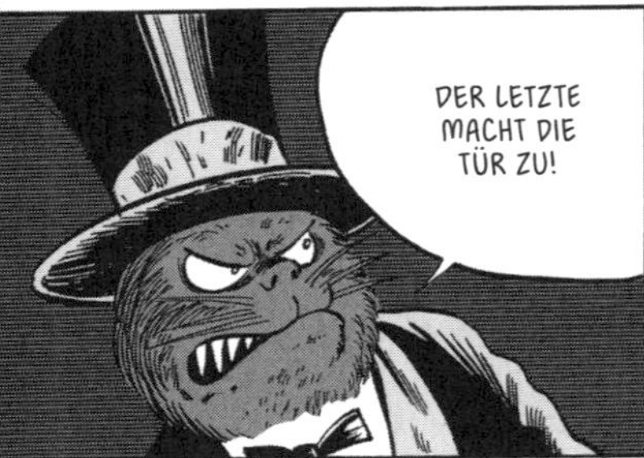

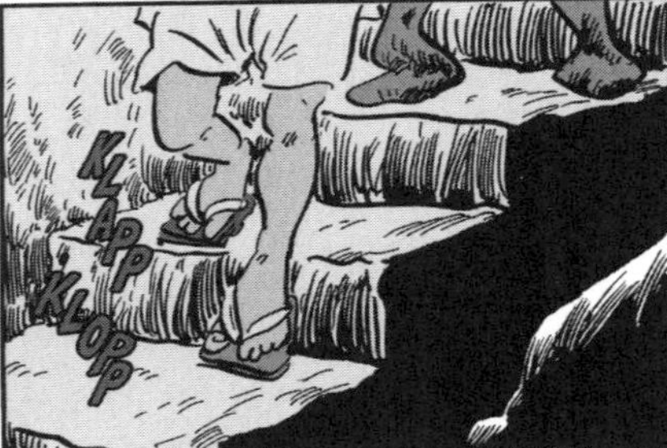

WER HÄTTE GEDACHT, DASS DIE MUSASHINO-EBENE VON EINEM HÖHLENSYSTEM DURCHZOGEN IST?

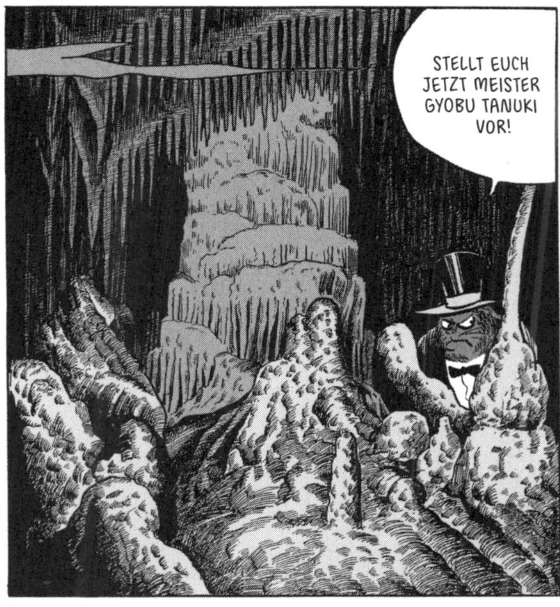
STELLT EUCH JETZT MEISTER GYOBU TANUKI VOR!

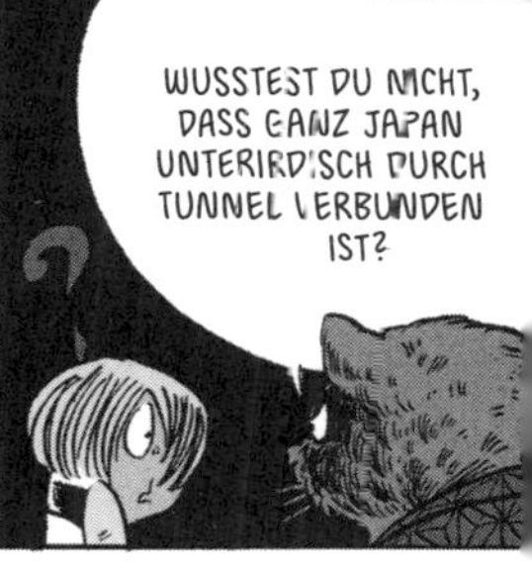
WUSSTEST DU NICHT, DASS GANZ JAPAN UNTERIRDISCH DURCH TUNNEL VERBUNDEN IST?

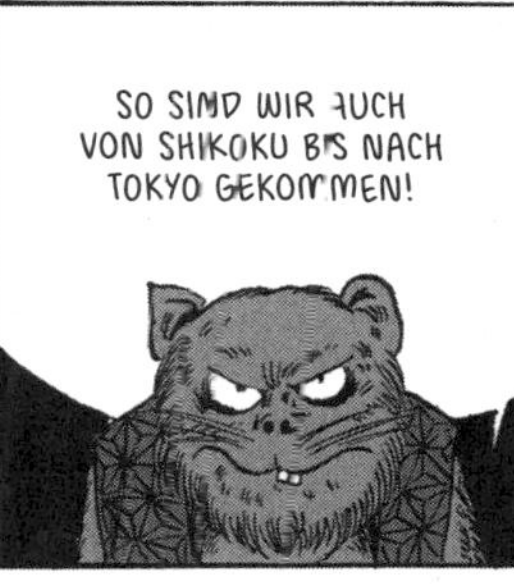
SO SIND WIR AUCH VON SHIKOKU BIS NACH TOKYO GEKOMMEN!

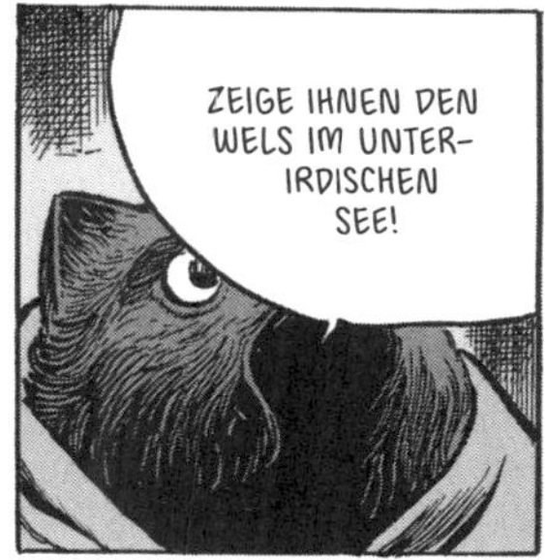
ZEIGE IHNEN DEN WELS IM UNTERIRDISCHEN SEE!

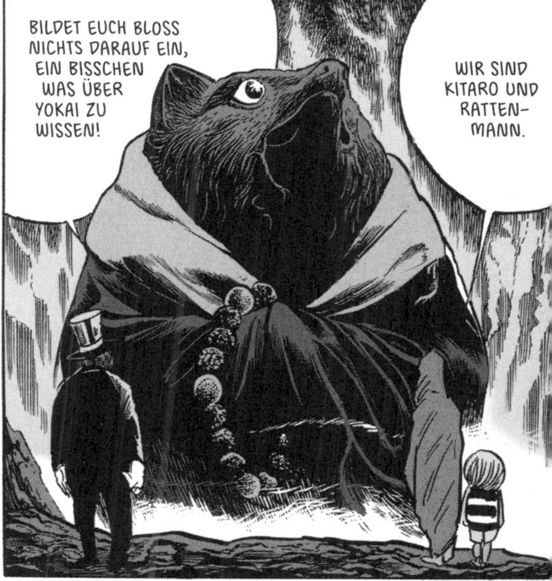
BILDET EUCH BLOSS NICHTS DARAUF EIN, EIN BISSCHEN WAS ÜBER YOKAI ZU WISSEN!
WIR SIND KITARO UND RATTENMANN.

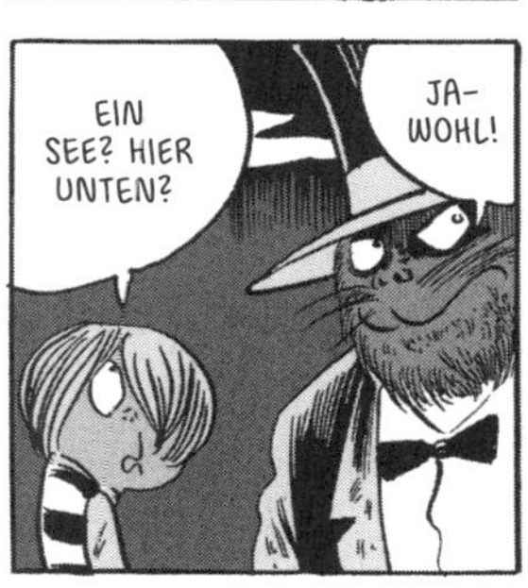
EIN SEE? HIER UNTEN?
JAWOHL!

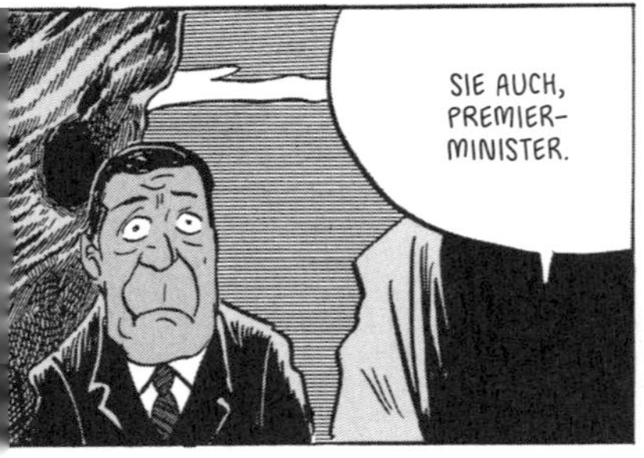

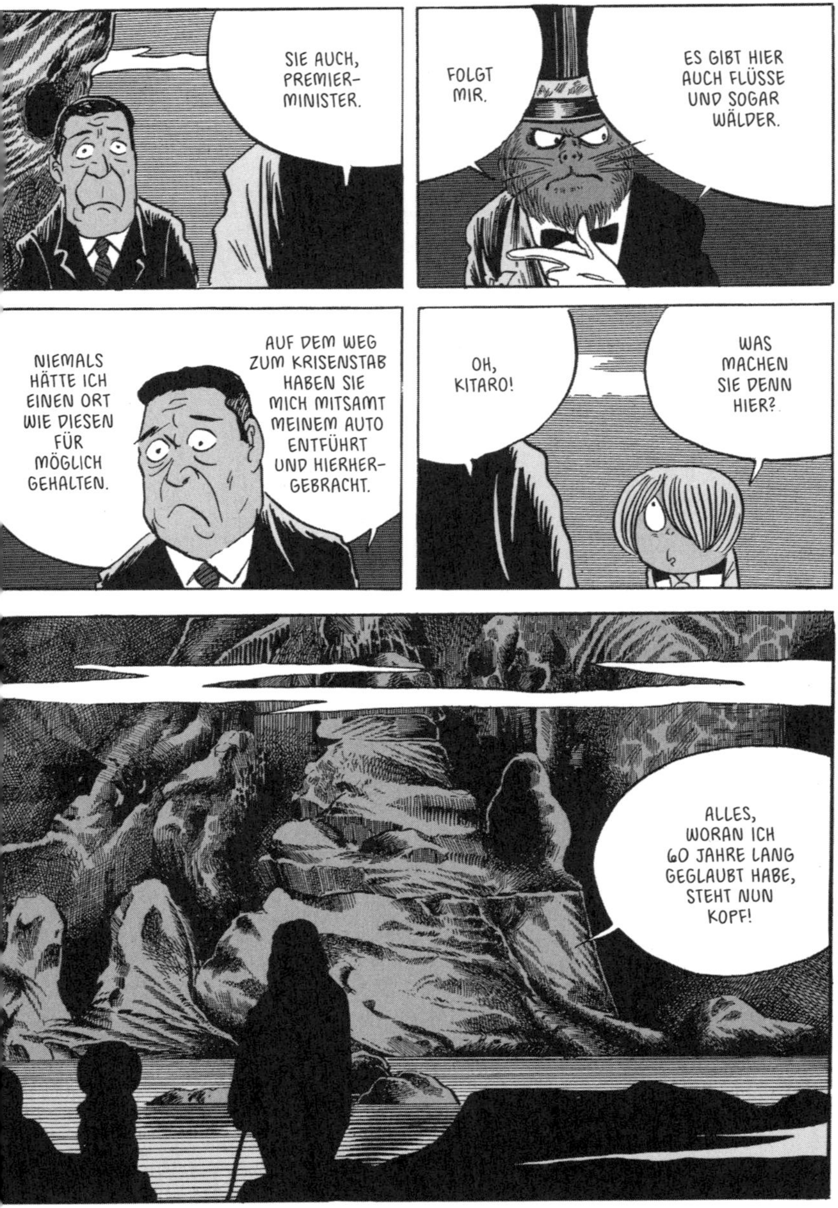

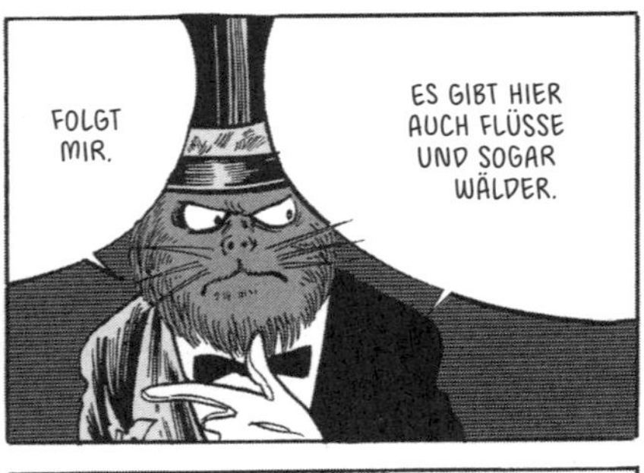

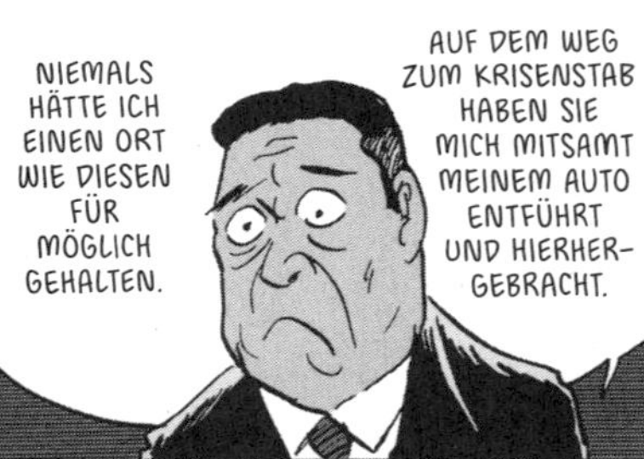

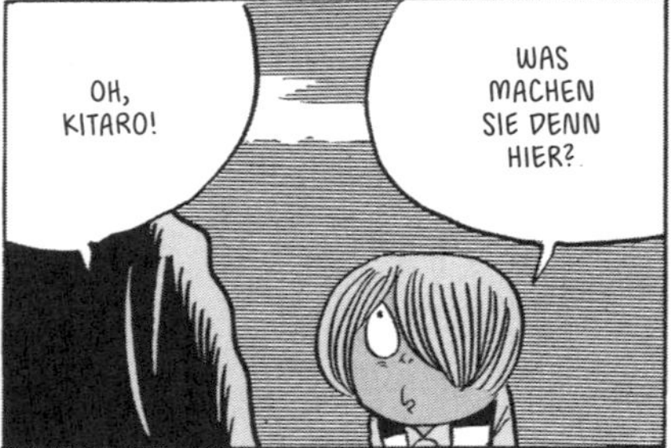

ALLES, WORAN ICH 60 JAHRE LANG GEGLAUBT HABE, STEHT NUN KOPF!

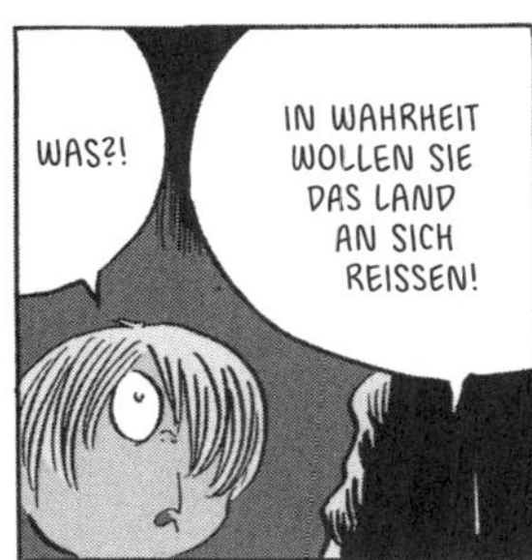
IN WAHRHEIT WOLLEN SIE DAS LAND AN SICH REISSEN!
WAS?!
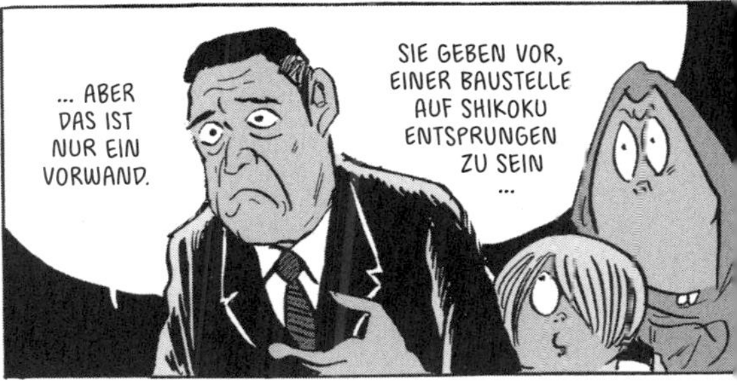
SIE GEBEN VOR, EINER BAUSTELLE AUF SHIKOKU ENTSPRUNGEN ZU SEIN …
… ABER DAS IST NUR EIN VORWAND.
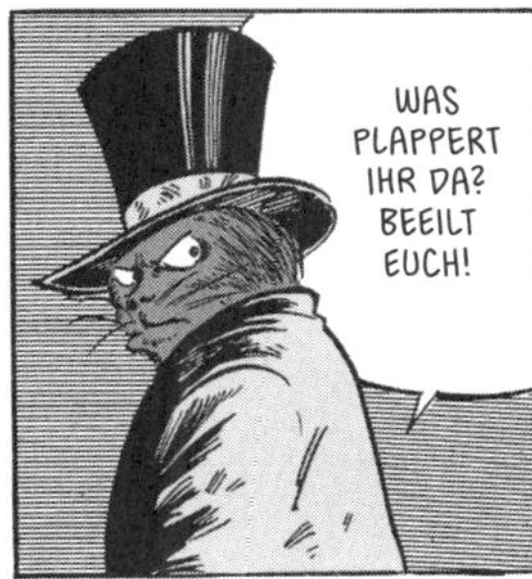
WAS PLAPPERT IHR DA? BEEILT EUCH!
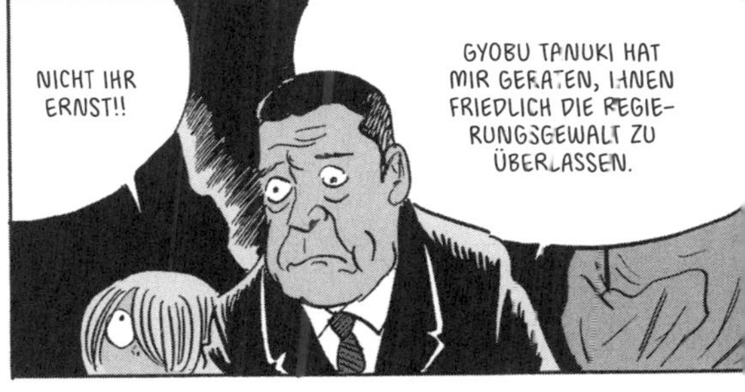
GYOBU TANUKI HAT MIR GERATEN, IHNEN FRIEDLICH DIE REGIE-RUNGSGEWALT ZU ÜBERLASSEN.
NICHT IHR ERNST!!
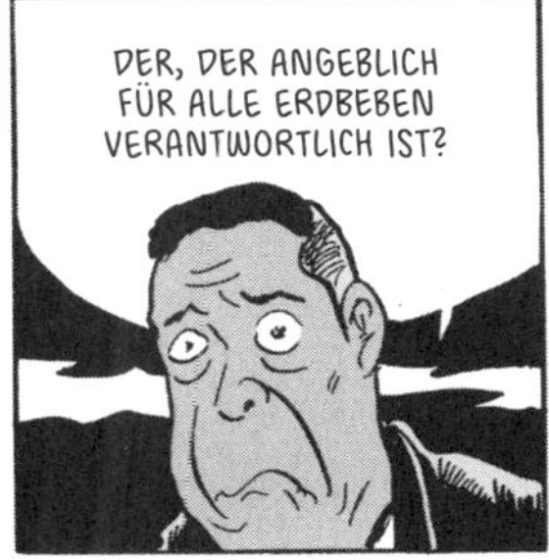
DER, DER ANGEBLICH FÜR ALLE ERDBEBEN VERANTWORTLICH IST?
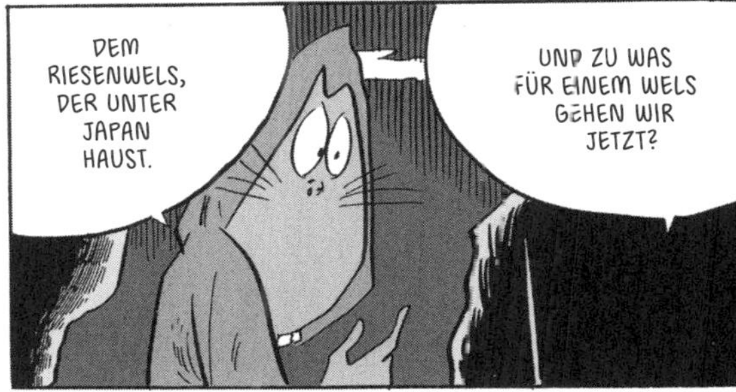
UND ZU WAS FÜR EINEM WELS GEHEN WIR JETZT?
DEM RIESENWELS, DER UNTER JAPAN HAUST.
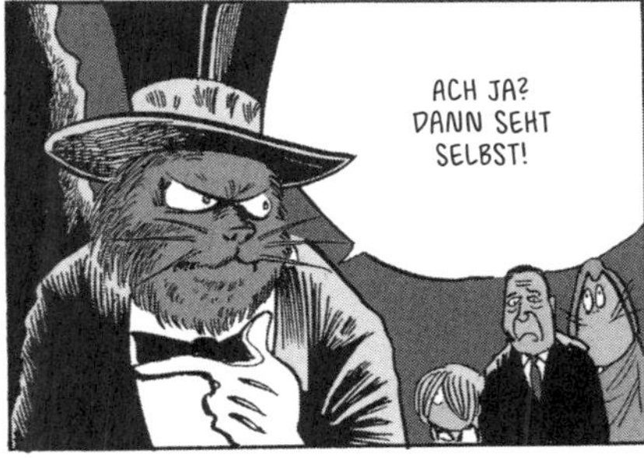
ACH JA? DANN SEHT SELBST!
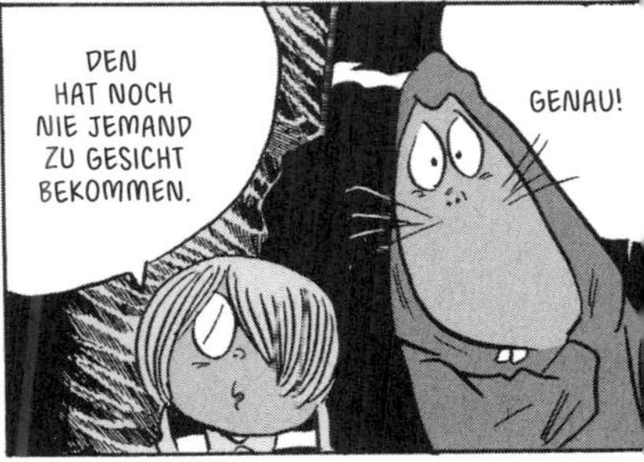
GENAU!
DEN HAT NOCH NIE JEMAND ZU GESICHT BEKOMMEN.

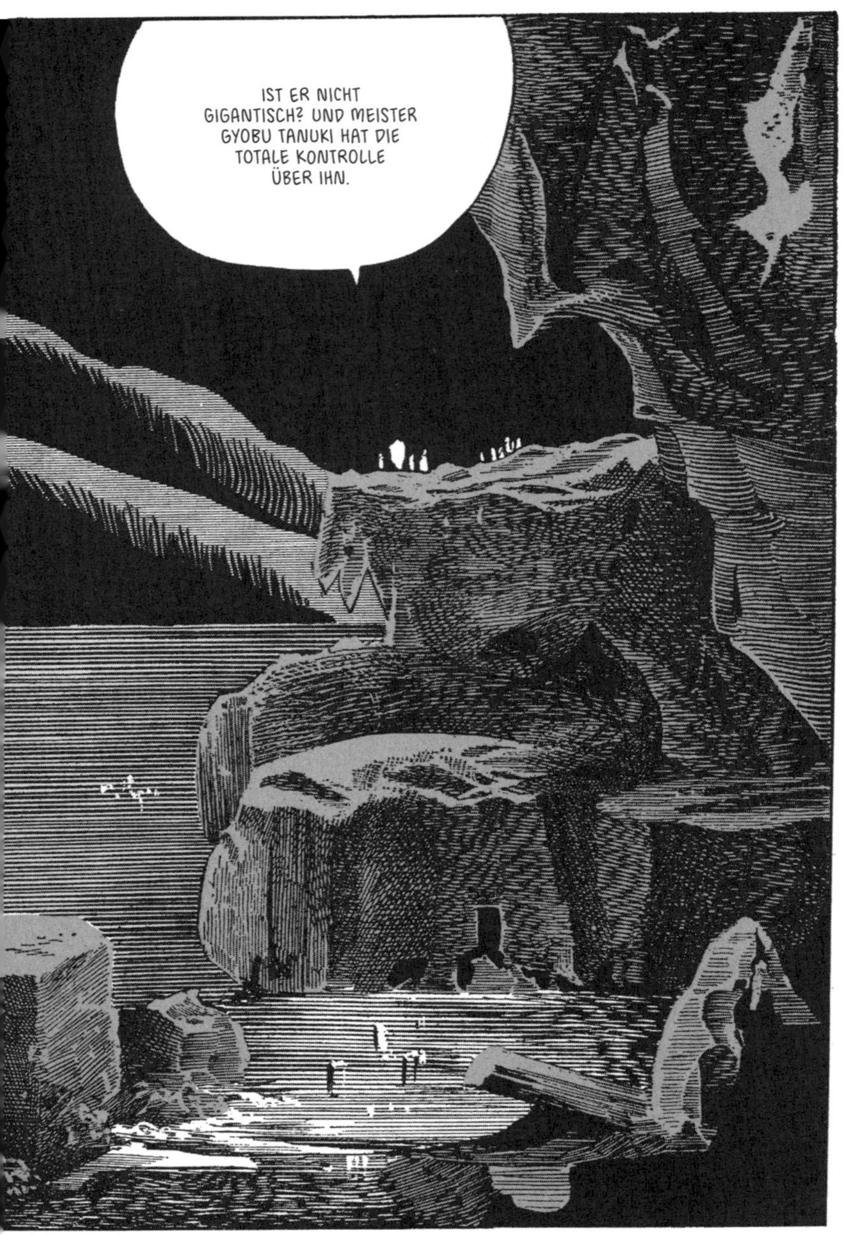
IST ER NICHT GIGANTISCH? UND MEISTER GYOBU TANUKI HAT DIE TOTALE KONTROLLE ÜBER IHN.

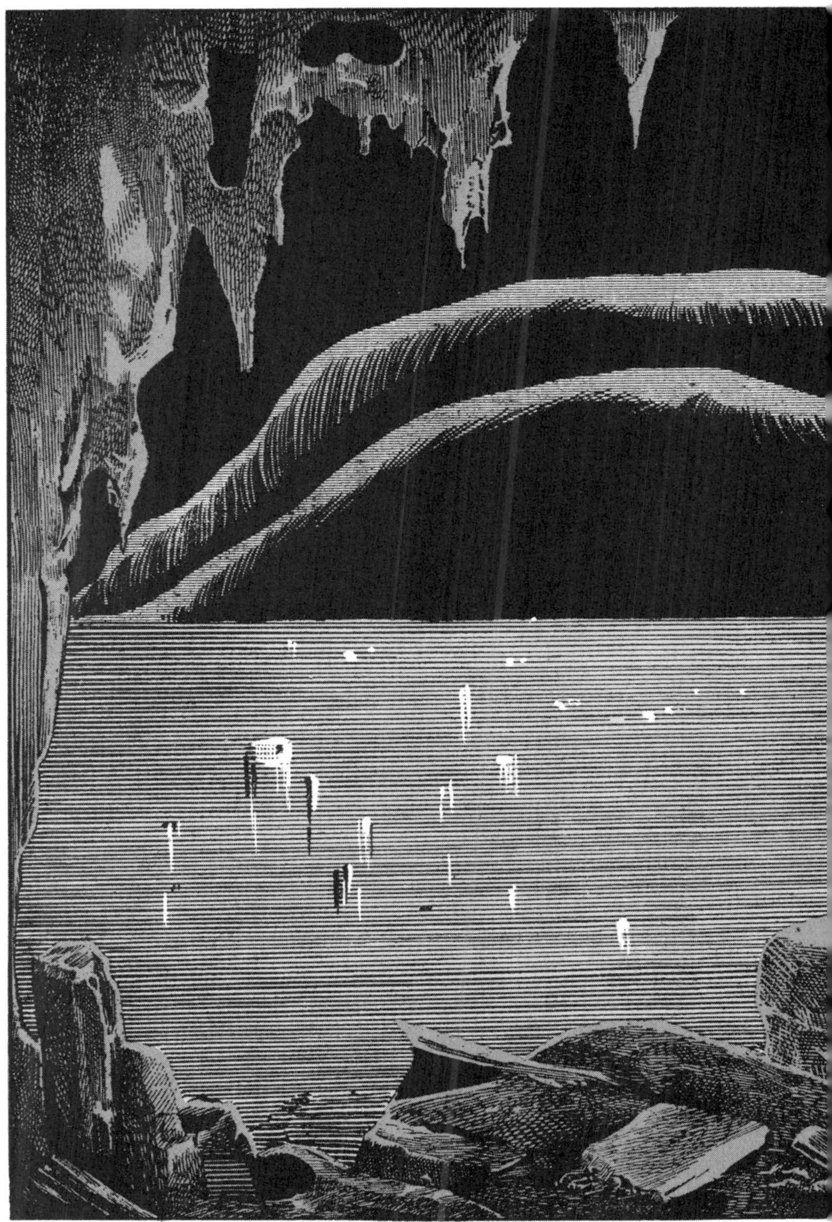

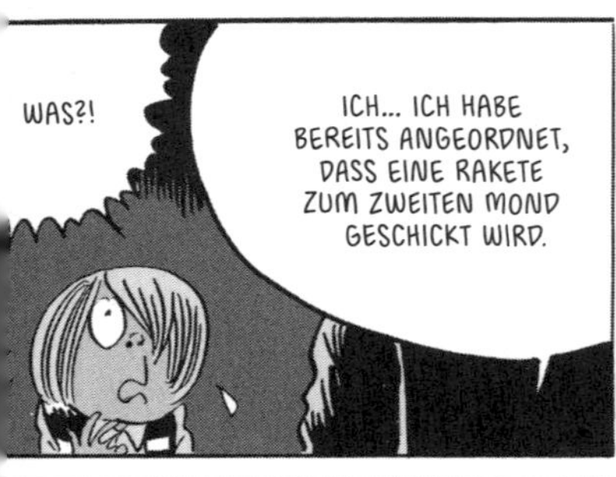
ICH... ICH HABE BEREITS ANGEORDNET, DASS EINE RAKETE ZUM ZWEITEN MOND GESCHICKT WIRD.
WAS?!

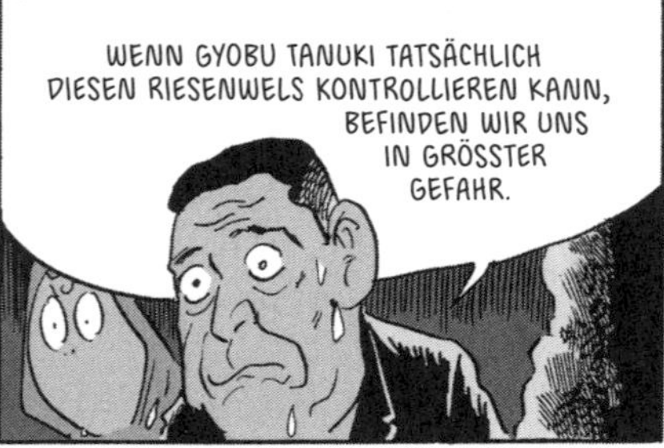
WENN GYOBU TANUKI TATSÄCHLICH DIESEN RIESENWELS KONTROLLIEREN KANN, BEFINDEN WIR UNS IN GRÖSSTER GEFAHR.

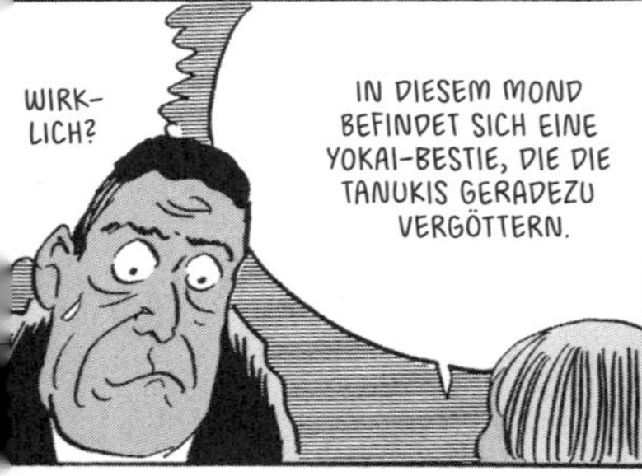
IN DIESEM MOND BEFINDET SICH EINE YOKAI-BESTIE, DIE DIE TANUKIS GERADEZU VERGÖTTERN.
WIRK-LICH?

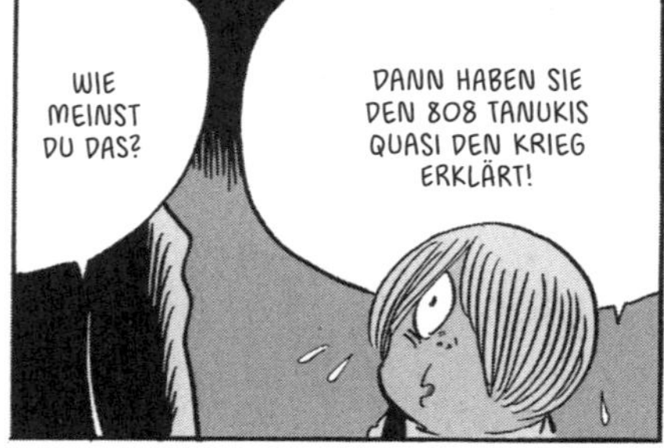
DANN HABEN SIE DEN 808 TANUKIS QUASI DEN KRIEG ERKLÄRT!
WIE MEINST DU DAS?

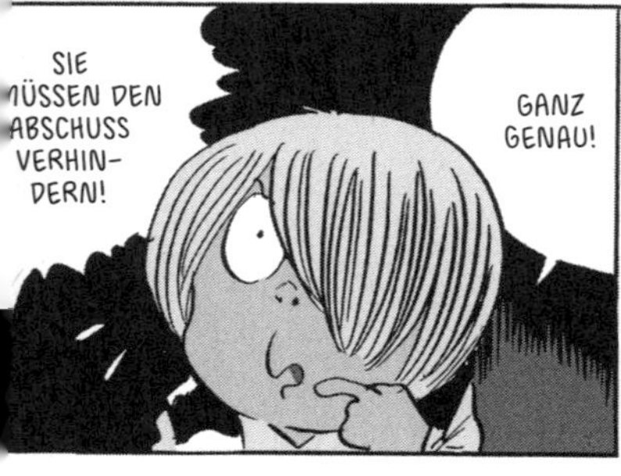
GANZ GENAU!
SIE MÜSSEN DEN ABSCHUSS VERHIN-DERN!

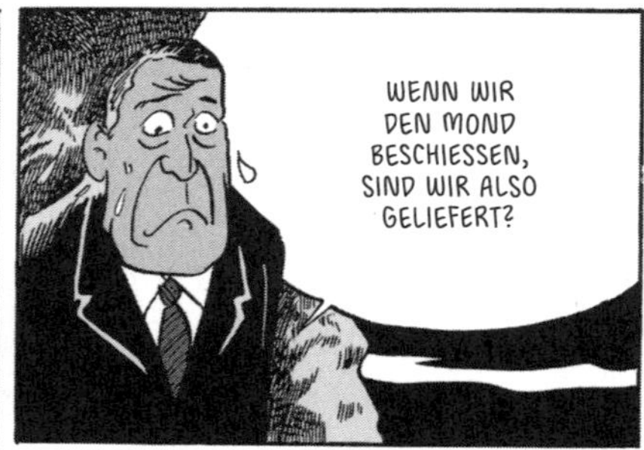
WENN WIR DEN MOND BESCHIESSEN, SIND WIR ALSO GELIEFERT?

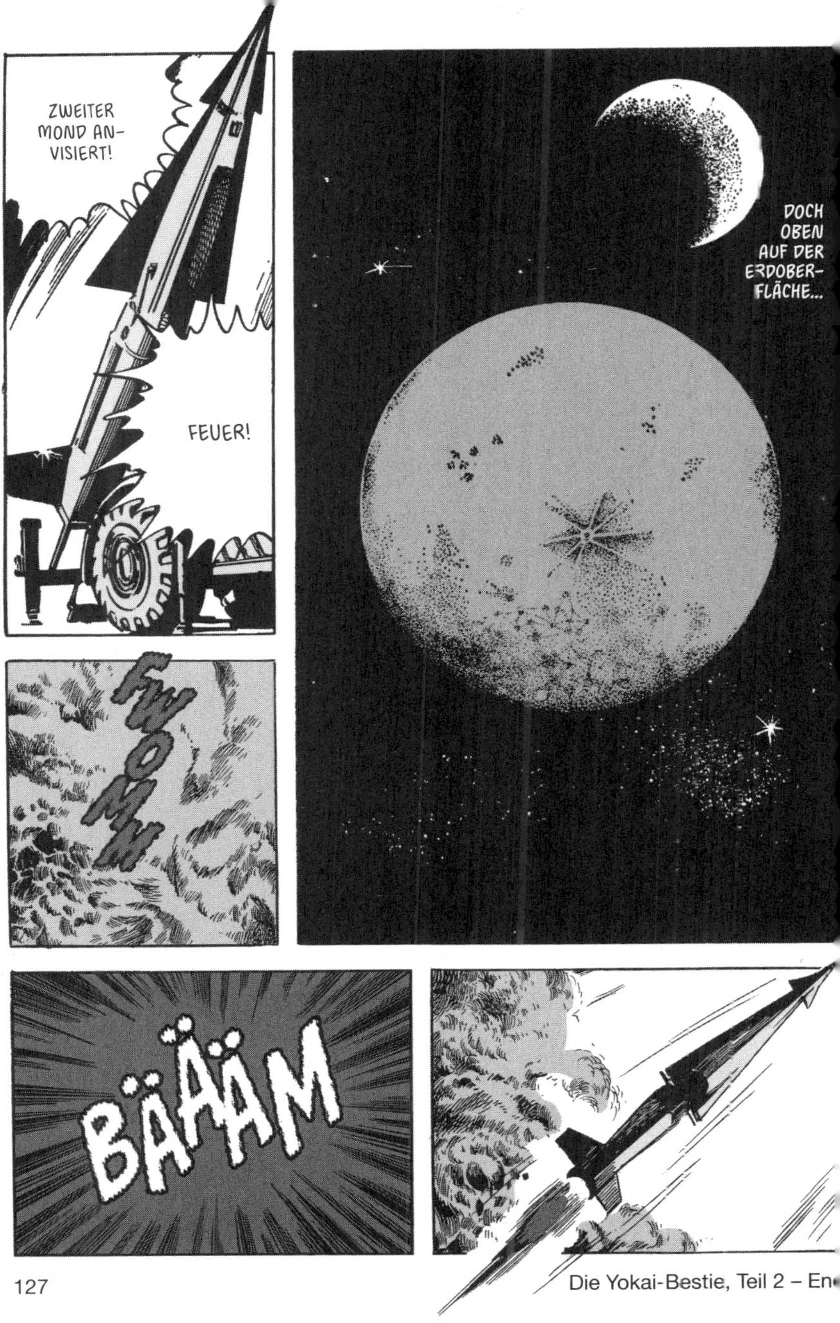

DOCH OBEN AUF DER ERDOBERFLÄCHE...

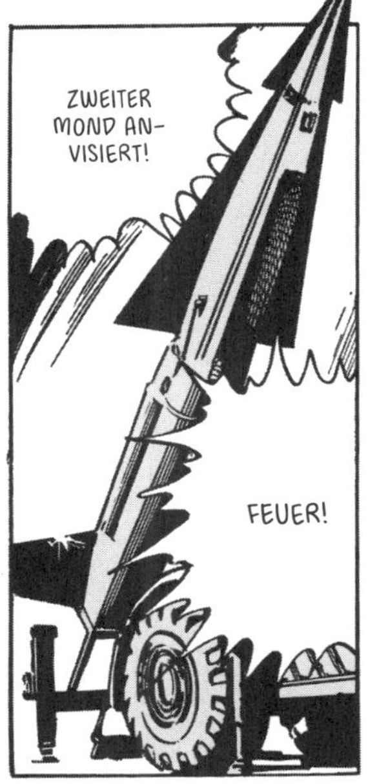

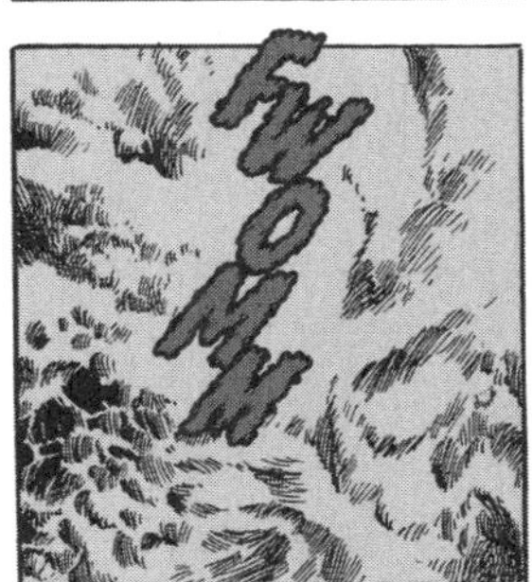

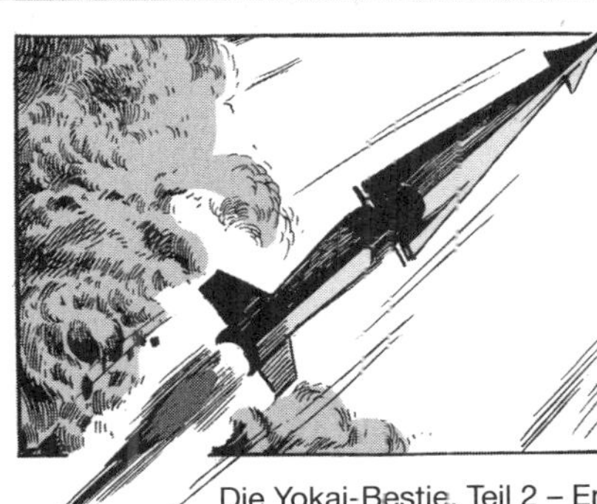

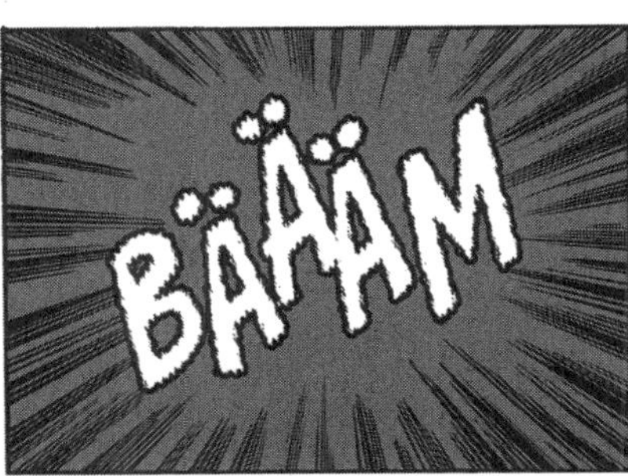

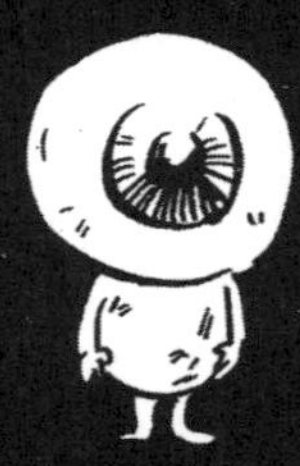

KITARO VOM FRIEDHOF

DIE YOKAI-BESTIE

TEIL 3

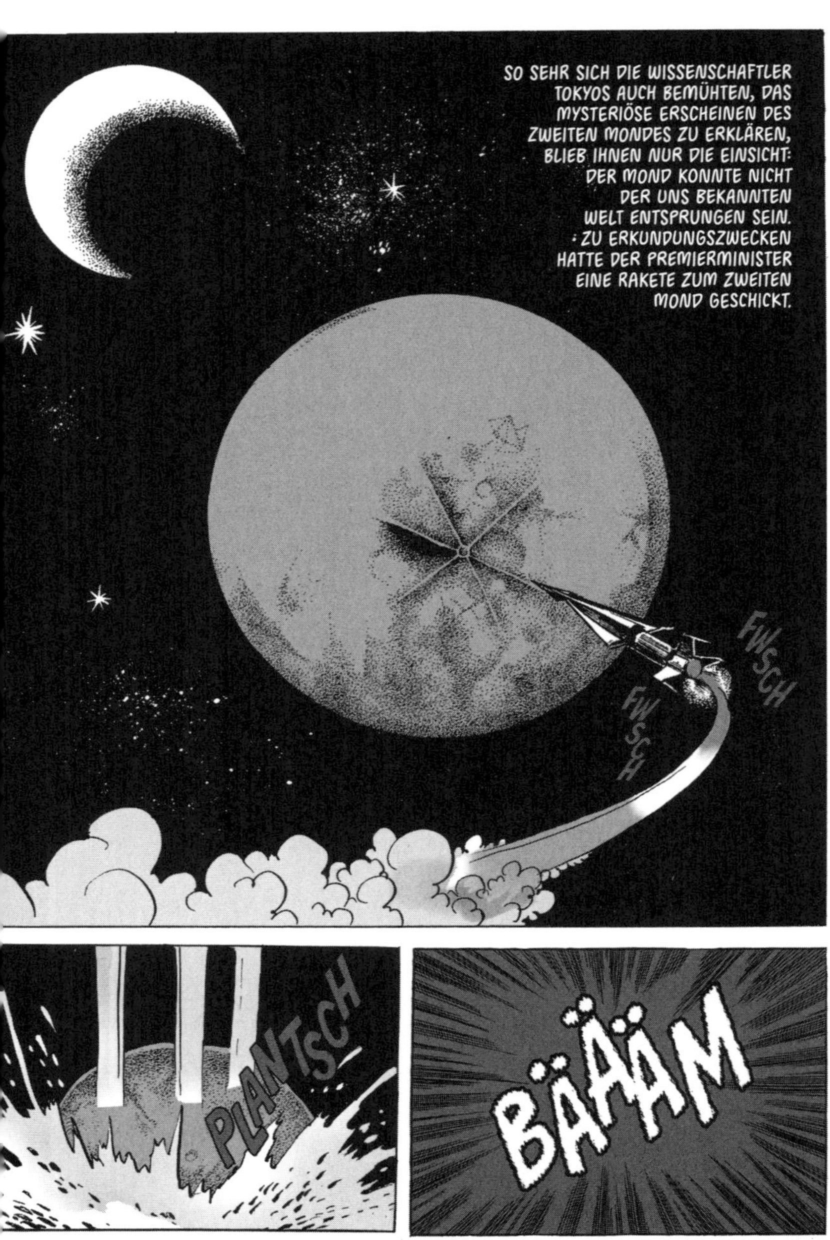

SO SEHR SICH DIE WISSENSCHAFTLER TOKYOS AUCH BEMÜHTEN, DAS MYSTERIÖSE ERSCHEINEN DES ZWEITEN MONDES ZU ERKLÄREN, BLIEB IHNEN NUR DIE EINSICHT: DER MOND KONNTE NICHT DER UNS BEKANNTEN WELT ENTSPRUNGEN SEIN. ZU ERKUNDUNGSZWECKEN HATTE DER PREMIERMINISTER EINE RAKETE ZUM ZWEITEN MOND GESCHICKT.

FWSCH

FWSCH

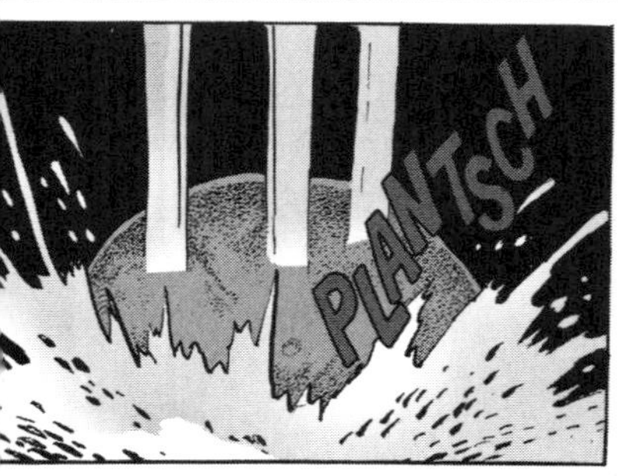

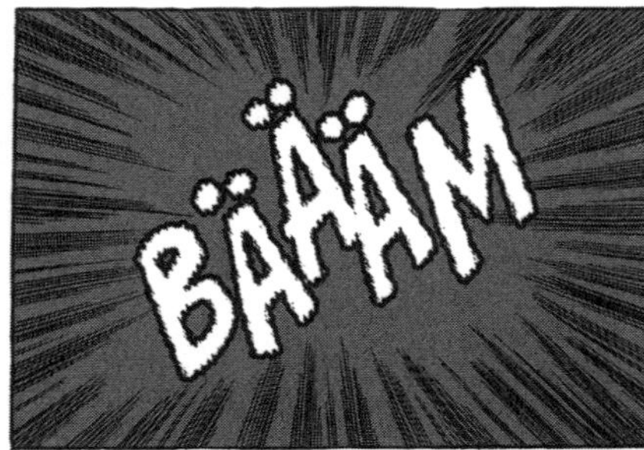

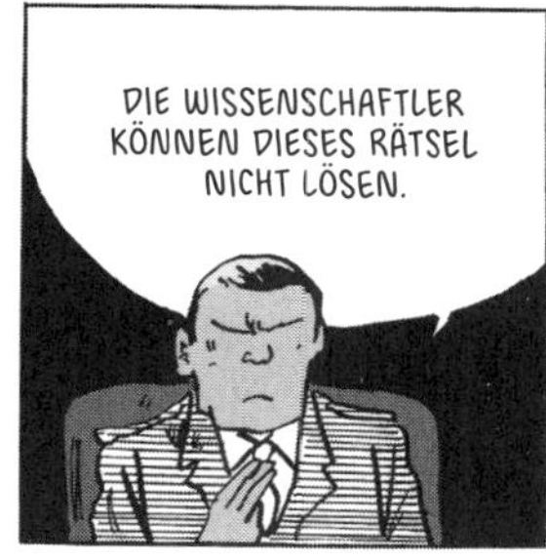
DIE WISSENSCHAFTLER KÖNNEN DIESES RÄTSEL NICHT LÖSEN.

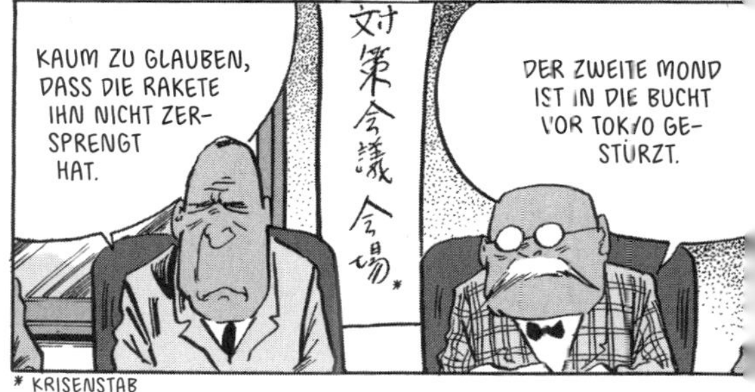
KAUM ZU GLAUBEN, DASS DIE RAKETE IHN NICHT ZER-SPRENGT HAT.
対策会議 会場*
DER ZWEITE MOND IST IN DIE BUCHT VOR TOKYO GE-STÜRZT.

* KRISENSTAB

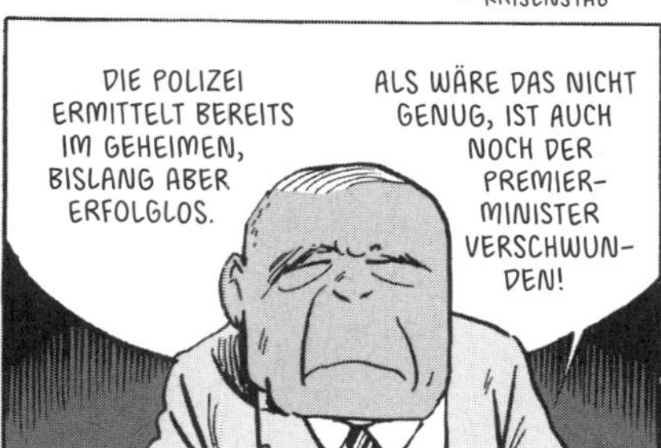
DIE POLIZEI ERMITTELT BEREITS IM GEHEIMEN, BISLANG ABER ERFOLGLOS.
ALS WÄRE DAS NICHT GENUG, IST AUCH NOCH DER PREMIER-MINISTER VERSCHWUN-DEN!

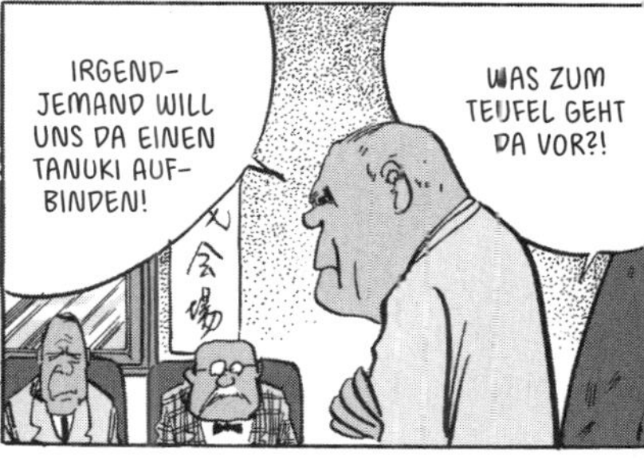
IRGEND-JEMAND WILL UNS DA EINEN TANUKI AUF-BINDEN!
WAS ZUM TEUFEL GEHT DA VOR?!

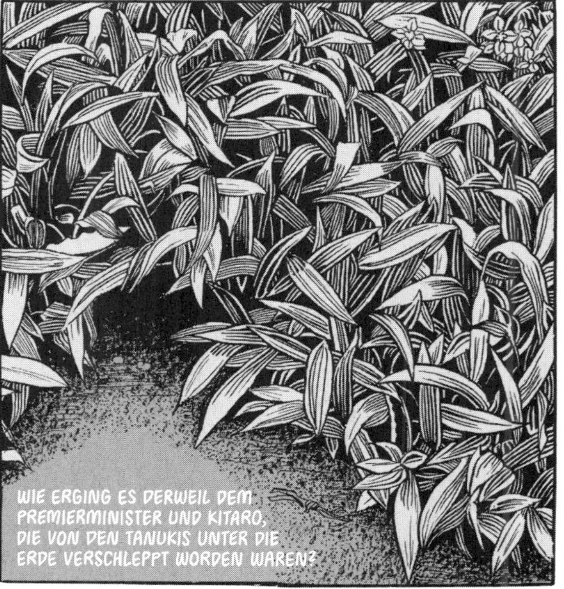
WIE ERGING ES DERWEIL DEM PREMIERMINISTER UND KITARO, DIE VON DEN TANUKIS UNTER DIE ERDE VERSCHLEPPT WORDEN WAREN?

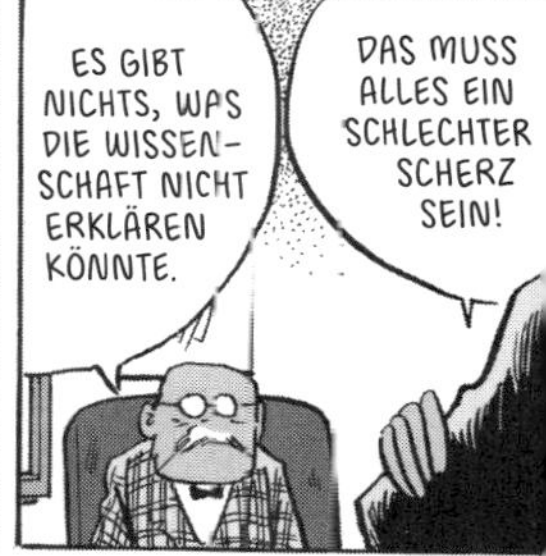
ES GIBT NICHTS, WAS DIE WISSEN-SCHAFT NICHT ERKLÄREN KÖNNTE.
DAS MUSS ALLES EIN SCHLECHTER SCHERZ SEIN!

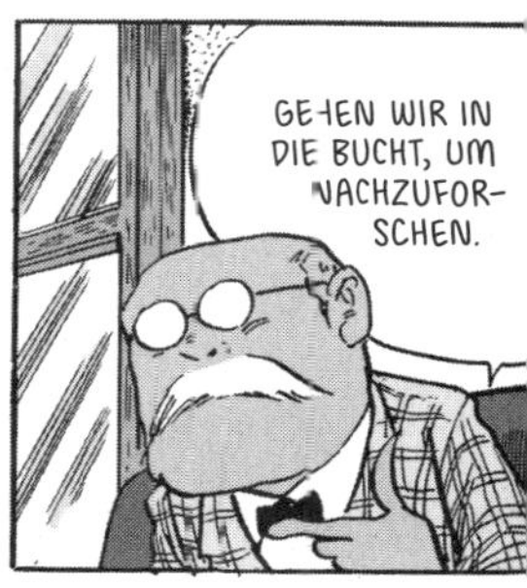
GEHEN WIR IN DIE BUCHT, UM NACHZUFOR-SCHEN.

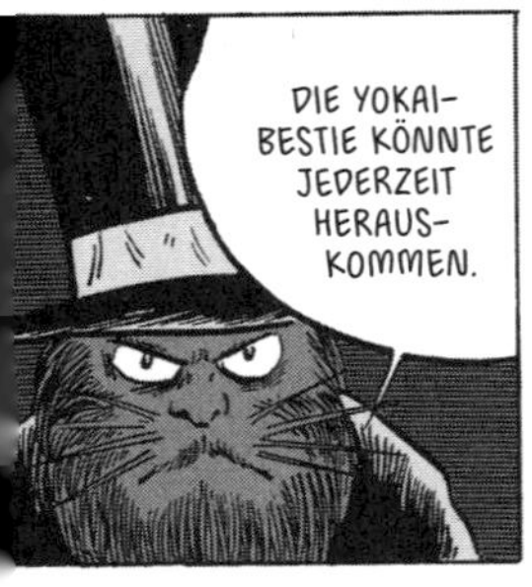
DIE YOKAI-
BESTIE KÖNNTE
JEDERZEIT
HERAUS-
KOMMEN.

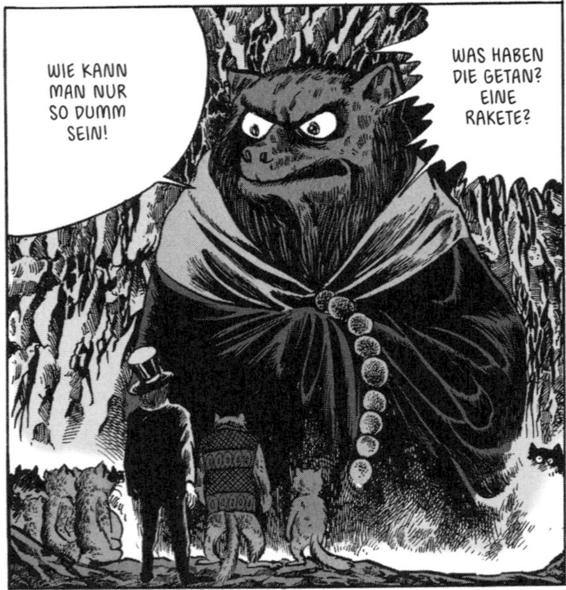
WAS HABEN
DIE GETAN?
EINE
RAKETE?
WIE KANN
MAN NUR
SO DUMM
SEIN!

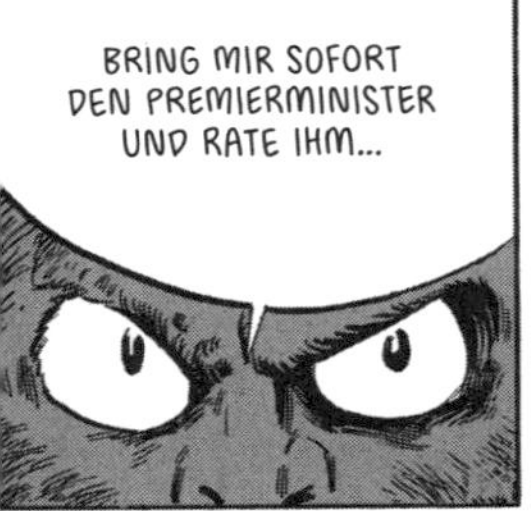
BRING MIR SOFORT
DEN PREMIERMINISTER
UND RATE IHM...

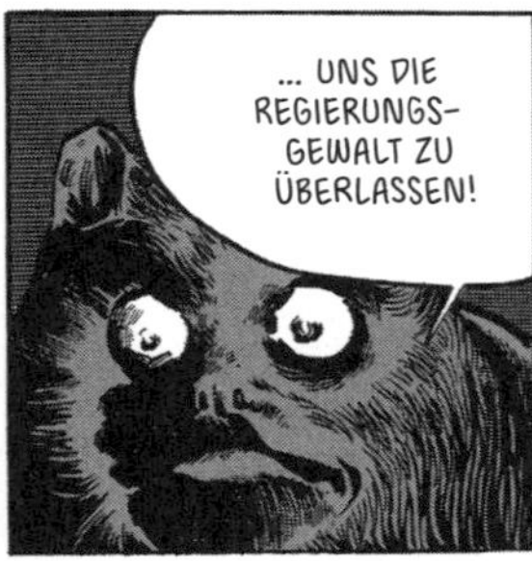
... UNS DIE
REGIERUNGS-
GEWALT ZU
ÜBERLASSEN!

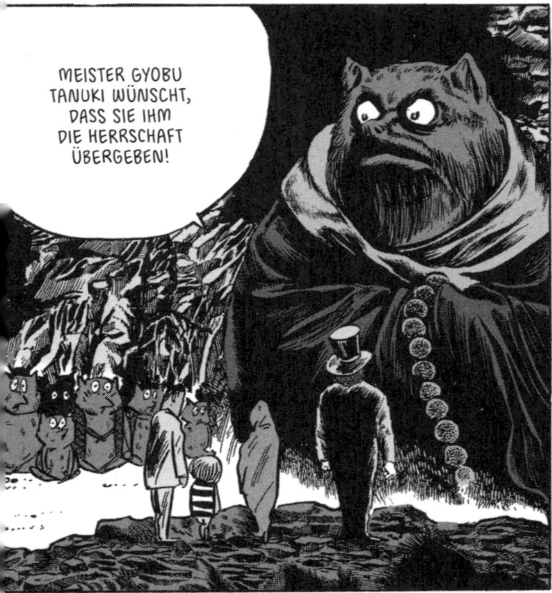
MEISTER GYOBU
TANUKI WÜNSCHT,
DASS SIE IHM
DIE HERRSCHAFT
ÜBERGEBEN!

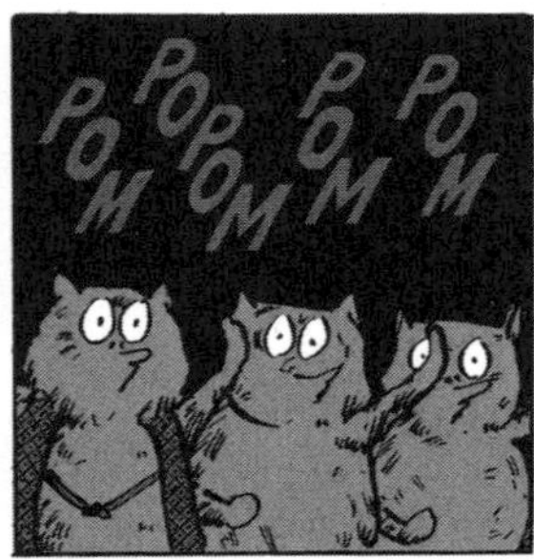
POM POPOM POM POM

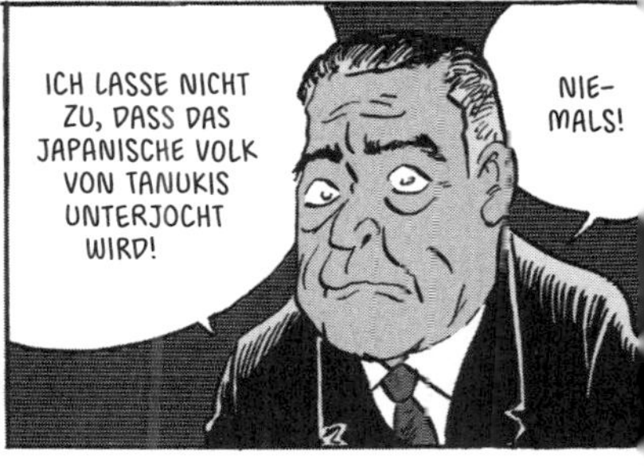
NIE-
MALS!
ICH LASSE NICHT ZU, DASS DAS JAPANISCHE VOLK VON TANUKIS UNTERJOCHT WIRD!

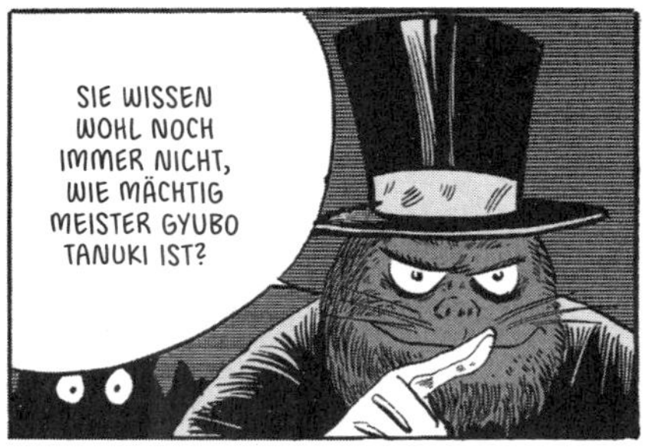
SIE WISSEN WOHL NOCH IMMER NICHT, WIE MÄCHTIG MEISTER GYUBO TANUKI IST?

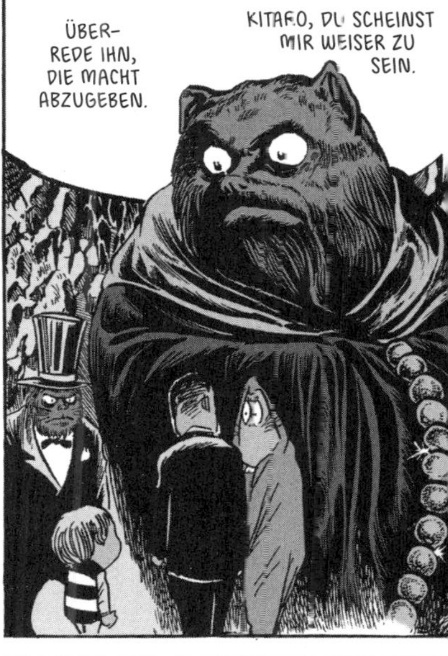
KITARO, DU SCHEINST MIR WEISER ZU SEIN.
ÜBER-
REDE IHN, DIE MACHT ABZUGEBEN.

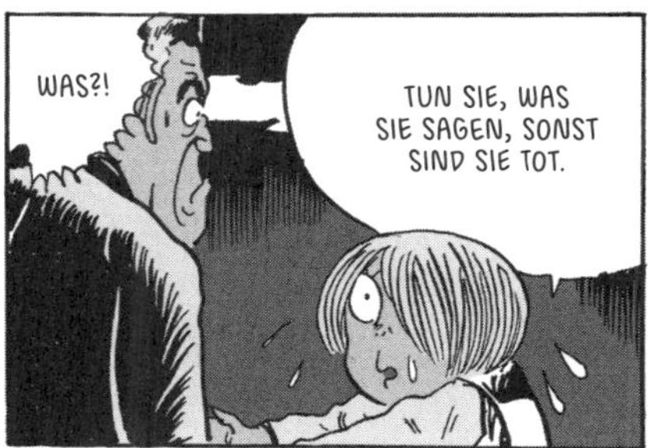
TUN SIE, WAS SIE SAGEN, SONST SIND SIE TOT.
WAS?!

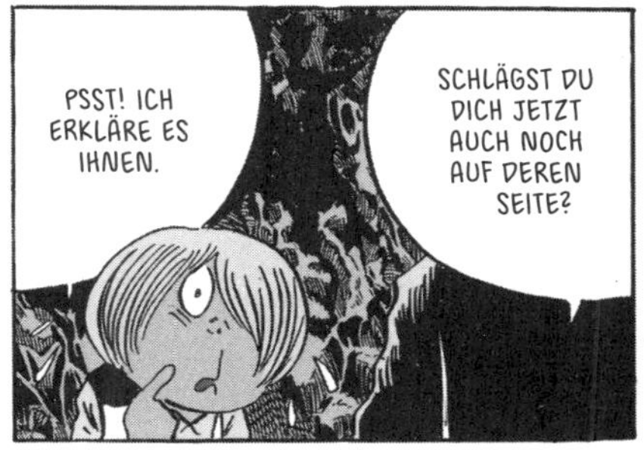
SCHLÄGST DU DICH JETZT AUCH NOCH AUF DEREN SEITE?
PSST! ICH ERKLÄRE ES IHNEN.

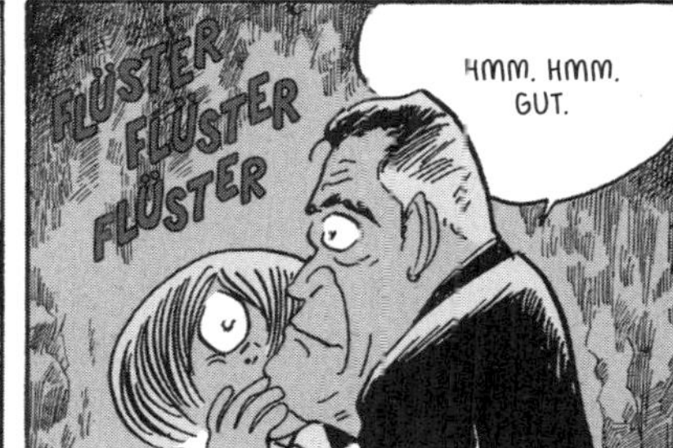
HMM. HMM. GUT.
FLÜSTER
FLÜSTER
FLÜSTER

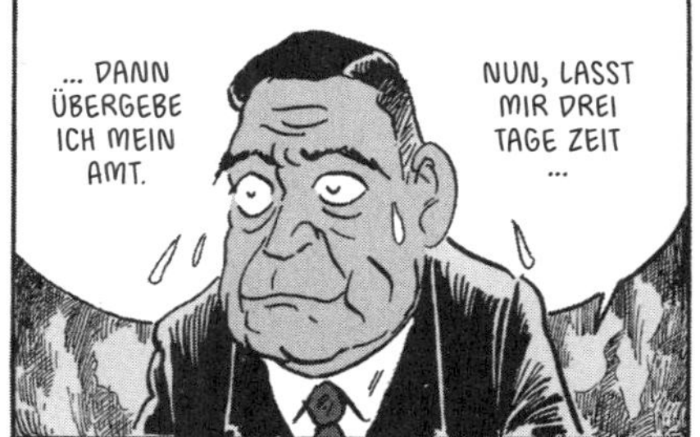
NUN, LASST MIR DREI TAGE ZEIT ...
... DANN ÜBERGEBE ICH MEIN AMT.

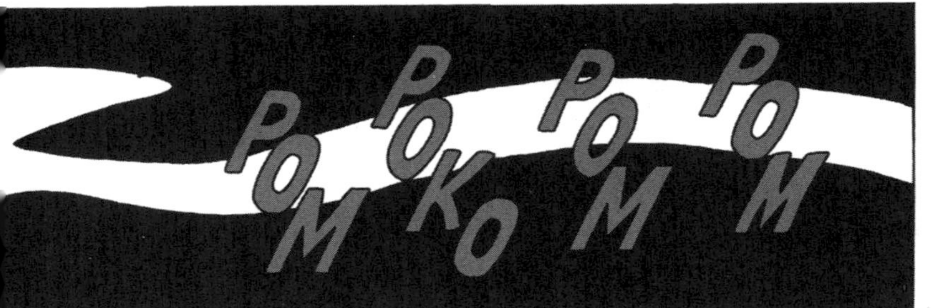
POM POKO POM POM

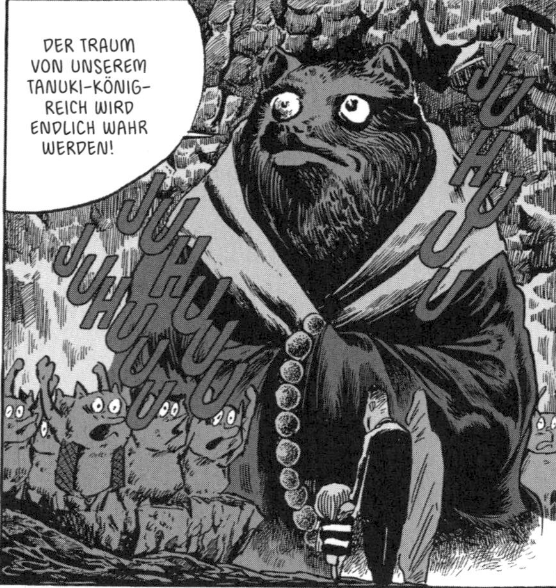
DER TRAUM VON UNSEREM TANUKI-KÖNIG-REICH WIRD ENDLICH WAHR WERDEN!

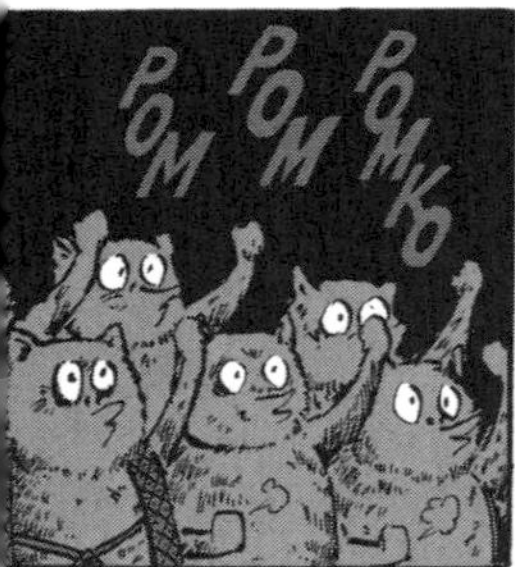
POM POM POMKO

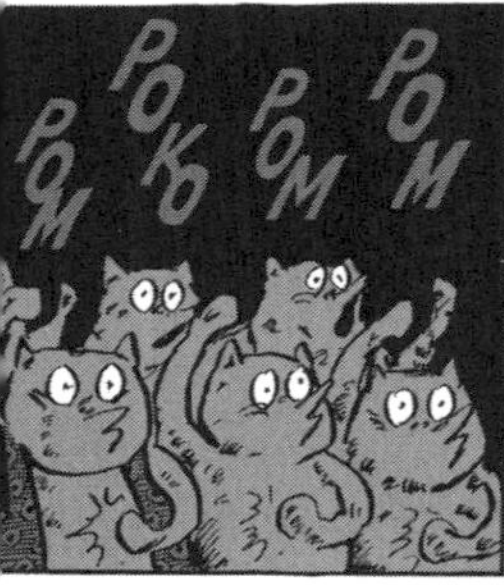
POM POKO POM POM

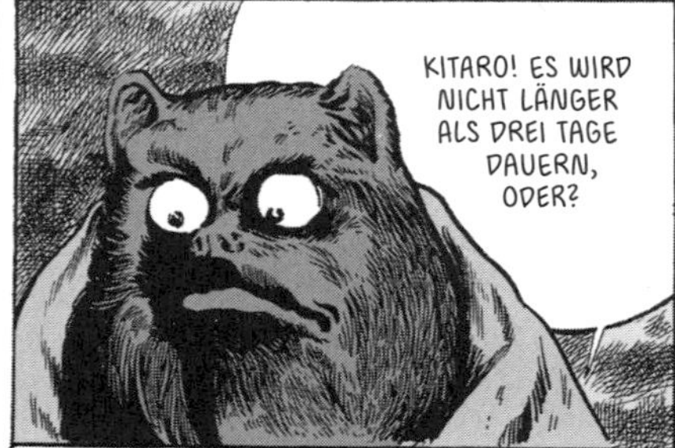
KITARO! ES WIRD NICHT LÄNGER ALS DREI TAGE DAUERN, ODER?

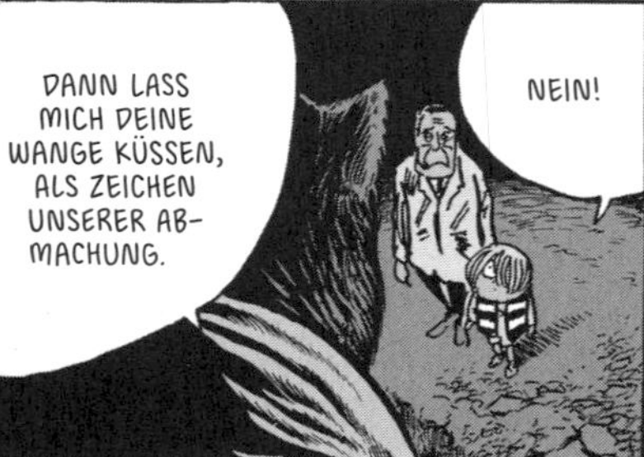
DANN LASS MICH DEINE WANGE KÜSSEN, ALS ZEICHEN UNSERER AB-MACHUNG.
NEIN!

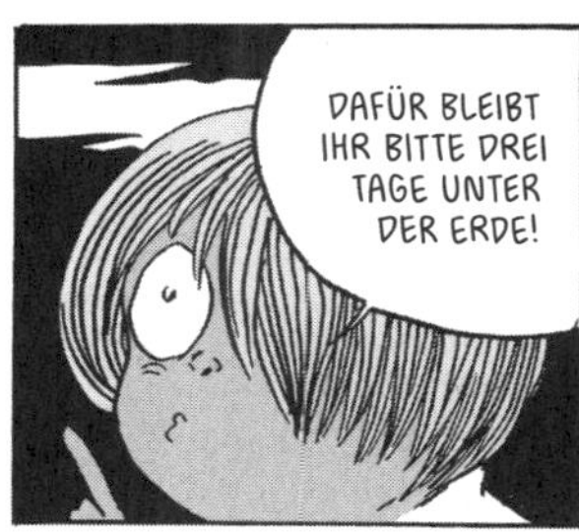
DAFÜR BLEIBT IHR BITTE DREI TAGE UNTER DER ERDE!

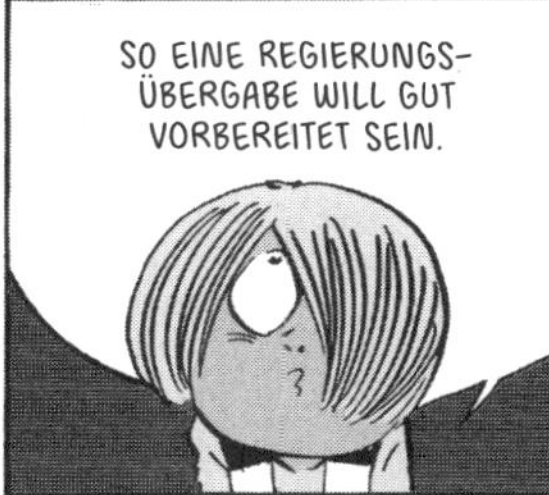
SO EINE REGIERUNGS-ÜBERGABE WILL GUT VORBEREITET SEIN.

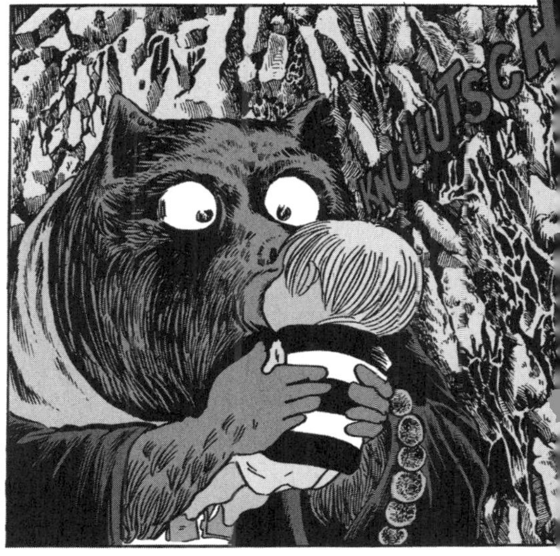
KNUUUTSCH

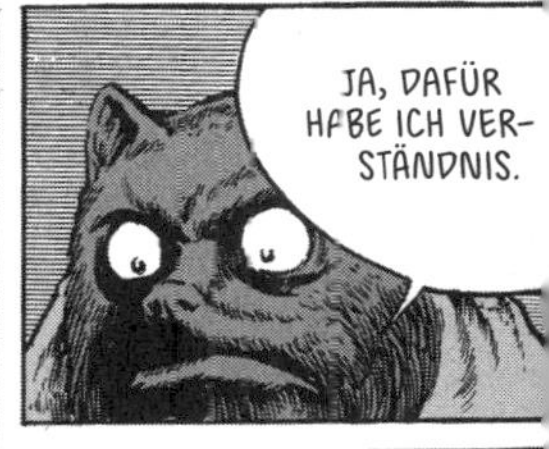
JA, DAFÜR HABE ICH VER-STÄNDNIS.

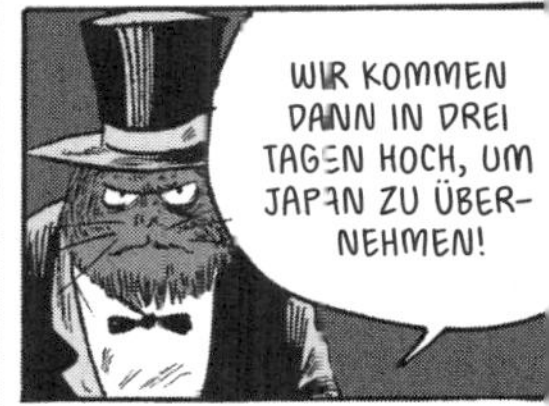
WIR KOMMEN DANN IN DREI TAGEN HOCH, UM JAPAN ZU ÜBER-NEHMEN!

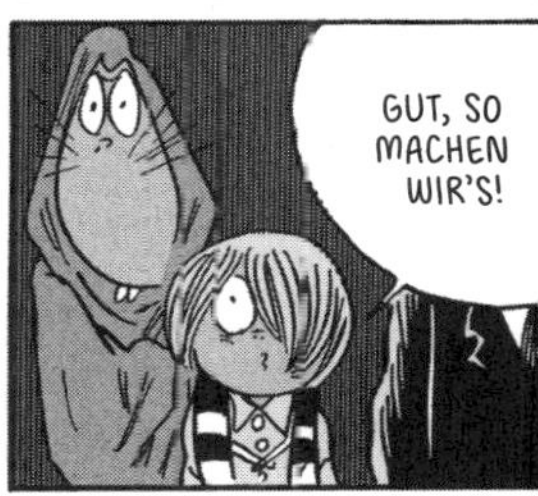
GUT, SO MACHEN WIR'S!

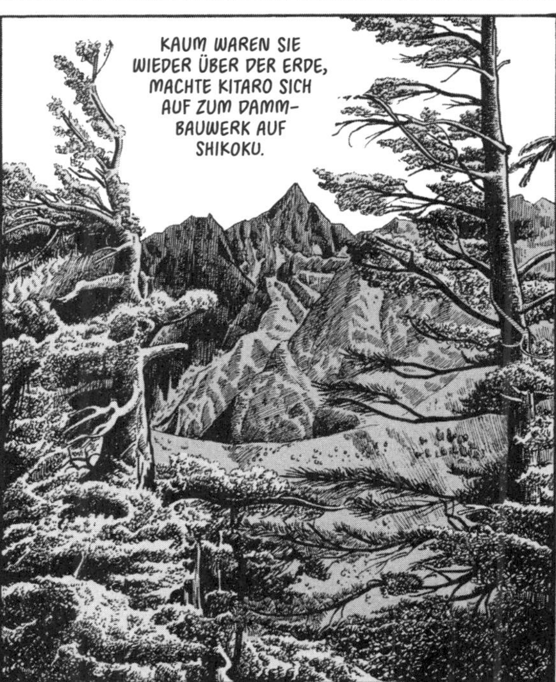
KAUM WAREN SIE WIEDER ÜBER DER ERDE, MACHTE KITARO SICH AUF ZUM DAMM-BAUWERK AUF SHIKOKU.

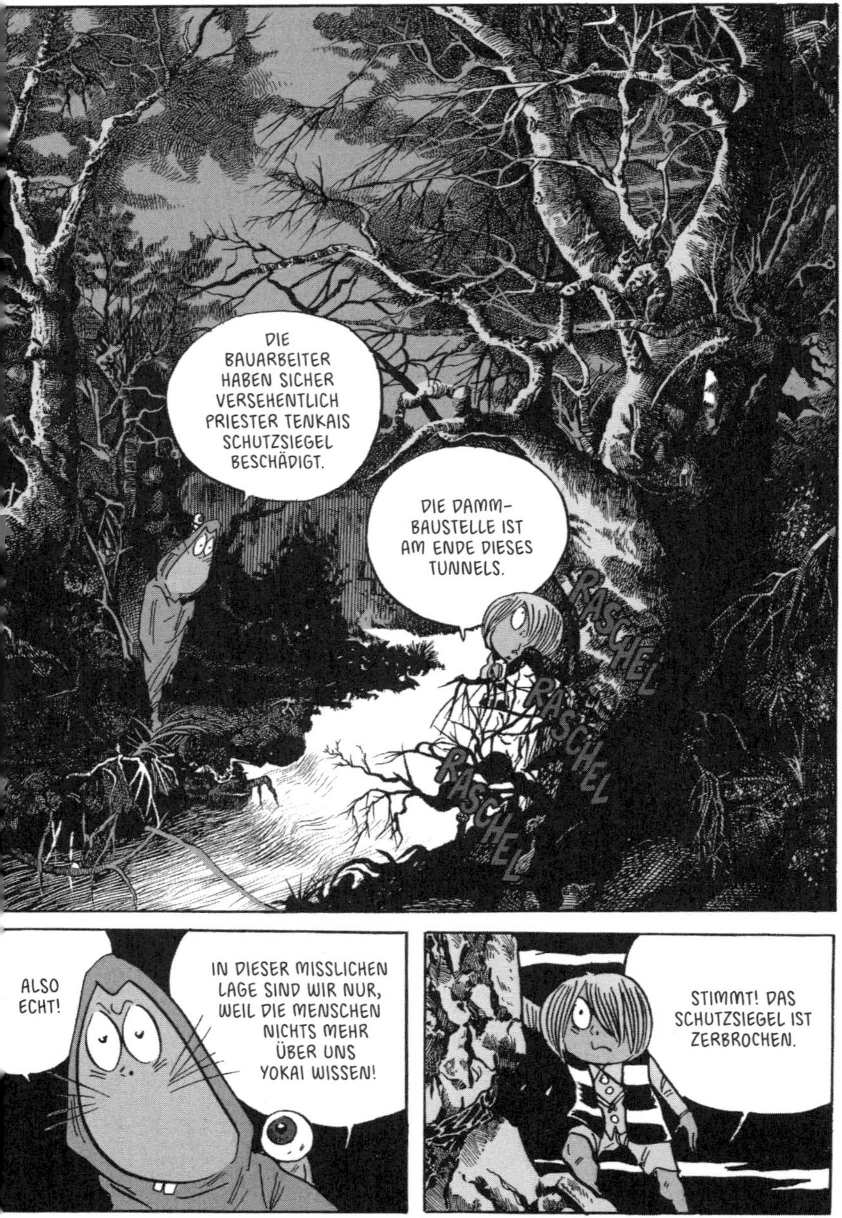

DIE BAUARBEITER HABEN SICHER VERSEHENTLICH PRIESTER TENKAIS SCHUTZSIEGEL BESCHÄDIGT.
DIE DAMM-BAUSTELLE IST AM ENDE DIESES TUNNELS.
RASCHEL
RASCHEL
RASCHEL

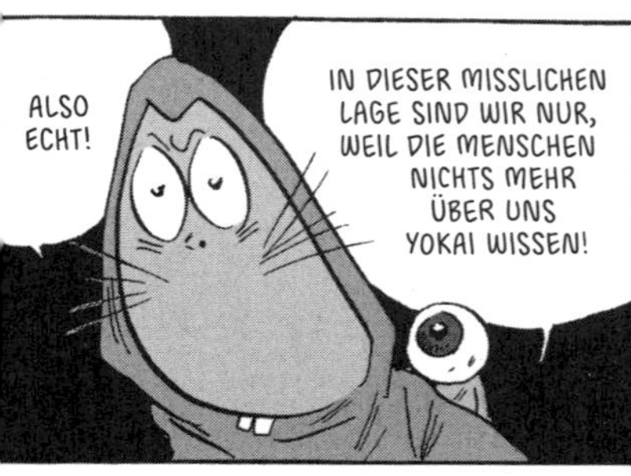
ALSO ECHT!
IN DIESER MISSLICHEN LAGE SIND WIR NUR, WEIL DIE MENSCHEN NICHTS MEHR ÜBER UNS YOKAI WISSEN!

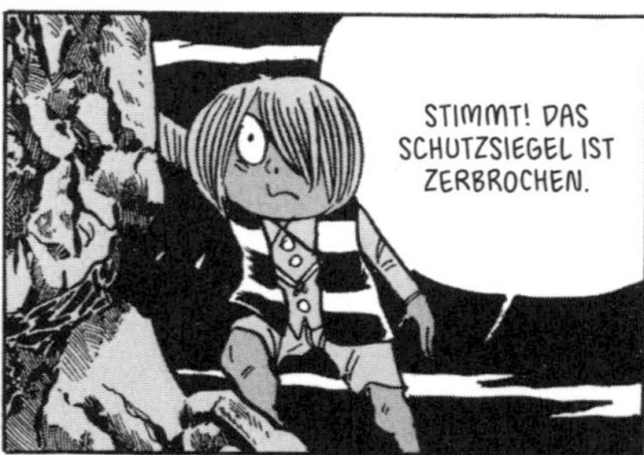
STIMMT! DAS SCHUTZSIEGEL IST ZERBROCHEN.

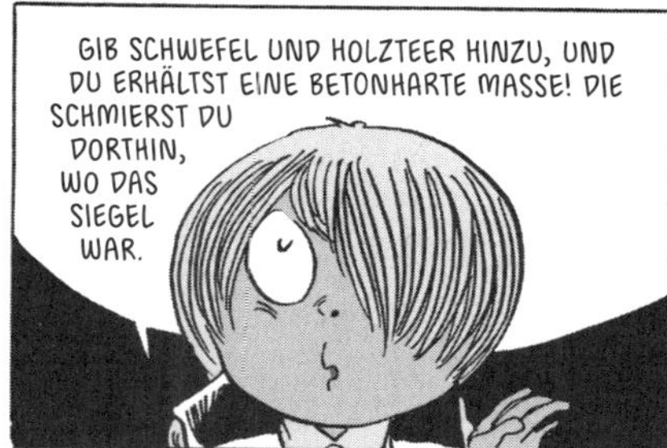
GIB SCHWEFEL UND HOLZTEER HINZU, UND DU ERHÄLTST EINE BETONHARTE MASSE! DIE SCHMIERST DU DORTHIN, WO DAS SIEGEL WAR.

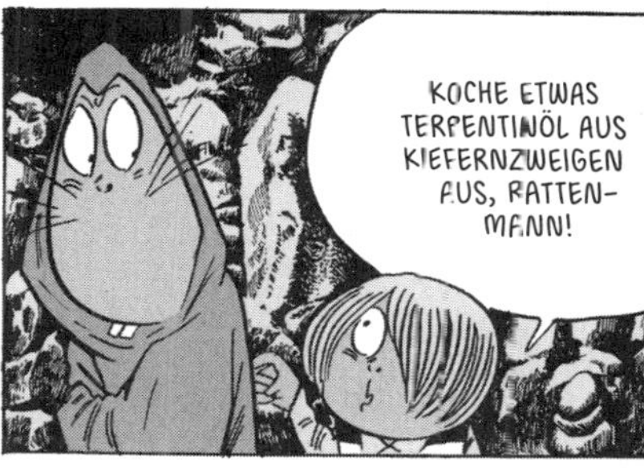
KOCHE ETWAS TERPENTINÖL AUS KIEFERNZWEIGEN AUS, RATTEN-MANN!

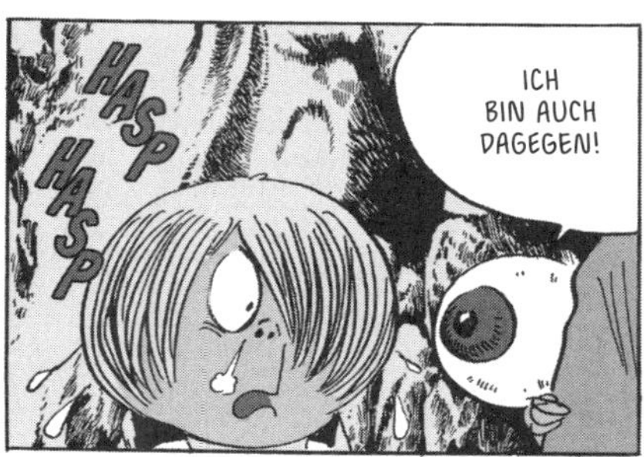
HASP
HASP
ICH BIN AUCH DAGEGEN!

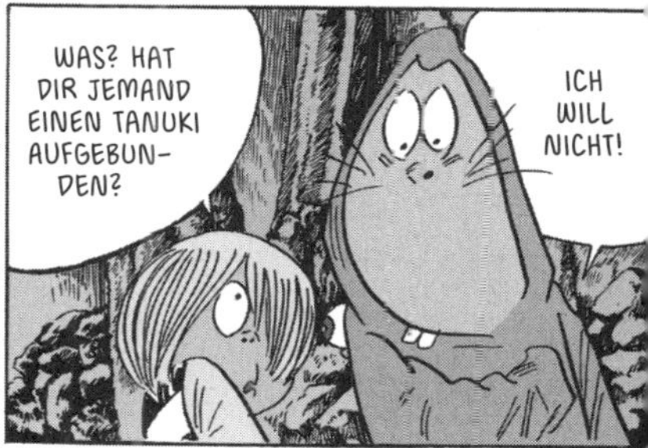
WAS? HAT DIR JEMAND EINEN TANUKI AUFGEBUN-DEN?
ICH WILL NICHT!

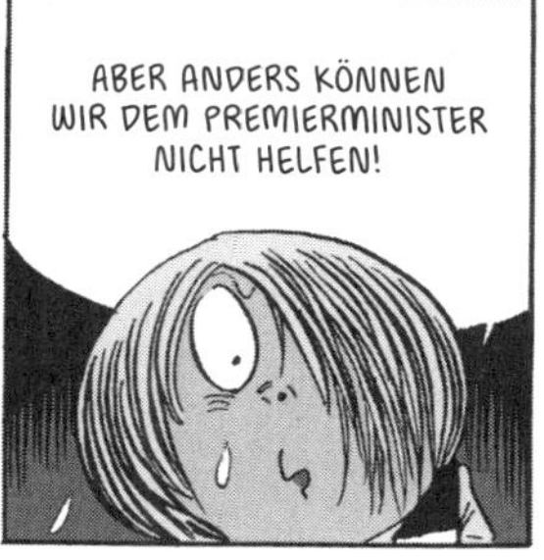
ABER ANDERS KÖNNEN WIR DEM PREMIERMINISTER NICHT HELFEN!

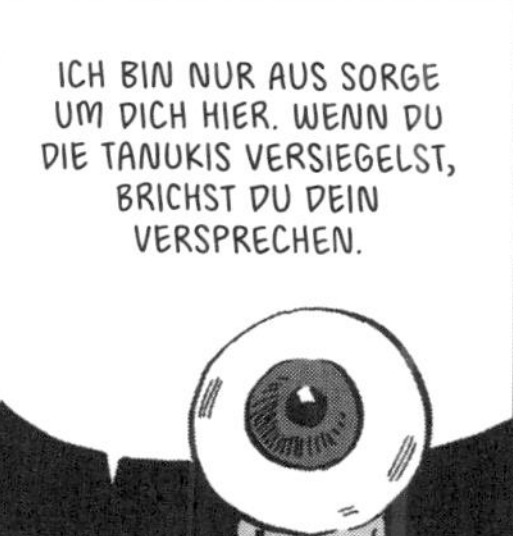
ICH BIN NUR AUS SORGE UM DICH HIER. WENN DU DIE TANUKIS VERSIEGELST, BRICHST DU DEIN VERSPRECHEN.

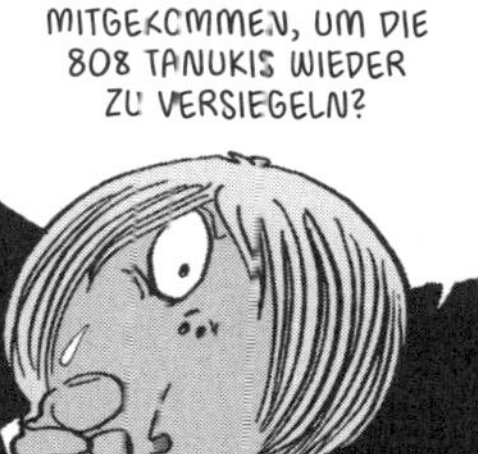
SEID IHR DENN NICHT MITGEKOMMEN, UM DIE 808 TANUKIS WIEDER ZU VERSIEGELN?

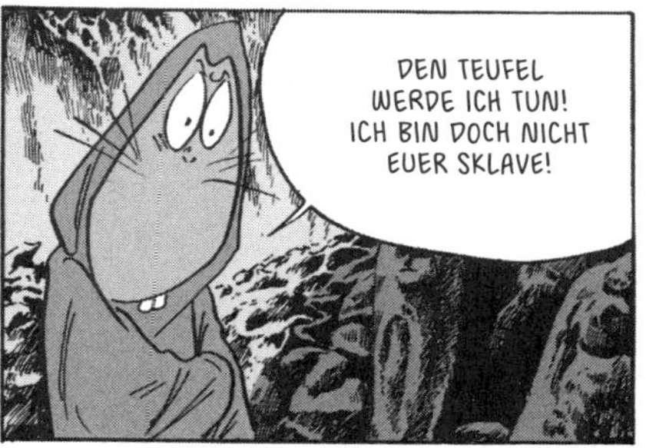
DEN TEUFEL WERDE ICH TUN! ICH BIN DOCH NICHT EUER SKLAVE!

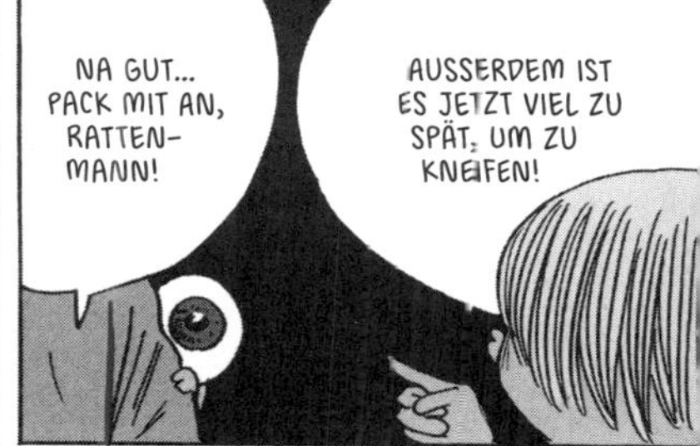
NA GUT... PACK MIT AN, RATTEN-MANN!
AUSSERDEM IST ES JETZT VIEL ZU SPÄT, UM ZU KNEIFEN!

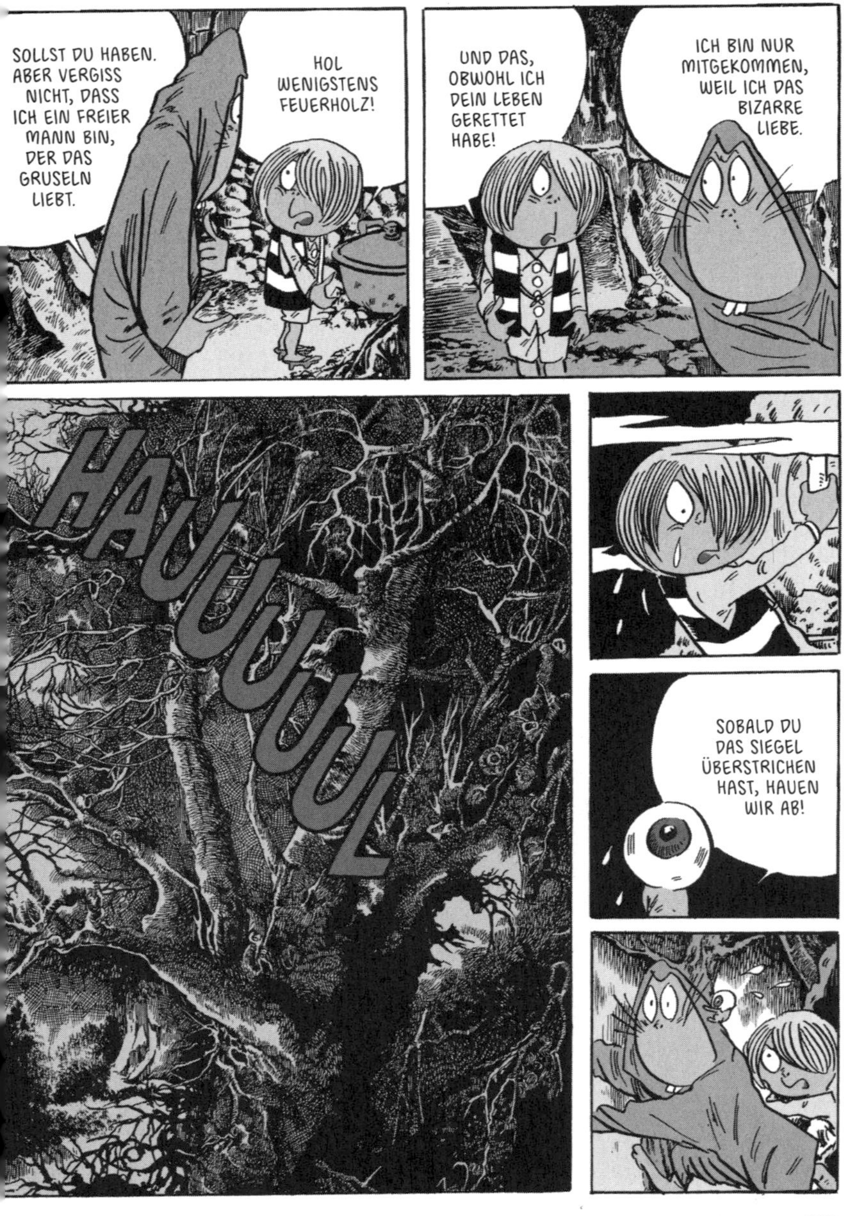

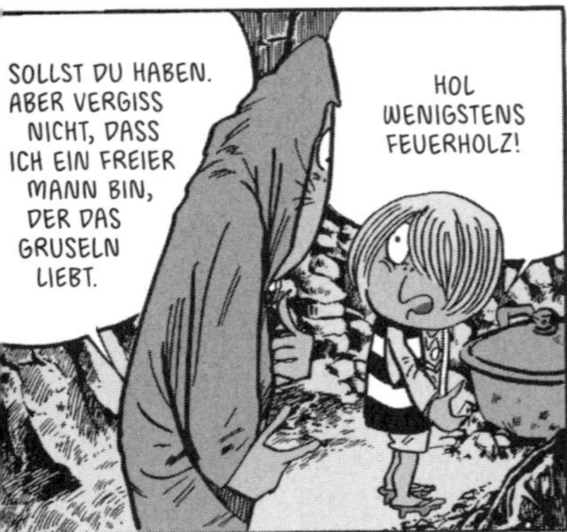
HOL WENIGSTENS FEUERHOLZ!
SOLLST DU HABEN. ABER VERGISS NICHT, DASS ICH EIN FREIER MANN BIN, DER DAS GRUSELN LIEBT.
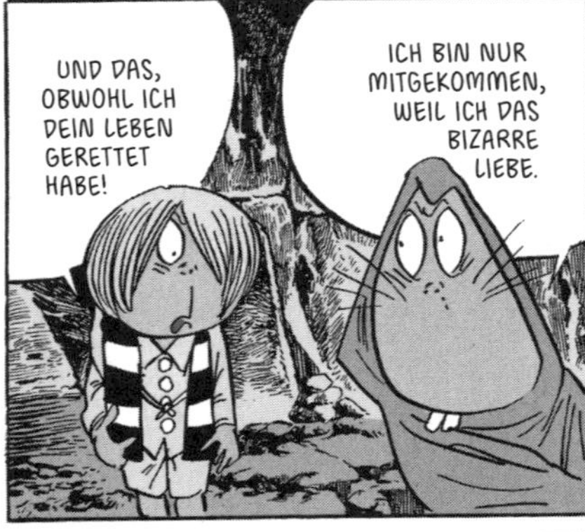
UND DAS, OBWOHL ICH DEIN LEBEN GERETTET HABE!
ICH BIN NUR MITGEKOMMEN, WEIL ICH DAS BIZARRE LIEBE.
HAUUUUUUL
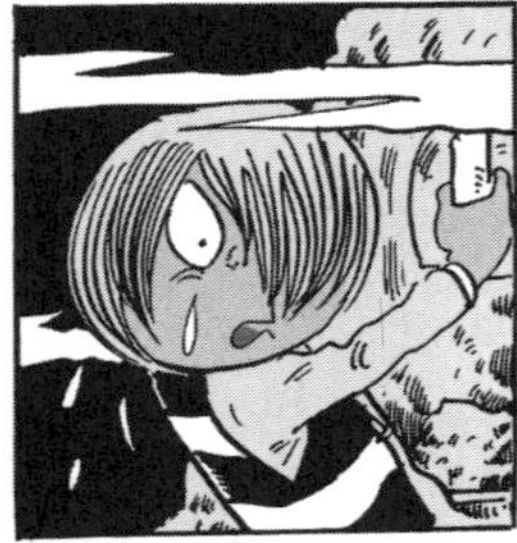
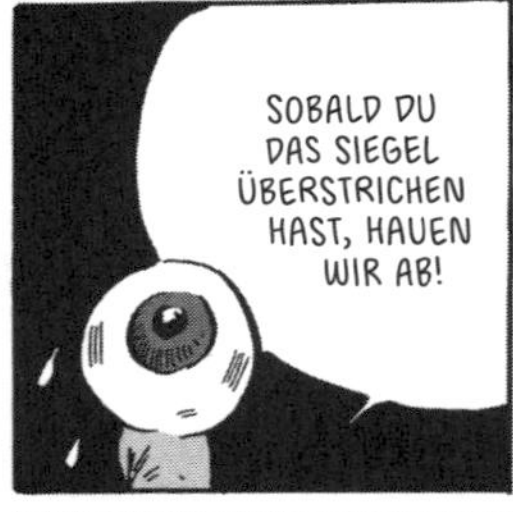
SOBALD DU DAS SIEGEL ÜBERSTRICHEN HAST, HAUEN WIR AB!
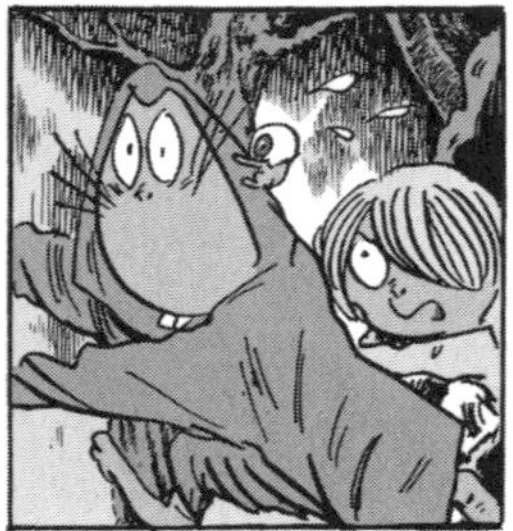

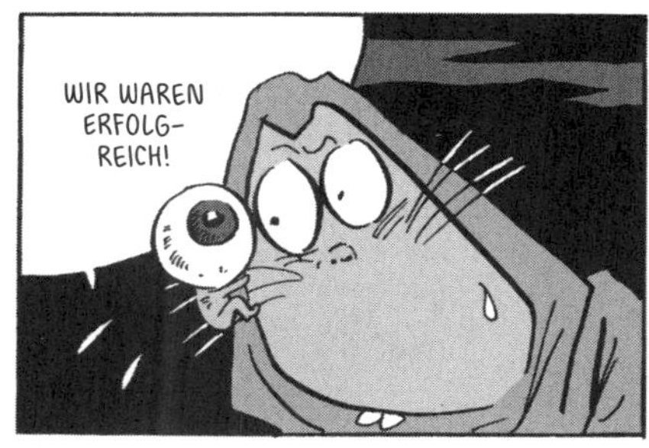

KITAROS BANNSPRUCH ZEIGTE DEN GLEICHEN EFFEKT WIE DER SCHUTZZAUBER DES PRIESTERS TENKAI VOR 250 JAHREN! DER ZWEITE MOND TRIEB NOCH IMMER IN DER BUCHT VON TOKYO...

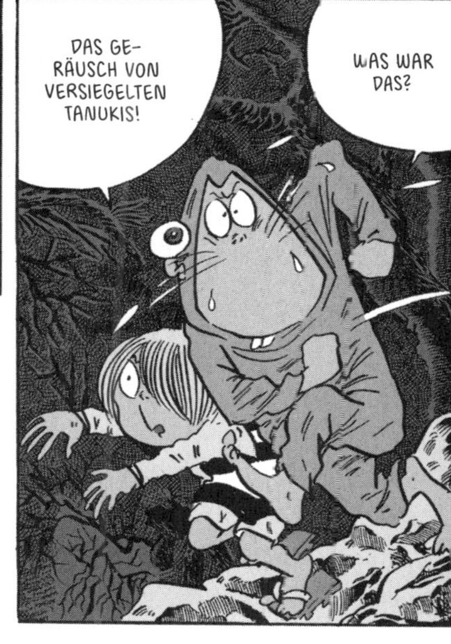

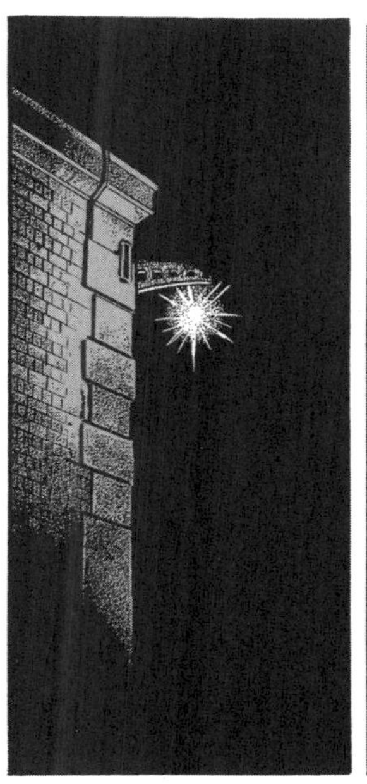

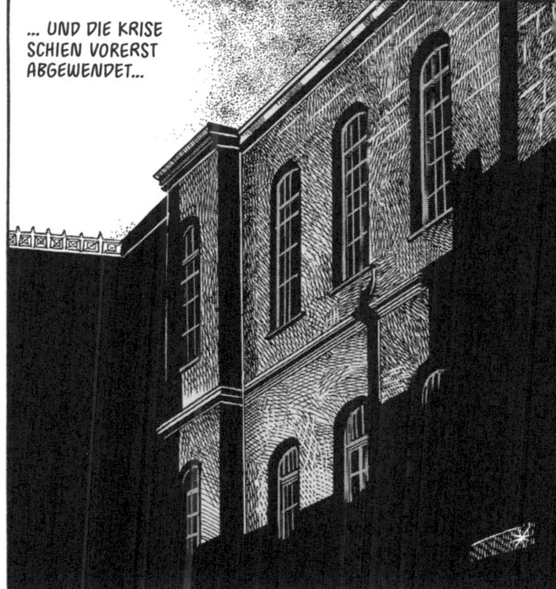

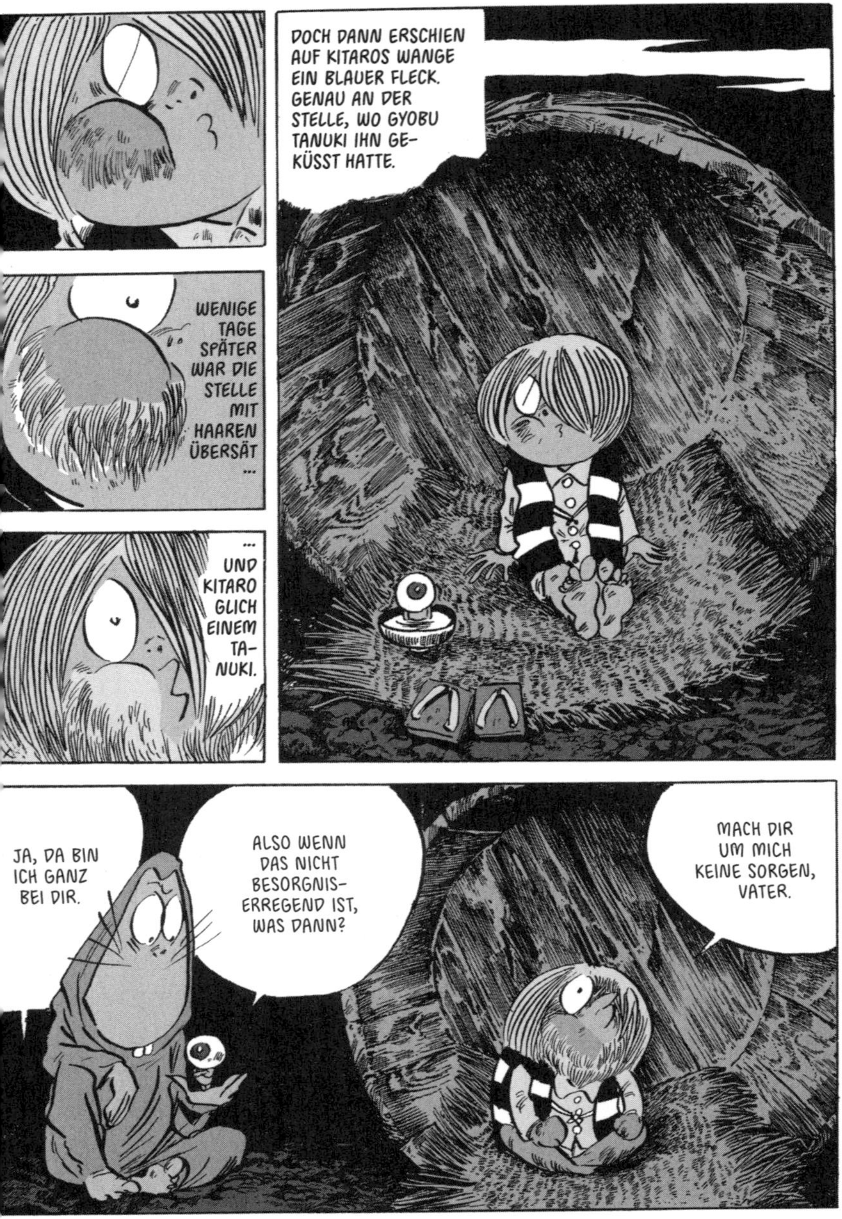

DOCH DANN ERSCHIEN AUF KITAROS WANGE EIN BLAUER FLECK. GENAU AN DER STELLE, WO GYOBU TANUKI IHN GEKÜSST HATTE.

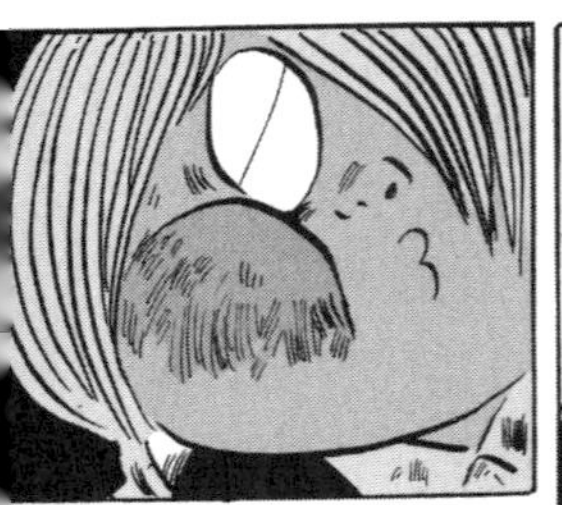

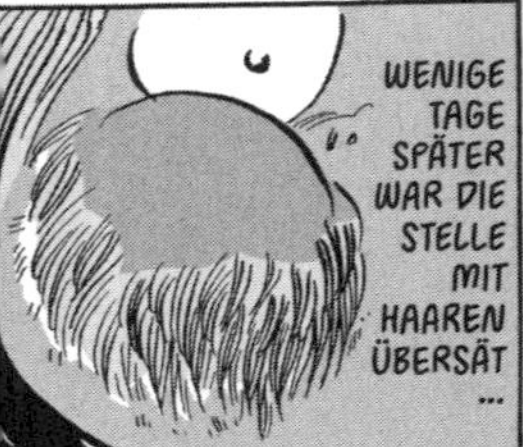

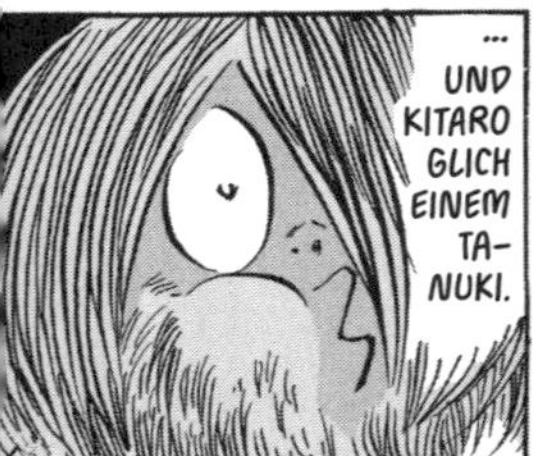

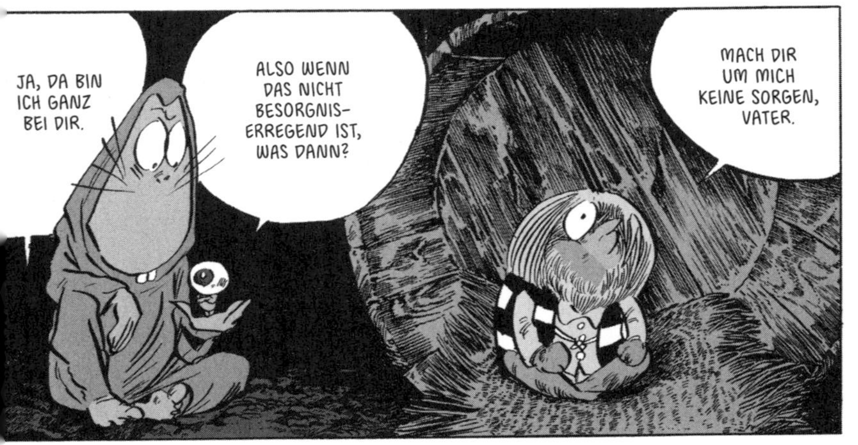

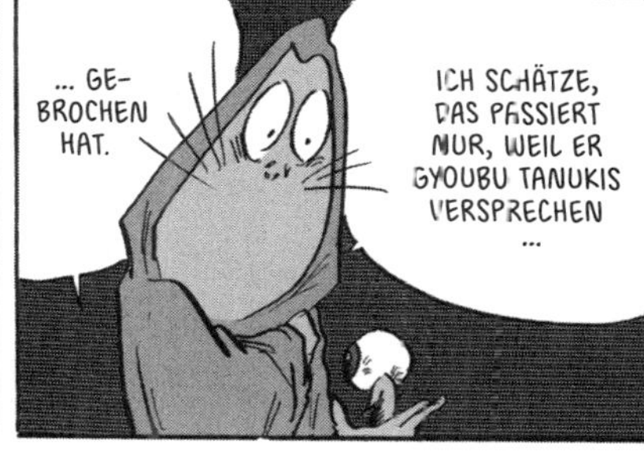
ICH SCHÄTZE, DAS PASSIERT NUR, WEIL ER GYOUBU TANUKIS VERSPRECHEN ...
... GE-BROCHEN HAT.

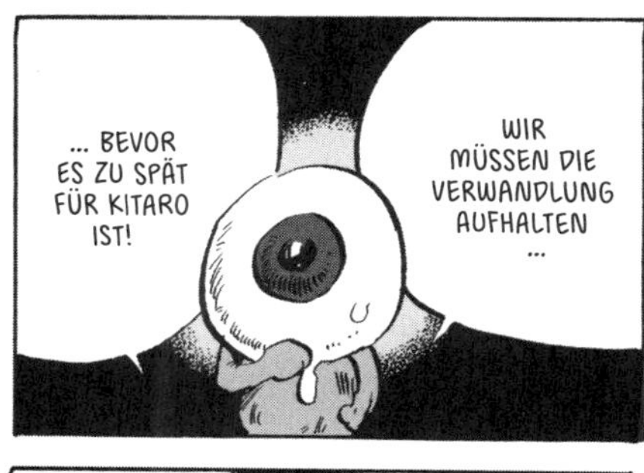
WIR MÜSSEN DIE VERWANDLUNG AUFHALTEN ...
... BEVOR ES ZU SPÄT FÜR KITARO IST!

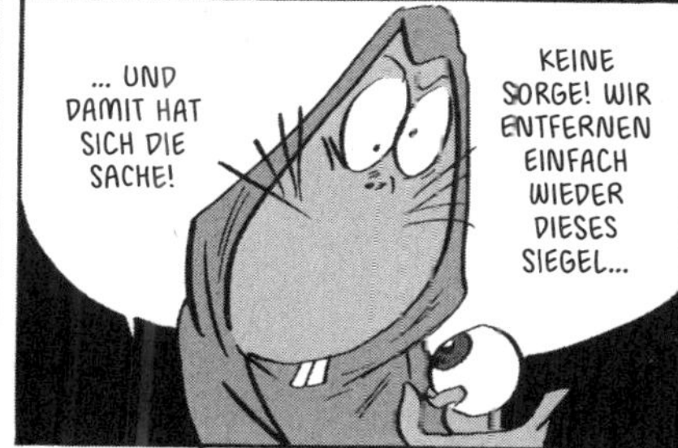
KEINE SORGE! WIR ENTFERNEN EINFACH WIEDER DIESES SIEGEL...
... UND DAMIT HAT SICH DIE SACHE!

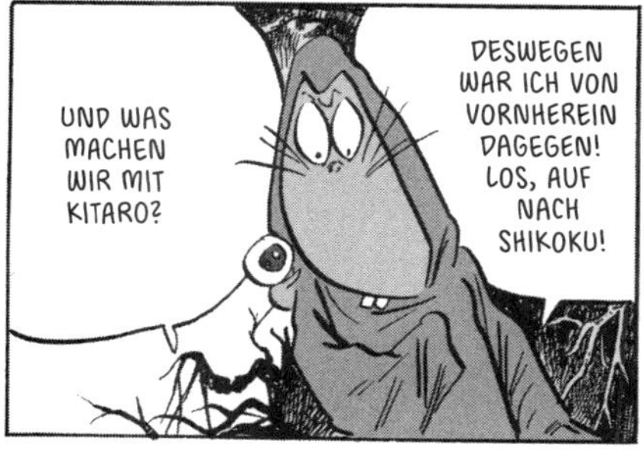
DESWEGEN WAR ICH VON VORNHEREIN DAGEGEN! LOS, AUF NACH SHIKOKU!
UND WAS MACHEN WIR MIT KITARO?

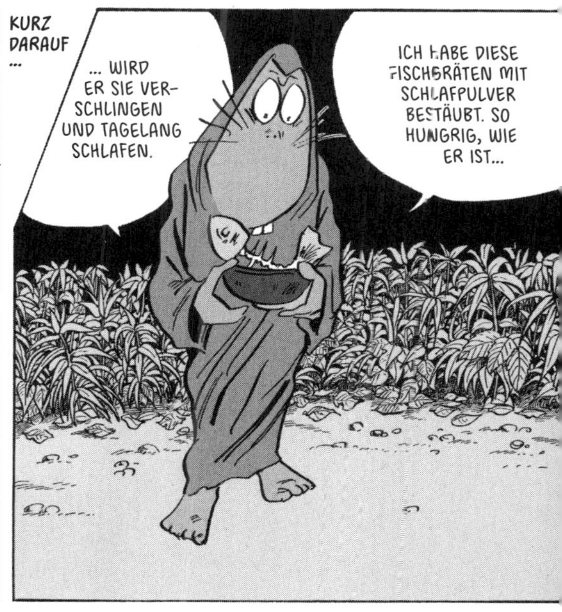
KURZ DARAUF ...
ICH HABE DIESE FISCHGRÄTEN MIT SCHLAFPULVER BESTÄUBT. SO HUNGRIG, WIE ER IST...
... WIRD ER SIE VER-SCHLINGEN UND TAGELANG SCHLAFEN.

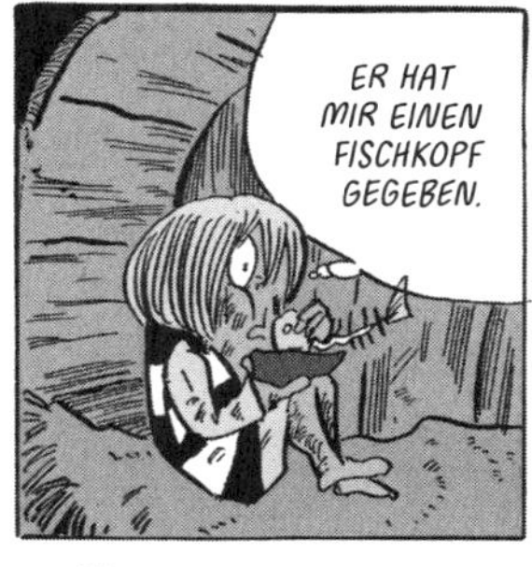
ER HAT MIR EINEN FISCHKOPF GEGEBEN.

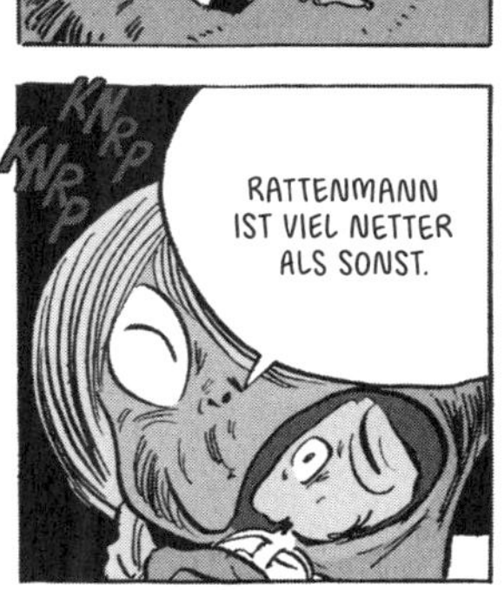
KNRP
KNRP
RATTENMANN IST VIEL NETTER ALS SONST.

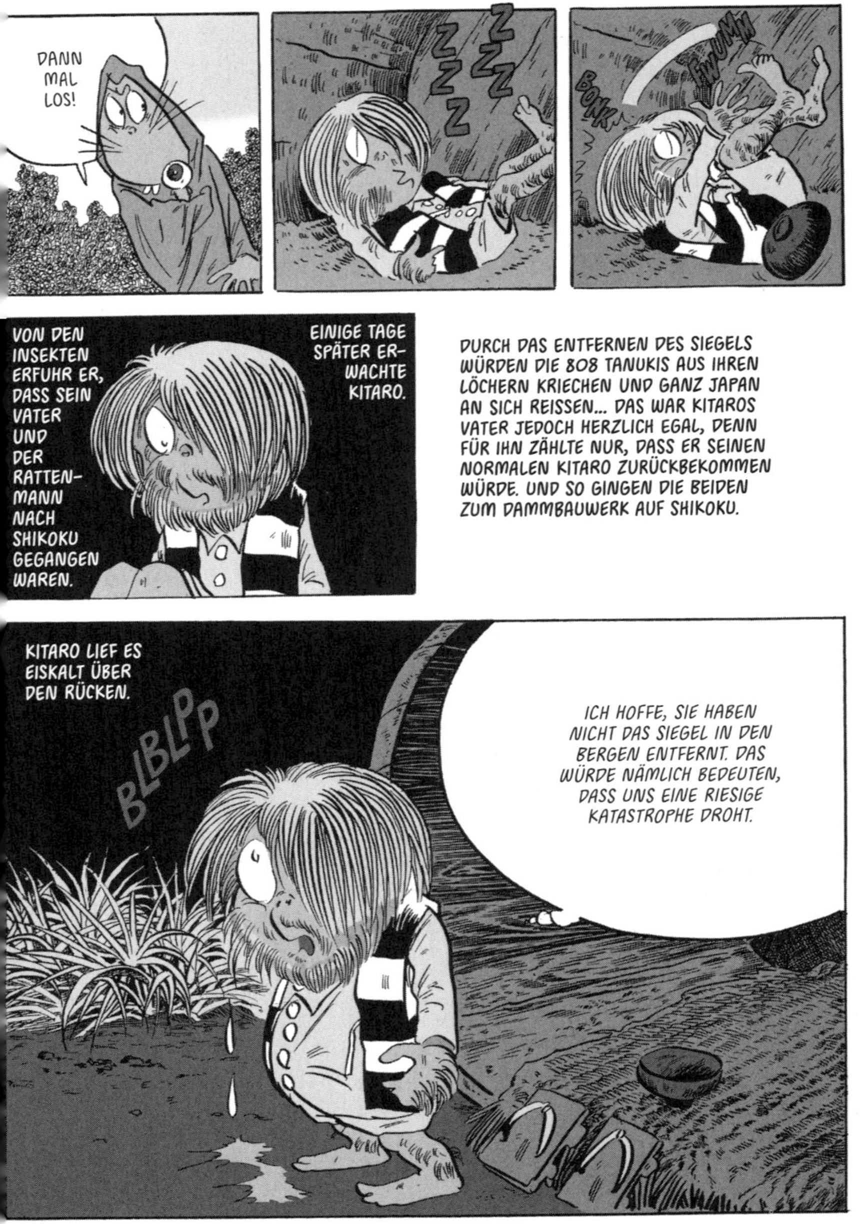

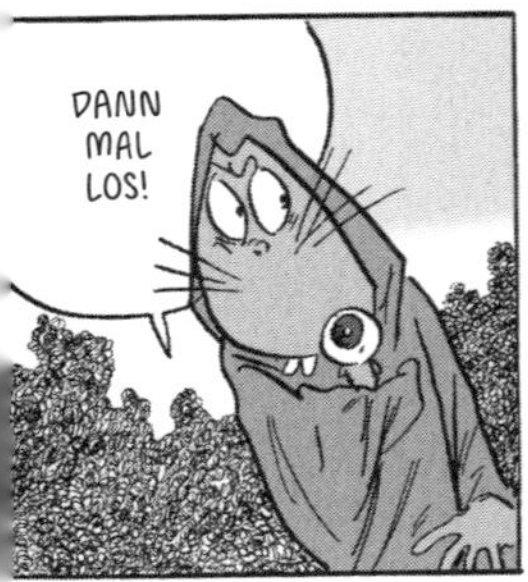

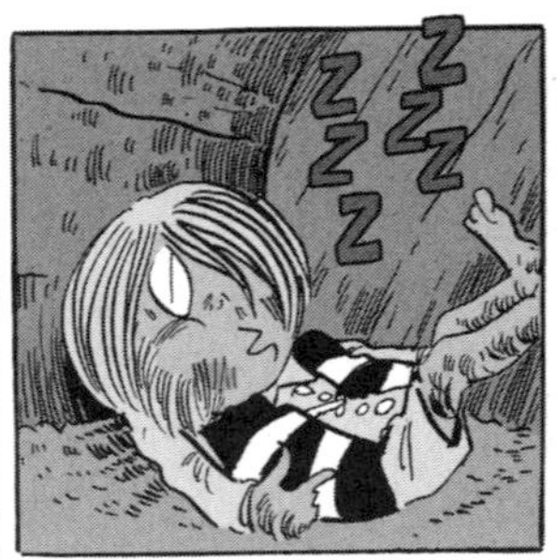

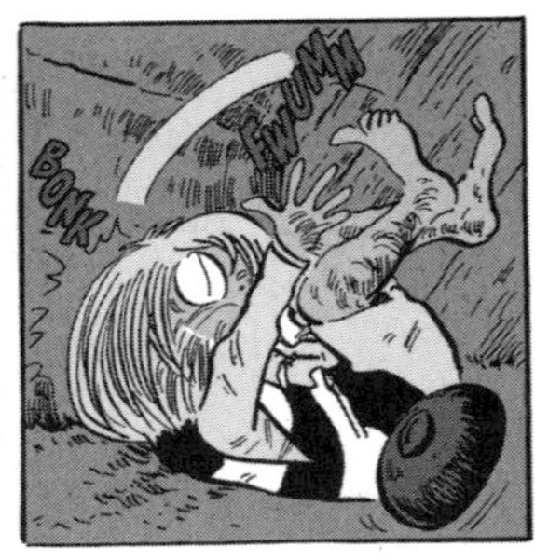

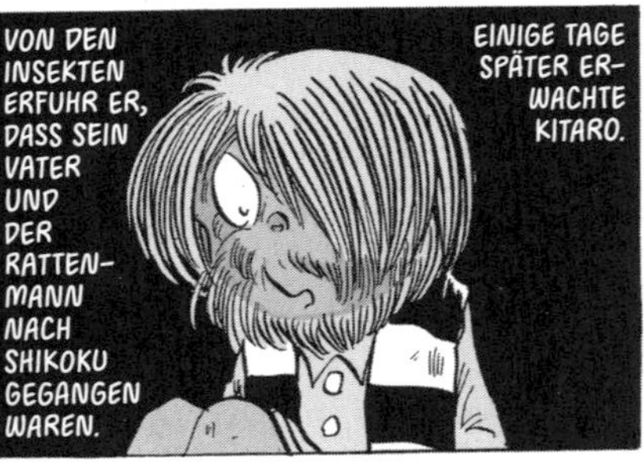

DURCH DAS ENTFERNEN DES SIEGELS WÜRDEN DIE 808 TANUKIS AUS IHREN LÖCHERN KRIECHEN UND GANZ JAPAN AN SICH REISSEN... DAS WAR KITAROS VATER JEDOCH HERZLICH EGAL, DENN FÜR IHN ZÄHLTE NUR, DASS ER SEINEN NORMALEN KITARO ZURÜCKBEKOMMEN WÜRDE. UND SO GINGEN DIE BEIDEN ZUM DAMMBAUWERK AUF SHIKOKU.

KITARO LIEF ES EISKALT ÜBER DEN RÜCKEN.

BLBLPP

ICH HOFFE, SIE HABEN NICHT DAS SIEGEL IN DEN BERGEN ENTFERNT. DAS WÜRDE NÄMLICH BEDEUTEN, DASS UNS EINE RIESIGE KATASTROPHE DROHT.

Die Yokai-Bestie, Teil 3 – Ende

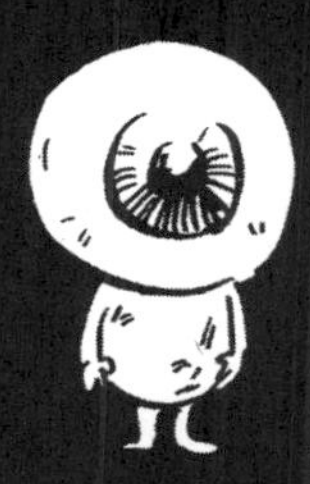

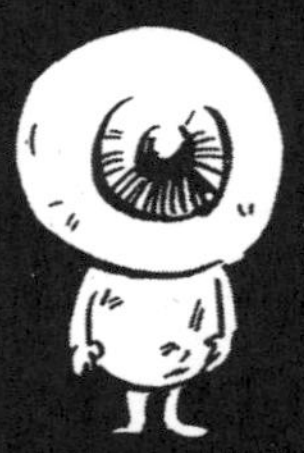

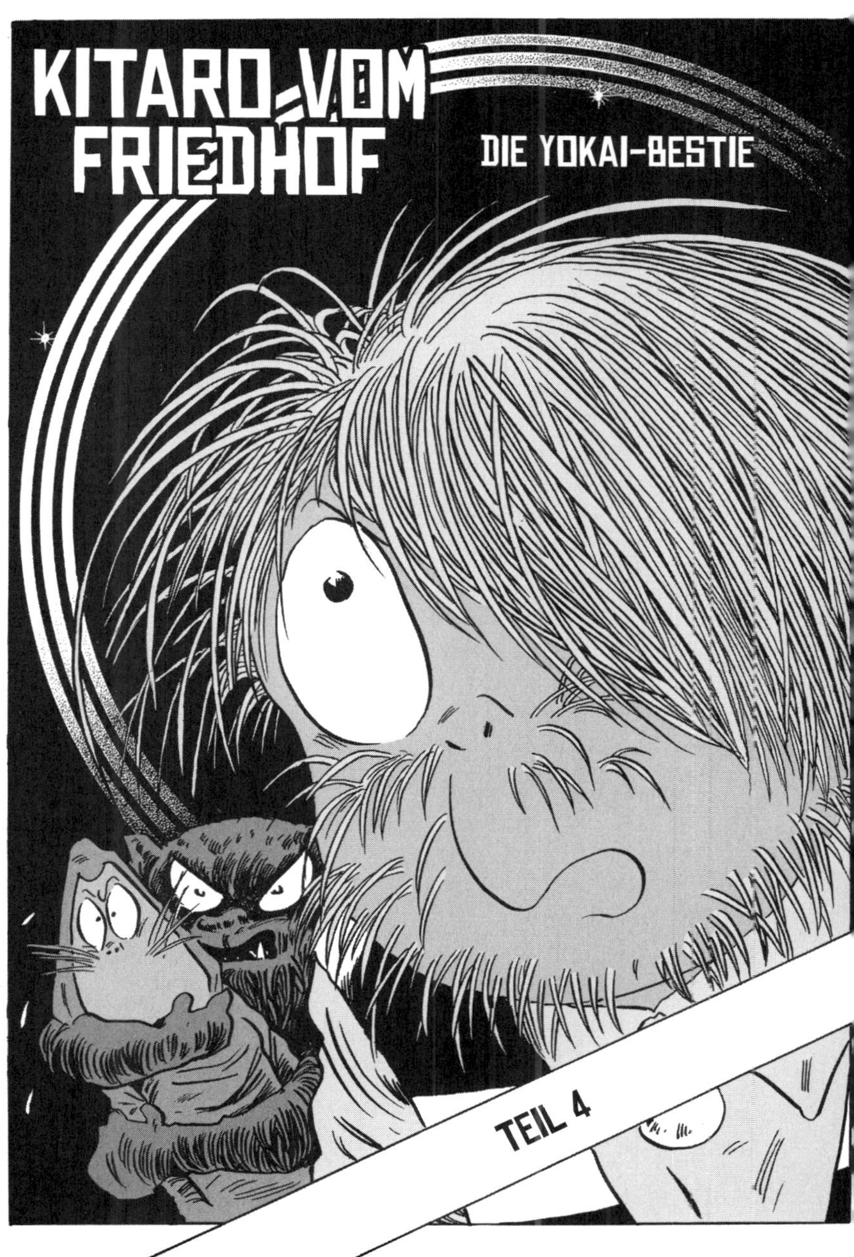
KITARO VOM FRIEDHOF
DIE YOKAI-BESTIE
TEIL 4

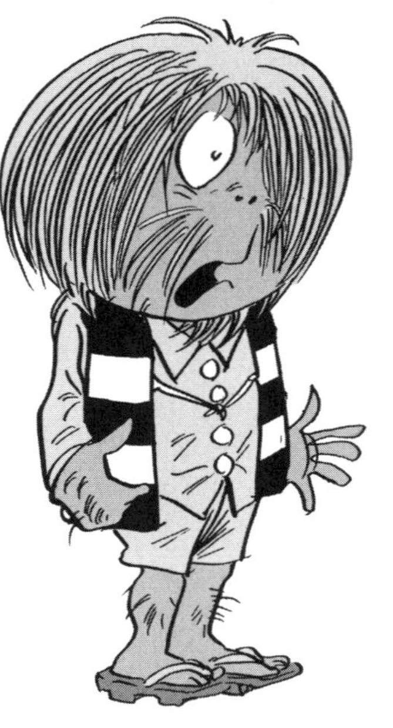

VOR 300 JAHREN TAUCHTEN AUF DER INSEL SHIKOKU YOKAI AUF, DIE AUF DEN NAMEN „808 TANUKIS“ HÖRTEN. SIE ERKLÄRTEN MATSUYAMA ZU IHRER HOCHBURG UND VERSUCHTEN VON DORT AUS, GANZ SHIKOKU EINZUNEHMEN. DER DAMALIGE SHOGUN SCHICKTE DEN PRIESTER TENKAI AUS TOKYO, DER DIE TANUKIS MIT EINEM BANNSPRUCH UNTER DER ERDE VERSIEGELTE.

300 JAHRE SPÄTER WURDE DIESES SCHUTZSIEGEL BEI DEN BAUARBEITEN EINES DAMMS VERSEHENTLICH BESCHÄDIGT. UND SO KEHRTEN DIE 808 TANUKIS IN DIE WELT ÜBER DER ERDE ZURÜCK.

ANDERS ALS GEWÖHNLICHE MONSTER WAREN DIESE YOKAI JEDOCH GANZ SCHÖN CLEVER. SIE WOLLTEN NICHTS GERINGERES, ALS DIE HERRSCHAFT ÜBER GANZ JAPAN ERLANGEN. NOCH DAZU BESASSEN SIE MITTEL UND WEGE, DIE MIT DER MENSCHLICHEN WISSENSCHAFT NICHT ERKLÄRT WERDEN KONNTEN.

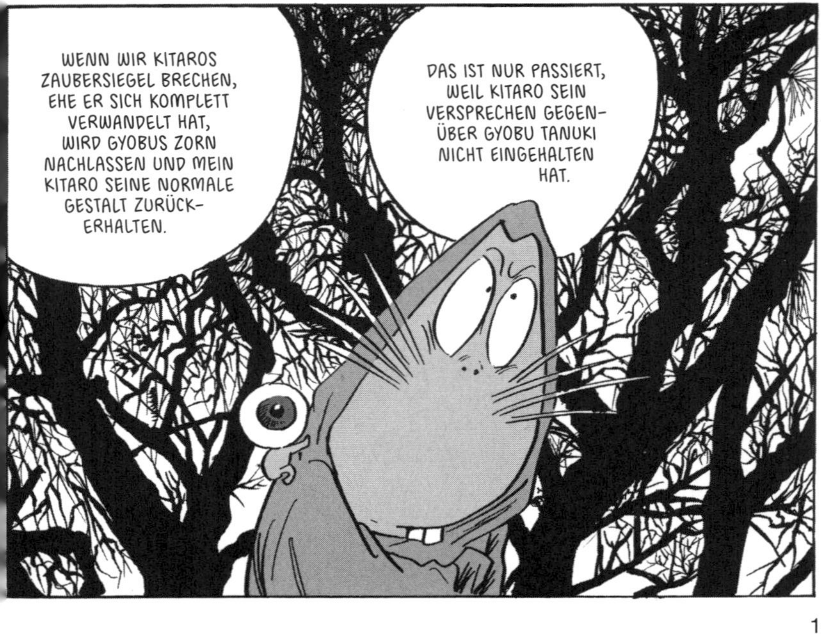

IN DEN BERGEN SHIKOKUS

WENN WIR KITAROS ZAUBERSIEGEL BRECHEN, EHE ER SICH KOMPLETT VERWANDELT HAT, WIRD GYOBUS ZORN NACHLASSEN UND MEIN KITARO SEINE NORMALE GESTALT ZURÜCKERHALTEN.

DAS IST NUR PASSIERT, WEIL KITARO SEIN VERSPRECHEN GEGENÜBER GYOBU TANUKI NICHT EINGEHALTEN HAT.

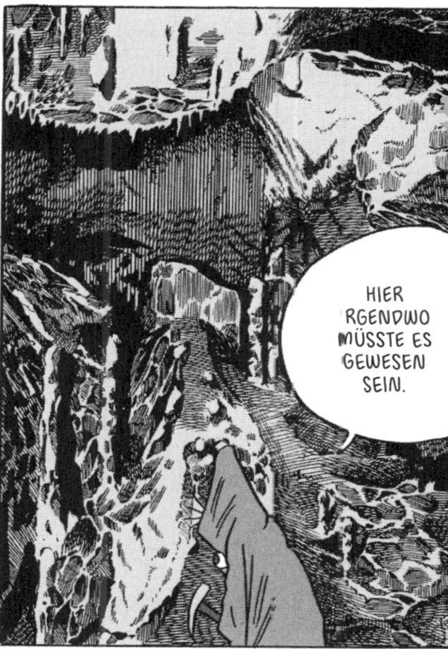
HIER
RGENDWO
MÜSSTE ES
GEWESEN
SEIN.

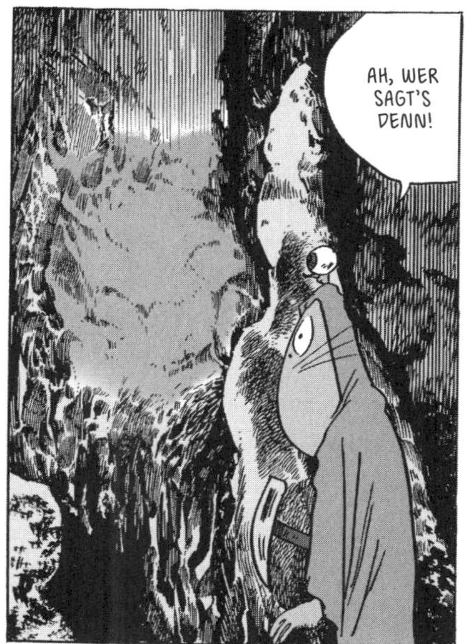
AH, WER
SAGT'S
DENN!

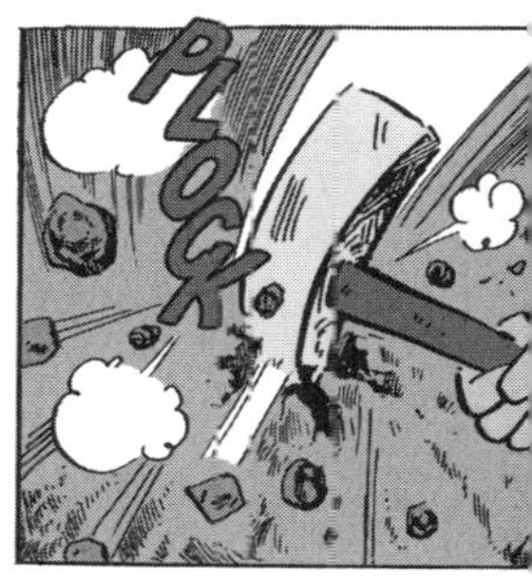
PLOCK

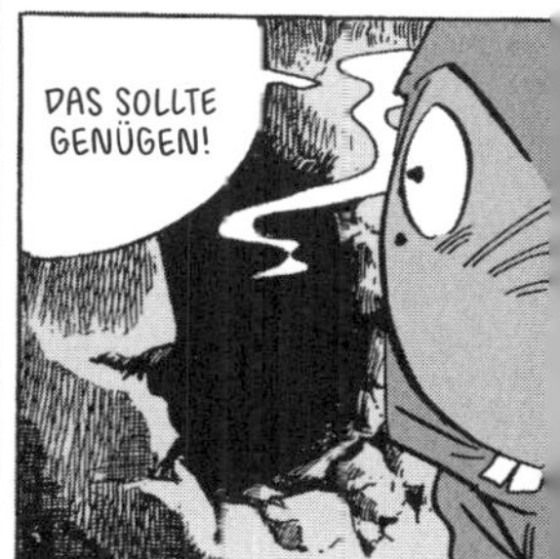
DAS SOLLTE
GENÜGEN!

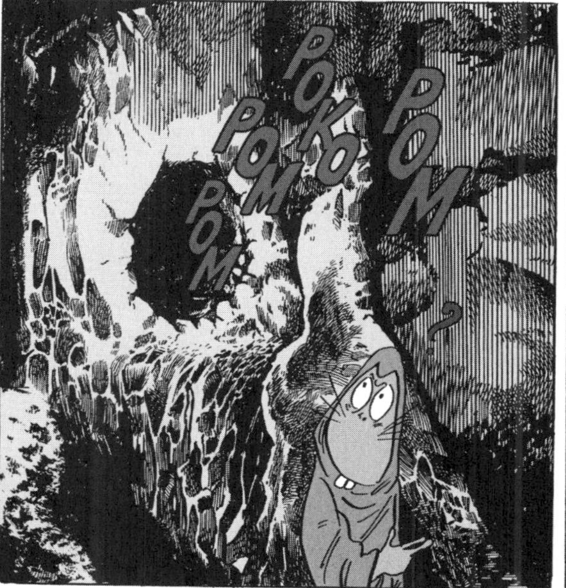
POM
POKO
POM
POM

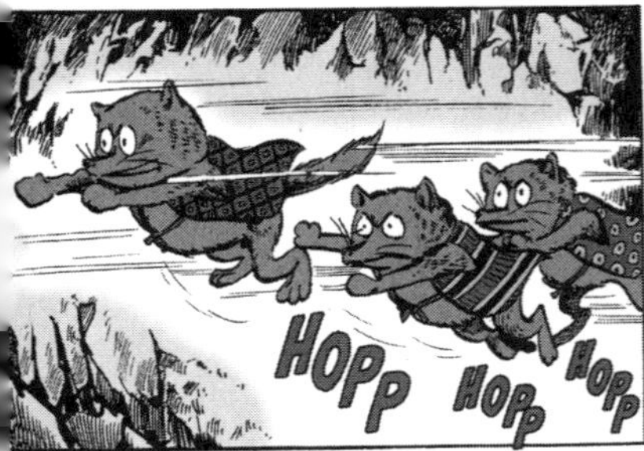
HOPP
HOPP
HOPP

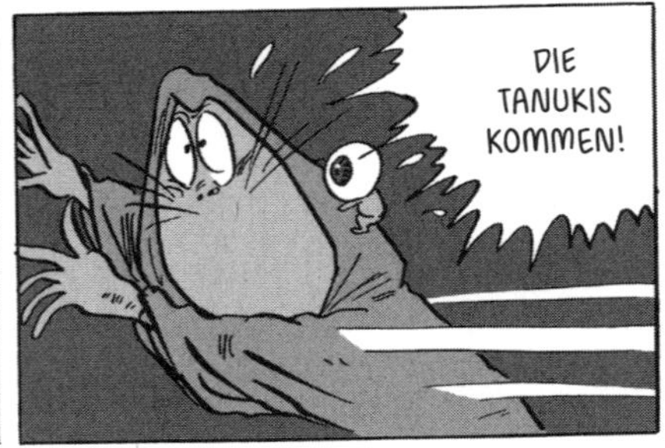
DIE TANUKIS KOMMEN!

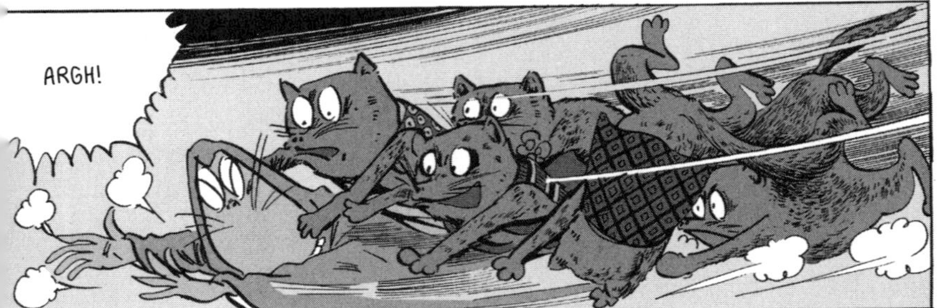
ARGH!

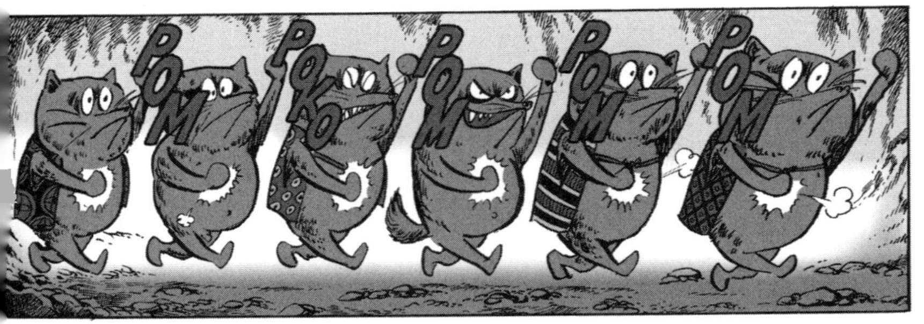
POM
POKO
POM
POM
POM

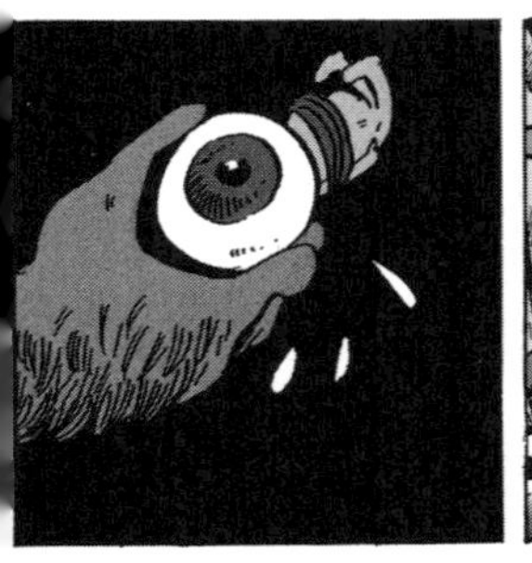

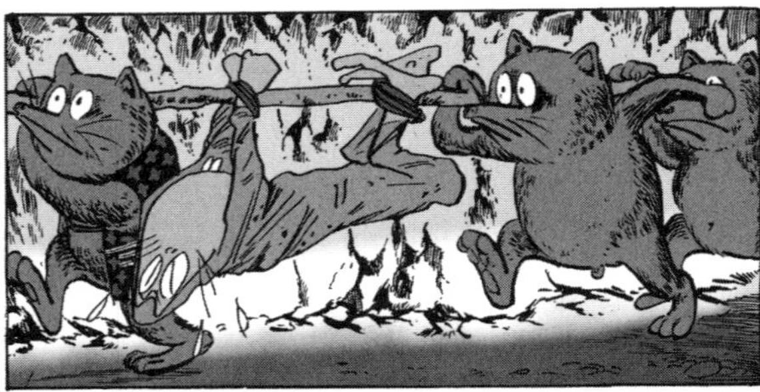

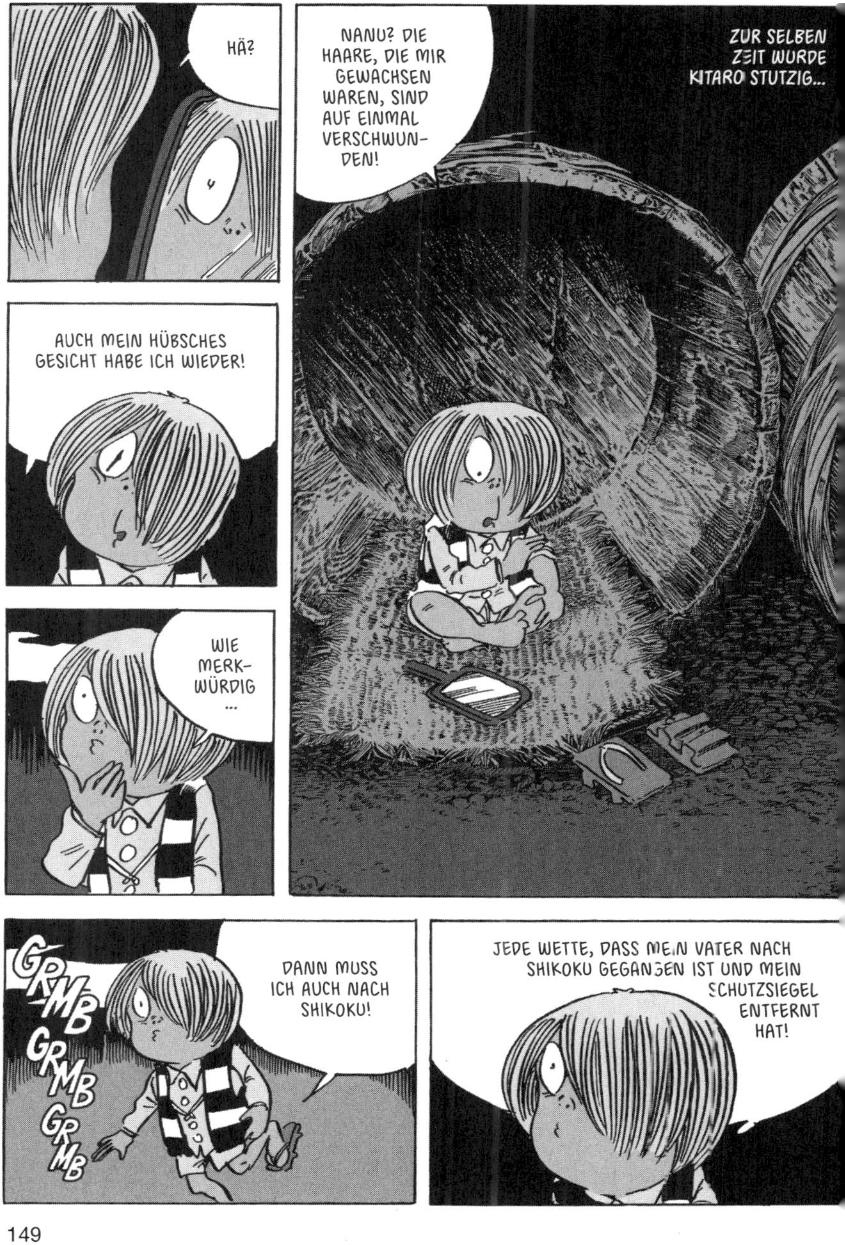

ZUR SELBEN ZEIT WURDE KITARO STUTZIG...

NANU? DIE HAARE, DIE MIR GEWACHSEN WAREN, SIND AUF EINMAL VERSCHWUNDEN!

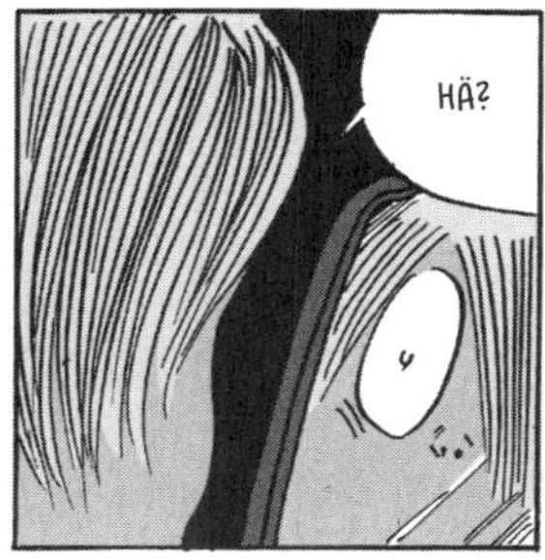

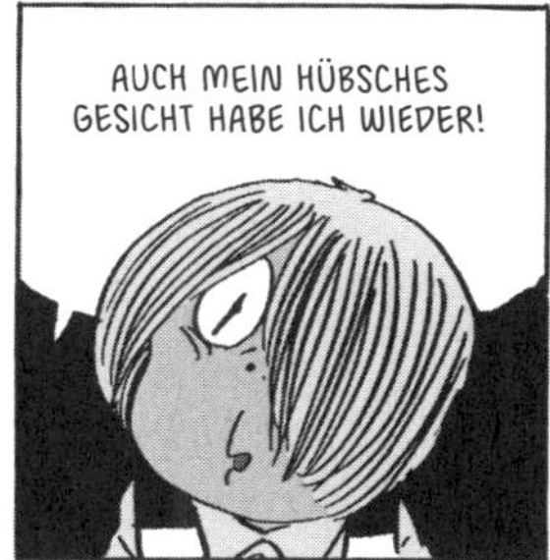

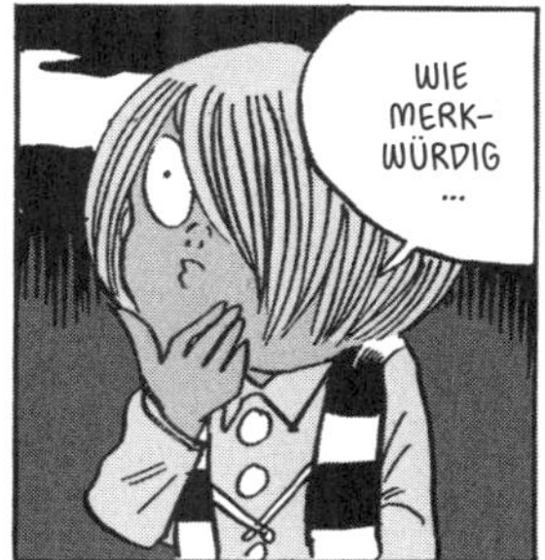

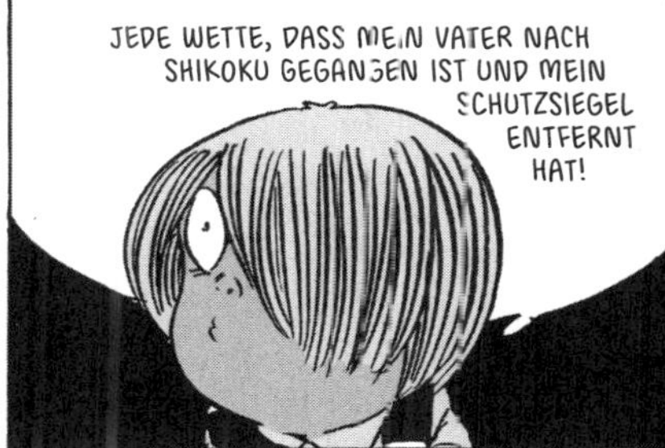

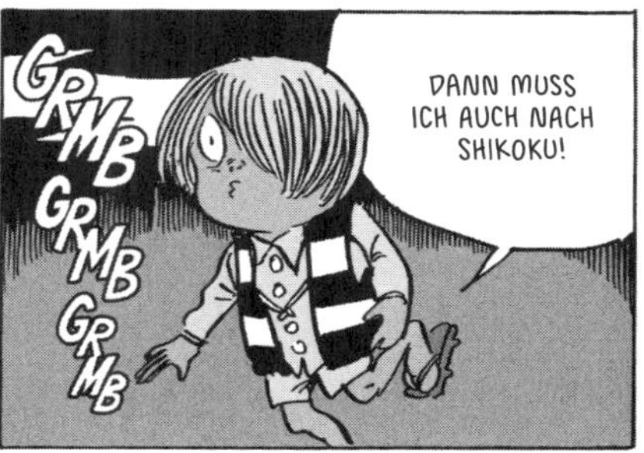

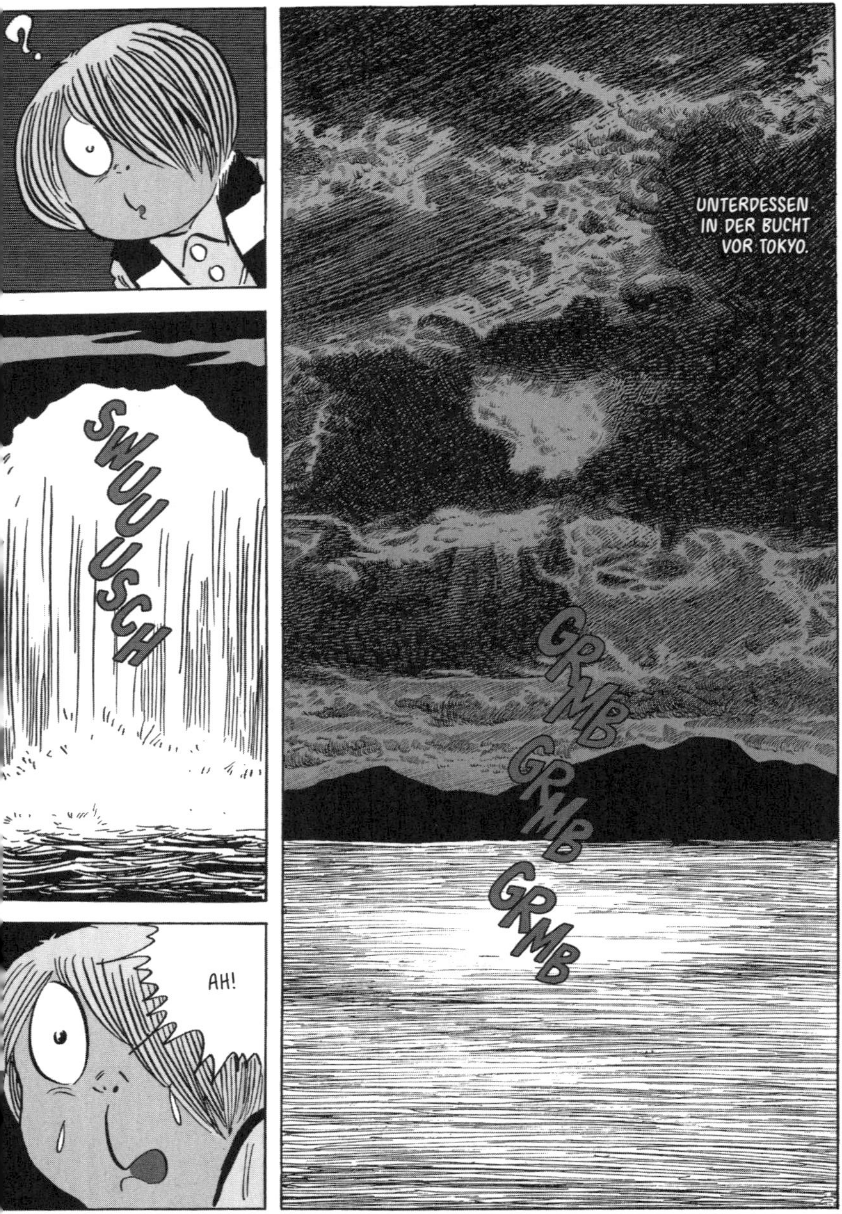

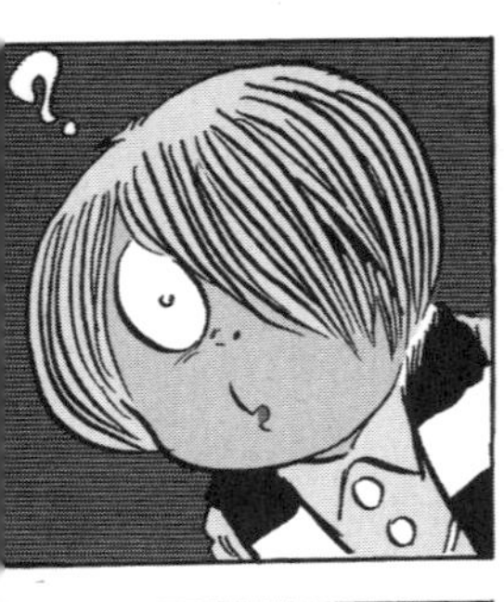

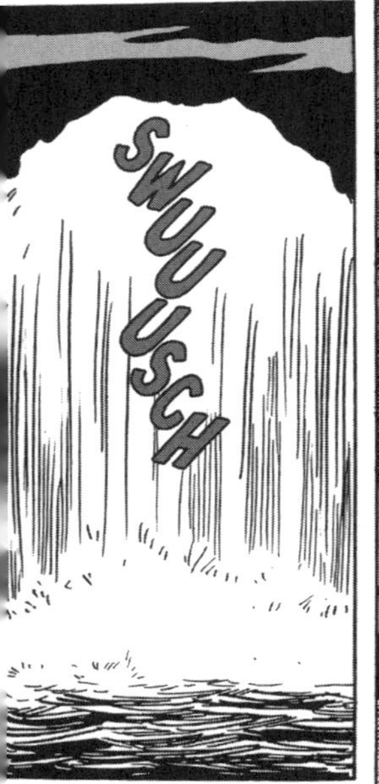

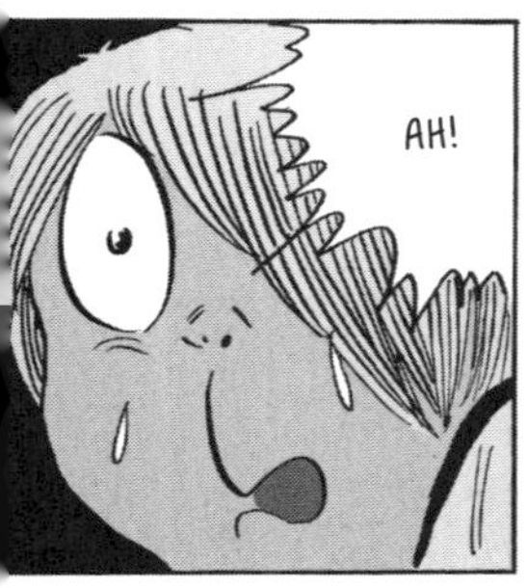

UNTERDESSEN IN DER BUCHT VOR TOKYO.

GRMB GRMB GRMB

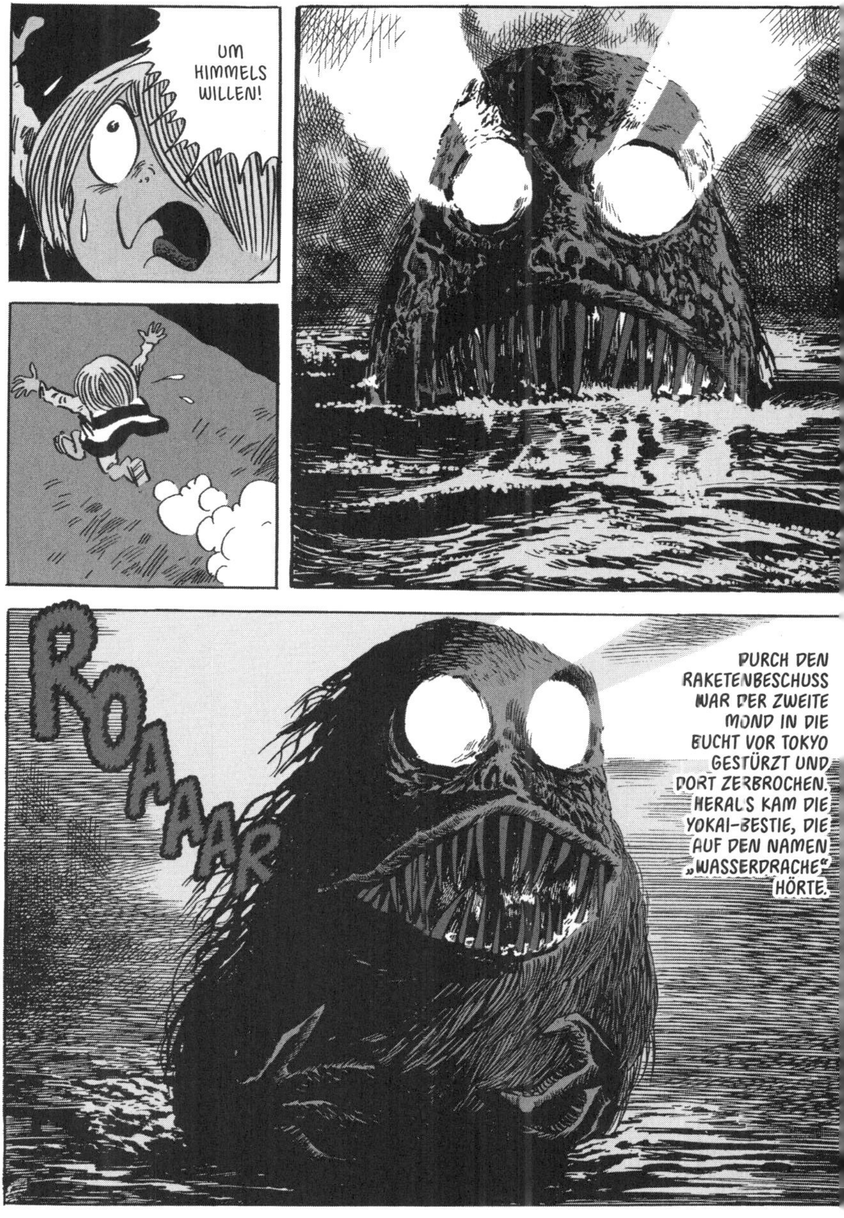

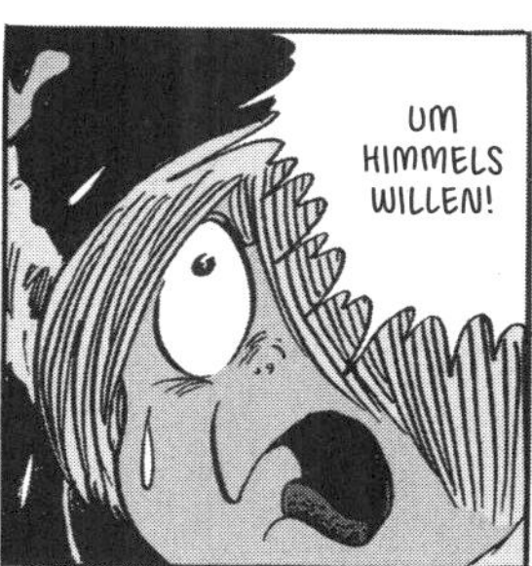

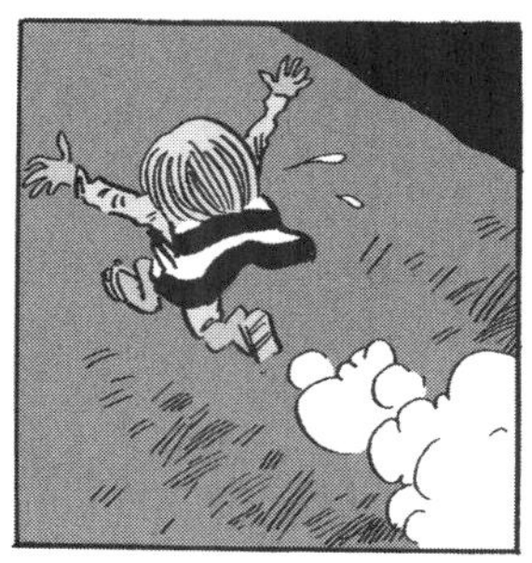

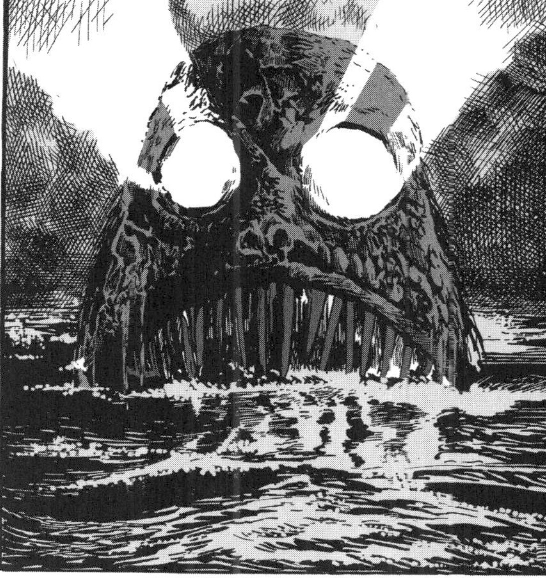

ROAAAAR

DURCH DEN RAKETENBESCHUSS WAR DER ZWEITE MOND IN DIE BUCHT VOR TOKYO GESTÜRZT UND DORT ZERBROCHEN. HERAUS KAM DIE YOKAI-BESTIE, DIE AUF DEN NAMEN „WASSERDRACHE" HÖRTE.

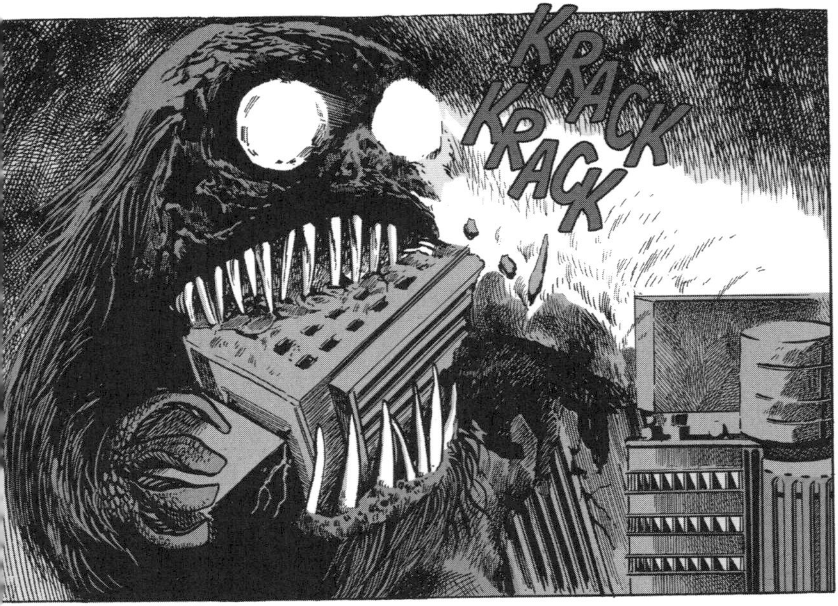

KRACK
KRACK

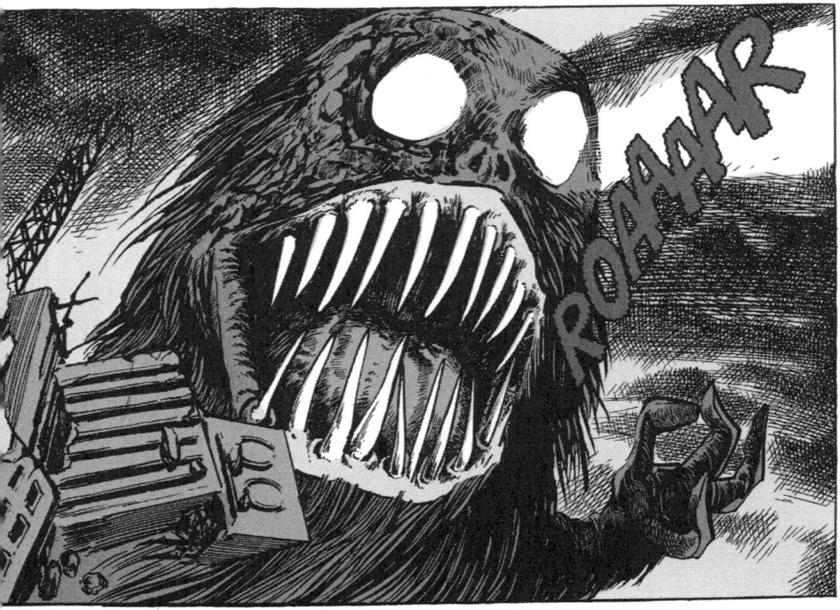

ROAAAR

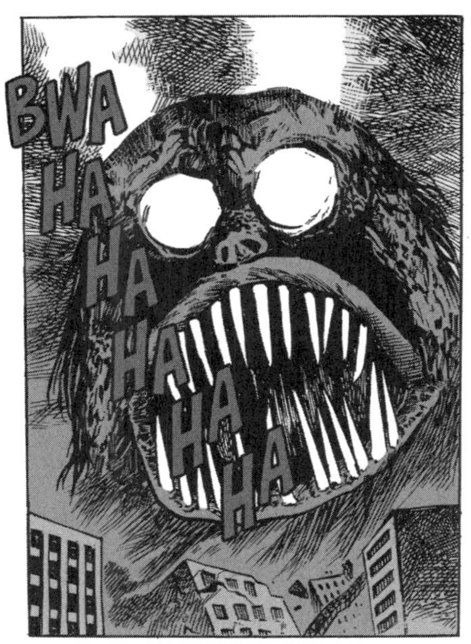

DIE YOKAI-BESTIE FING AN ZU WÜTEN, WORAUFHIN DIE VERTEIDIGUNGSKRÄFTE AUSRÜCKTEN. JEDER NORMALEN BESTIE WÄREN SIE HERR GEWORDEN, DOCH DIESES MONSTER WAR EINE YOKAI-BESTIE, GEGEN DIE SELBST DIE MODERNSTEN WAFFEN KEINERLEI EFFEKT ZEIGTEN. DIE YOKAI-BESTIE SETZTE IHRE RASEREI FÜR EINE WEILE FORT UND VERFIEL DANN IN SIEGESGEBRÜLL.

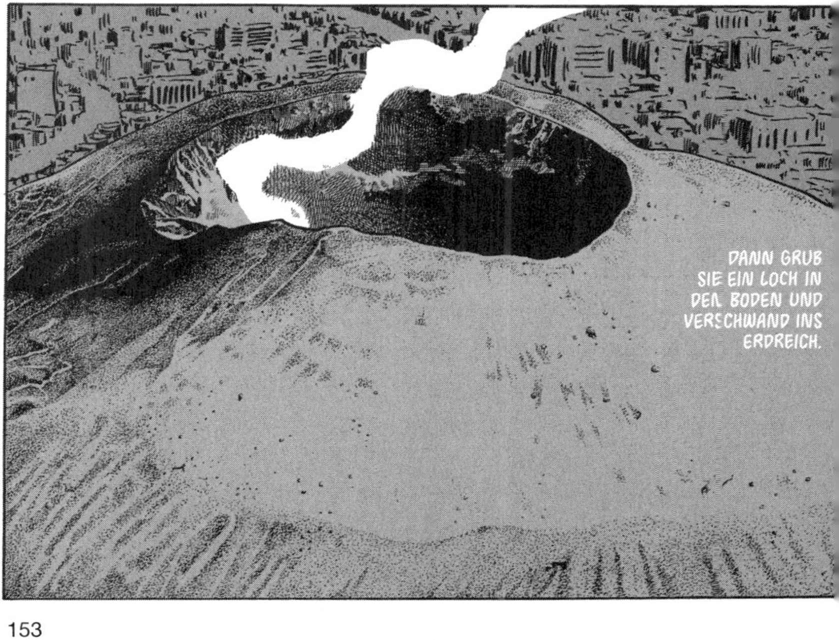

DANN GRUB SIE EIN LOCH IN DEN BODEN UND VERSCHWAND INS ERDREICH.

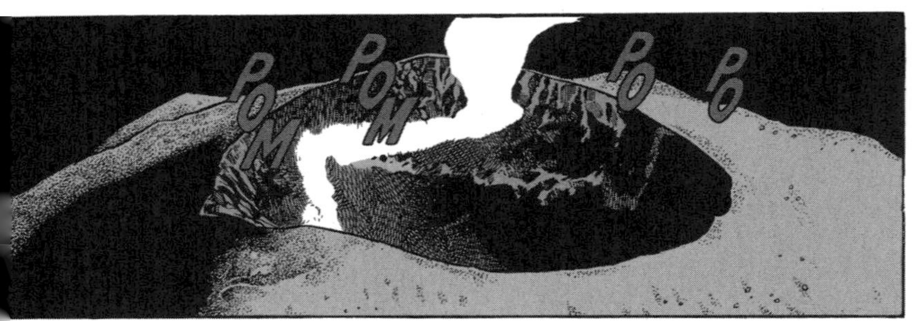
POM
POM
PO
PO

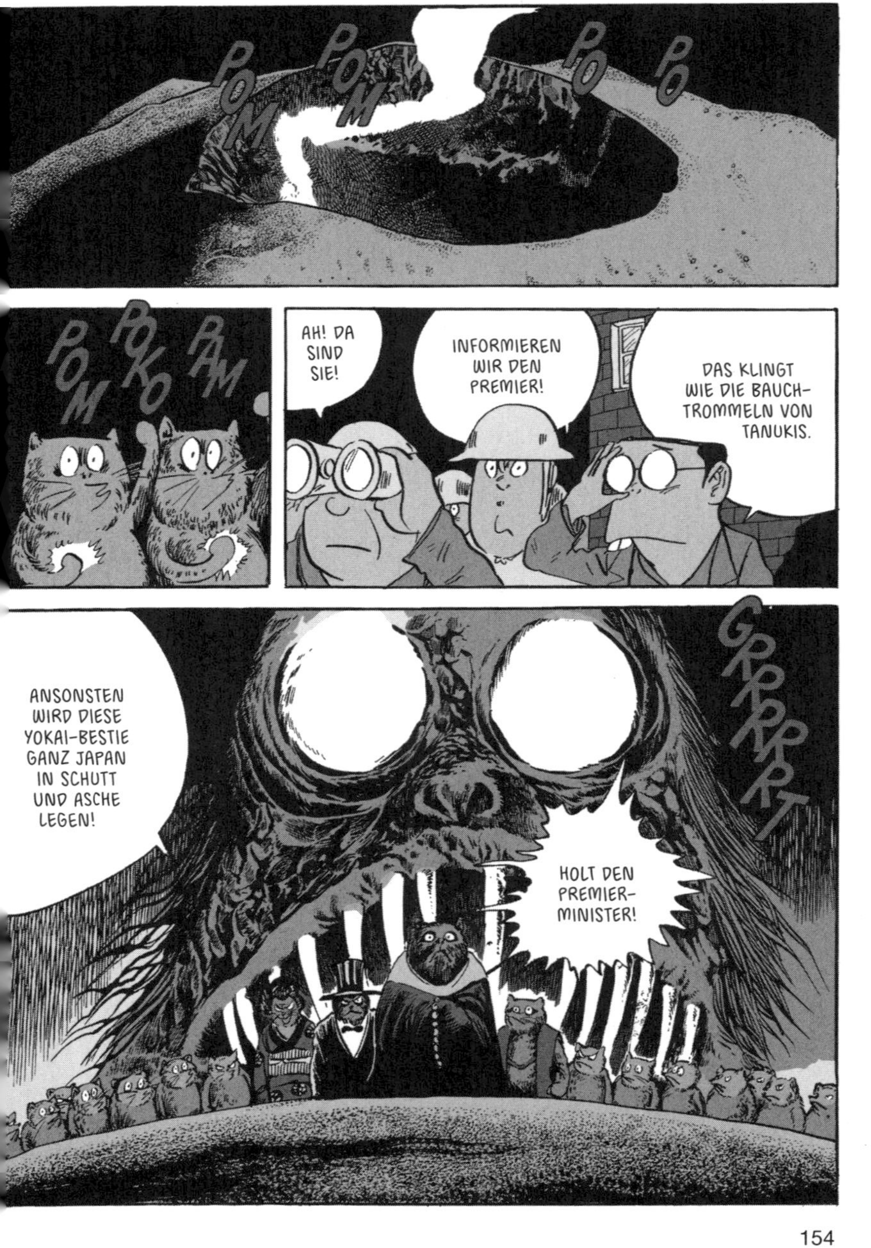

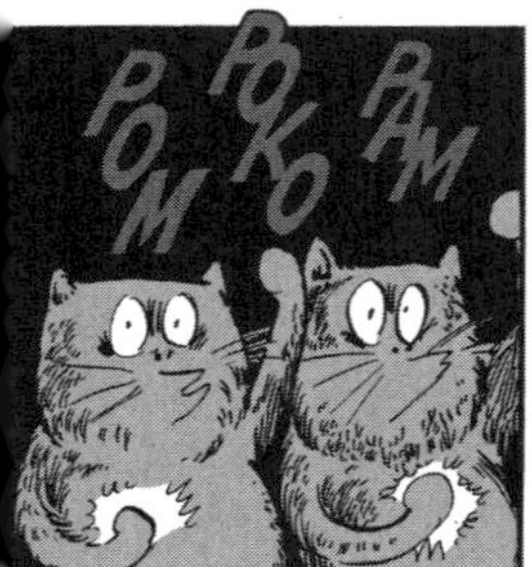
POM
POKO
PAM

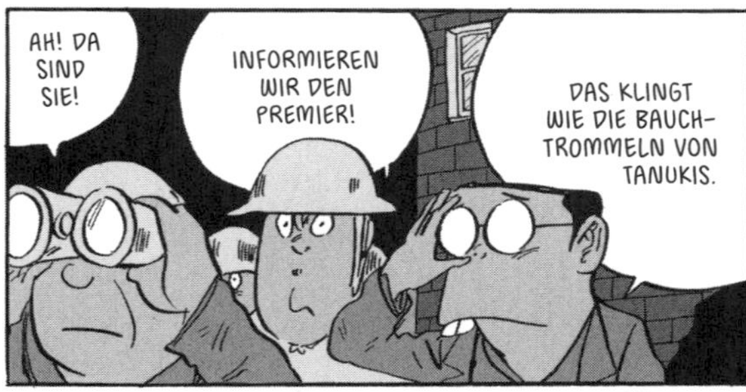
AH! DA SIND SIE!
INFORMIEREN WIR DEN PREMIER!
DAS KLINGT WIE DIE BAUCHTROMMELN VON TANUKIS.

ANSONSTEN WIRD DIESE YOKAI-BESTIE GANZ JAPAN IN SCHUTT UND ASCHE LEGEN!
GRRRRRT
HOLT DEN PREMIER-MINISTER!

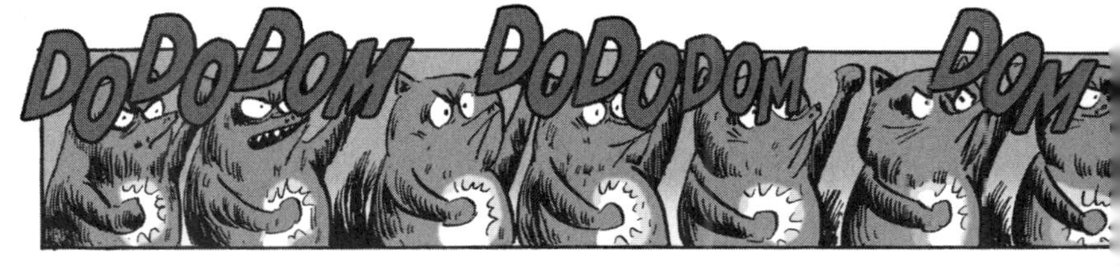

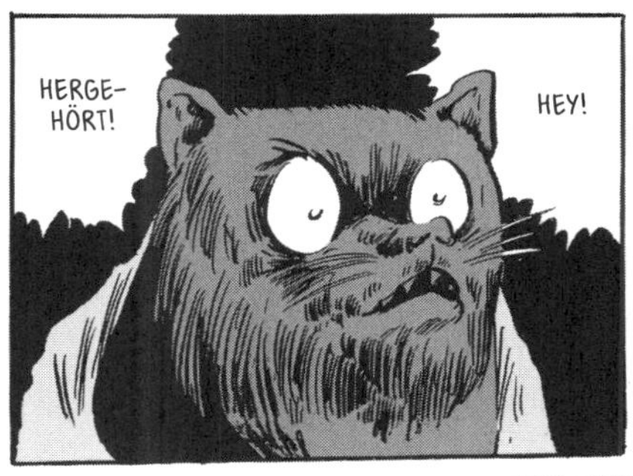

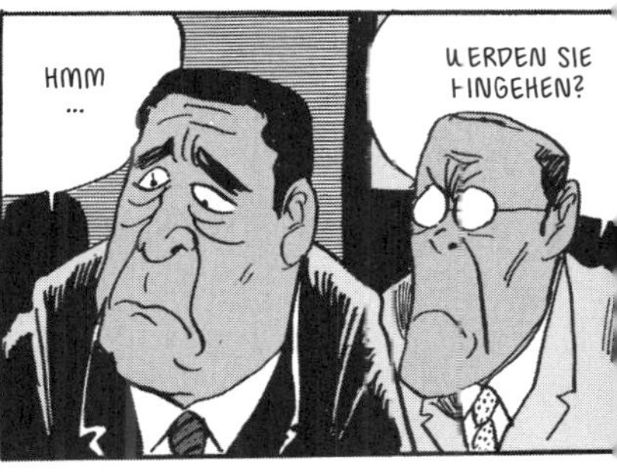

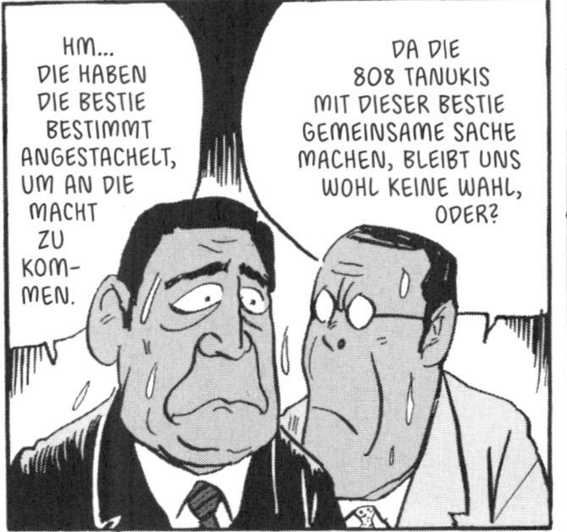

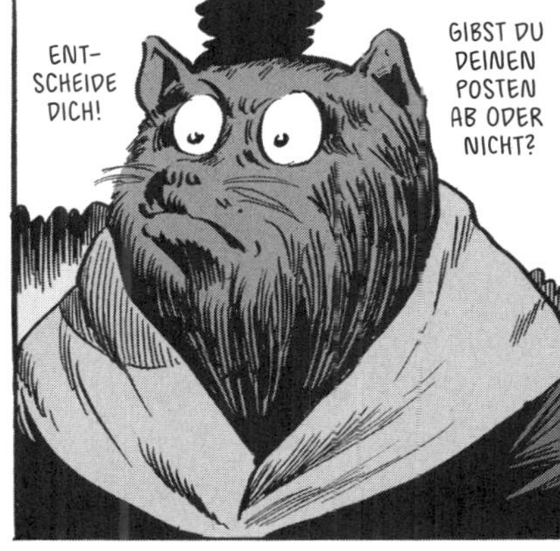

DIE SIEGESTROMMELN WAREN ÜBERALL IN TOKYO ZU HÖREN.

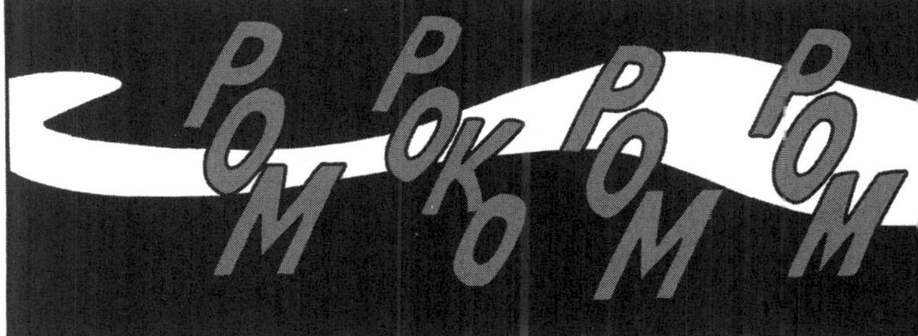

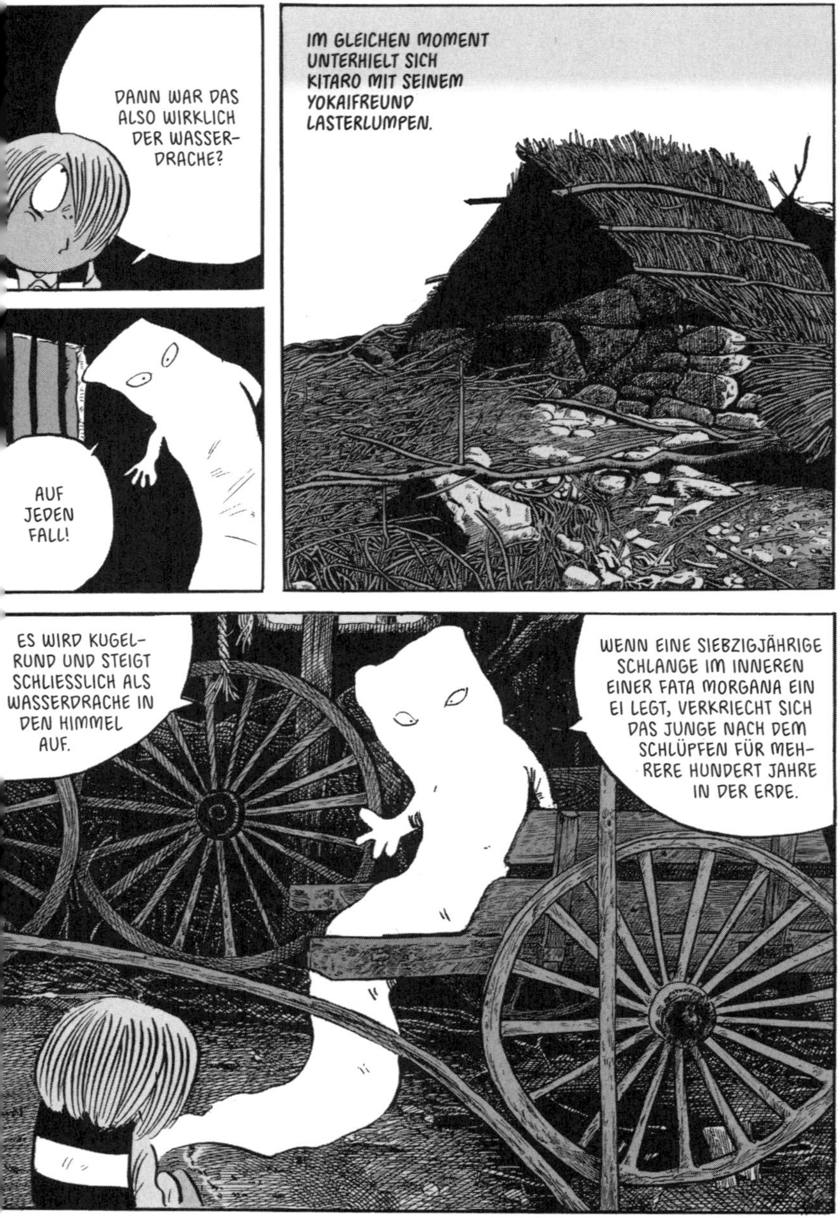

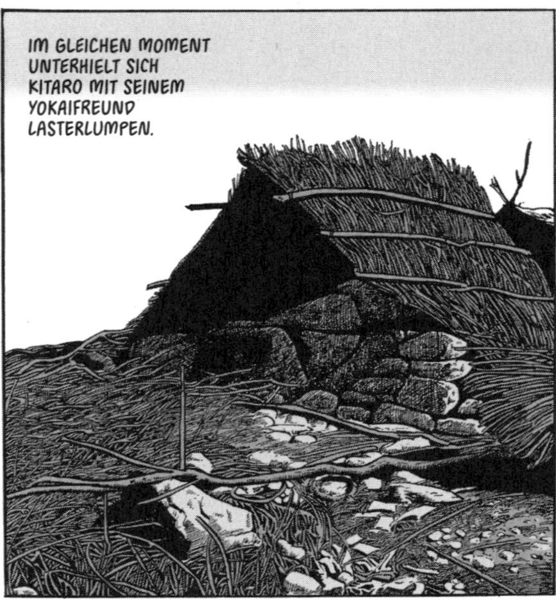
IM GLEICHEN MOMENT UNTERHIELT SICH KITARO MIT SEINEM YOKAIFREUND LASTERLUMPEN.

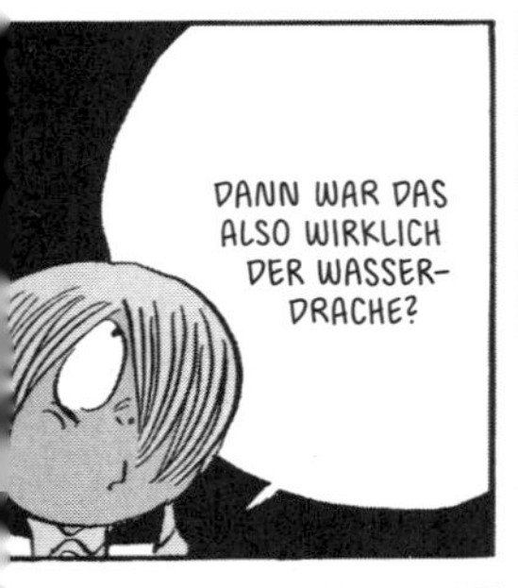
DANN WAR DAS ALSO WIRKLICH DER WASSER-DRACHE?

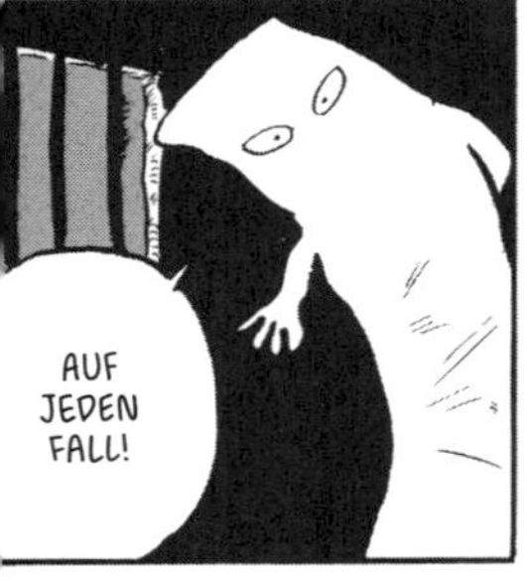
AUF JEDEN FALL!

WENN EINE SIEBZIGJÄHRIGE SCHLANGE IM INNEREN EINER FATA MORGANA EIN EI LEGT, VERKRIECHT SICH DAS JUNGE NACH DEM SCHLÜPFEN FÜR MEH-RERE HUNDERT JAHRE IN DER ERDE.
ES WIRD KUGEL-RUND UND STEIGT SCHLIESSLICH ALS WASSERDRACHE IN DEN HIMMEL AUF.

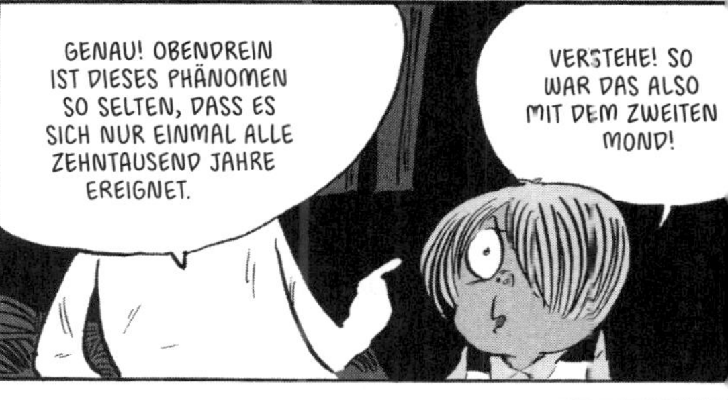
VERSTEHE! SO WAR DAS ALSO MIT DEM ZWEITEN MOND!
GENAU! OBENDREIN IST DIESES PHÄNOMEN SO SELTEN, DASS ES SICH NUR EINMAL ALLE ZEHNTAUSEND JAHRE EREIGNET.

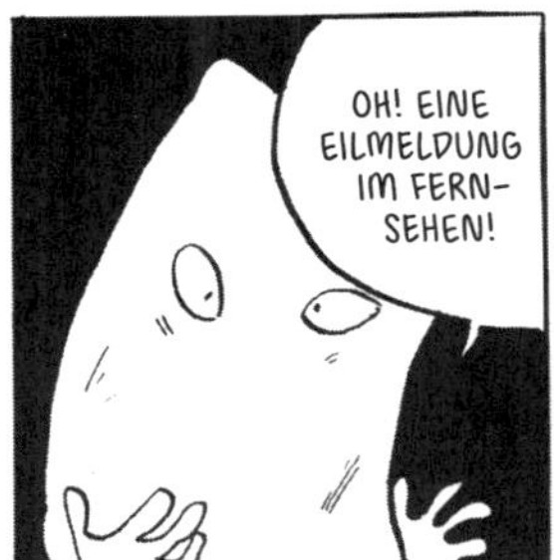
OH! EINE EILMELDUNG IM FERN-SEHEN!

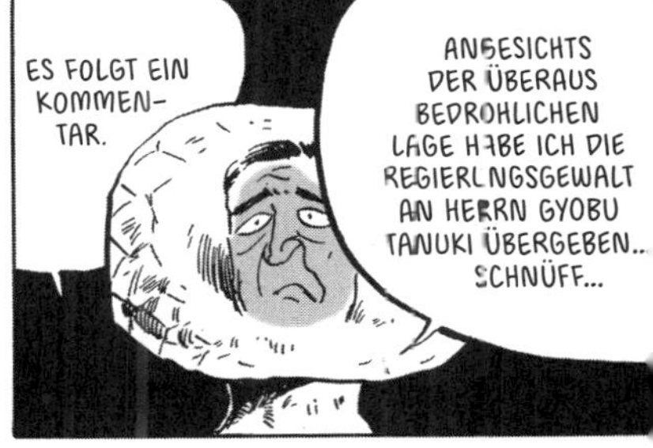
ANGESICHTS DER ÜBERAUS BEDROHLICHEN LAGE HABE ICH DIE REGIERUNGSGEWALT AN HERRN GYOBU TANUKI ÜBERGEBEN... SCHNÜFF...
ES FOLGT EIN KOMMEN-TAR.

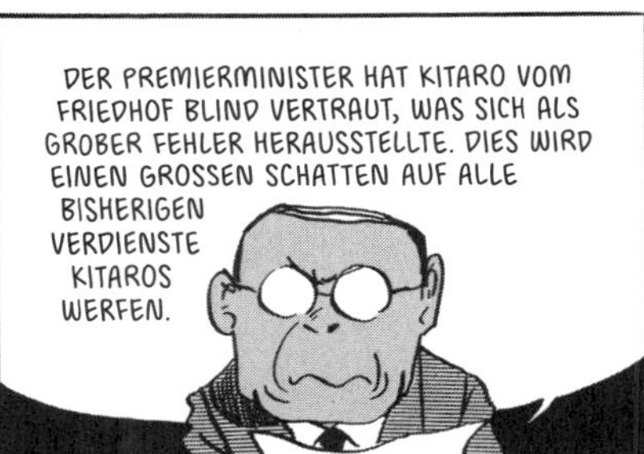
DER PREMIERMINISTER HAT KITARO VOM FRIEDHOF BLIND VERTRAUT, WAS SICH ALS GROBER FEHLER HERAUSSTELLTE. DIES WIRD EINEN GROSSEN SCHATTEN AUF ALLE BISHERIGEN VERDIENSTE KITAROS WERFEN.

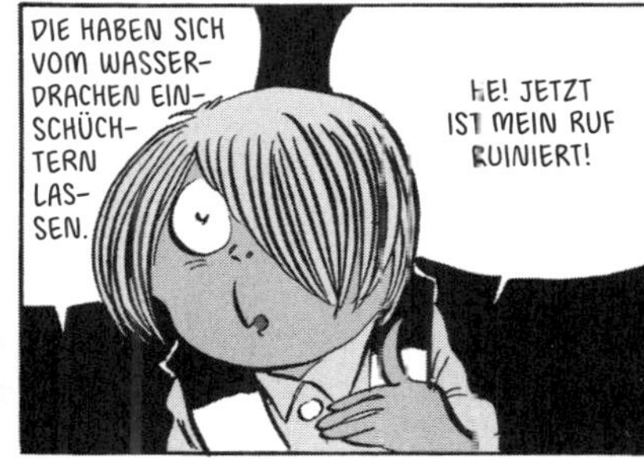
HE! JETZT IST MEIN RUF RUINIERT!
DIE HABEN SICH VOM WASSER-DRACHEN EIN-SCHÜCH-TERN LAS-SEN.

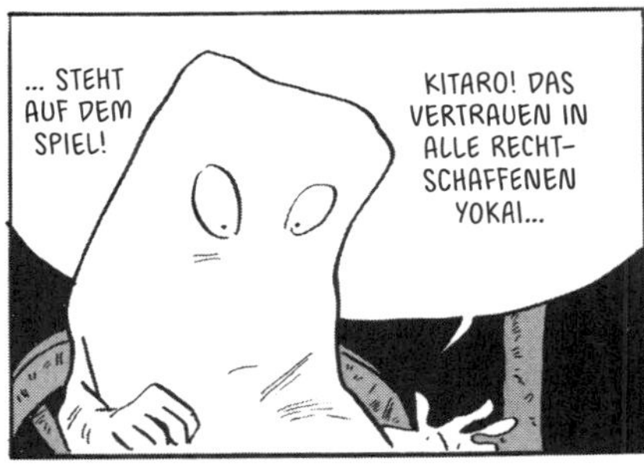
KITARO! DAS VERTRAUEN IN ALLE RECHT-SCHAFFENEN YOKAI...
... STEHT AUF DEM SPIEL!

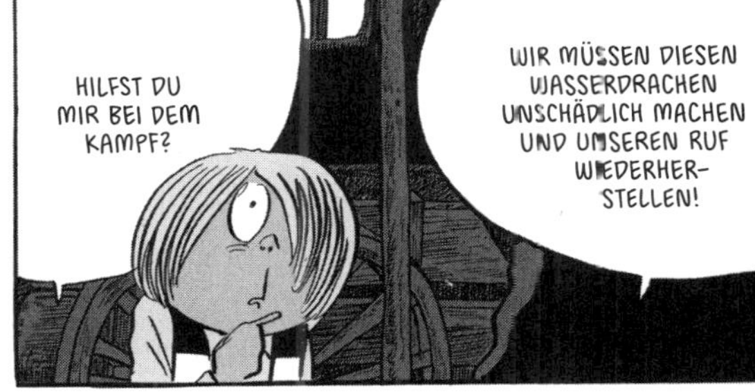
WIR MÜSSEN DIESEN WASSERDRACHEN UNSCHÄDLICH MACHEN UND UNSEREN RUF WIEDERHER-STELLEN!
HILFST DU MIR BEI DEM KAMPF?

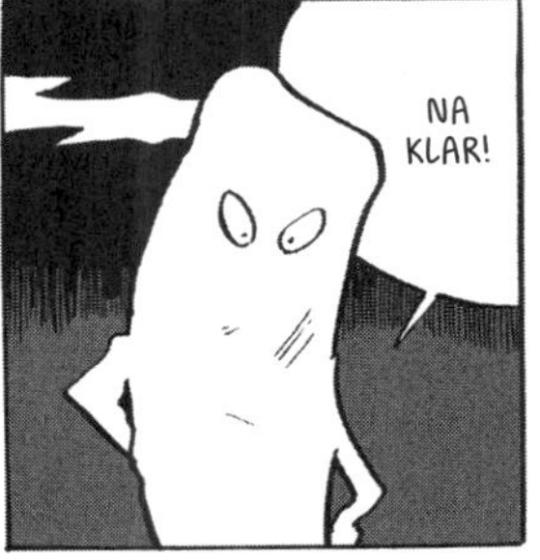
NA KLAR!

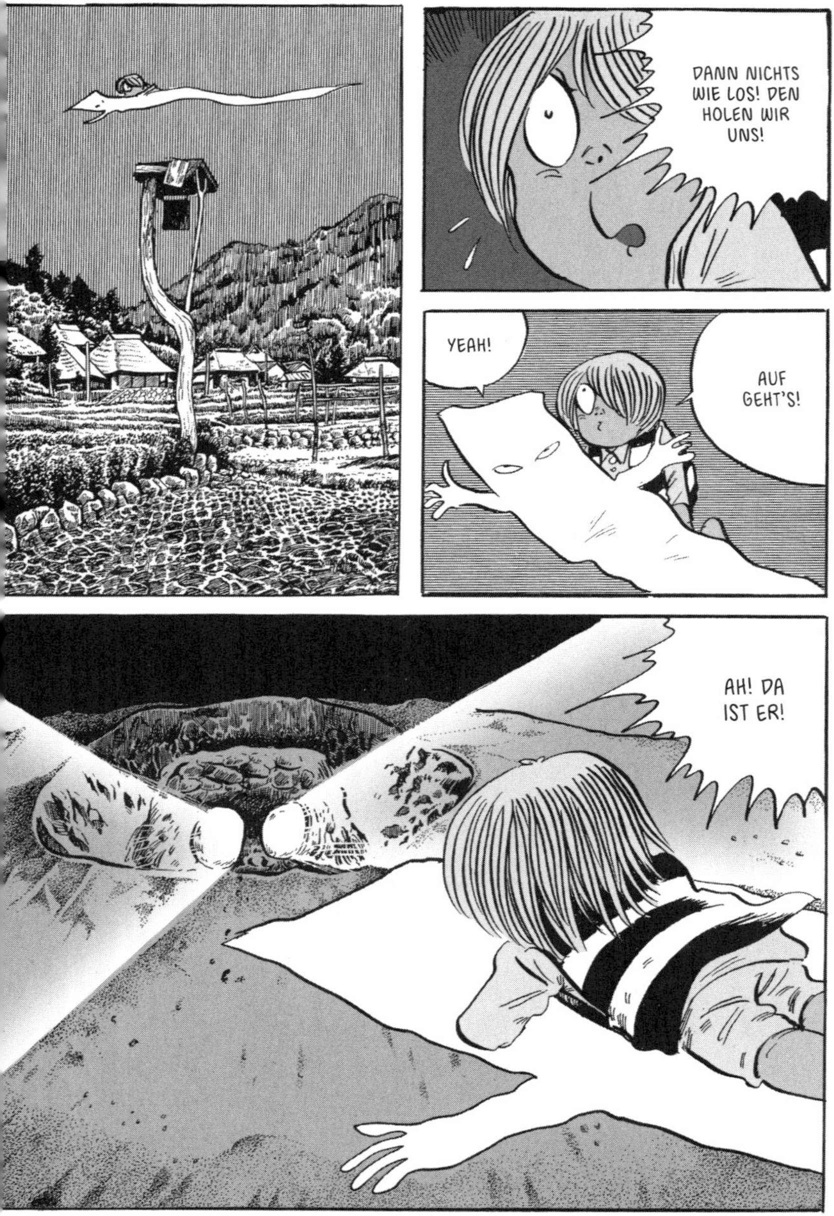

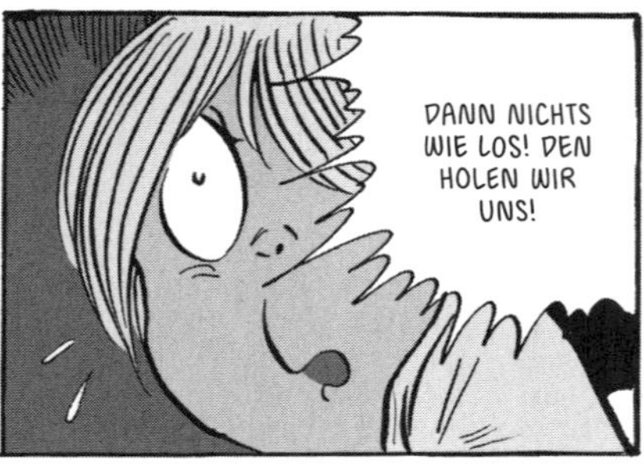
DANN NICHTS WIE LOS! DEN HOLEN WIR UNS!

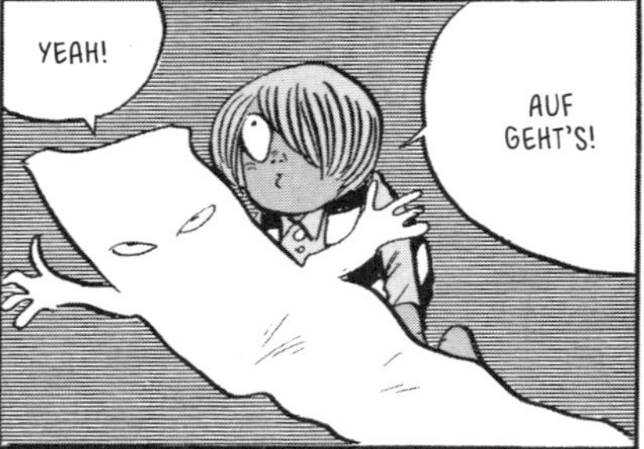
AUF GEHT'S!
YEAH!

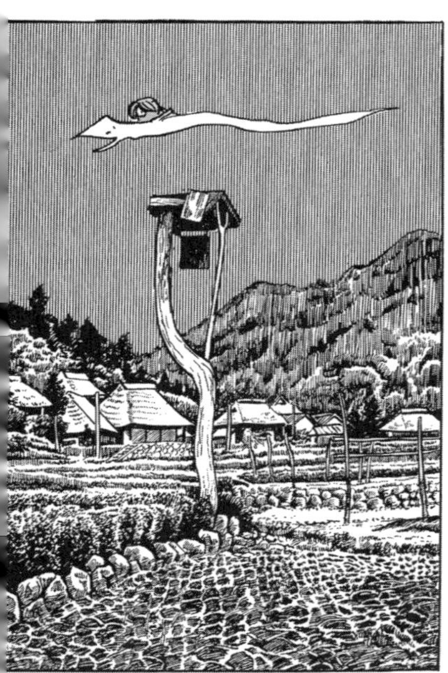

AH! DA IST ER!

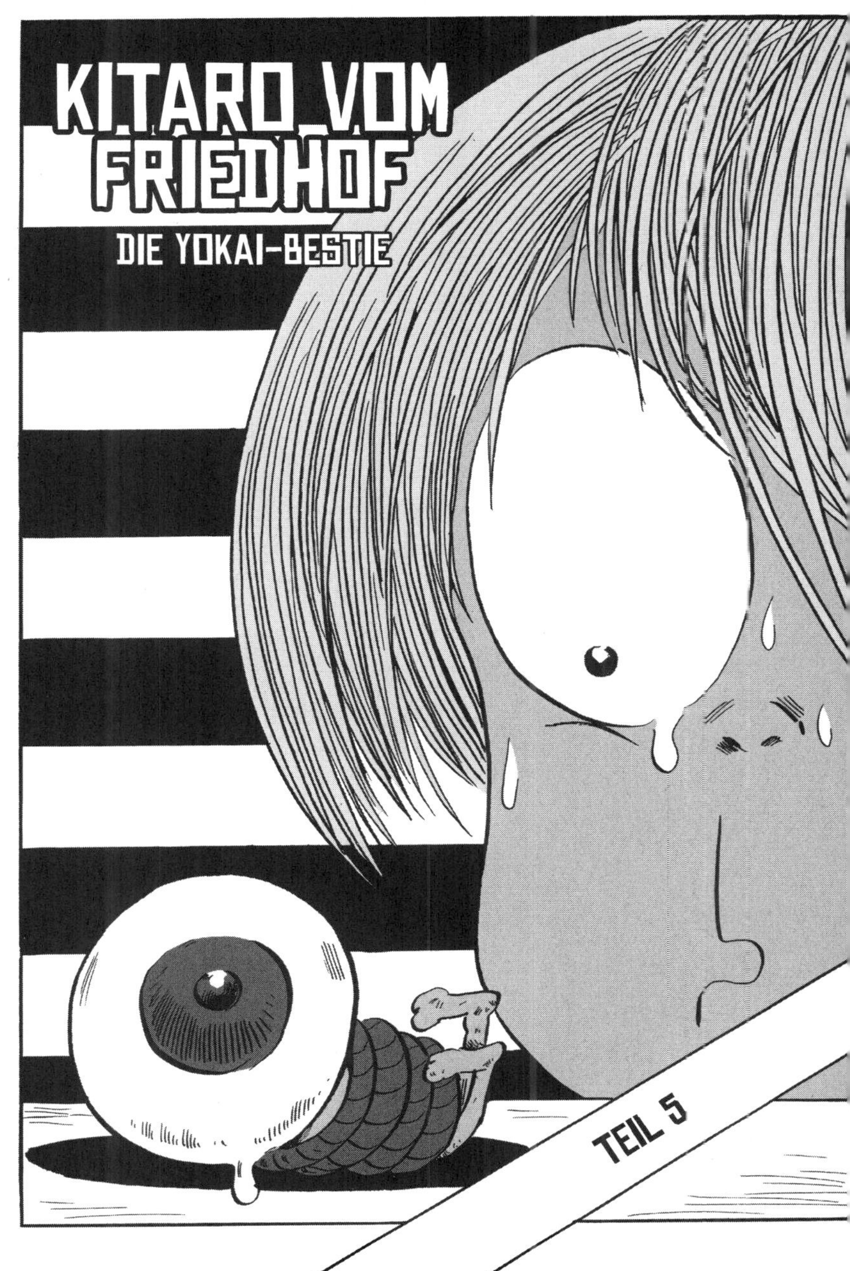
KITARO VOM FRIEDHOF
DIE YOKAI-BESTIE
TEIL 5

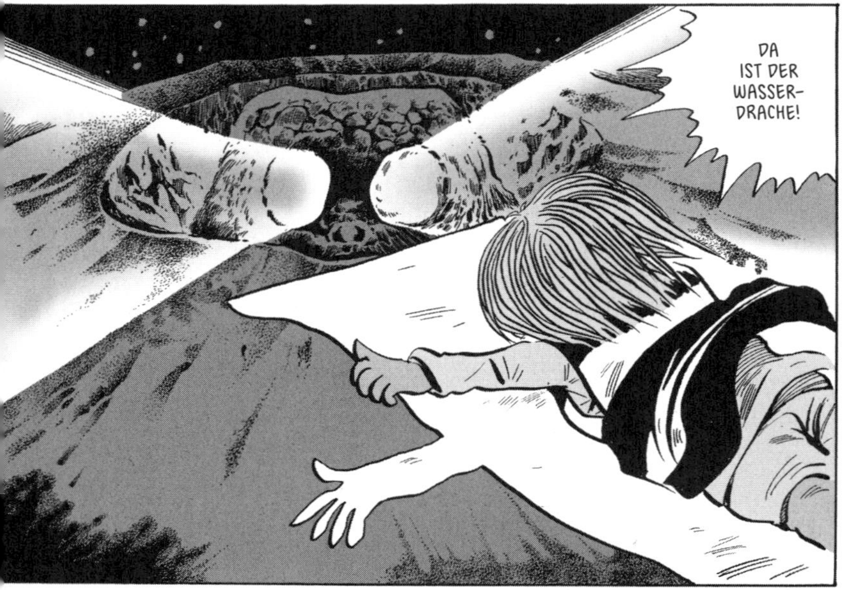

DA IST DER WASSER-DRACHE!
?
BLITZ BLITZ

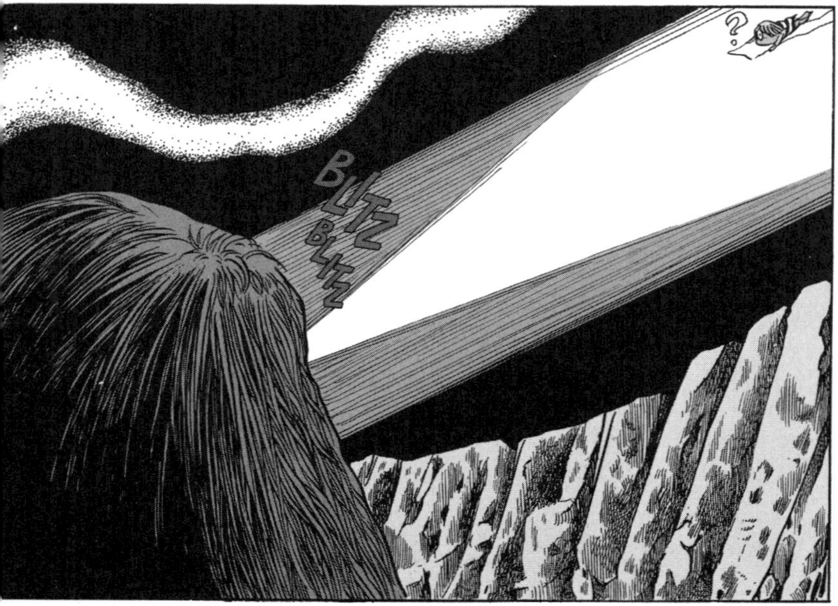

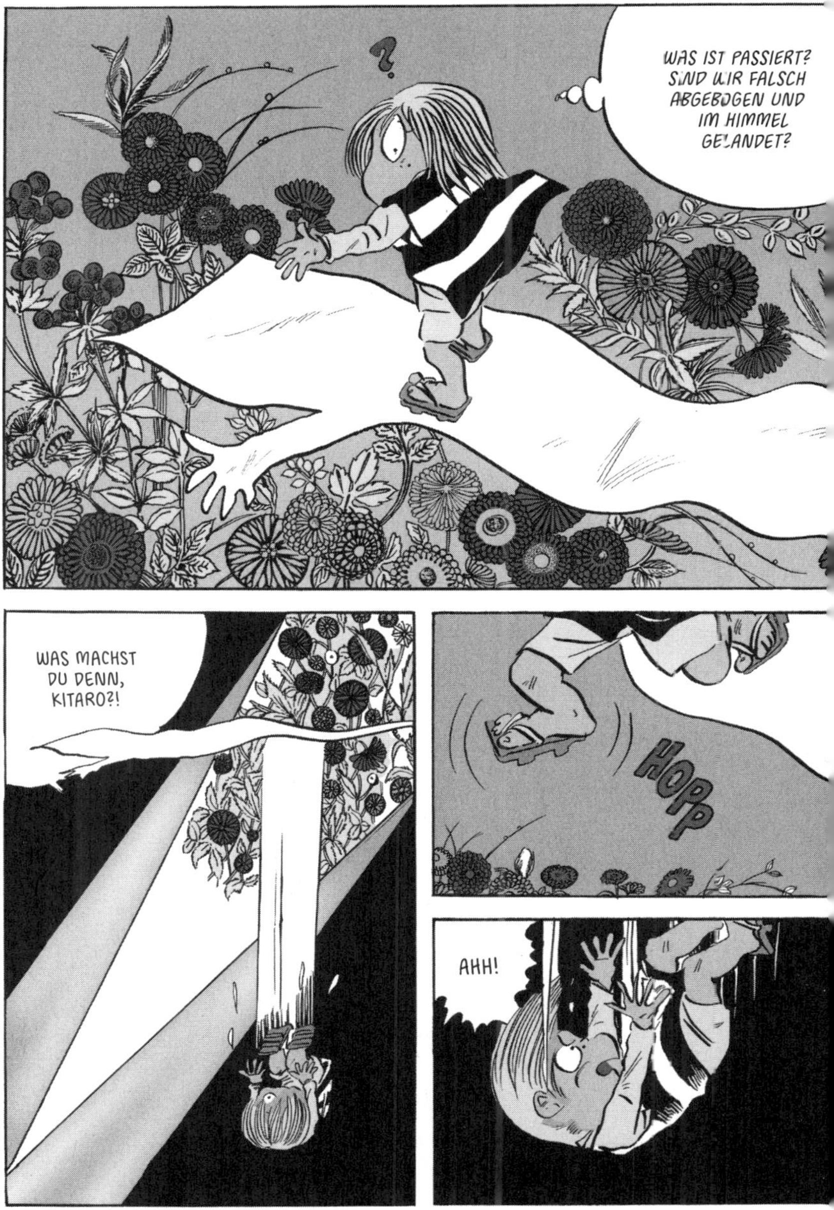

WAS IST PASSIERT? SIND WIR FALSCH ABGEBOGEN UND IM HIMMEL GELANDET?

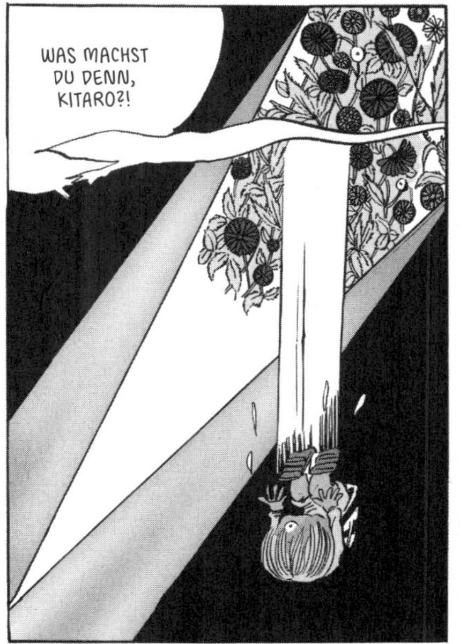

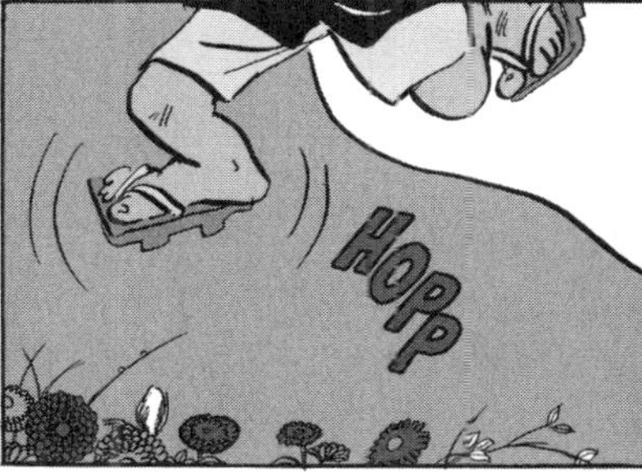

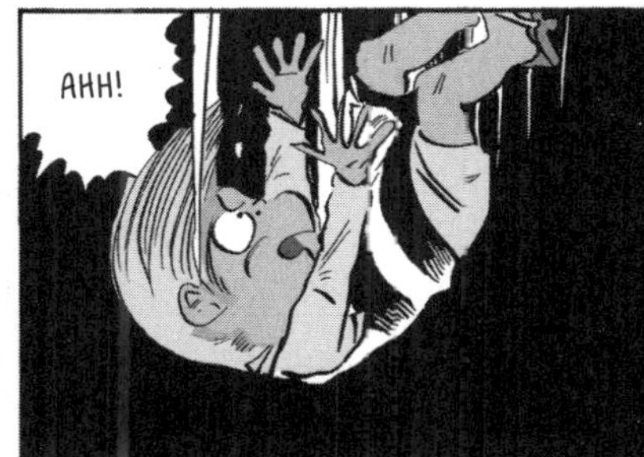

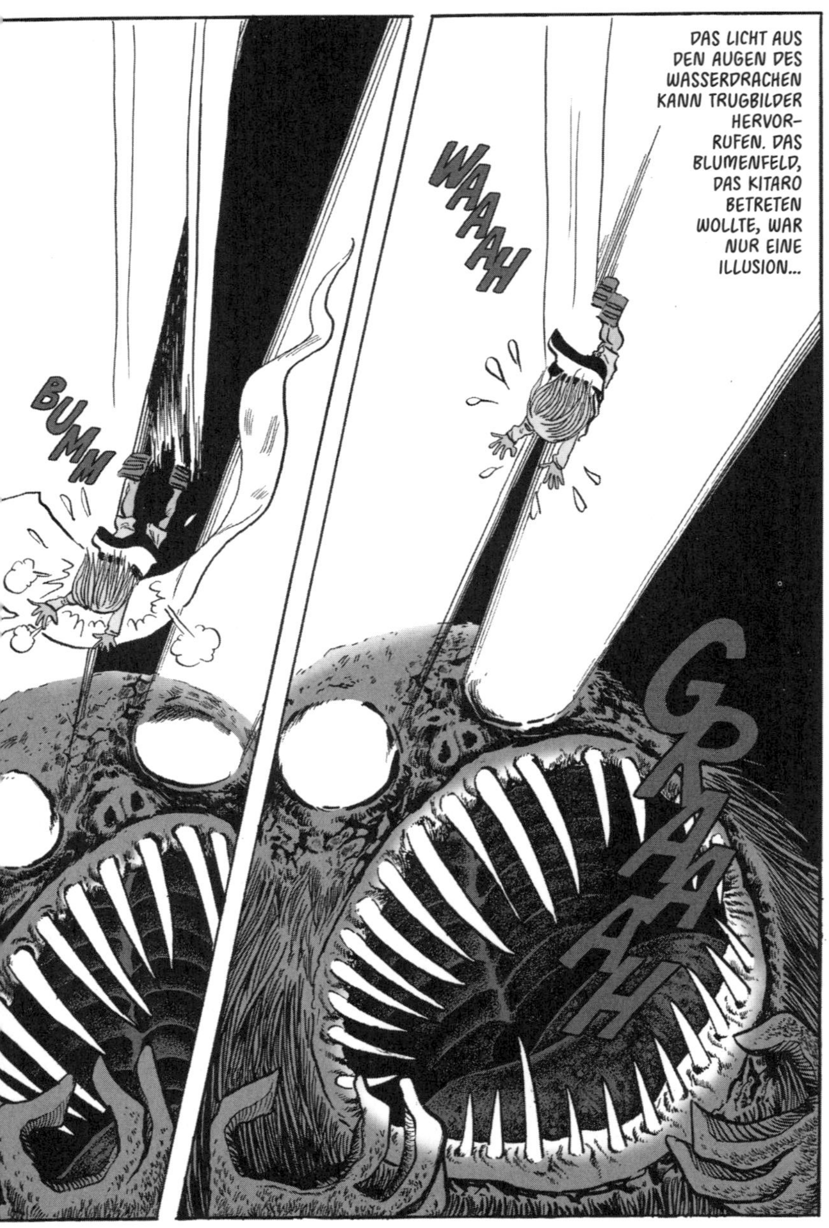
DAS LICHT AUS DEN AUGEN DES WASSERDRACHEN KANN TRUGBILDER HERVOR-RUFEN. DAS BLUMENFELD, DAS KITARO BETRETEN WOLLTE, WAR NUR EINE ILLUSION...
WAAAAH
BUMM
GRAAAAH

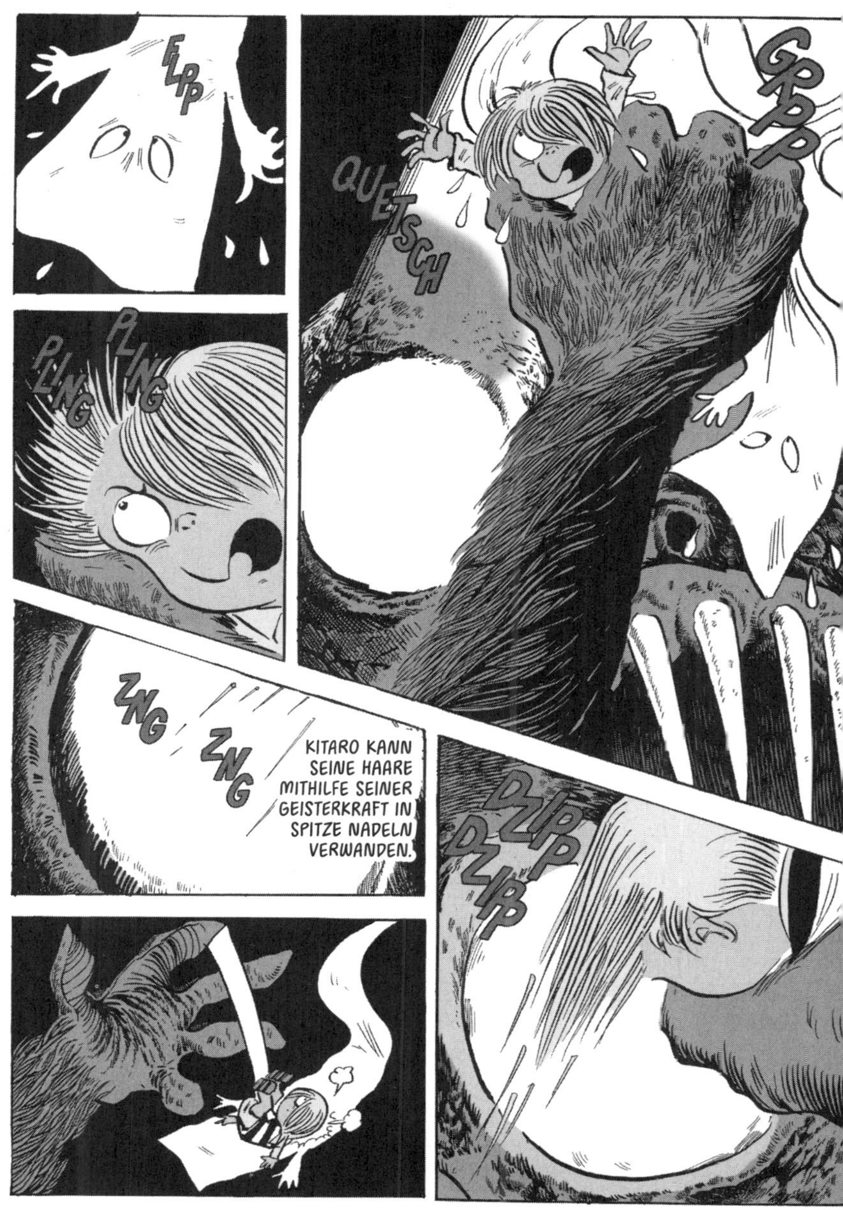
GRPP
QUETSCH
FLPP
PLING
PLING
ZNG ZNG
KITARO KANN SEINE HAARE MITHILFE SEINER GEISTERKRAFT IN SPITZE NADELN VERWANDEN.
DZIP
DZIP

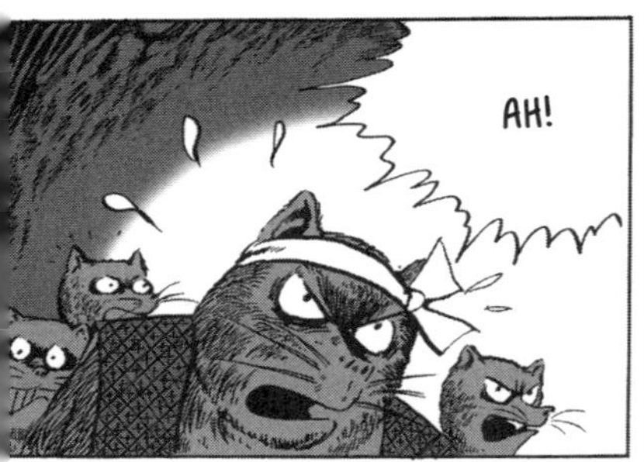
AH!

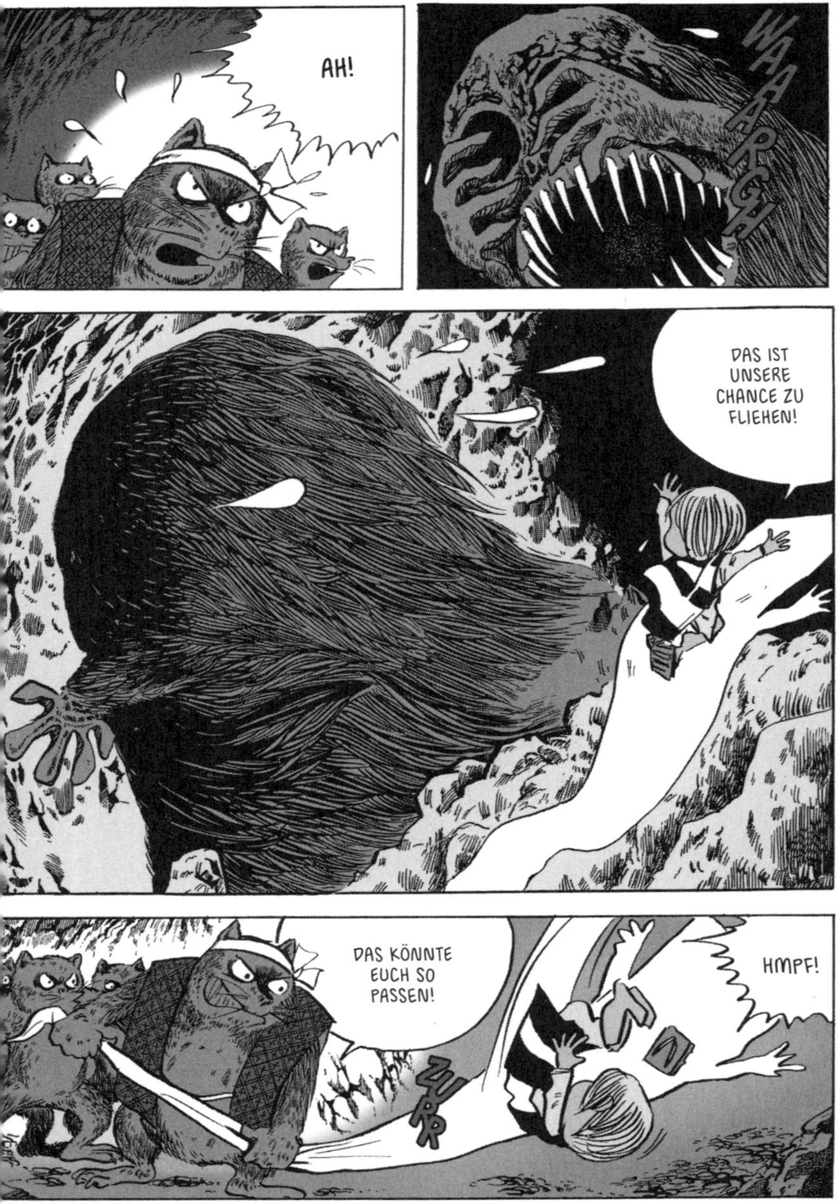

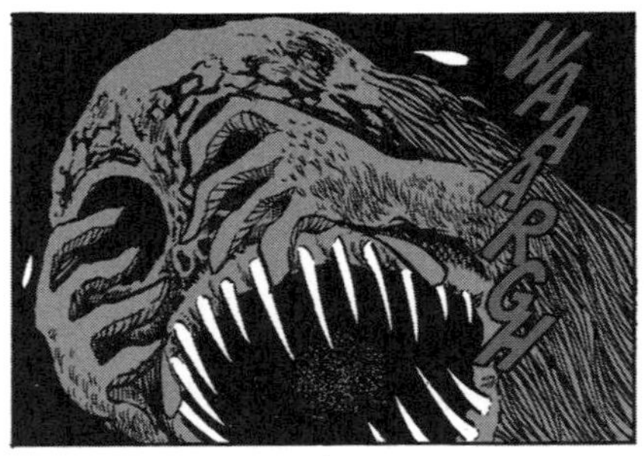
WAAARGH

DAS IST UNSERE CHANCE ZU FLIEHEN!

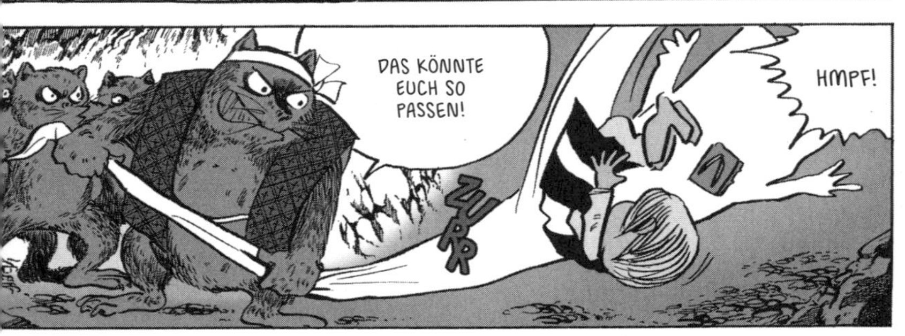
DAS KÖNNTE EUCH SO PASSEN!
HMPF!
ZURR

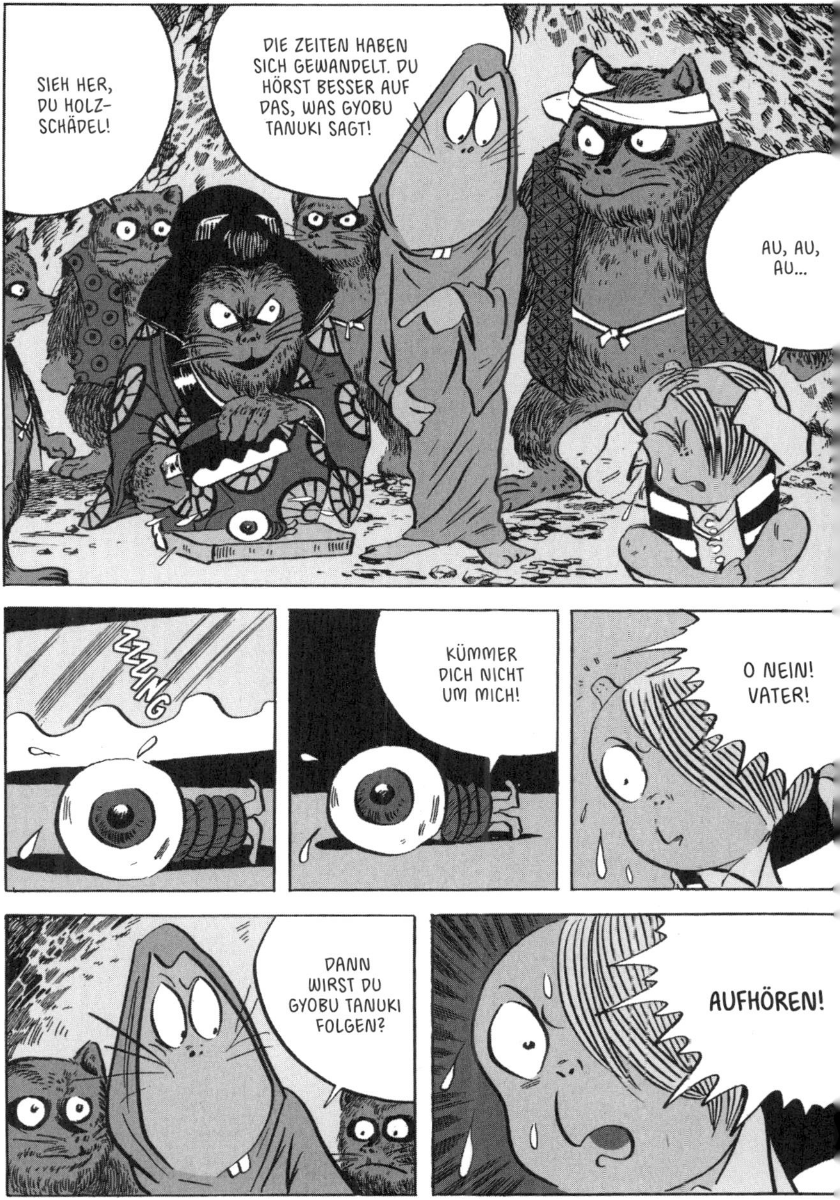

SIEH HER, DU HOLZ-SCHÄDEL!

DIE ZEITEN HABEN SICH GEWANDELT. DU HÖRST BESSER AUF DAS, WAS GYOBU TANUKI SAGT!

AU, AU, AU...

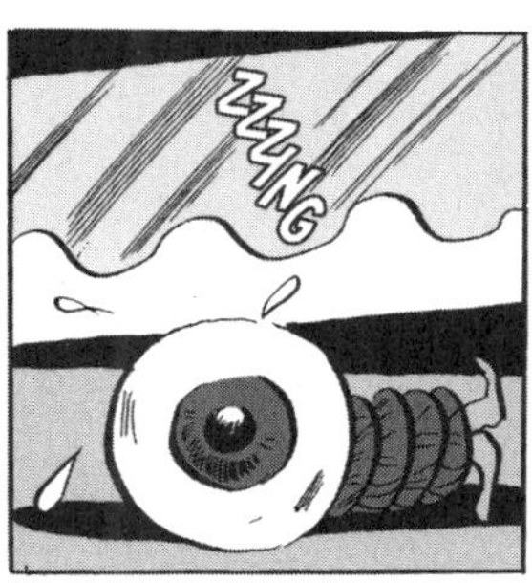

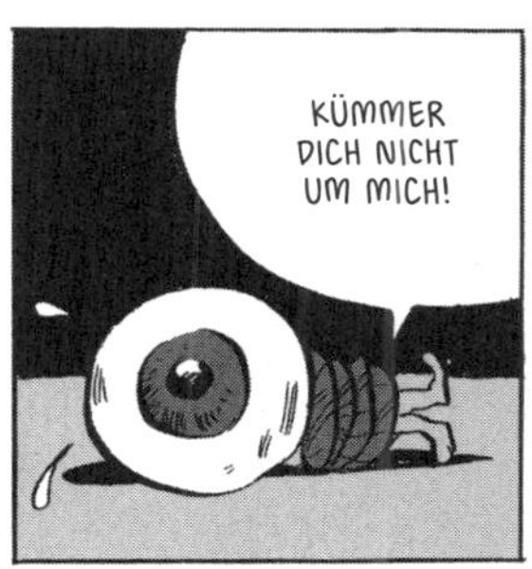

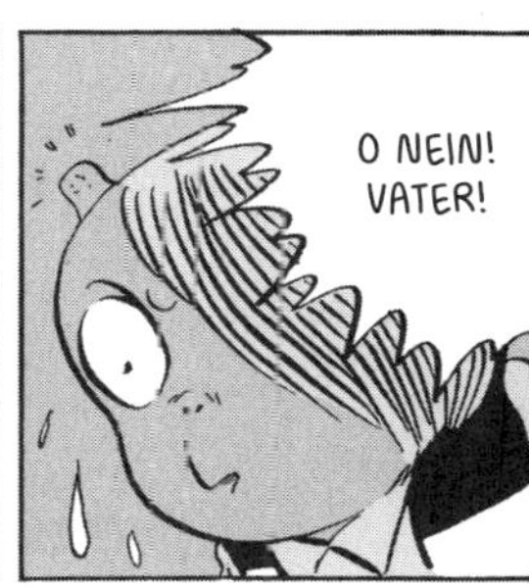

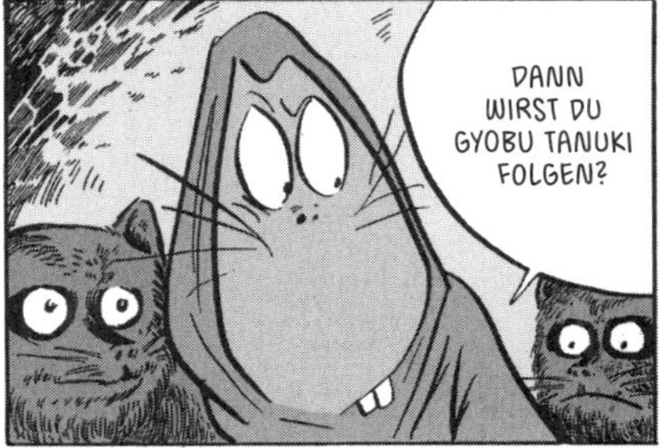

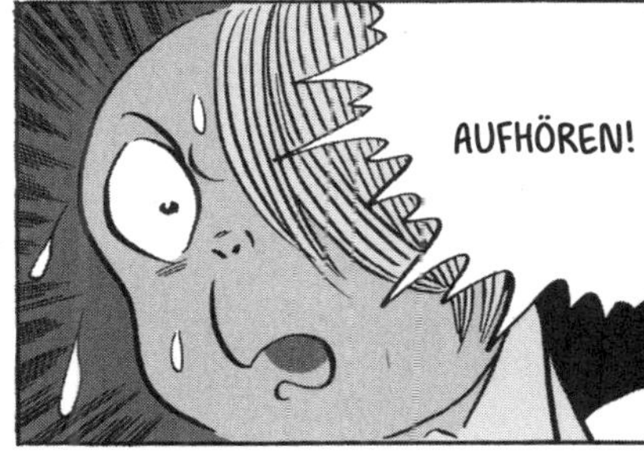

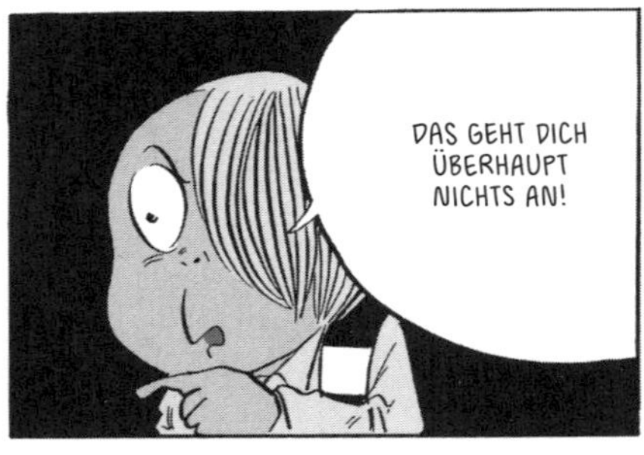
DAS GEHT DICH ÜBERHAUPT NICHTS AN!

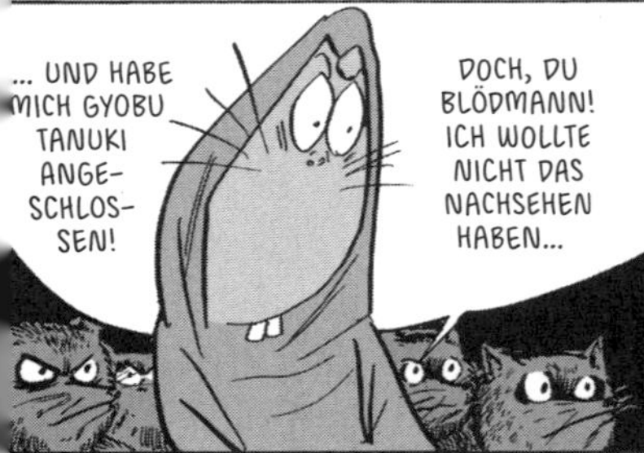
DOCH, DU BLÖDMANN! ICH WOLLTE NICHT DAS NACHSEHEN HABEN...
... UND HABE MICH GYOBU TANUKI ANGE-SCHLOS-SEN!

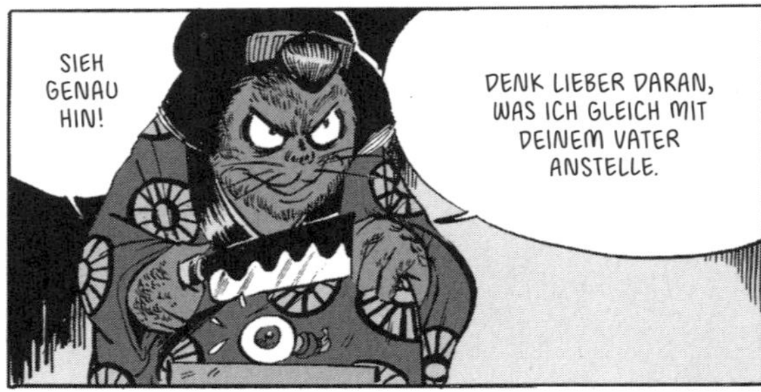
DENK LIEBER DARAN, WAS ICH GLEICH MIT DEINEM VATER ANSTELLE.
SIEH GENAU HIN!

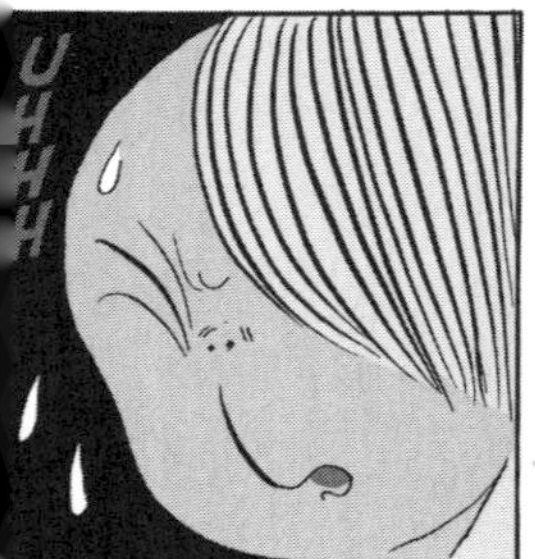

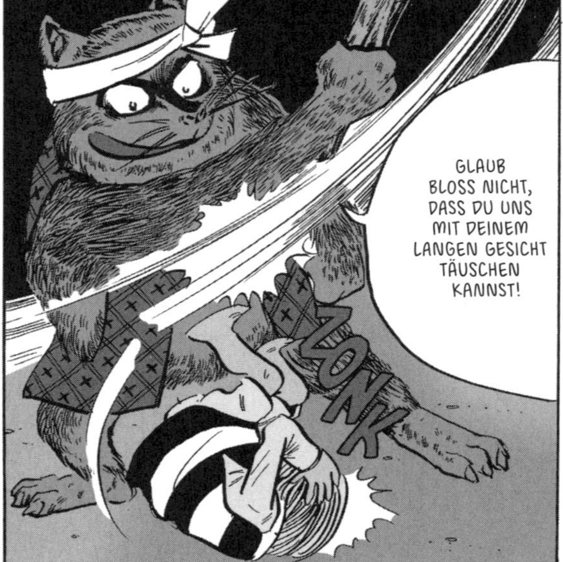
GLAUB BLOSS NICHT, DASS DU UNS MIT DEINEM LANGEN GESICHT TÄUSCHEN KANNST!
BONK

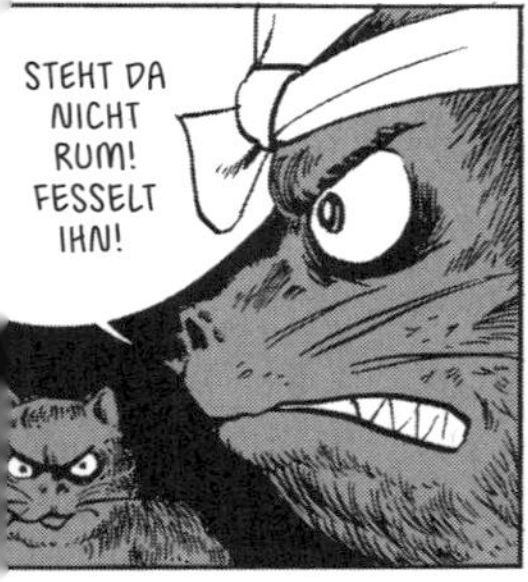
STEHT DA NICHT RUM! FESSELT IHN!

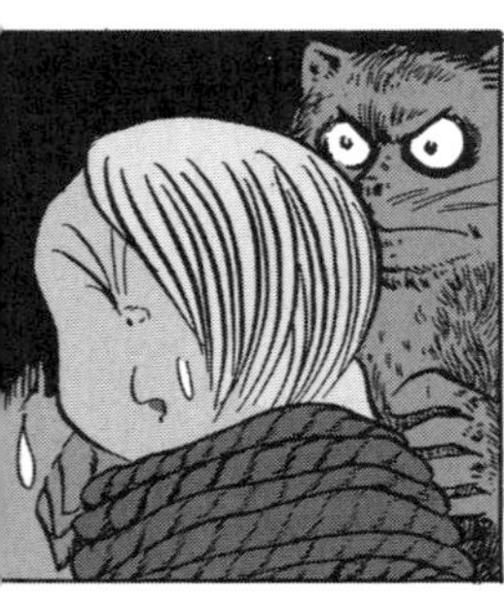

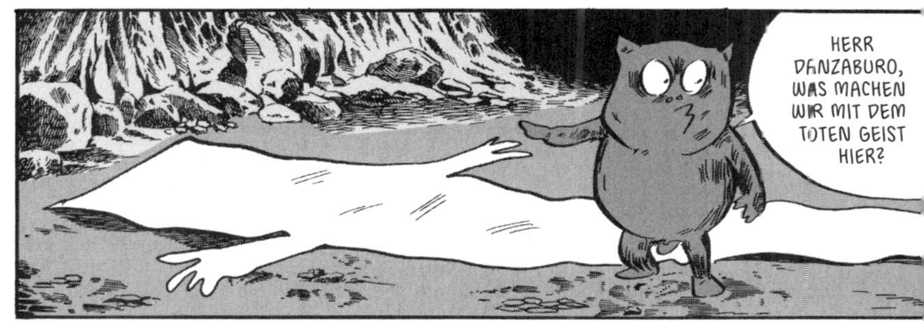
HERR DANZABURO, WAS MACHEN WIR MIT DEM TOTEN GEIST HIER?

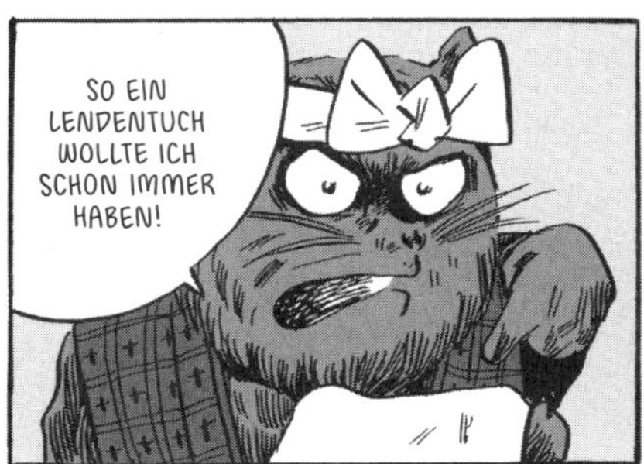
SO EIN LENDENTUCH WOLLTE ICH SCHON IMMER HABEN!

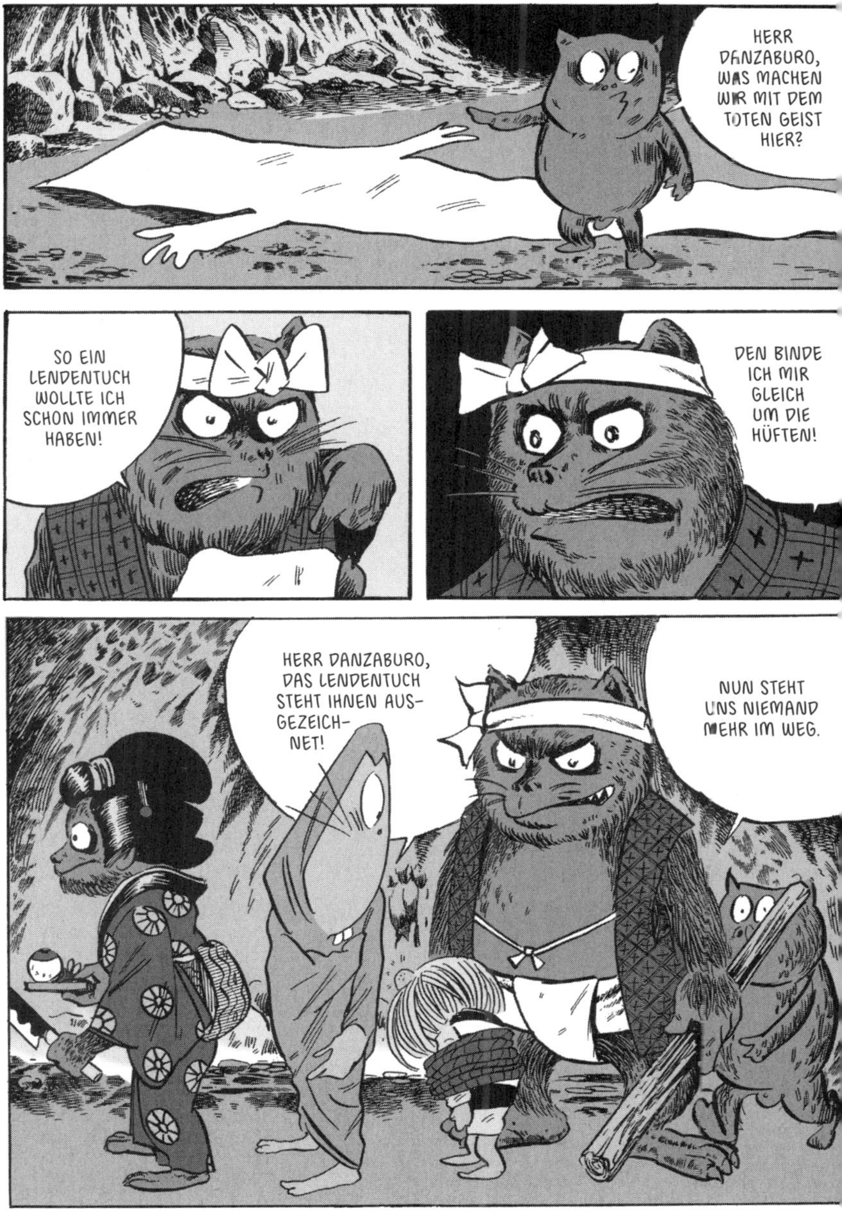

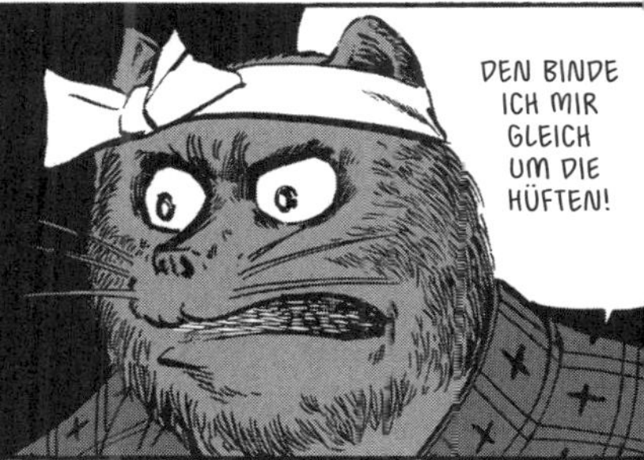
DEN BINDE ICH MIR GLEICH UM DIE HÜFTEN!

HERR DANZABURO, DAS LENDENTUCH STEHT IHNEN AUS-GEZEICH-NET!
NUN STEHT UNS NIEMAND MEHR IM WEG.

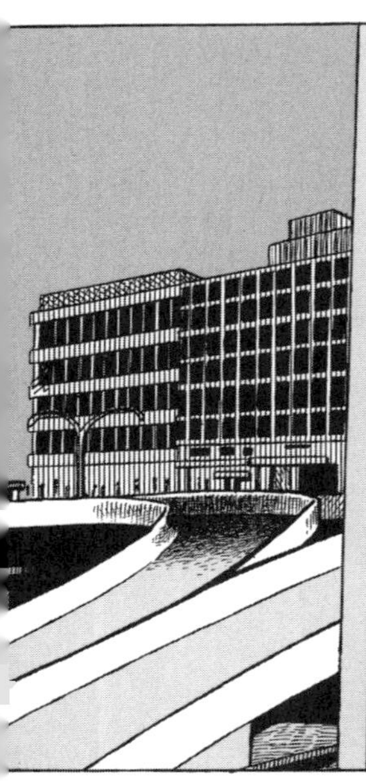

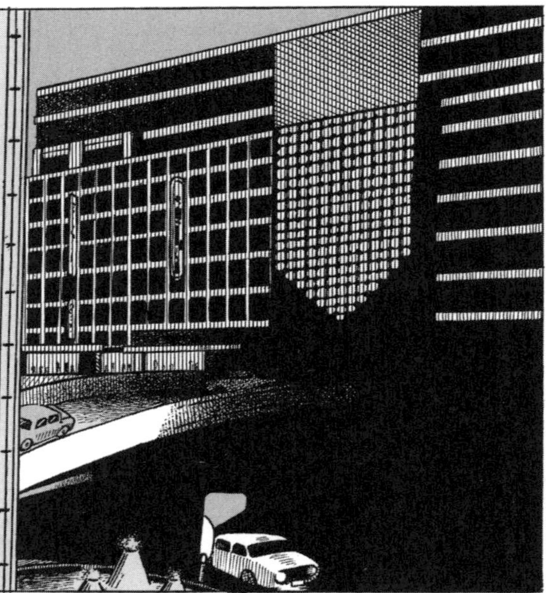

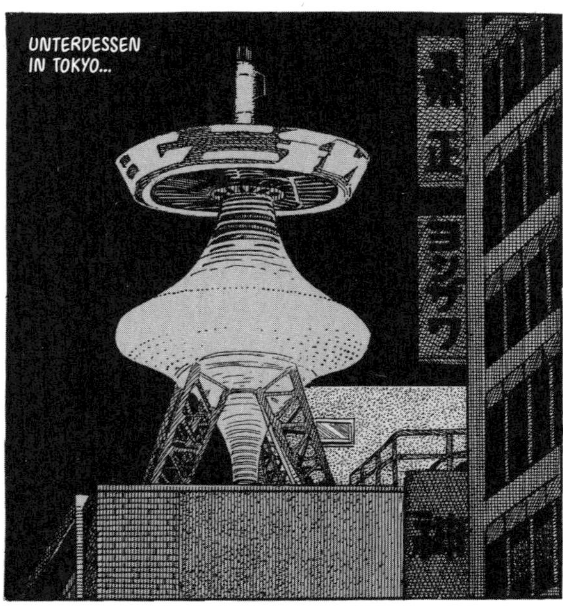

UNTERDESSEN
IN TOKYO...

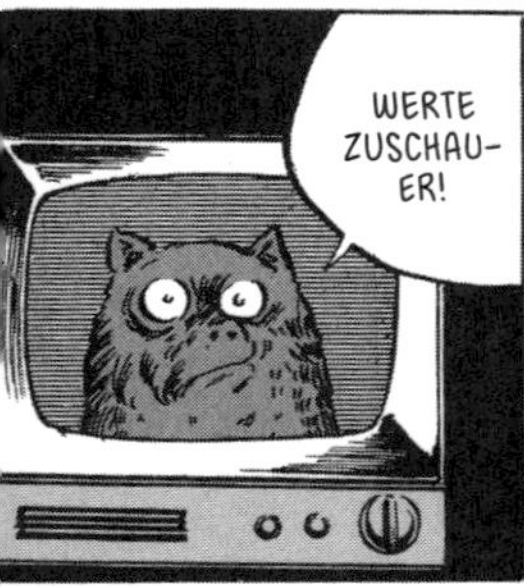

WERTE
ZUSCHAU-
ER!

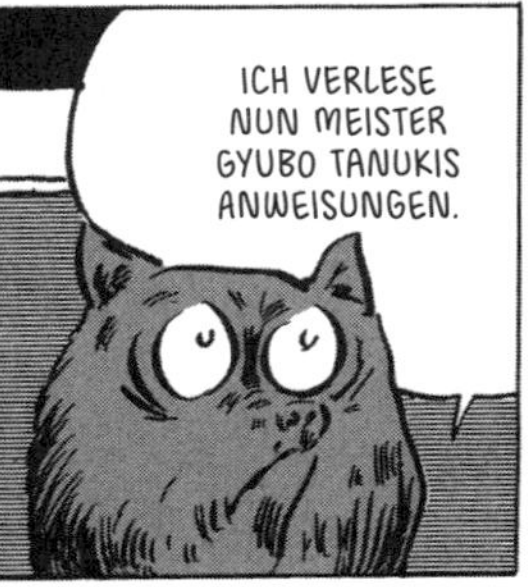

ICH VERLESE
NUN MEISTER
GYUBO TANUKIS
ANWEISUNGEN.

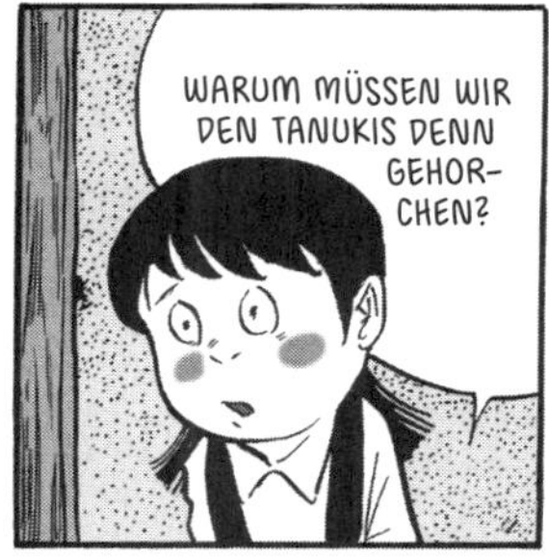
WARUM MÜSSEN WIR DEN TANUKIS DENN GEHORCHEN?

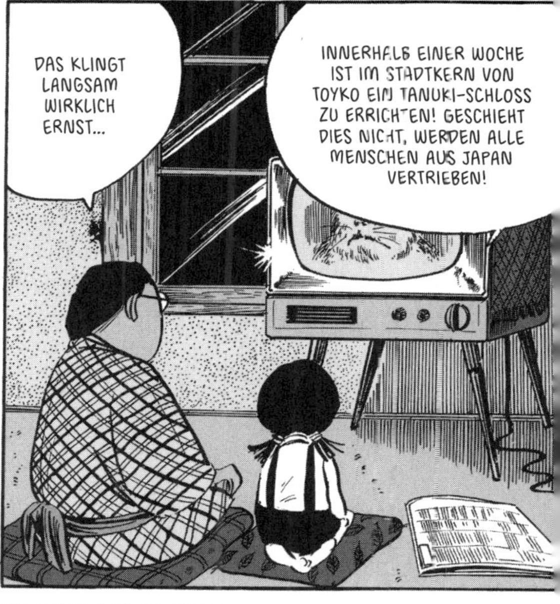
INNERHALB EINER WOCHE IST IM STADTKERN VON TOYKO EIN TANUKI-SCHLOSS ZU ERRICHTEN! GESCHIEHT DIES NICHT, WERDEN ALLE MENSCHEN AUS JAPAN VERTRIEBEN!
DAS KLINGT LANGSAM WIRKLICH ERNST...

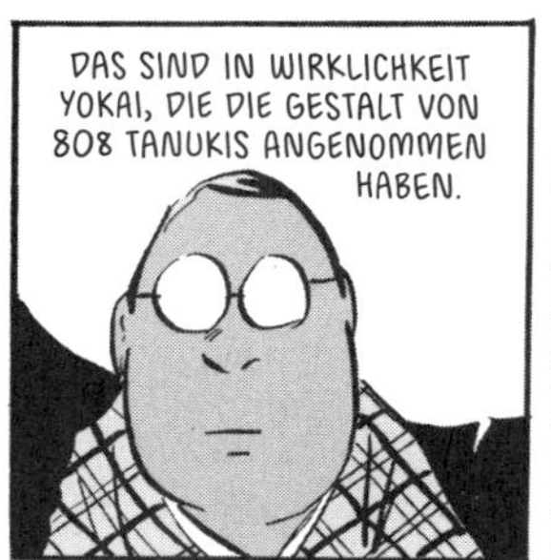
DAS SIND IN WIRKLICHKEIT YOKAI, DIE DIE GESTALT VON 808 TANUKIS ANGENOMMEN HABEN.

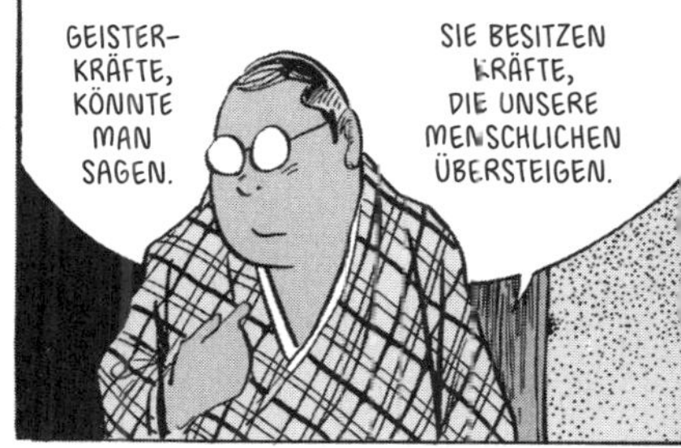
SIE BESITZEN KRÄFTE, DIE UNSERE MENSCHLICHEN ÜBERSTEIGEN.
GEISTER-KRÄFTE, KÖNNTE MAN SAGEN.

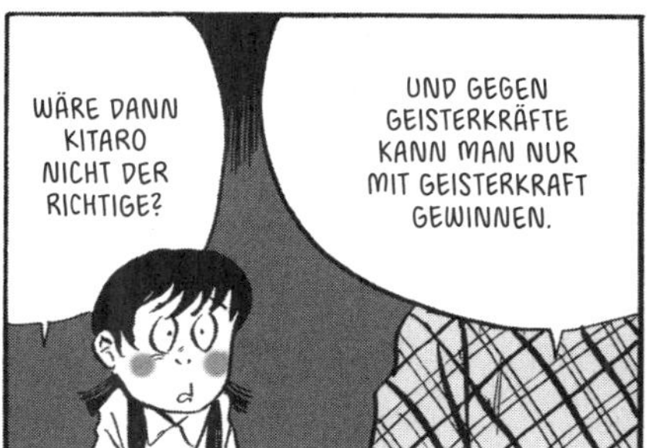
UND GEGEN GEISTERKRÄFTE KANN MAN NUR MIT GEISTERKRAFT GEWINNEN.
WÄRE DANN KITARO NICHT DER RICHTIGE?

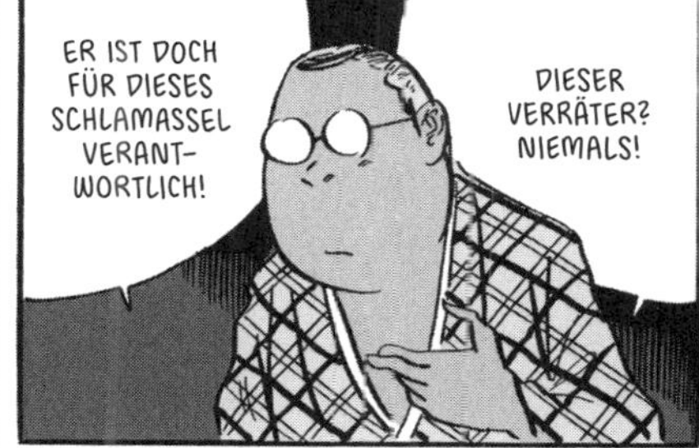
DIESER VERRÄTER? NIEMALS!
ER IST DOCH FÜR DIESES SCHLAMASSEL VERANT-WORTLICH!

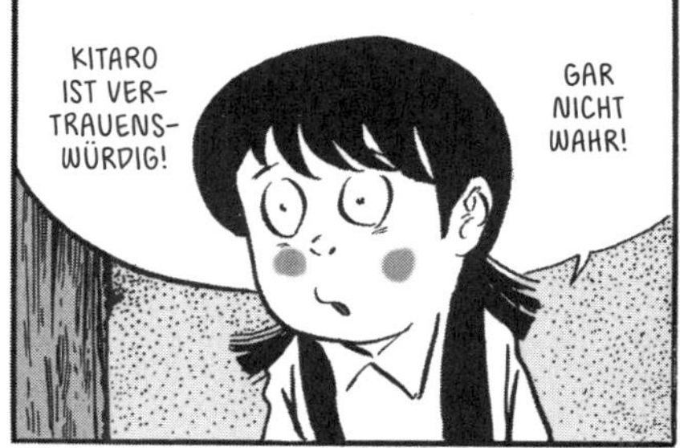
GAR NICHT WAHR!
KITARO IST VER-TRAUENS-WÜRDIG!

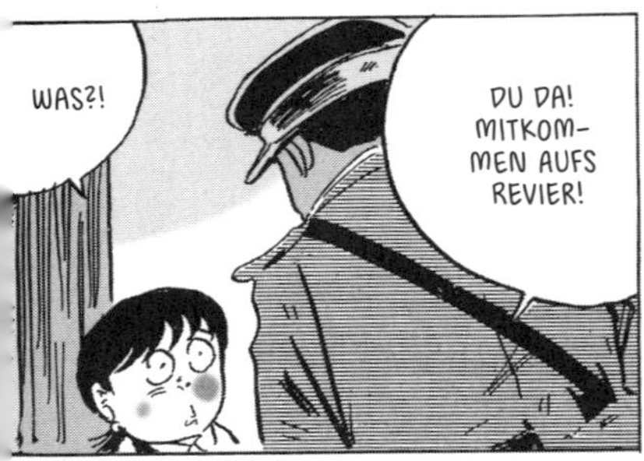
DU DA! MITKOMMEN AUFS REVIER!
WAS?!

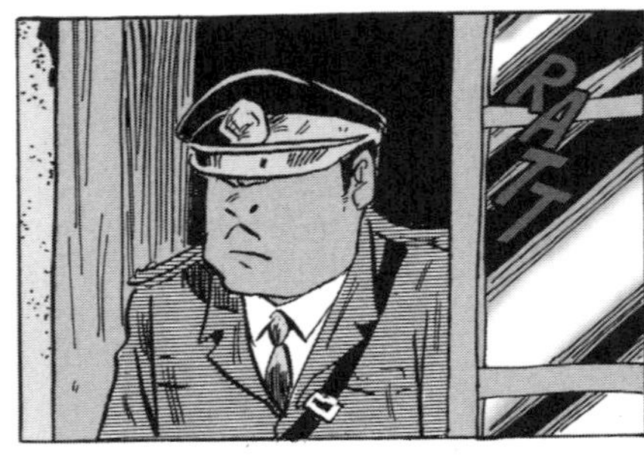
RATT

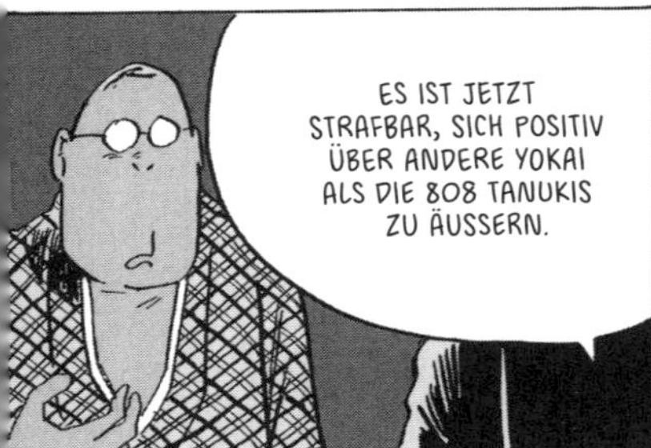
ES IST JETZT STRAFBAR, SICH POSITIV ÜBER ANDERE YOKAI ALS DIE 808 TANUKIS ZU ÄUSSERN.

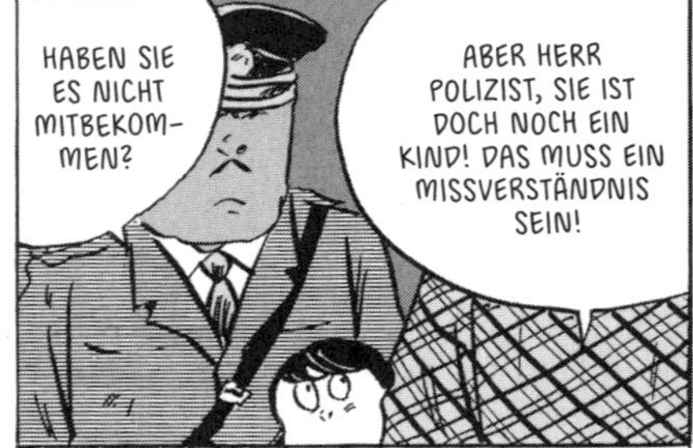
ABER HERR POLIZIST, SIE IST DOCH NOCH EIN KIND! DAS MUSS EIN MISSVERSTÄNDNIS SEIN!
HABEN SIE ES NICHT MITBEKOMMEN?

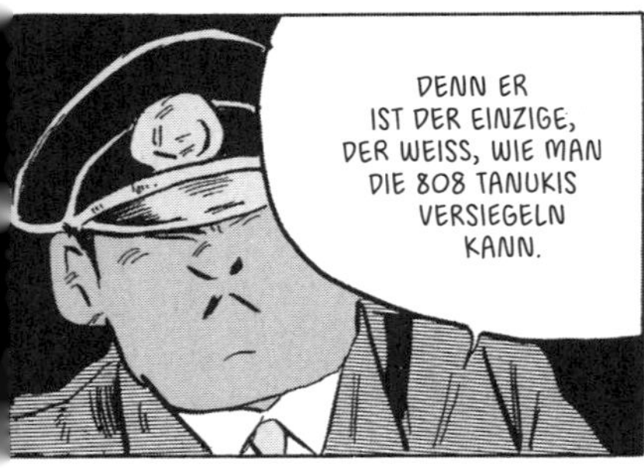
DENN ER IST DER EINZIGE, DER WEISS, WIE MAN DIE 808 TANUKIS VERSIEGELN KANN.

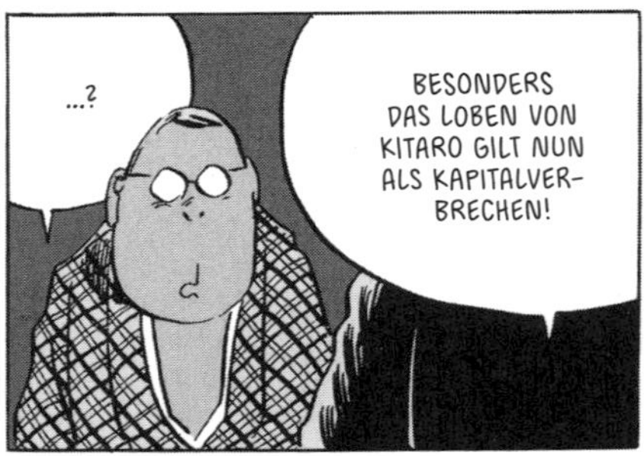
BESONDERS DAS LOBEN VON KITARO GILT NUN ALS KAPITALVERBRECHEN!
...?

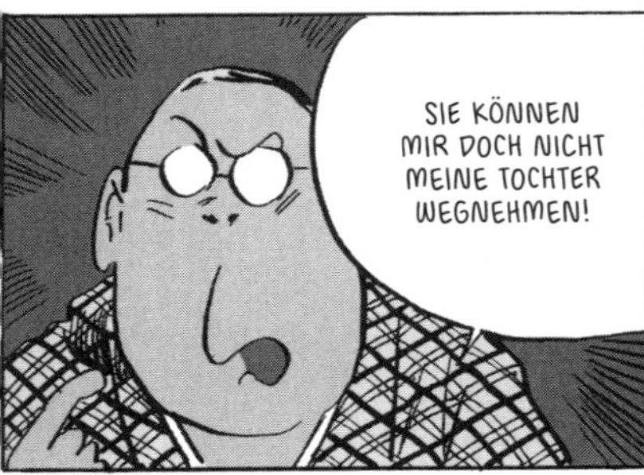
SIE KÖNNEN MIR DOCH NICHT MEINE TOCHTER WEGNEHMEN!

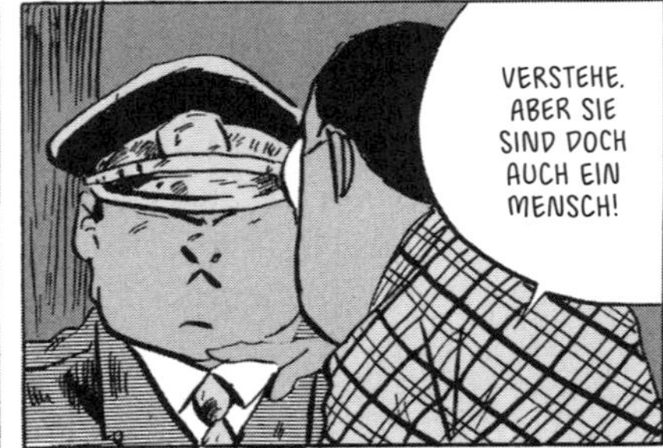
VERSTEHE. ABER SIE SIND DOCH AUCH EIN MENSCH!

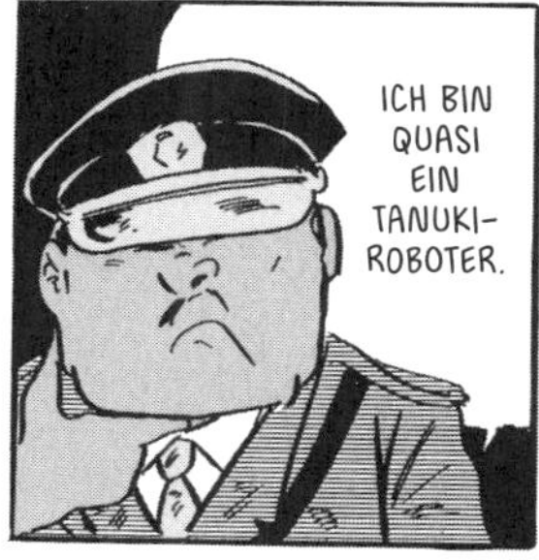
ICH BIN QUASI EIN TANUKI-ROBOTER.
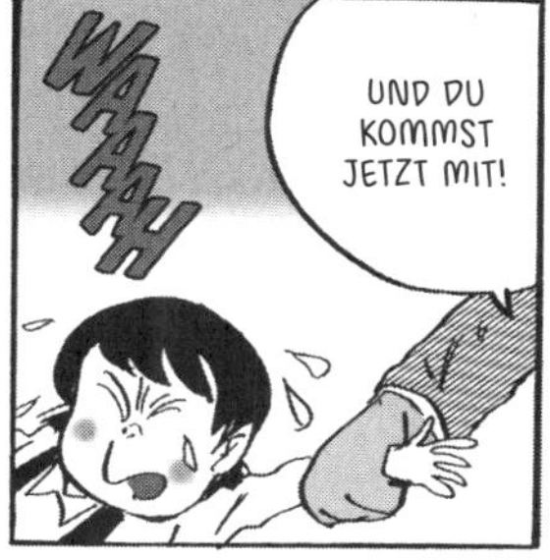
WAAAAAH
UND DU KOMMST JETZT MIT!
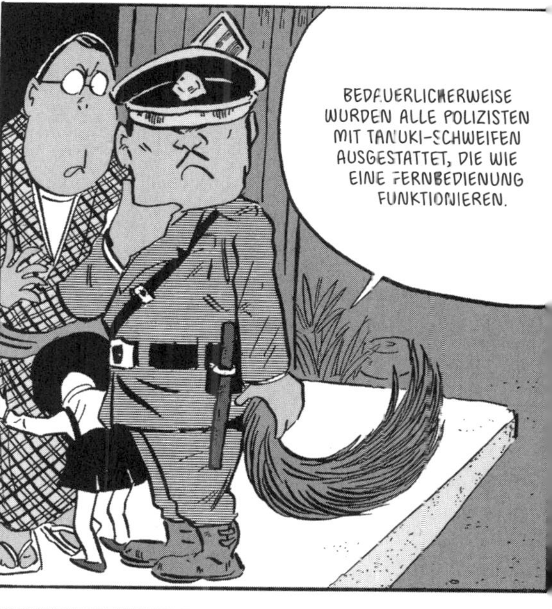
BEDAUERLICHERWEISE WURDEN ALLE POLIZISTEN MIT TANUKI-SCHWEIFEN AUSGESTATTET, DIE WIE EINE FERNBEDIENUNG FUNKTIONIEREN.
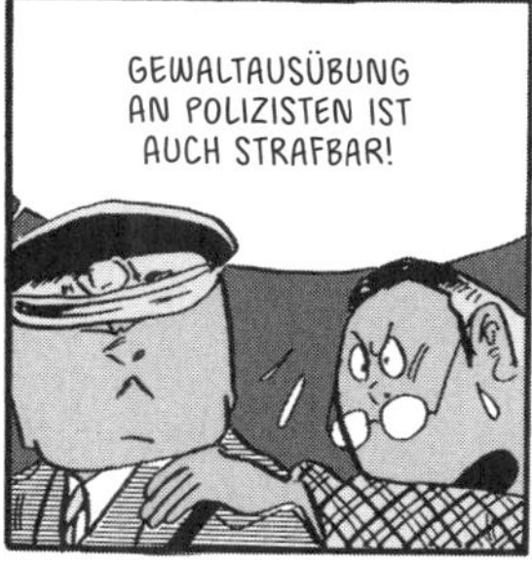
GEWALTAUSÜBUNG AN POLIZISTEN IST AUCH STRAFBAR!
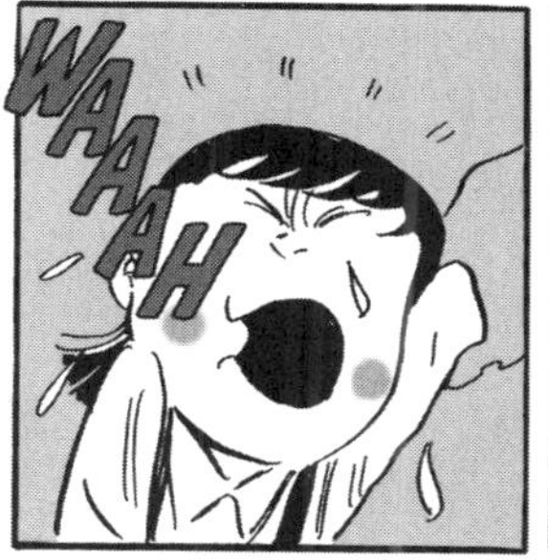
WAAAAH
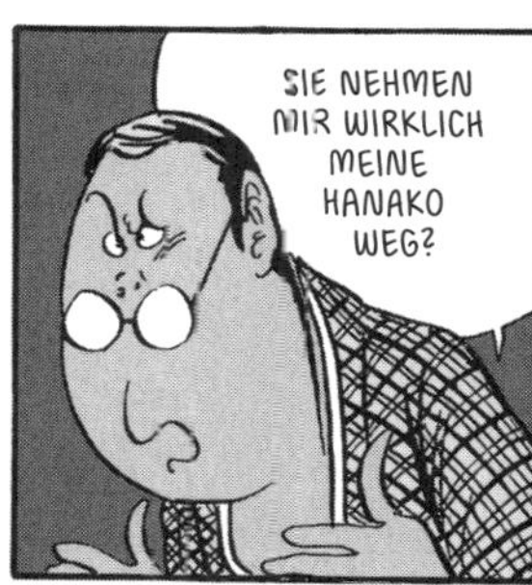
SIE NEHMEN MIR WIRKLICH MEINE HANAKO WEG?
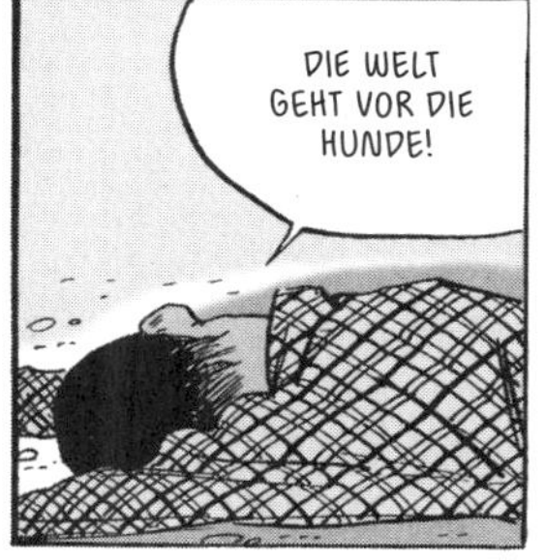
DIE WELT GEHT VOR DIE HUNDE!
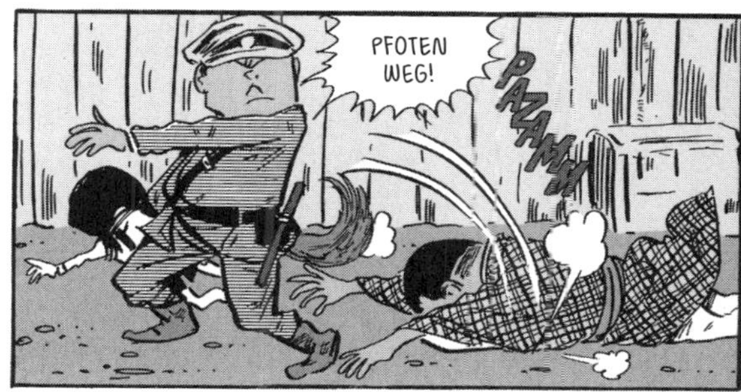
PFOTEN WEG!
PAZAMM

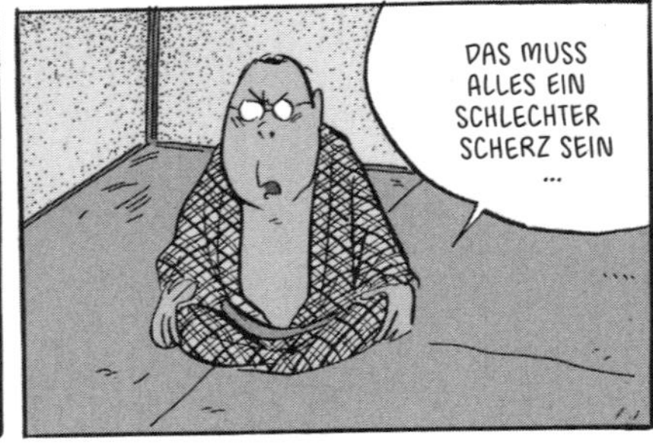
DAS MUSS ALLES EIN SCHLECHTER SCHERZ SEIN ...
....

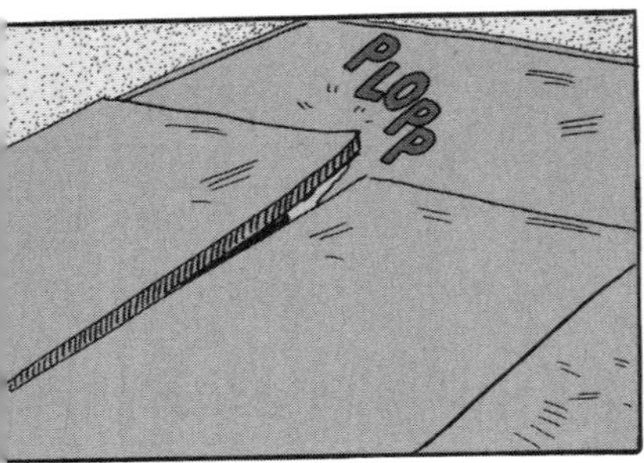
PLOPP

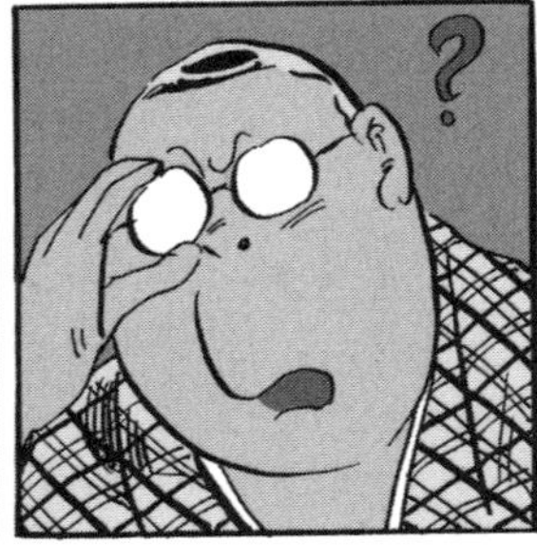
?

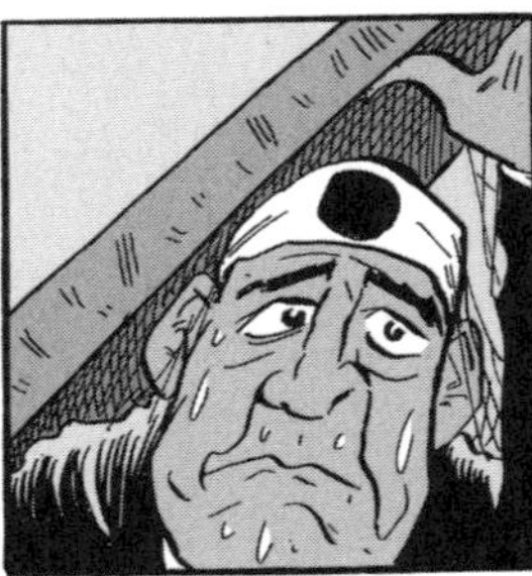

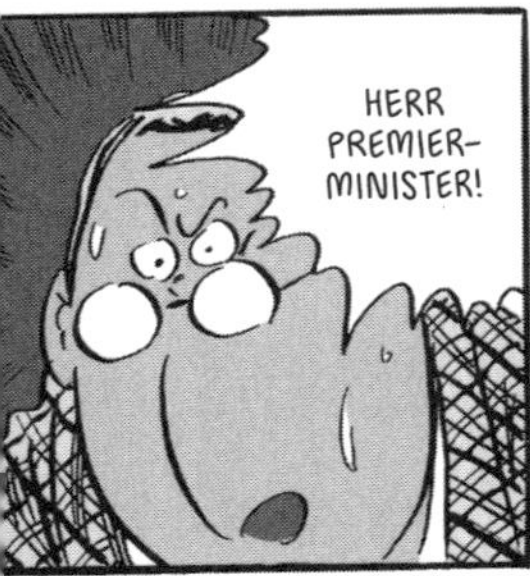
HERR PREMIER-MINISTER!

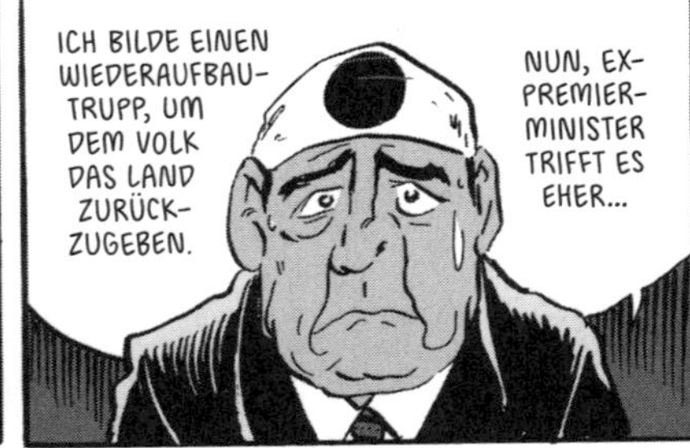
NUN, EX-PREMIER-MINISTER TRIFFT ES EHER...
ICH BILDE EINEN WIEDERAUFBAU-TRUPP, UM DEM VOLK DAS LAND ZURÜCK-ZUGEBEN.

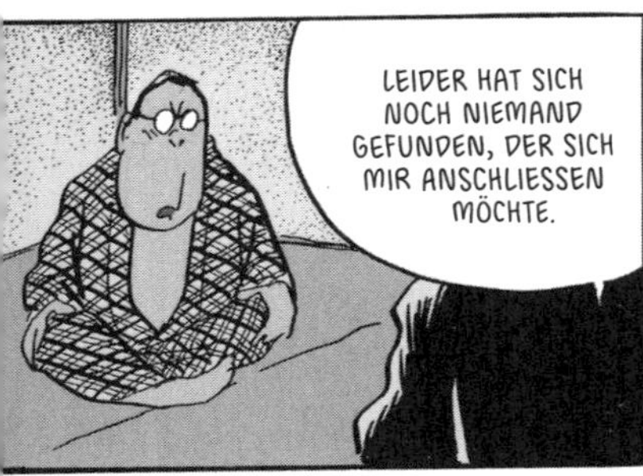
LEIDER HAT SICH NOCH NIEMAND GEFUNDEN, DER SICH MIR ANSCHLIESSEN MÖCHTE.

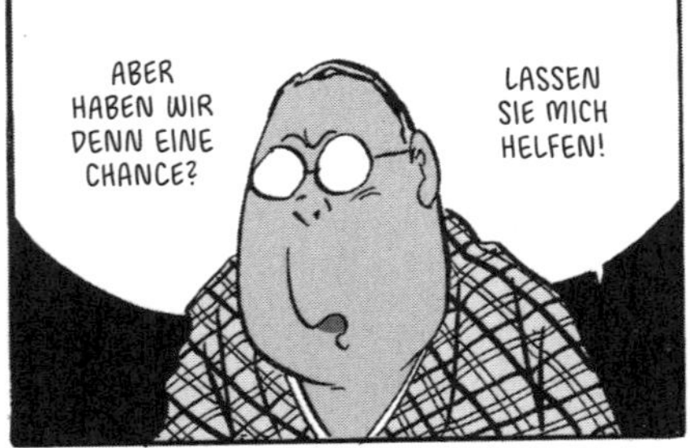
LASSEN SIE MICH HELFEN!
ABER HABEN WIR DENN EINE CHANCE?

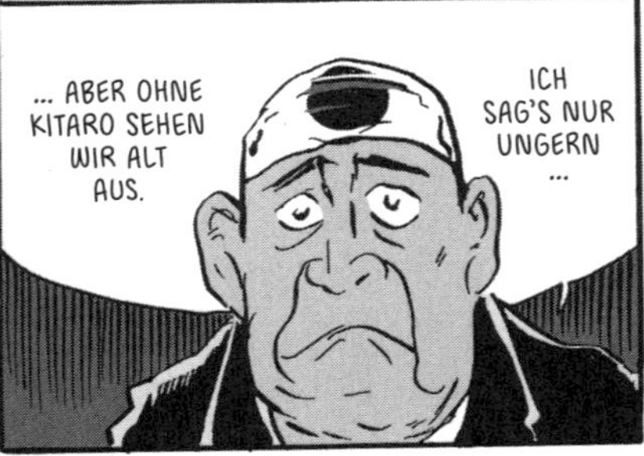
ICH SAG'S NUR UNGERN ...
... ABER OHNE KITARO SEHEN WIR ALT AUS.

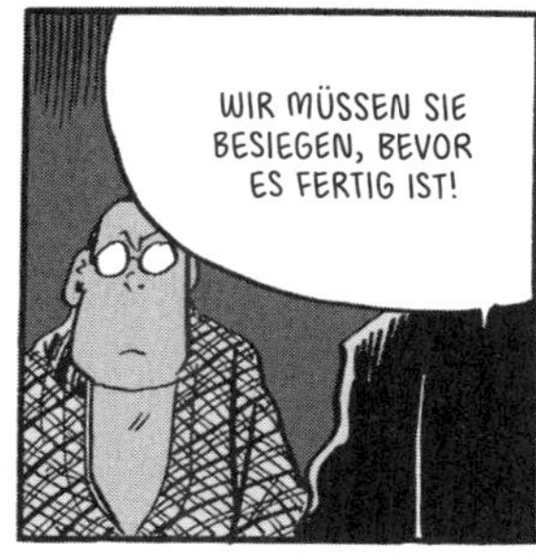

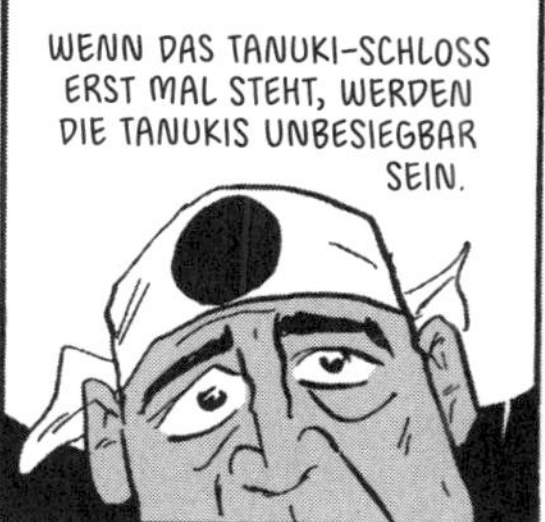

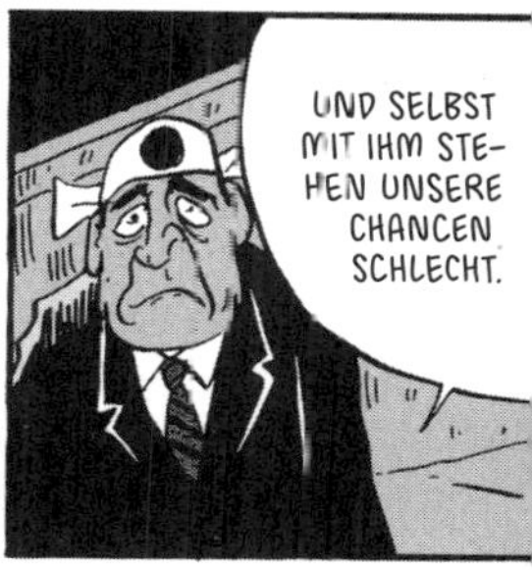

WIE ERGING ES KITARO IN DIESEM MOMENT?

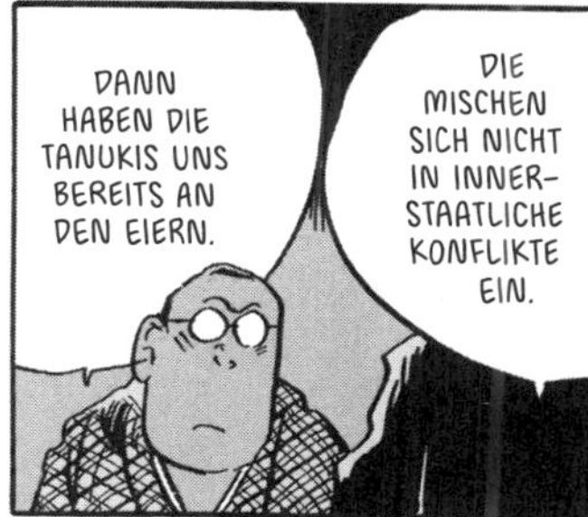

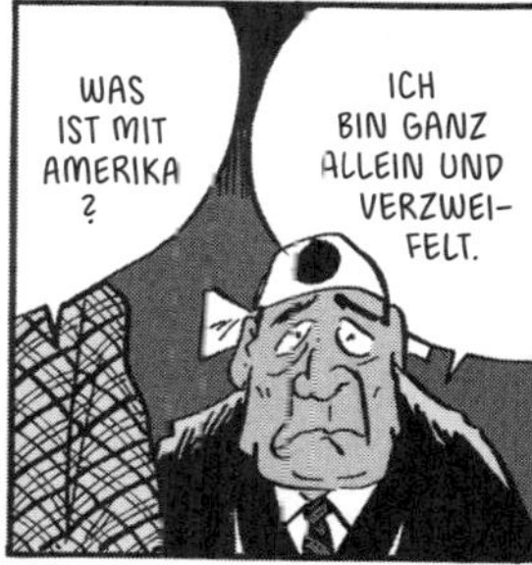

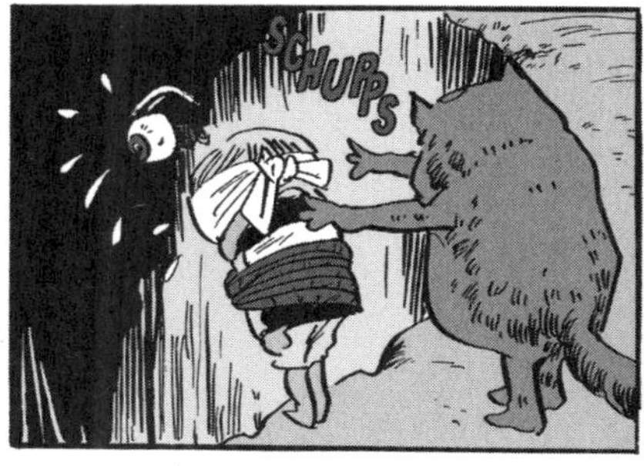

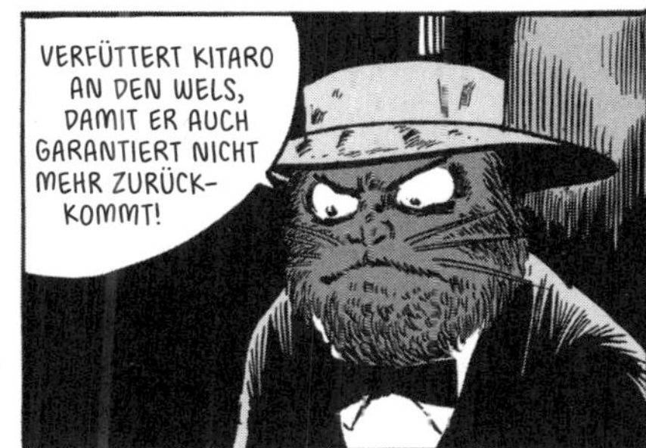

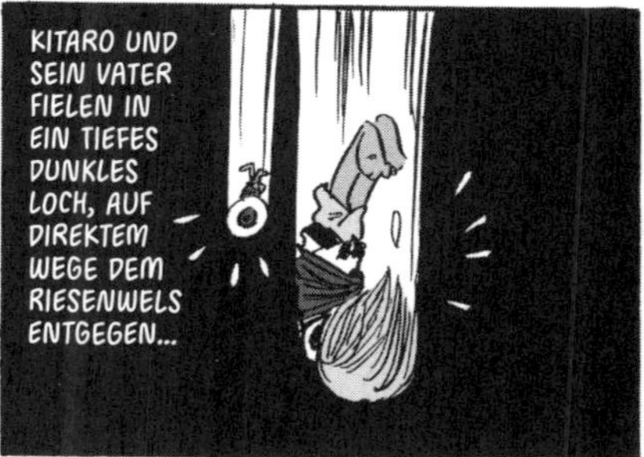

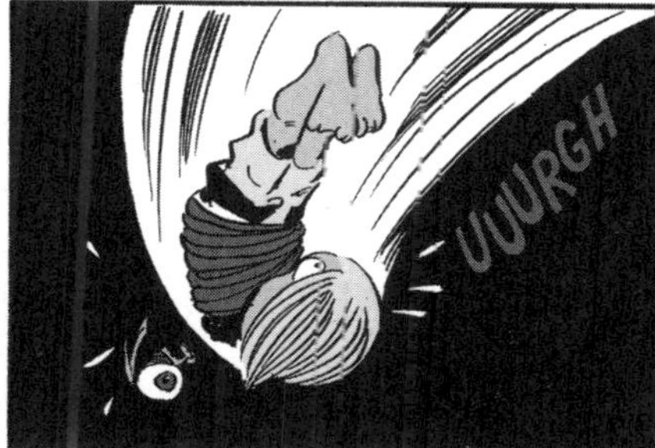

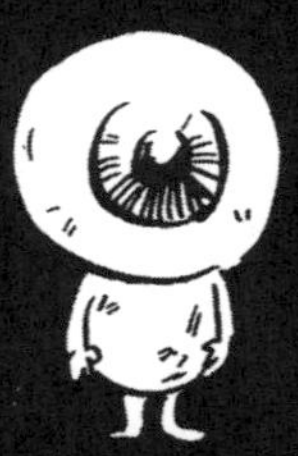

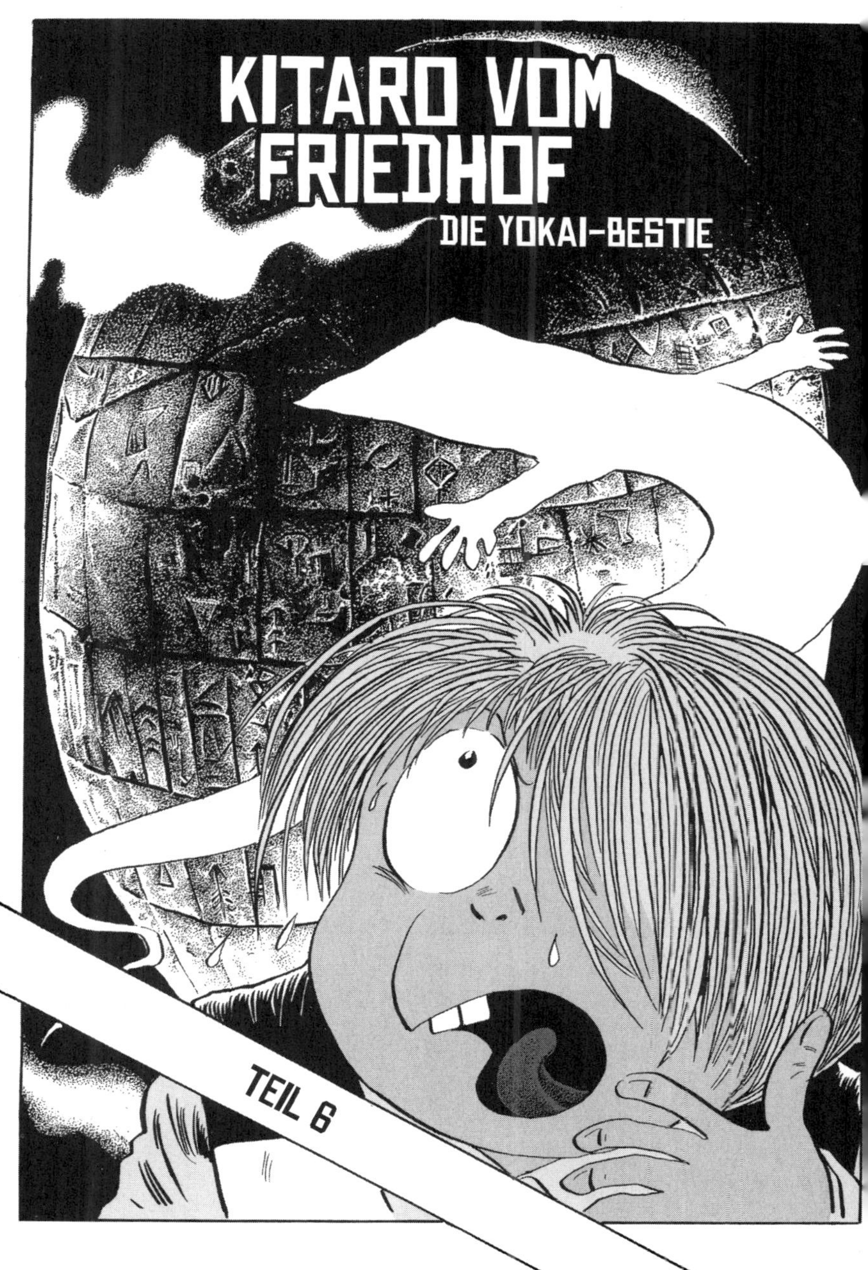
KITARO VOM FRIEDHOF
DIE YOKAI-BESTIE
TEIL 6

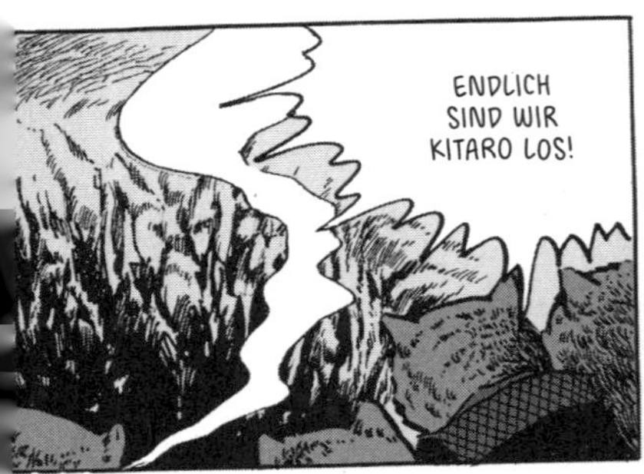
ENDLICH SIND WIR KITARO LOS!

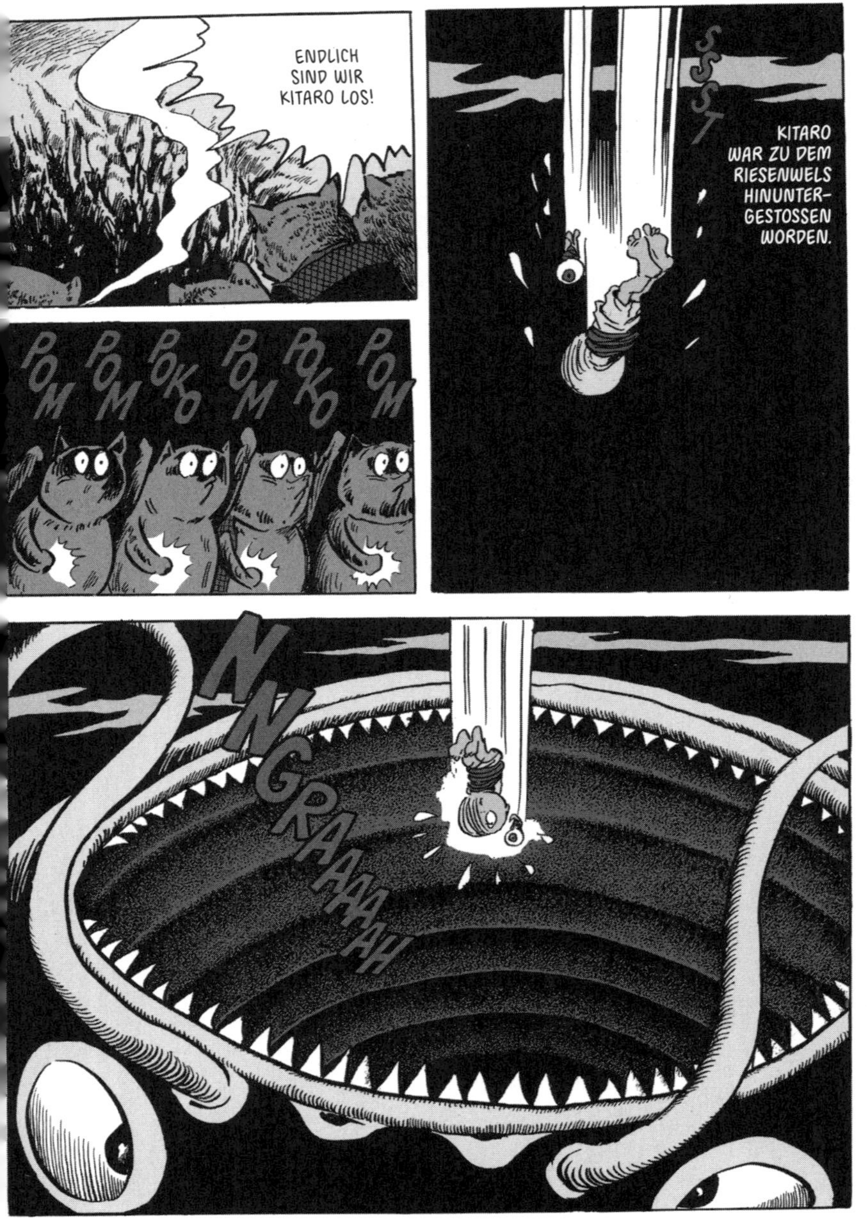

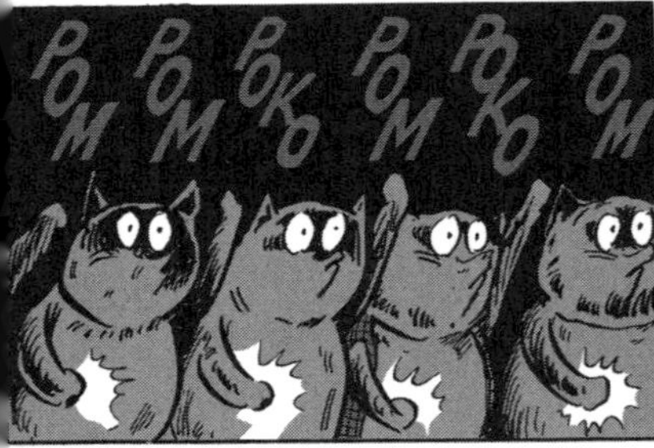
POM
POM
POKO
POM
POKO
POM

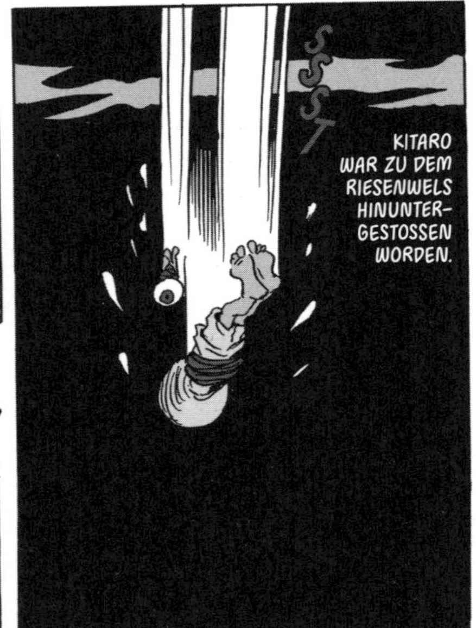
SSST
KITARO WAR ZU DEM RIESENWELS HINUNTERGESTOSSEN WORDEN.

NNGRAAAAAH

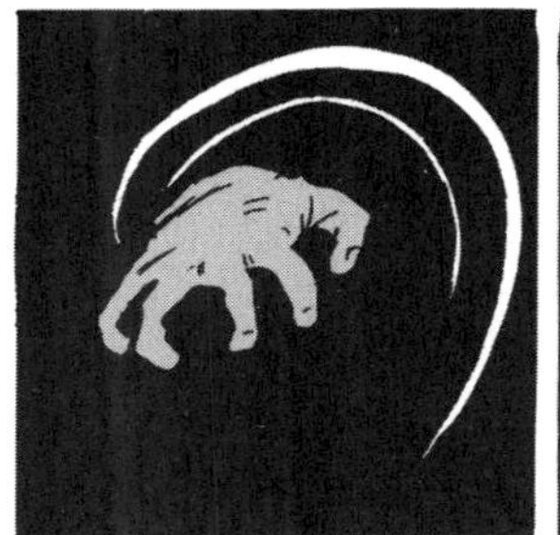

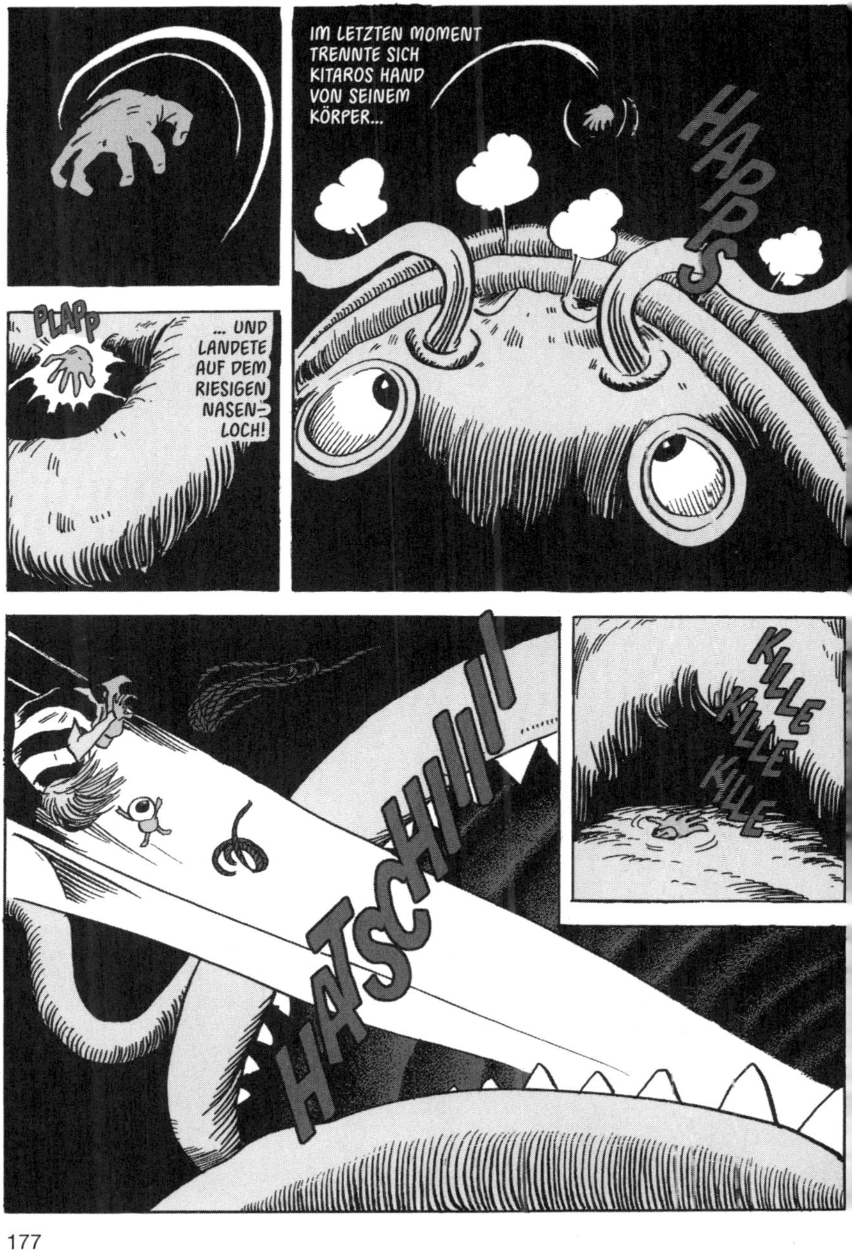

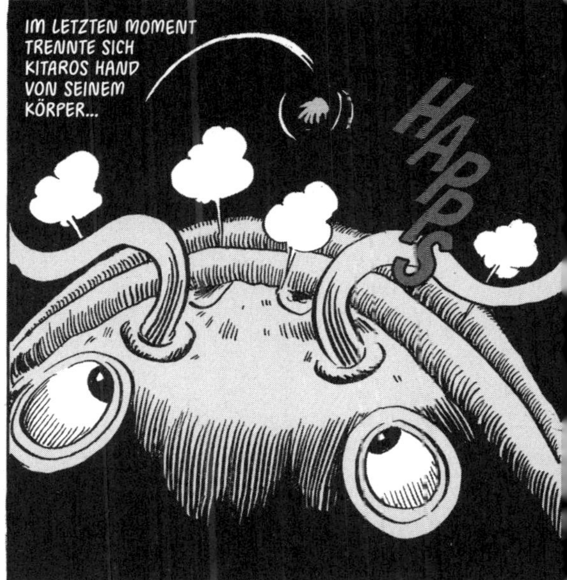

IM LETZTEN MOMENT TRENNTE SICH KITAROS HAND VON SEINEM KÖRPER...
HAPPS

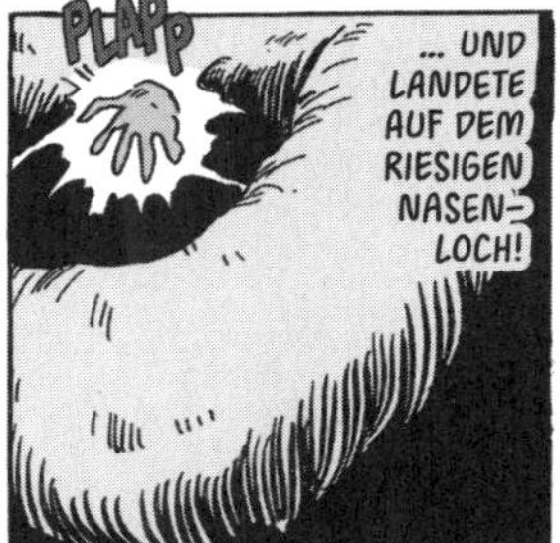

PLAPP
... UND LANDETE AUF DEM RIESIGEN NASEN-LOCH!

KILLE KILLE KILLE
HATSCHIII!

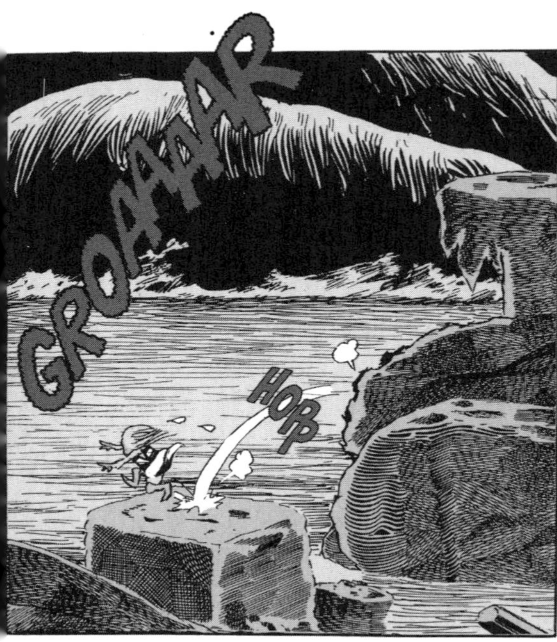
GROAAAR
HOPP

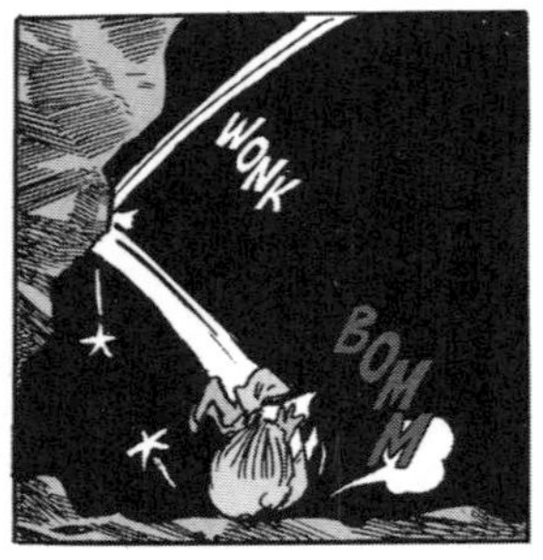
WONK
BOHM

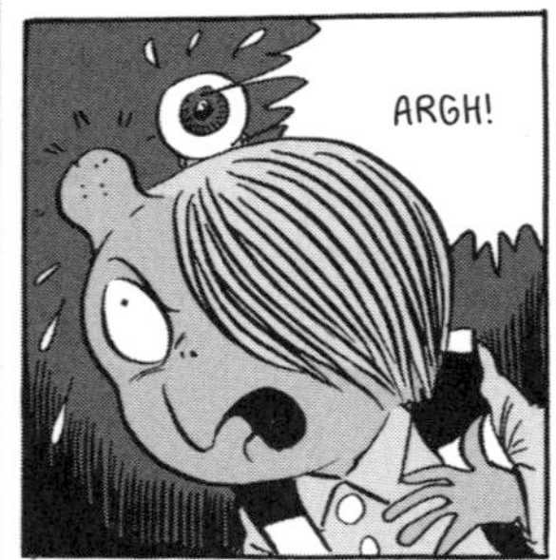
ARGH!

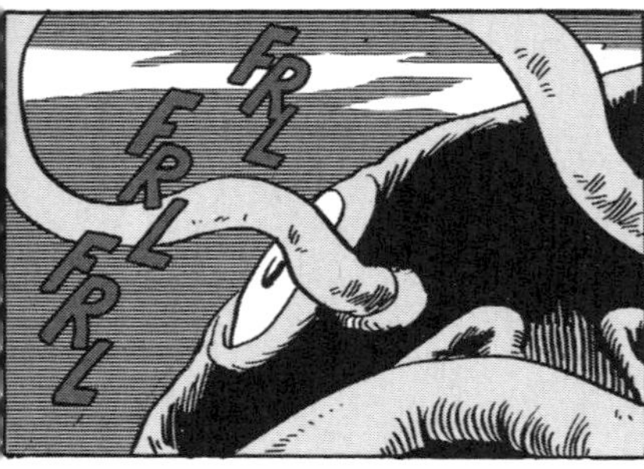
FRL
FRL
FRL

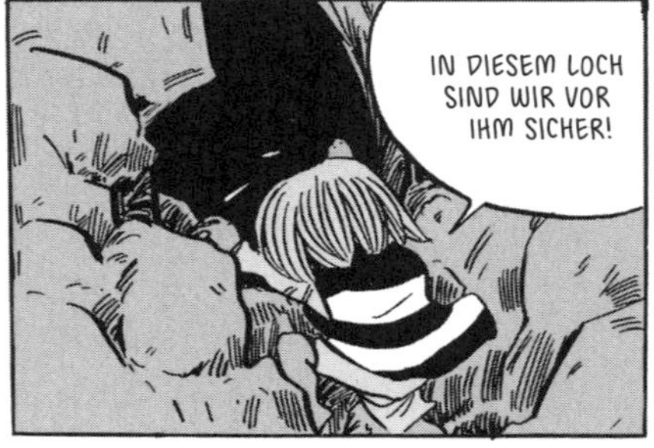
IN DIESEM LOCH SIND WIR VOR IHM SICHER!

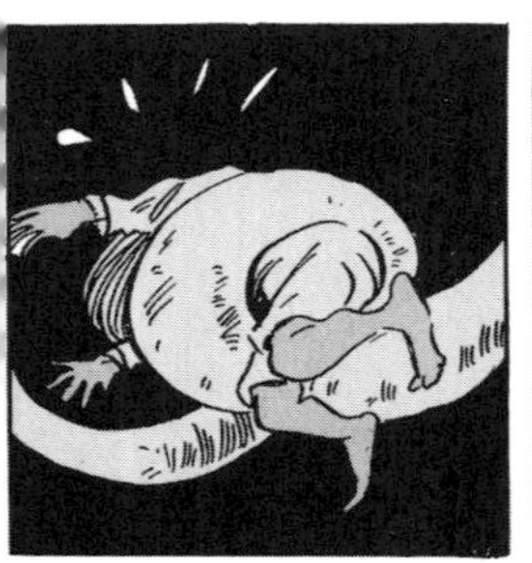

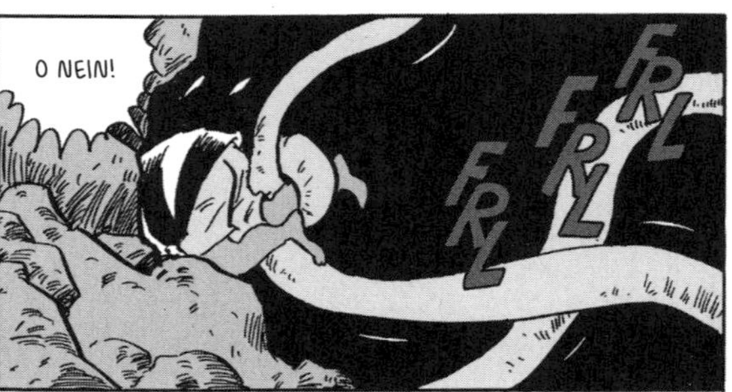
O NEIN!
FRL
FRL
FRL

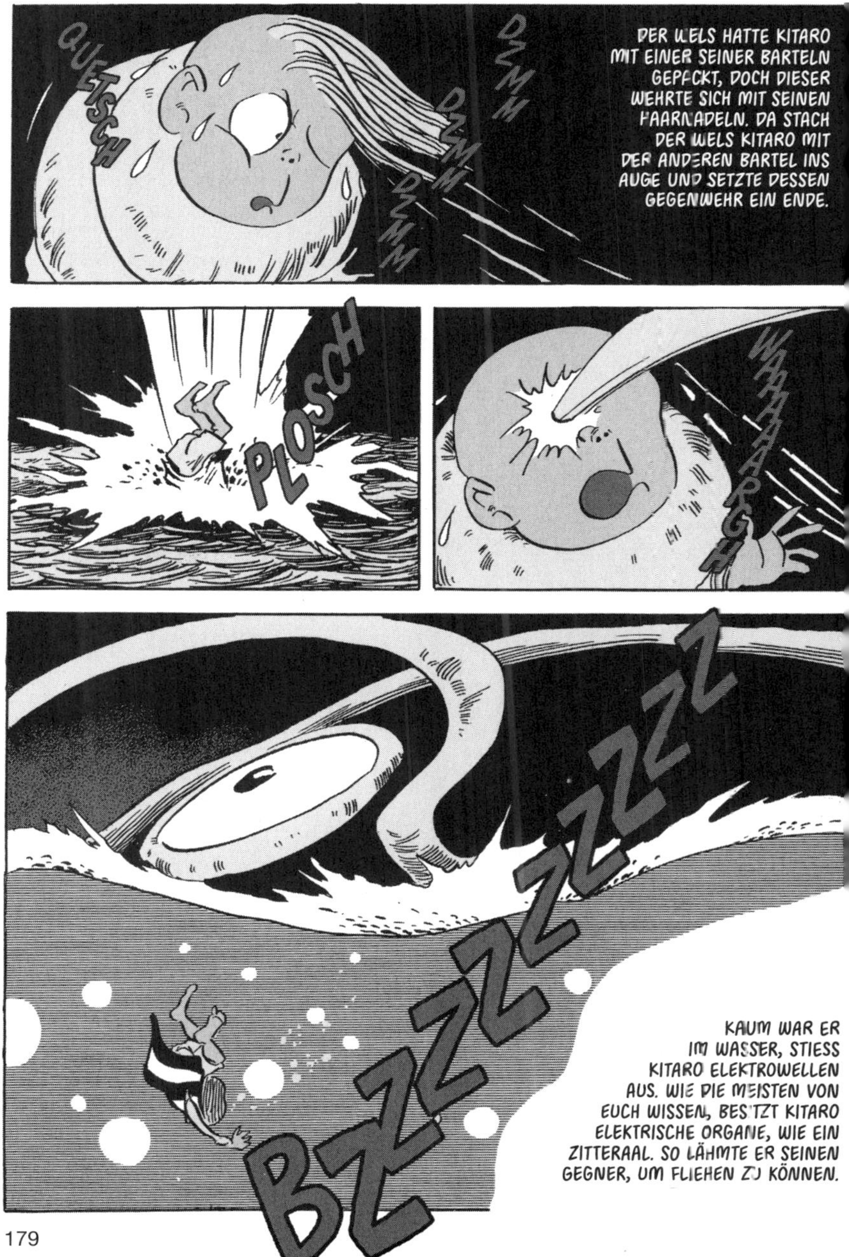

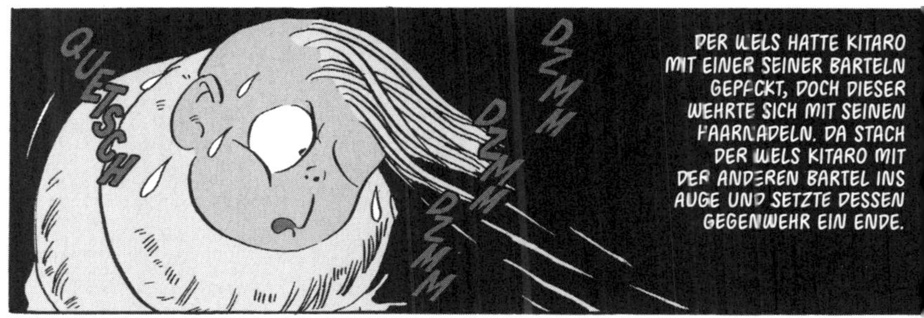

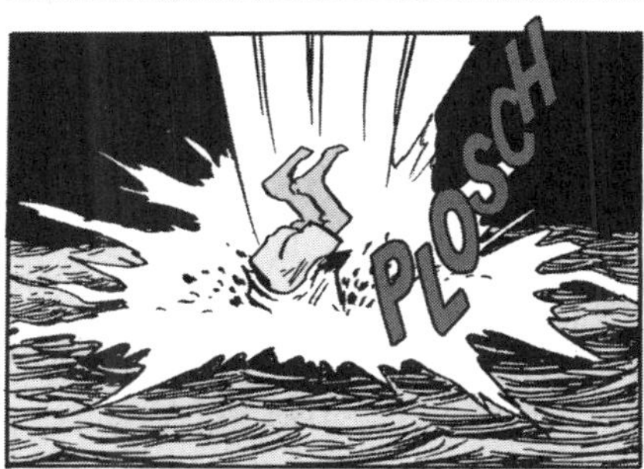

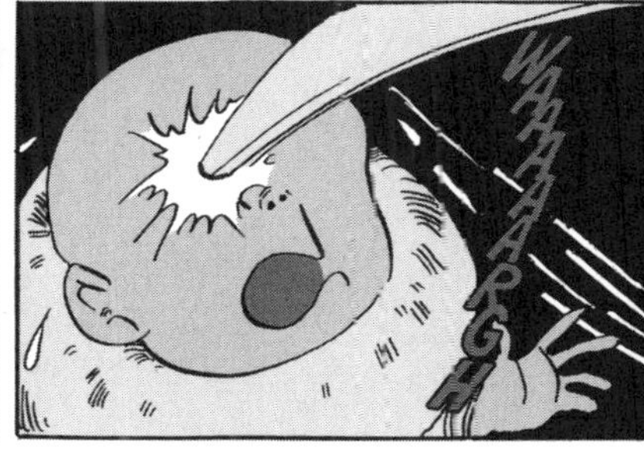

BZZZZZZZZ

KAUM WAR ER IM WASSER, STIESS KITARO ELEKTROWELLEN AUS. WIE DIE MEISTEN VON EUCH WISSEN, BESITZT KITARO ELEKTRISCHE ORGANE, WIE EIN ZITTERAAL. SO LÄHMTE ER SEINEN GEGNER, UM FLIEHEN ZU KÖNNEN.

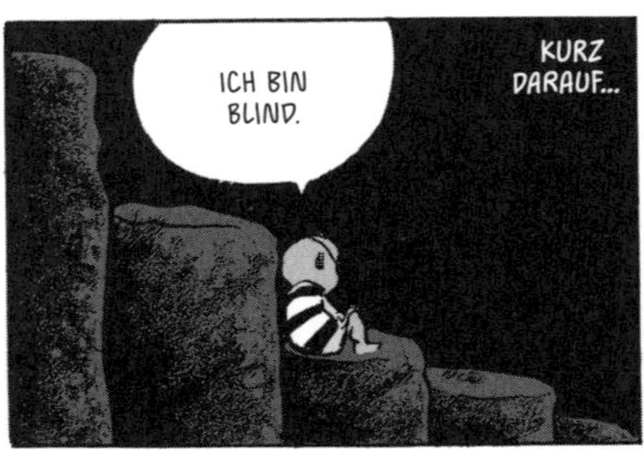
KURZ DARAUF...
ICH BIN BLIND.

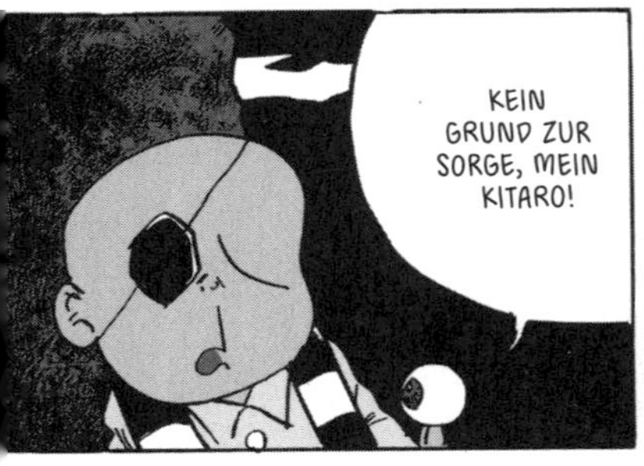
KEIN GRUND ZUR SORGE, MEIN KITARO!

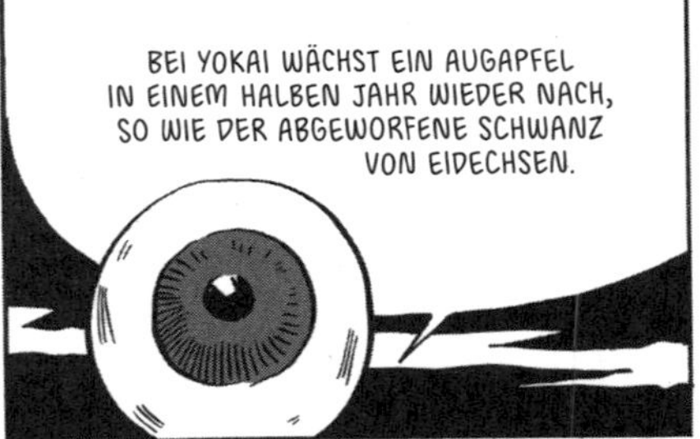
BEI YOKAI WÄCHST EIN AUGAPFEL IN EINEM HALBEN JAHR WIEDER NACH, SO WIE DER ABGEWORFENE SCHWANZ VON EIDECHSEN.

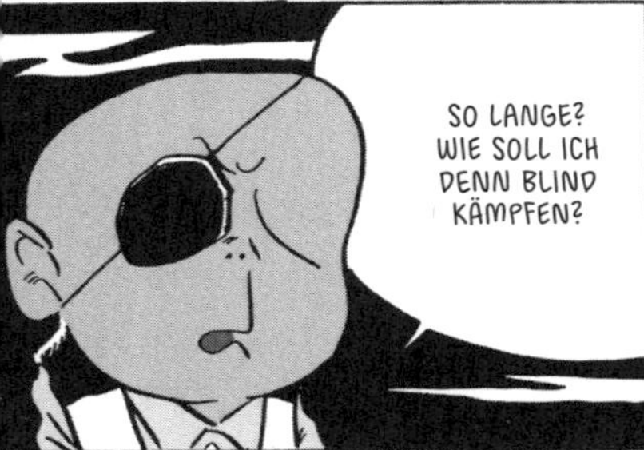
SO LANGE? WIE SOLL ICH DENN BLIND KÄMPFEN?

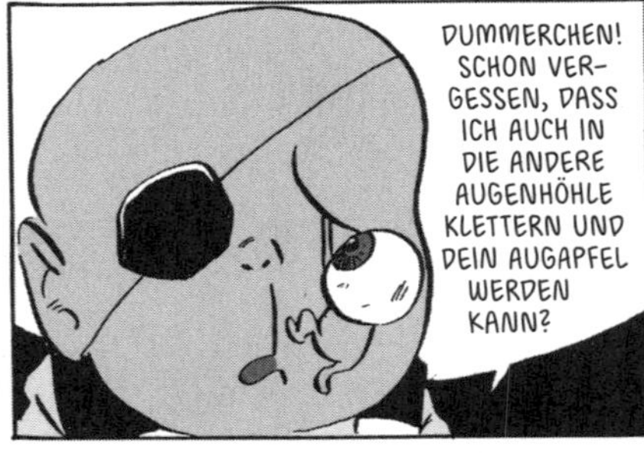
DUMMERCHEN! SCHON VERGESSEN, DASS ICH AUCH IN DIE ANDERE AUGENHÖHLE KLETTERN UND DEIN AUGAPFEL WERDEN KANN?

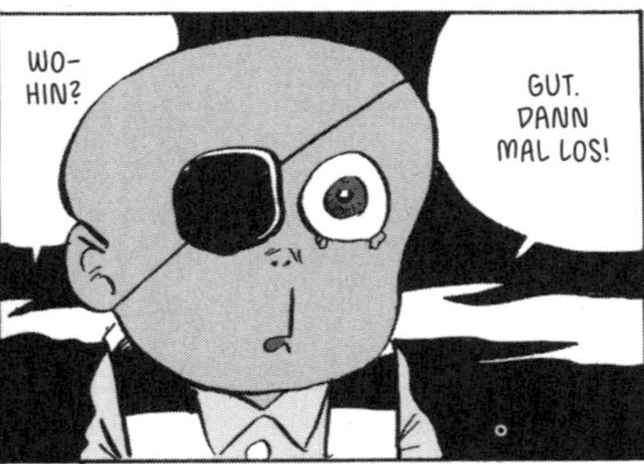
GUT. DANN MAL LOS!
WOHIN?

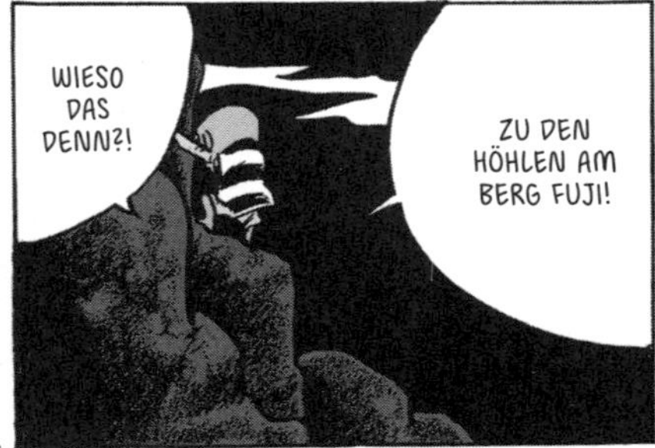
ZU DEN HÖHLEN AM BERG FUJI!
WIESO DAS DENN?!

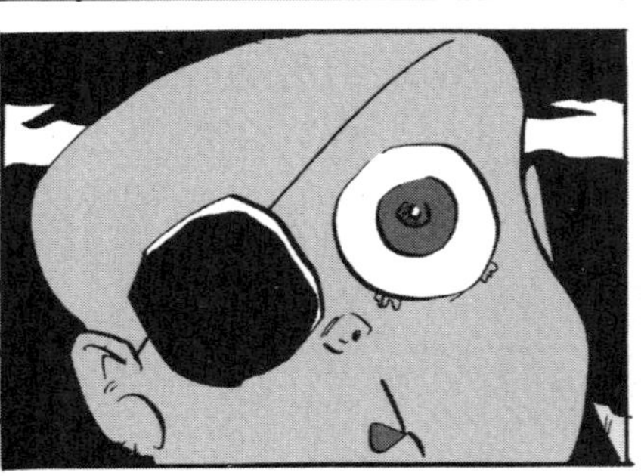

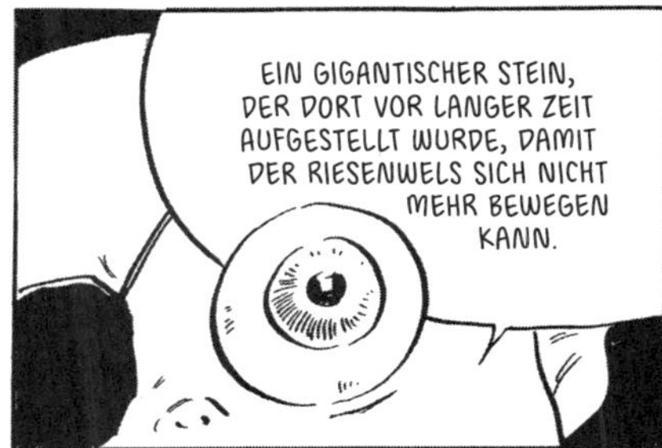

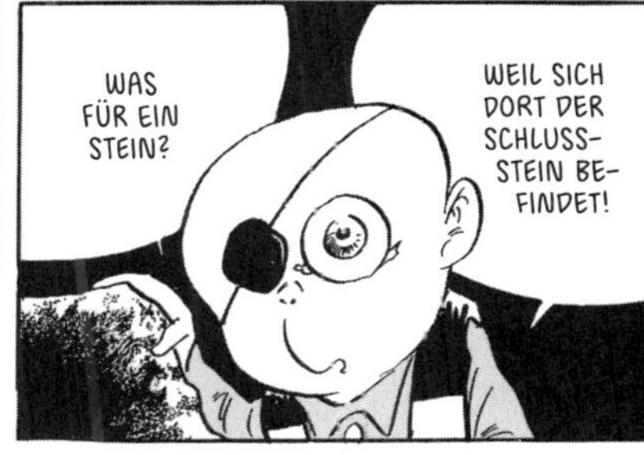

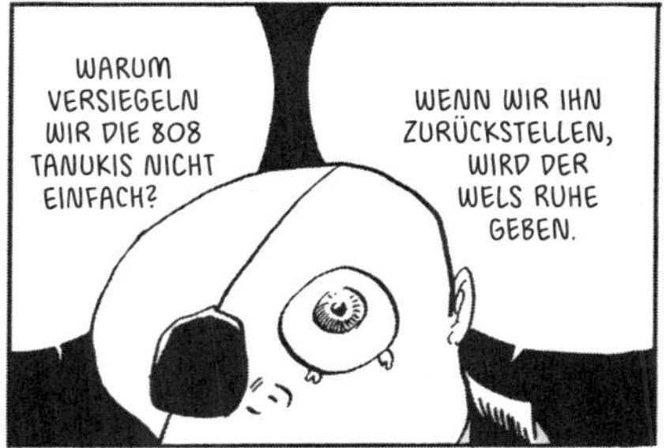

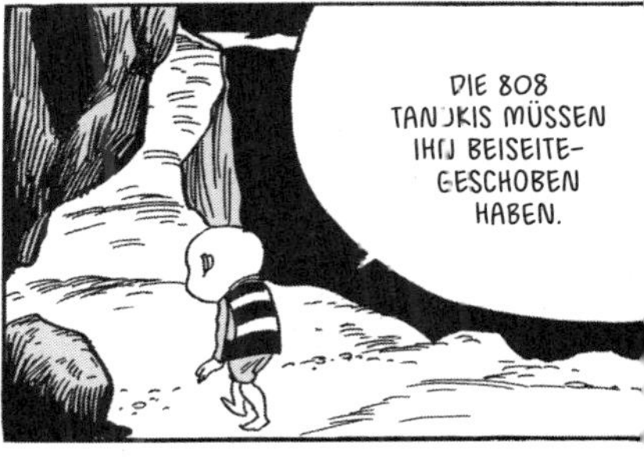

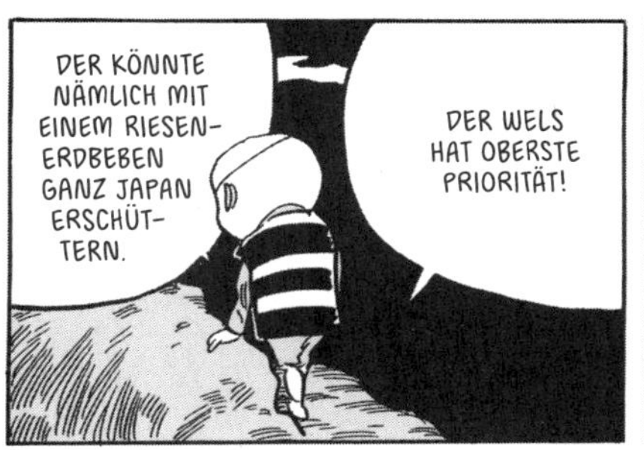

BLOSS NICHT! DER RATTENMANN IST ZU IHNEN ÜBERGELAUFEN UND SIE WERDEN SICH GEGEN DEINEN ZAUBER ZUR WEHR SETZEN! IM SCHLIMMSTEN FALL MACHEN SIE UNS PLATT!

SO MACHTEN SICH KITARO UND SEIN VATER UNTERIRDISCH AUF DEN WEG ZU DEN HÖHLEN AM BERG FUJI.

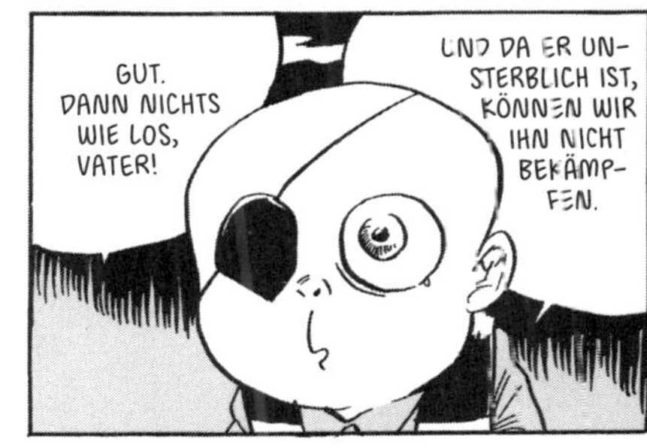

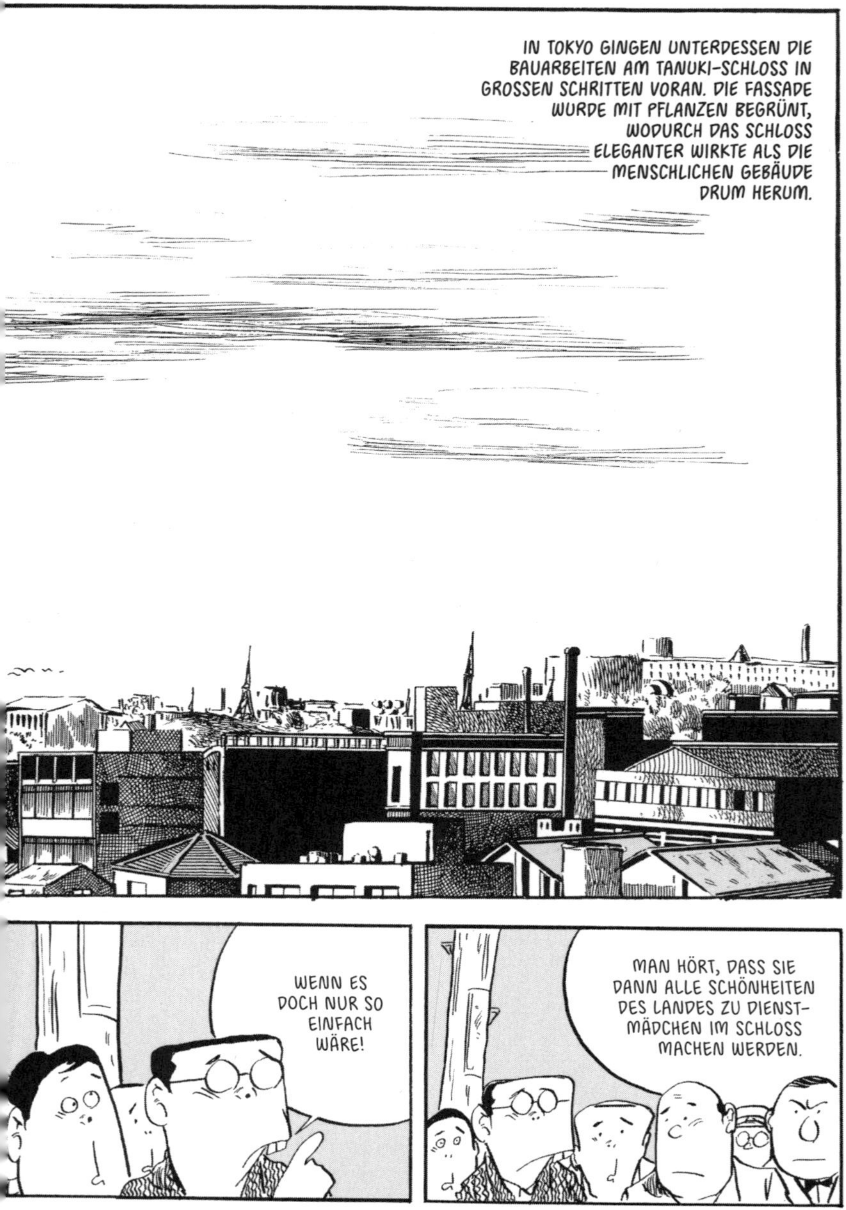

IN TOKYO GINGEN UNTERDESSEN DIE BAUARBEITEN AM TANUKI-SCHLOSS IN GROSSEN SCHRITTEN VORAN. DIE FASSADE WURDE MIT PFLANZEN BEGRÜNT, WODURCH DAS SCHLOSS ELEGANTER WIRKTE ALS DIE MENSCHLICHEN GEBÄUDE DRUM HERUM.

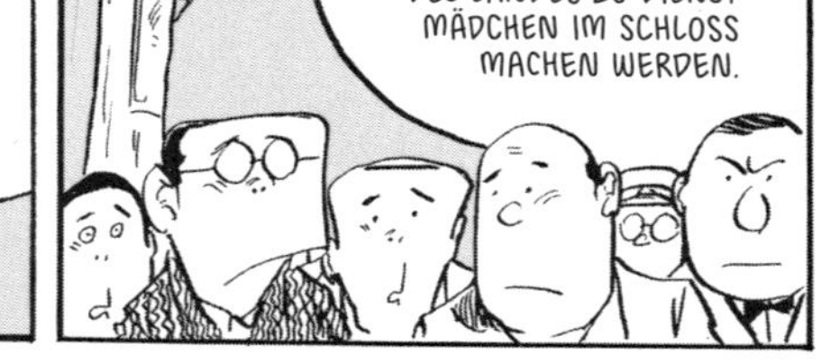

WENN ES DOCH NUR SO EINFACH WÄRE!

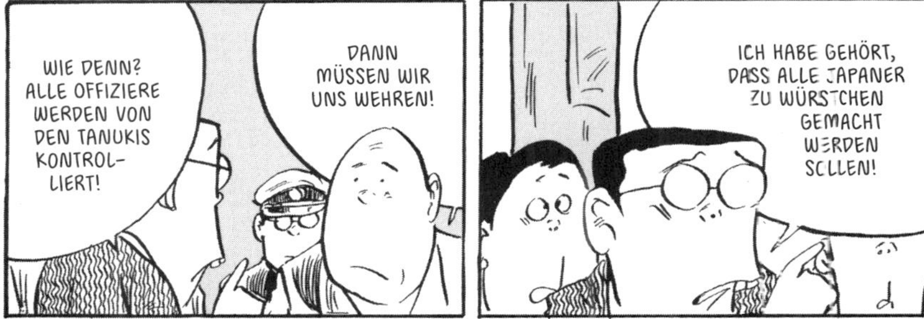
ICH HABE GEHÖRT, DASS ALLE JAPANER ZU WÜRSTCHEN GEMACHT WERDEN SOLLEN!
DANN MÜSSEN WIR UNS WEHREN!
WIE DENN? ALLE OFFIZIERE WERDEN VON DEN TANUKIS KONTROL-LIERT!

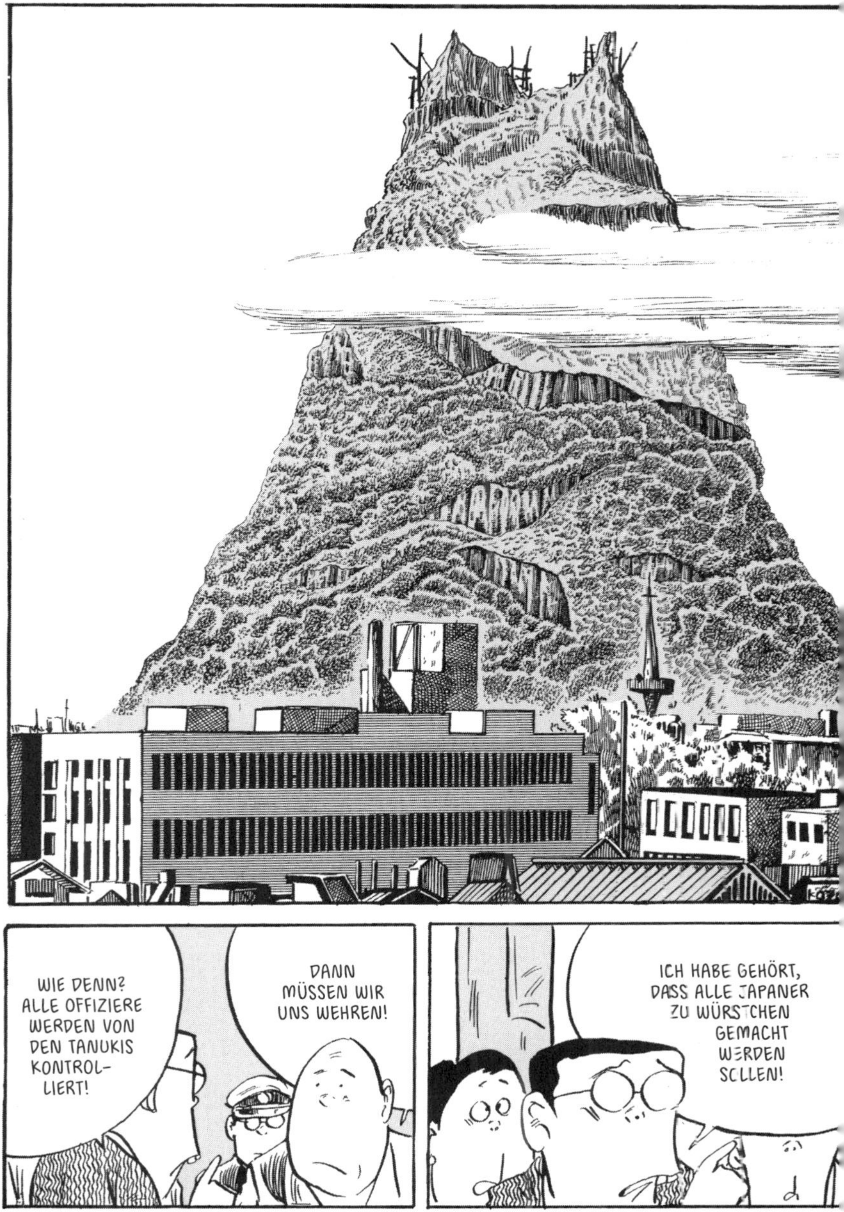

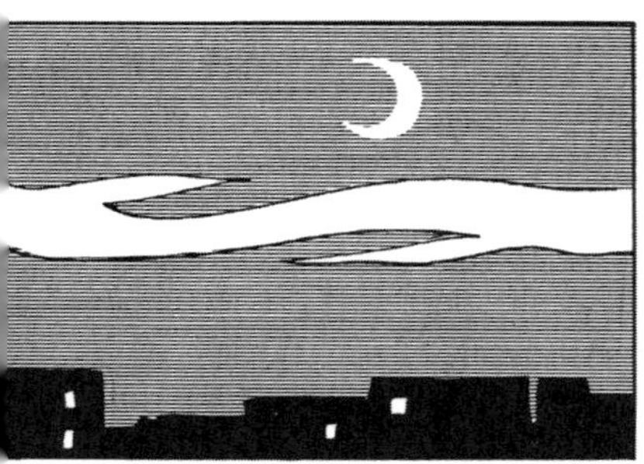

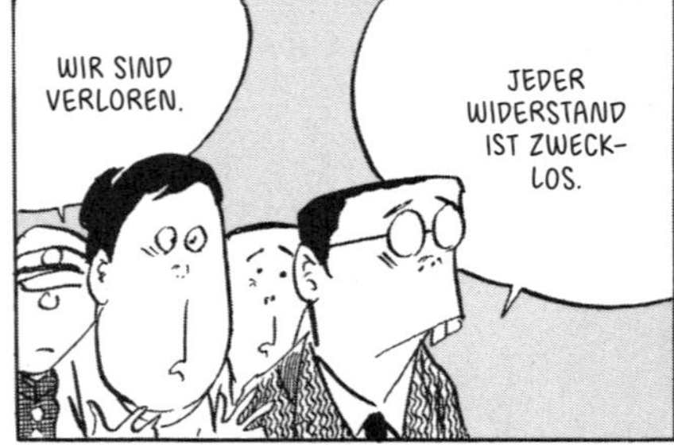
WIR SIND VERLOREN.
JEDER WIDERSTAND IST ZWECK-LOS.

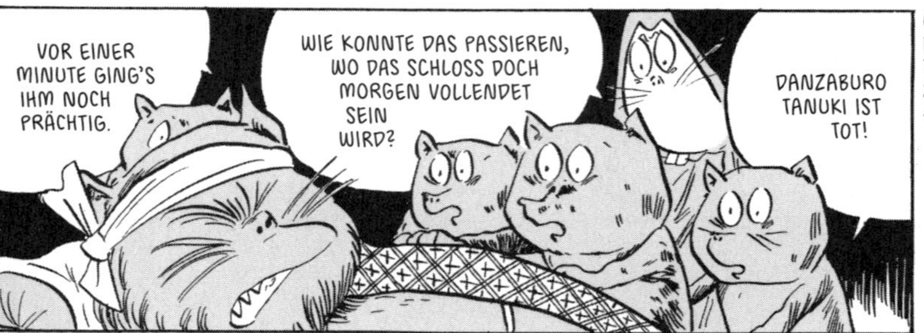
UNTER DEM TANUKI-SCHLOSS …
VOR EINER MINUTE GING'S IHM NOCH PRÄCHTIG.
WIE KONNTE DAS PASSIEREN, WO DAS SCHLOSS DOCH MORGEN VOLLENDET SEIN WIRD?
DANZABURO TANUKI IST TOT!

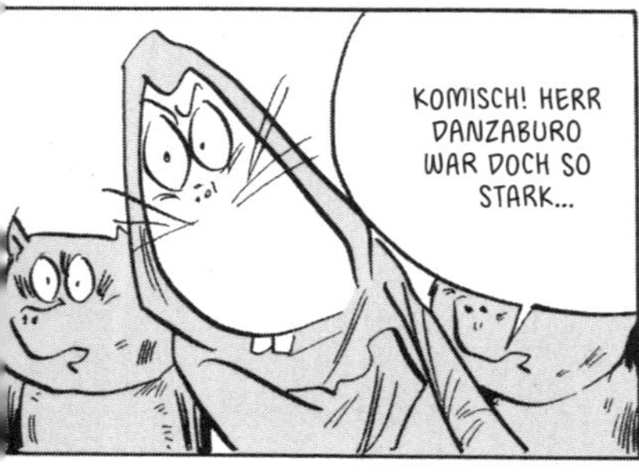
KOMISCH! HERR DANZABURO WAR DOCH SO STARK …

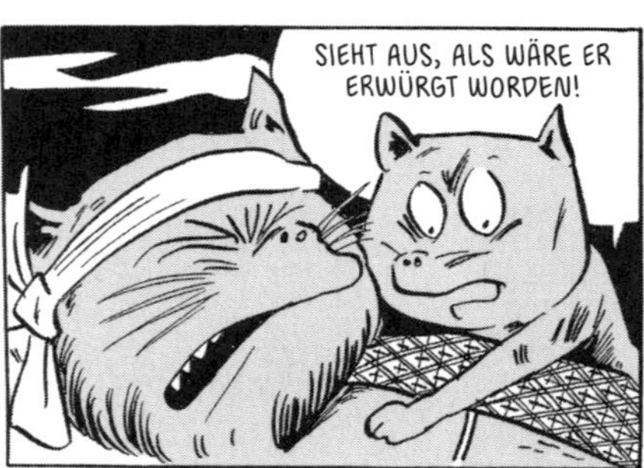
SIEHT AUS, ALS WÄRE ER ERWÜRGT WORDEN!

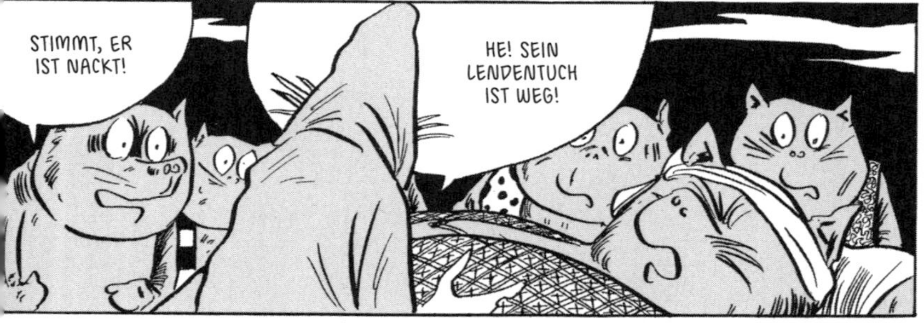
STIMMT, ER IST NACKT!
HE! SEIN LENDENTUCH IST WEG!

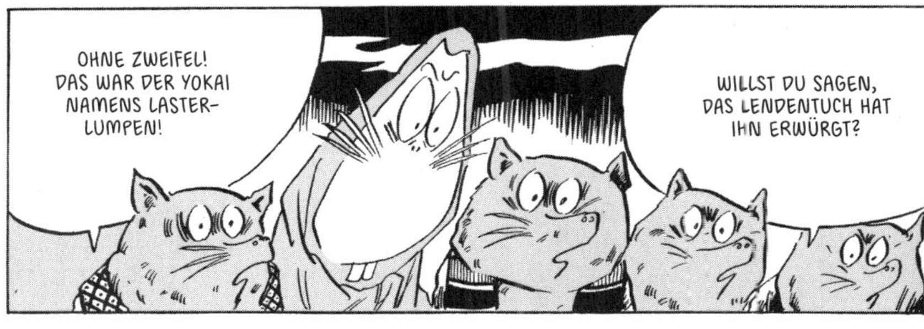
OHNE ZWEIFEL! DAS WAR DER YOKAI NAMENS LASTER-LUMPEN!
WILLST DU SAGEN, DAS LENDENTUCH HAT IHN ERWÜRGT?

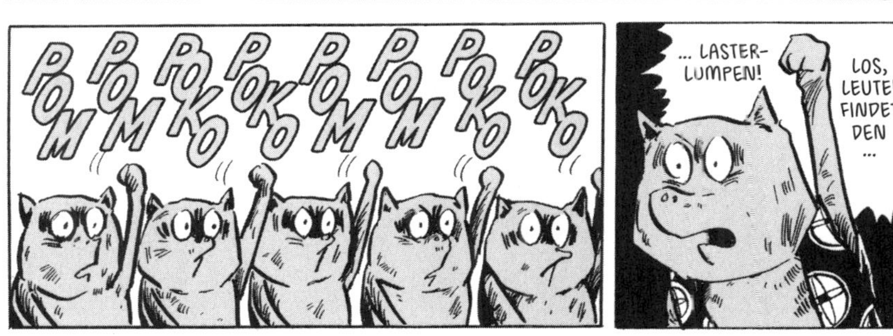
POMM POMM POKO POKO POMM POMM POKO POKO
... LASTER-LUMPEN!
LOS, LEUTE! FINDET DEN ...

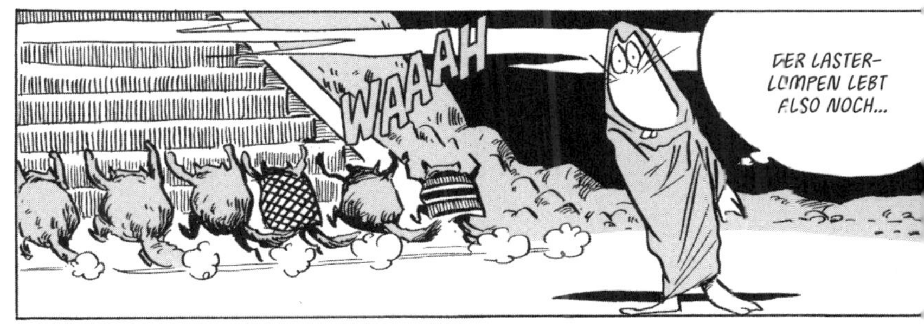
WAAAH
DER LASTER-LUMPEN LEBT ALSO NOCH...

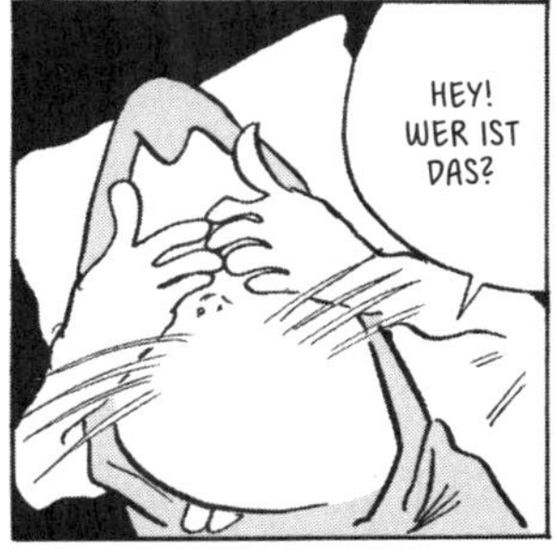
HEY! WER IST DAS?

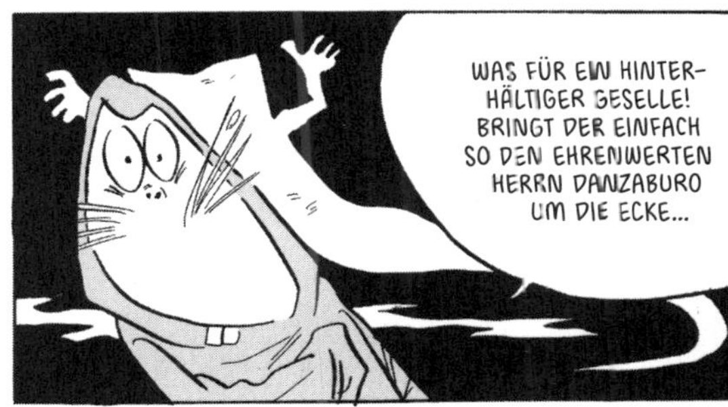
WAS FÜR EIN HINTER-HÄLTIGER GESELLE! BRINGT DER EINFACH SO DEN EHRENWERTEN HERRN DANZABURO UM DIE ECKE...

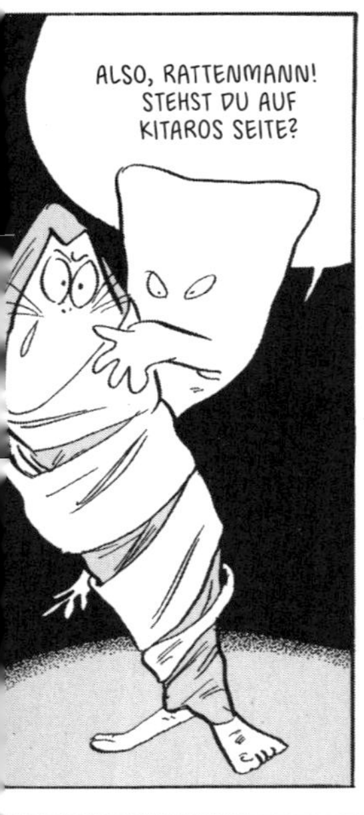
ALSO, RATTENMANN! STEHST DU AUF KITAROS SEITE?

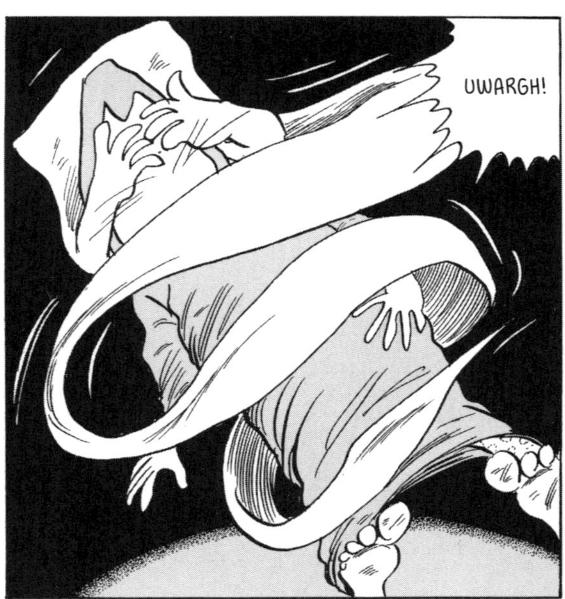
UWARGH!

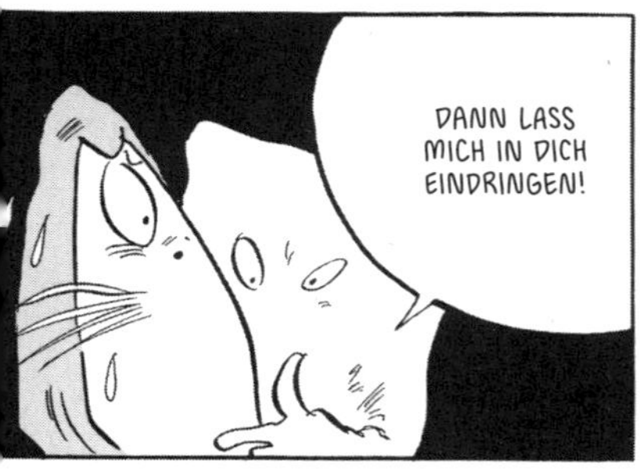
DANN LASS MICH IN DICH EINDRINGEN!

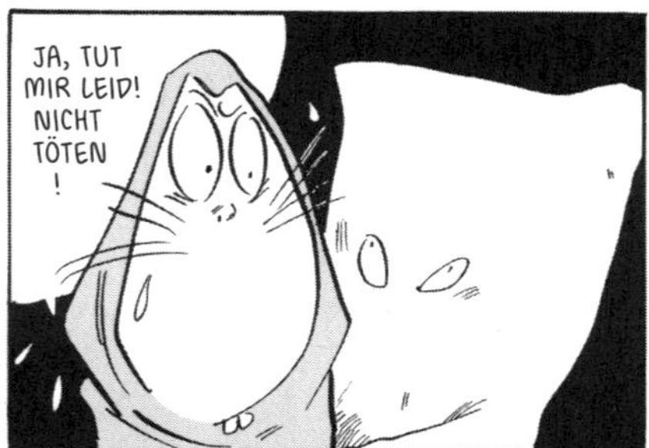
JA, TUT MIR LEID! NICHT TÖTEN!

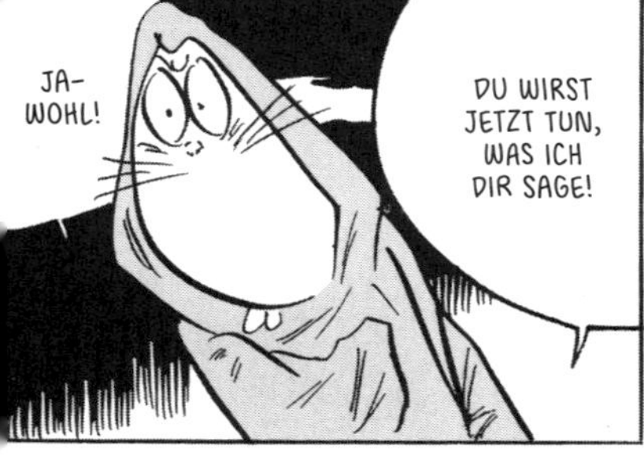
DU WIRST JETZT TUN, WAS ICH DIR SAGE!
JA-WOHL!

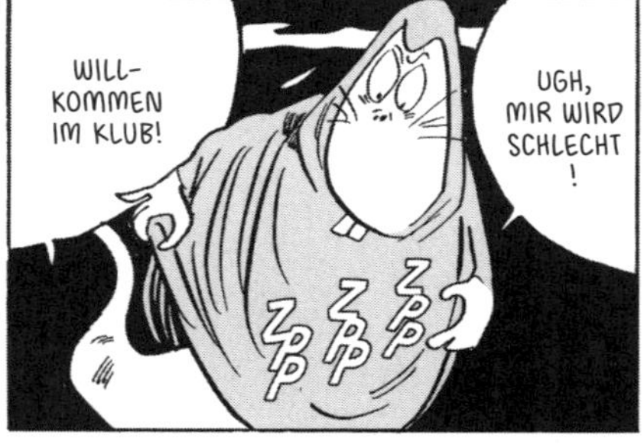
UGH, MIR WIRD SCHLECHT!
WILL-KOMMEN IM KLUB!
ZPP ZPP ZPP

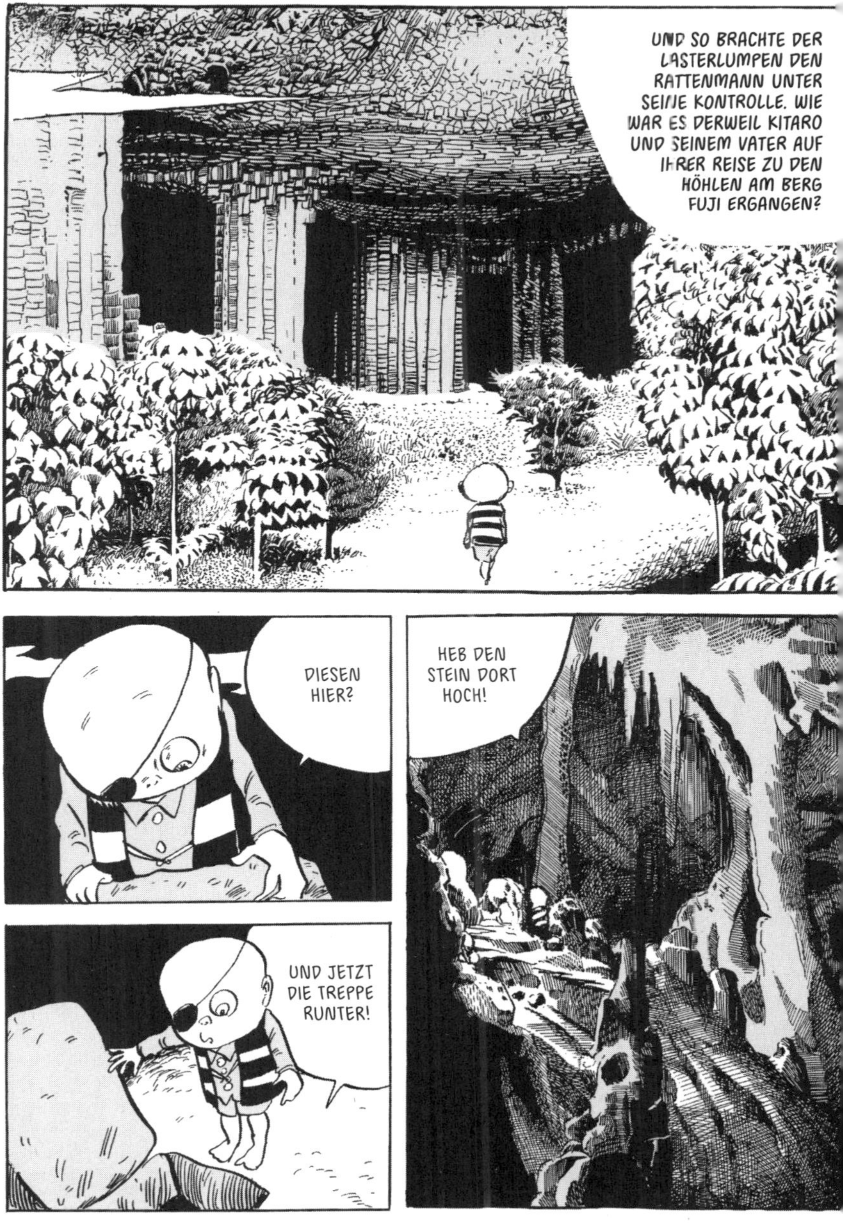

UND SO BRACHTE DER LASTERLUMPEN DEN RATTENMANN UNTER SEINE KONTROLLE. WIE WAR ES DERWEIL KITARO UND SEINEM VATER AUF IHRER REISE ZU DEN HÖHLEN AM BERG FUJI ERGANGEN?

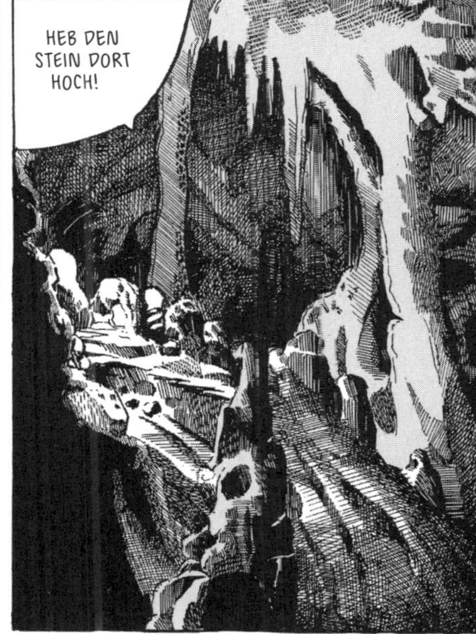

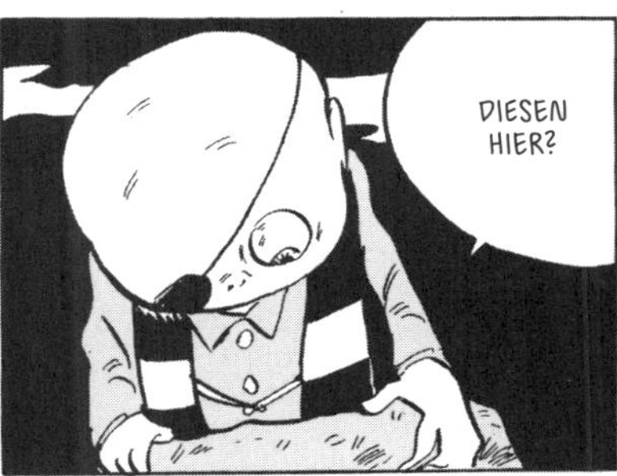

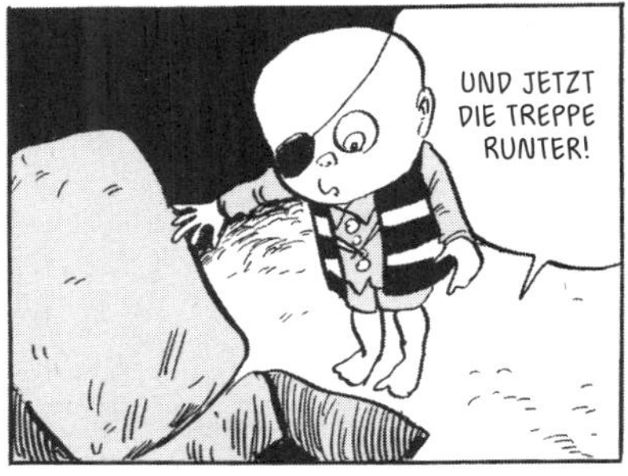

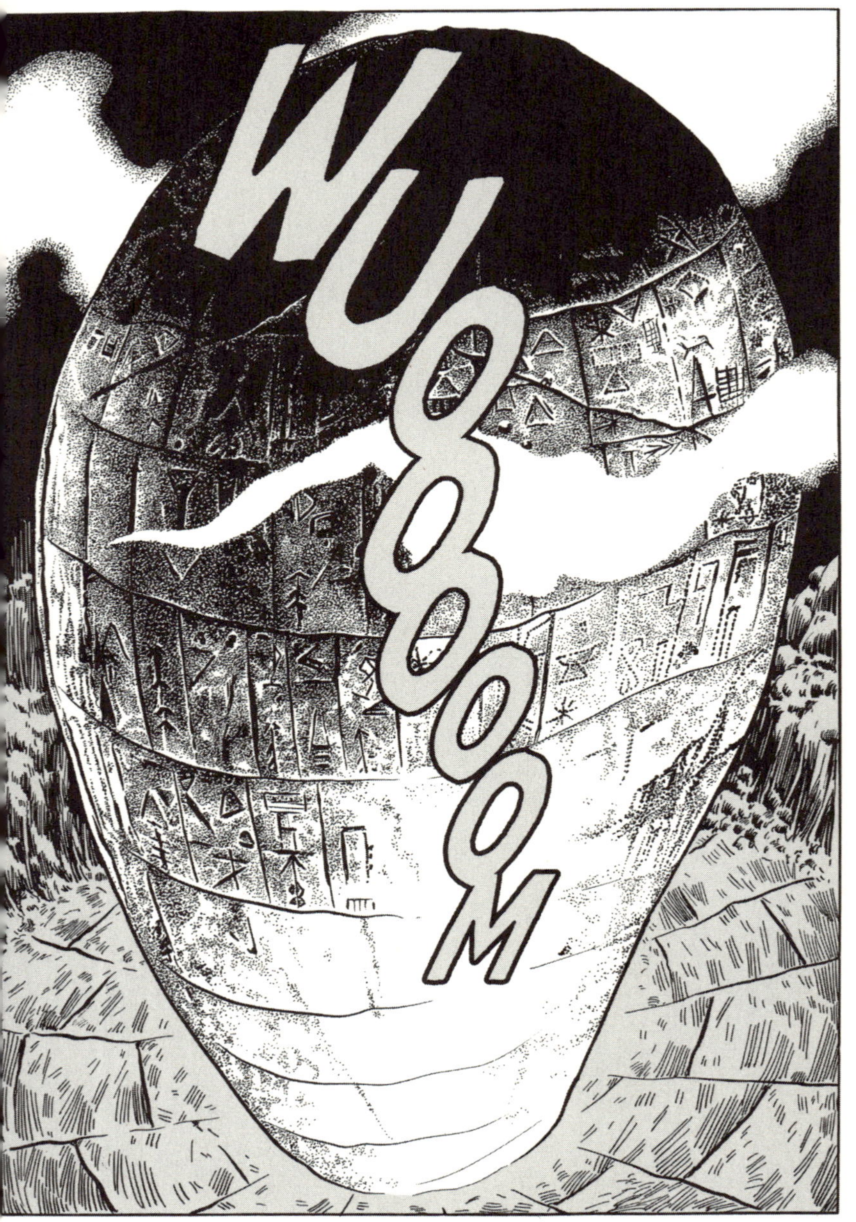
WUOOOOOOM

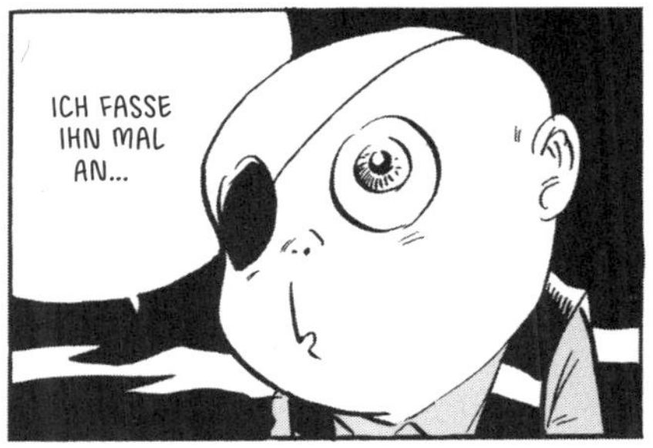

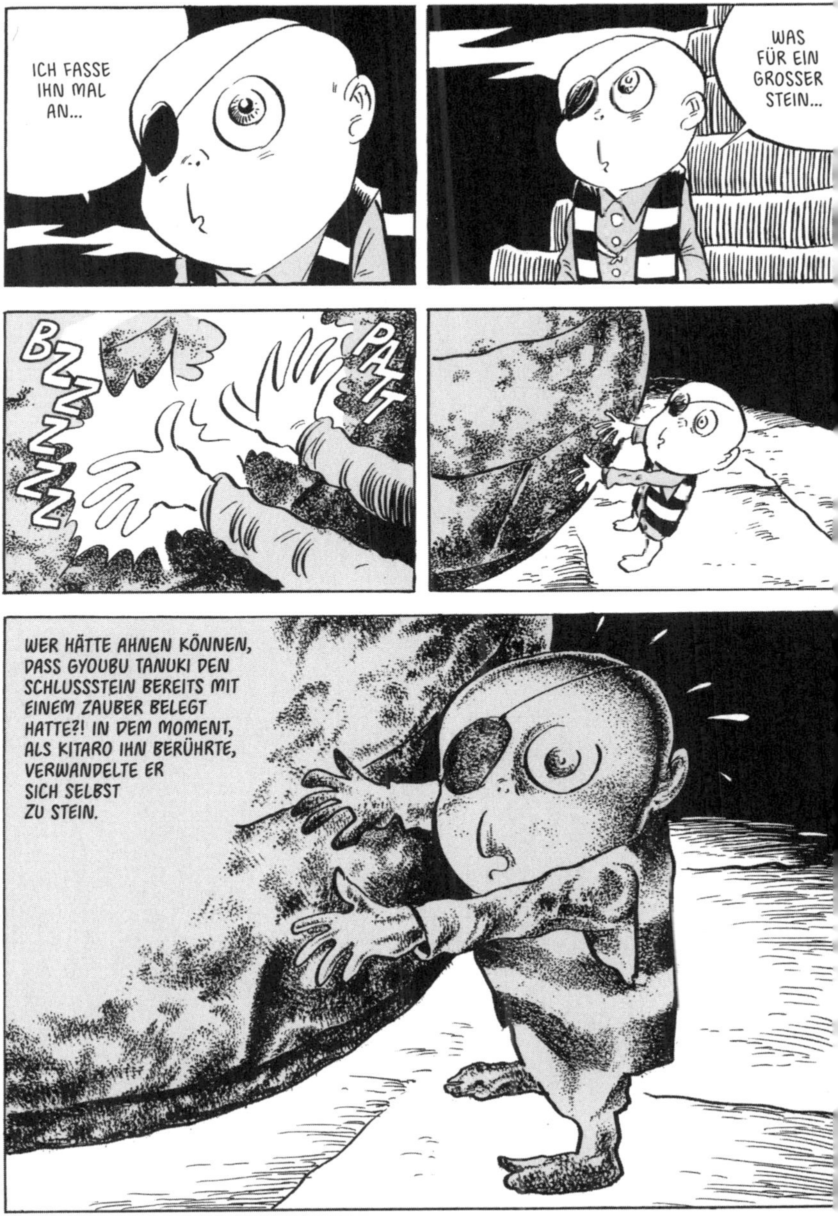

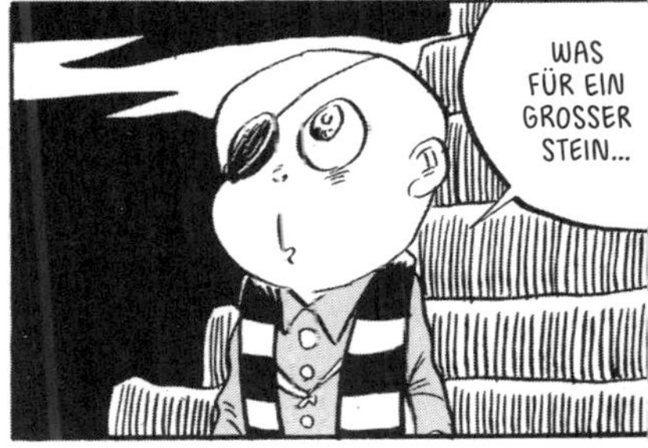

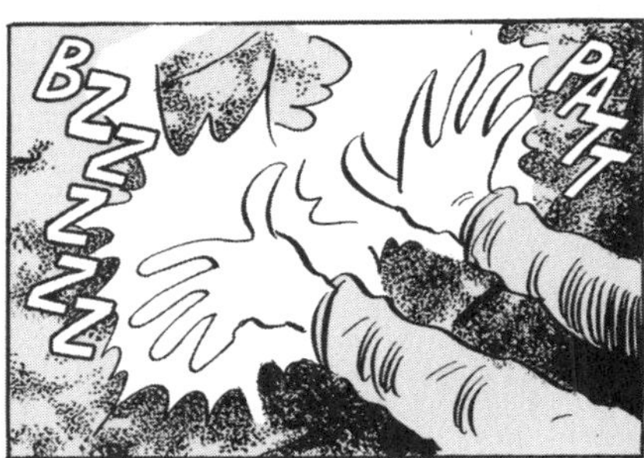

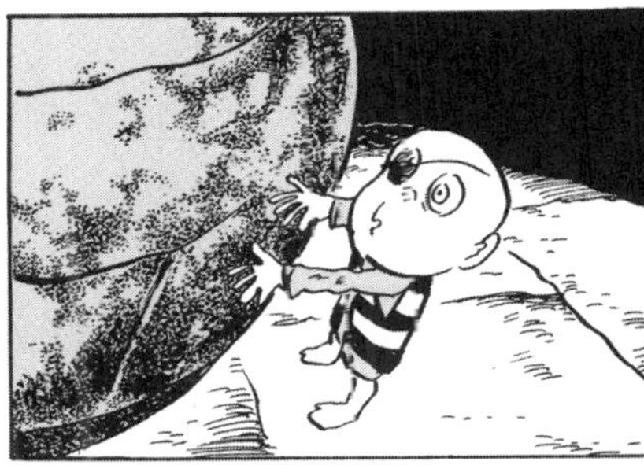

WER HÄTTE AHNEN KÖNNEN, DASS GYOUBU TANUKI DEN SCHLUSSSTEIN BEREITS MIT EINEM ZAUBER BELEGT HATTE?! IN DEM MOMENT, ALS KITARO IHN BERÜHRTE, VERWANDELTE ER SICH SELBST ZU STEIN.

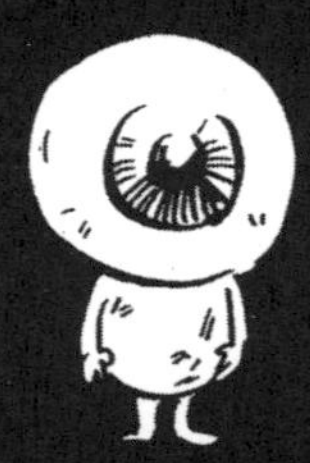